(社) 한국어문회 주관 / 공인급수

'섞음漢字'를 이용한 특수 암기법!

이 한권의 책으로 합격이 충만!!

배정漢字를 끝냈어도 암기가 제대로 되는것은 아닙니다.
다시 섞인 상태에서 가끔 읽어보고 모르는 글자만 쏙쏙 뽑아서 훈음표 번호를 대조하여
외워 버리니 재미가 절로나고 완벽하게 암기가 됨으로써 문제도 매우 잘 풀립니다.

한국어문회시행

한자능력검정시험

3급

鴫 487　誦 380　墮 704　閱 474　稻 147　庚 35
昔 446　岳 363　茫 435　秒 219　獵 177　廉 178
杯 49　貝 727　尖 668　逝 354　燭 682
郊 614　厥 73　把 723　捨 330　堤 595
番 721　慢 213　亥 762　繫 40　頻 323　聘 324
嫌 741　蜂　幅　苟 83　遂 393
癸 45　曉 810

기본서 + 문제집

◆ 각 유형별 상세정리 29P
◆ 섞음漢字 16P
◆ 각 유형별 연습문제 19P
◆ 쓰기 연습 10P
◆ 예상 문제 13회
◆ 최근 기출 문제 9회

'섞음漢字' 특허 : 제10-0636034호

백상빈 · 김금초 엮음

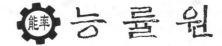
能率 능률원

머리말

　우리나라 말(한국어) 어휘의 70% 정도가 한자어로 구성되어 있는 현실에서 한글전용만으로는 상호간의 의사소통이 모호할 뿐만 아니라 학생들의 학습능력을 감소시킴으로써 국민의 국어능력을 전면적으로 저하시키는 결과가 과거 30여 년간의 한글 전용 교육에서 명백히 드러났음을 우리는 보아왔습니다.

　이는 우리 선조들이 약 2000년 전에 중국의 한자와 대륙문화를 받아들이고 중국 사람들과 많이 교통하면서 한자로 이루어진 어휘를 많이 빌려쓰게 되었으며, 그후 계속해서 오늘날에 이르기까지 계속 한자어를 사용해 오던 것을 갑자기 이런 큰 틀을 뒤엎고 한글 전용만을 주장한다면 우리말을 이해하고 표현하는데 큰 어려움이 따르기 때문입니다.

　우리는 이제 한글과 한자를 혼용함으로써 우리말 어휘력 향상에 공헌하고 한국어를 제대로 이해해야 할 것입니다.

　다행히도 1990년대에 들어서 한국어문회 산하인 한국한자능력검정회에서 각 급수별 자격시험을 실시하여 수험생들에게 국어의 이해력과 어휘력 향상을 크게 높여 오고 있는 것은 매우 고무적이고 다행스런 일이라 하겠습니다.

　때에 맞춰 한자학습에 대한 이런 관심이 사회 각계에서 반영되고 있는데 한자능력에 따라 인사, 승진 등 인사고과의 혜택과 대학수시모집 및 특기자 전형에서 그 실례를 찾을 수 있습니다.

　이에 따라 본 학습서가 전국한자능력시험을 준비하는 학생들에게 훌륭한 길잡이가 되어 최선의 학습방법으로 합격의 기쁨을 누리기 바랍니다.

차례

학습안내서

1 　본 교재는 기본서＋섞음漢字＋유형별 익힘문제＋예상문제＋최근 기출문제로 편집하였으며 장음(5) 뜻풀이(5) 쓰기(30)의 문제를 제외한 독음, 훈음(77), 반의어(10), 유의어(10), 사자성어(10), 약자(3), 부수(4)의 유형만으로도 105점대에 진입할 수 있도록 풍부한 기본자료를 갖추어 편성하였다. 특히 독음, 훈음쓰기는 '섞음漢字'를 이용해 명확하게 글자 암기를 할 수 있어서 다른 유형에까지 크나큰 영향을 미치게 된다.

2 　배정한자 과정을 마치고 나서 27쪽 '섞음漢字' 과정을 해야 한다. 그러므로 22쪽 '섞음漢字' 사용법을 필이 참조하기 바란다. 독음(讀音)연습문제(77)쪽을 풀때 80% 이상의 확률이 나오지 않을 때는 '섞음漢字'를 더 익혀야 하고 시험일 4~5일 전에는 가위로 잘라서 검사하고 틀린글자를 복습하면 독음, 훈음분야는 완벽할 뿐만 아니라 타 유형에도 좋은 영향이 미칠 것이다.

3 　예상문제와 기출문제는 그 이전의 유형별 과정을 충실히 익힌 다음에 풀기 바라며 예상문제 총 13회 가운데 1~6회까지 푸는 동안에 110점대에 진입하지 못하면 다시 연습분야 중 필요한 부분을 익힌 뒤에 나머지 예상문제와 기출·예상문제를 풀기 바란다. 예상문제를 푸는 기간에도 기출·예상문제 시험지를 몇 차례 풀어보면서 자기 점수대를 가늠해 보는 것도 좋다. 예상문제는 기출·예상문제 보다 어려울 수 있다.

4 　기출·예상문제집 4~6회 까지의 문제는 실제 시험일짜 10일 전부터 풀어서 마지막 자신의 합격점수대를 예측할 수 있어야 한다. 기출·예상문제 점수대는 실제급수 시험 점수대와 거의 같다.

사단법인 한국어문회
한자능력검정시험 출제기준

급수별 합격기준

구 분	특급	특급Ⅱ	1급	2급	3급	3급Ⅱ	4급	4급Ⅱ	5급	6급	6급Ⅱ	7급	8급
출제문항수	200	200	200	150	150	150	100	100	100	90	80	70	50
합격문항수	160	160	160	105	105	105	70	70	70	63	56	49	35
시험시간	100	90	90	60	60	60	50	50	50	50	50	50	50

급수별 출제유형

문제유형	특급	특급Ⅱ	1급	2급	3급	3급Ⅱ	4급	4급Ⅱ	5급	6급	6급Ⅱ	7급	8급
읽기배정한자	5,978	4,918	3,500	2,350	1,817	1,500	1,000	750	500	300	300	150	50
쓰기배정한자	3,500	2,355	2,005	1,817	1,000	750	500	400	300	150	50	0	0
독 음	50	50	50	45	45	45	30	35	35	33	32	32	25
훈 음	32	32	32	27	27	27	22	22	24	23	30	30	25
장 단 음	10	10	10	5	5	5	5	0	0	0	0	0	0
반 의 어	10	10	10	10	10	10	3	3	4	4	3	3	0
완 성 형	15	15	15	10	10	10	5	5	5	4	3	3	0
부 수	10	10	10	5	5	5	3	3	0	0	0	0	0
동 의 어	10	10	10	5	5	5	3	3	3	2	0	0	0
동음이의어	10	10	10	5	5	5	3	3	3	2	0	0	0
뜻 풀 이	10	10	10	5	5	5	3	3	3	2	2	2	0
필 순	0	0	0	0	0	0	0	0	0	3	3	2	2
약 자	3	3	3	3	3	3	3	3	3	0	0	0	0
한자쓰기	40	40	40	30	30	30	20	20	20	20	10	0	0

대학 수시모집 및 특별전형에 반영

대 학	학 과
경북대학교	특기자특별전형(한자/한문 분야)
경상대학교	특기자특별전형 - 본회 2급 이상
경성대학교	외국어 우수자 선발(한문학과) - 본회 3급 이상
공주대학교	특기자특별전형(한자/한문 분야) - 본회 3급 이상
계명대학교	대학독자적 기준에 의한 특별전형(학교장 또는 교사 추천자) - 한문교육
국민대학교	특기자특별전형(중어중문학과) - 본회 1급 이상
단국대학교	특기자특별전형(한문 분야)
동아대학교	특기자특별전형(국어/한문 분야) - 본회 3급 이상
동의대학교	특기자특별전형(어학 특기자) - 본회 1급 이상
대구대학교	특기자특별전형(한자우수자) - 본회 3급 이상
명지대학교	특기자특별전형(어학분야) - 본회 2급 이상
부산외국어대학교	대학독자적 기준에 의한 특별전형(외국어능력우수자) - 본회 3급 이상
성균관대학교	특기자전형 : 인문과학계열(유학동양학부) - 본회 2급 이상
아주대학교	특기자특별전형(문학 및 한문 분야)
영남대학교	특기자특별전형(어학) - 본회 2급 이상
원광대학교	특기자특별전형(한문 분야)
중앙대학교	특기자특별전형(국제화특기분야) - 본회 2급 이상
충남대학교	특기자특별전형(문학·어학분야) - 본회 3급 이상

기업체 입사 · 승진 · 인사고과 반영

구 분	내 용	비 고
육 군	부사관 5급 이상 / 위관장교 4급 이상 / 영관장교 3급 이상	인사고과
조 선 일 보	기자채용시 3급 이상 우대	입 사
삼 성 그 룹 외	중요기업체들 입사시 한문 비중있게 출제 3급 이상 가산점	입 사

 # 한자능력검정 시험안내

⊠ 한자능력시험 (http://www.hanja.re.kr) 〉 기출문제 출력가능
(※ 네이버에 한글로 "한국어문회" 쓰고 클릭)

▶ **주　　관** : (사)한국어문회 (☎ 02-6003-1400), (☎ 1566-1400)

▶ **시험일시** : 연 4회 ┌ 교육급수 : 2, 4, 8, 11월 오전 11시
　　　　　　　　　　└ 공인급수 : 2, 4, 8, 11월 오후 3시

　※ 공인급수, 교육급수 분리시행

　　공인급수는 특급·특급Ⅱ·1급·2급·3급·3급Ⅱ이며, 교육급수는 4급·4급Ⅱ·5급·6급·6급Ⅱ·7급·8급입니다.

▶ **접수방법**

　1. 방문접수

　　● 접수급수 : 특급 ~ 8급

　　● 접 수 처 : 각 시·도 지정 접수처　※ (02)6003-1400, 1566-1400, 또는 인터넷(네이버에 "한국어문회" 치고 들
　　　　　　　　　어가서 다시 "한자검정" 클릭

　　● 접수방법 : 먼저 스스로에게 맞는 급수를 정한 후, 반명함판사진(3×4cm) 3매, 급수증 수령주조, 주민등록번
　　　　　　　　　호, 한자이름을 메모해서 해당접수처로 가서 급수에 해당하는 응시료를 현금으로 납부한 후 원서를
　　　　　　　　　작성하여 접수처에 제출하면 됩니다.

　2. 인터넷접수

　　● 접수급수 : 특급 ~ 8급

　　● 접 수 처 : www.hangum.re.kr

　　● 접수방법 : 인터넷 접수처 게시

　3. 우편접수

　　● 접수급수 : 특급, 특급Ⅱ

　　● 접 수 처 : 한국한자능력검정회(서울특별시 서초구 서초1동 1627-1 교대벤처타워 401호)

　　● 접수방법 : 해당 회차 인터넷 또는 청구접수기간내 발송한 우편물에 한하여 접수가능(접수마감일 소인 유효)

▶ **검 정 료**

급수/검정료	특 급	특급Ⅱ	1 급	2급~3급Ⅱ	4 급	4급Ⅱ	5 급	6 급	6급Ⅱ~8급
	40,000	40,000	40,000	20,000	15,000				15,000

※ 인터넷으로 접수하실 경우 위 검정료에 접수수수료가 추가됩니다.

▶ **접수시 준비물**

　반명함판사진 3매 / 응시료(현금) / 이름(한글·한자) / 주민등록번호 / 급수증 수령주소

▶ **응시자격 :**

　● 제한없음, 능력에 맞게 급수를 선택하여 응시하면 됩니다.

　● 1급은 서울, 부산, 대구, 공주, 대전, 전주, 청주, 제주에서만 실시하고, 특급과 특급Ⅱ는 서울에서만 실시합니다.

▶ **합격자발표** : 인터넷접수 사이트(www.hangum.re.kr) 및 ARS(060-800-1100), 1566-1400

漢字의 構成原理

六書
(육서)
漢字가 만들어지는 6가지 原理 : (1)象形(상형) (2)指事(지사) (3)會意(회의) (4)形聲(형성) (5)轉注(전주) (6)假借(가차)

---

1 象形文字
물체의 모양을 본떠 만들어진 그림같은 문자로써 기초부수의 대부분의 글자가 이에 속한다.

[보기] 川・日・月・人・耳・女・馬・鳥・牛・目…

☉⇒日⇒日　(날일)　해의 모양을 보고 '날일'이라고 하였음.
Ψ⇒米⇒木　(나무목) 나무의 모양을 본떠 '나무목'이라고 하였음.
ⵈ⇒山⇒山　(메산)　산의 모양을 본떠 '메산'이라고 하였음.
川⇒川⇒川　(내천)　냇물이 흘러가는 것을 보고 '내천'이라고 하였음.

---

2 指事文字
지사란 상형으로 나타낼수 없는 문자를 점(・)이나 선(-) 또는 부호를 써서 만든 文字이다.

[보기] 一・二・三・上・下・中・十・寸・母・未…

---

3 會意文字
두개 이상의 글자가 뜻으로 결합하여 새로운 글자를 만드는데 이를 '회의문자'라고 하며 '林'字처럼 같은 글자가 합하는 경우와 '明'字처럼 다른글자끼리 합한것도 있다.

[보기] 男・好・明・林・絲・品・炎・休・囚・信…

木＋木 = 林(수풀림), 火＋火 = 炎(불꽃염), 日＋明 = 明(밝을명), 女＋子 = 好(좋을호)

---

4 形聲文字
뜻(訓)을 나타내는 부분과 음(音)을 나타내는 부분이 결합되어 만들어짐. 이때 음이 정확하게 이음(移音)되는것과 비슷한 성조[聲調]로 전음(轉音)되는 것들이 있다.
※ 육서(六書)中에서 형성문자에 속한 글자가 가장 많음.

[보기1] 問・聞・簡・盛・城・味・基・群・校…

土＋成 = 城(성), 口＋未 = 味(미), 言＋己 = 記(기), 君＋羊 = 群(군)

[보기2] 비슷한 聲調(비슷한 목소리의 가락) : 江・河・松・結・終…

氵＋工 = 江(강), 氵＋可= 河(하), 木＋公 = 松(송), 糸＋冬 = 終(종)

---

5 轉注文字
글자 본래의 의미가 확대되어 전혀 다른 음(音)과 뜻(訓)을 나타나는 글자를 '전주문자'라고 함.

[보기]

更 다시 갱 / 고칠 경　　度 법도 도 / 헤아릴 탁　　說 말씀 설 / 기쁠 열 / 달랠 세

洞 골 동 / 꿰뚫을 통　　樂 풍류 악 / 즐길 락 / 좋아할 요

---

6 假借文字
漢字는 뜻글자이므로 소리글자인 한글과는 달리 여러나라들의 글자를 漢字로 표현할수가 없다. 따라서 이러한 불편한점을 해결하기 위해 원래의 뜻과 상관없이 음만을 빌려쓰는데 이러한 문자를 '가차문자'라고 한다.

[보기1] (外來語를 표기할때) : 美國・伊太利・佛蘭西・巴利・亞細亞…

[보기2] (일반적으로 유사한 음을 빌려쓸때) : 弗(아니불) → 달러($)를 표기할때
燕(제비연) → 잔치연(宴)으로,
女(계집녀) → 汝(너여)로 빌려쓰는 경우

漢字語(單語)의 짜임

漢字語(단어)를 뜻풀이(해석)하는데 쉽게 하기 위해서 漢字語의 짜임에 대해서 알아둘 필요가 있다.

漢字語(단어)의 짜임은 보통 두 글자로 구성되지만 세 자, 네 자로 되어있는 것도 많다. 이렇게 세 글자, 네 글자로 구성된 漢字語는 원래 두 글자로 구성된 漢字語에 또 다른 漢字語를 합하거나 확장시킨 것들이다.

원래 두 글자로 이루어진 漢字語는 처음부터 차례대로 풀이하는 것과 뒤에 글자를 먼저 풀고 앞글자를 나중에 푸는 경우가 있는데 이런 것들은 형식상 일정한 문법상의 용어(用語)를 갖추고 있다.

♣ 차례대로 푸는 경우

[보기] ① 鳥飛(새가 날다)　② 花開(꽃이 피다) ────── 주·술관계 [주어＋서술어(술어)]

① 寢室(잠자는 방)　② 招待(초청하여 대접함) ─ 수식관계 (앞 글자가 뒷글자를 꾸밈)

① 得失(얻음과 잃음)　② 手足(손과 발) ────── 대립관계 (서로 반대되는 글자로 짜여짐)

① 家屋(사람이 사는 집) ② 年歲(나이) ────── 유사관계 (서로 비슷한 글자로 짜여짐)

♣ 뒷글자를 먼저 푸는 경우

[보기] ① 讀書(책을 읽음)　② 納稅(세금을 냄) ──── 술·목관계 [서술어＋목적어(명사)]

① 入學(학교에 들어감)　② 有別(분별이 있음) ──── 술·보관계 [서술어＋보어(명사)]

※ 위의 용어(用語)에 대한 설명

ㄱ. 주어(主語) : 문장의 주체가 되는 말

ㄴ. 서술어(술어) : 주어의 행동이나 상황을 설명하는 말로써 동사, 형용사에 해당하는 말

ㄷ. 목적어(目的語) : ～을(를) 어떠하다에서 ～을(를)에 속한 말

ㄹ. 보어(輔語) : 서술어 뒤에 와서 서술어의 구실을 도와주는 말.(～에, ～에게, ～이, ～으로 등에 해당하는 말)

ㅁ. 관형어(수식어) : 뒷글자를 수식(꾸밈)하는 앞글자─주로 체언(명사)를 수식함

ㅂ. 부사어(수식어) : 뒷글자를 수식(꾸밈)하는 앞글자─주로 용언(서술어)를 수식함

ㅅ. 대립관계 : 서로 반대 또는 상대되는 字끼리 결합된 말(반의결합어)

ㅇ. 유사관계 : 서로 같거나 비슷한 字끼리 결합된 말(유의결합어)

※위와 같은 漢字語의 짜임들이 서로 이동하고 합해지면서 문장이 형성된다.

(이런 경우 문장전체를 풀어가는 순서는 문장의 형식에 의해 되는데 문장의 형식에 대해서는 여기서는 생략함.)

[보기] ① 無 子息 上 八字 ②刻 舟 求 劍 ③人 無 遠 慮 必 有 近 憂
　　　　술　보　술　보　　술　보　술　목　　주　술　관　보　부　술　관　보

※다음 漢字語를 순서에 따라 말이 되도록 뜻을 말하시오. 또 여러분이 공부하는 독음(讀音)도 이런식으로 풀어보세요.

① 勸農 ② 勉學 ③ 祝辭 ④ 豫測 ⑤ 登山 ⑥ 天上 ⑦ 易老 ⑧ 離陸 ⑨ 約昏 ⑩ 晝夜
　2 1　　2 1　　1 2　　1 2　　2 1　　1 2　　1 2　　2 1　　2 1　　1 2

⑪ 堅固 ⑫ 正正堂堂 ⑬ 明明白白 ⑭ 苦樂 ⑮ 歌曲 ⑯ 父母
　1 2　　1 2 3 4　　　1 2 3 4　　　1 2　　1 2　　1 2

3급 배정한자(1817字)

3급 배정한자는 4급 1,000字에 새로운 817字를 추가해서 정한 것입니다.
＊＊가 있는 글자는 3급Ⅱ(500字)이고 ＊가 있는 글자는 3급(317字)입니다.
※ 3급 쓰기문제는 4급(1000字) 내에서 출제됩니다.

家 집 가 / 갓머리[宀]부/총10획	＊ 鑑 거울 감 / 쇠금[金]부/총22획	＊ 乞 빌 걸 / 새을[乙]부/총3획	更 고칠 경/다시 갱: / 가로왈[曰]부/총7획
歌 노래 가 / 하품흠[欠]부/총14획	甲 갑옷/첫째천간 갑 / 밭전[田]부/총5획	檢 검사할 검: / 나무목[木]부/총17획	鏡 거울 경: / 쇠금[金]부/총19획
價 값 가 / 사람인변[亻(人)]부/총15획	江 강 강 / 삼수변[氵(水)]부/총6획	儉 검소할 검: / 사람인변[亻(人)]부/총15획	驚 놀랄 경 / 말마[馬]부/총22획
加 더할 가 / 힘력[力]부/총5획	強 강할 강(:) / 활궁[弓]부/총12획	＊＊ 劍 칼 검: / 선칼도방[刂(刀)]부/총15획	＊ 耕 밭갈 경 / 쟁기뢰[耒]부/총10획
可 옳을 가: / 입구[口]부/총5획	康 편안할 강 / 집엄[广]부/총11획	格 격식 격 / 나무목[木]부/총10획	＊＊ 頃 이랑/잠깐 경 / 머리혈[頁]부/총11획
假 거짓 가: / 사람인변[亻(人)]부/총11획	講 욀 강: / 말씀언[言]부/총17획	擊 칠 격 / 손수[手]부/총17획	＊ 卿 벼슬 경 / 병부절[卩]부/총12획
街 거리 가(:) / 다닐행[行]부/총12획	降 내릴 강/항복할 항 / 좌부변[阝(阜)]부/총9획	激 격할 격 / 삼수변[氵(水)]부/총16획	＊ 庚 별(星)/일곱째천간 경 / 집엄[广]부/총8획
暇 틈/겨를 가: / 날일[日]부/총13획	＊ 剛 굳셀 강 / 선칼도방[刂(刀)]부/총10획	＊ 隔 사이뜰 격 / 좌부변[阝(阜)]부/총13획	＊ 徑 지름길/길 경 / 두인변[彳]부/총10획
＊ 佳 아름다울 가: / 사람인변[亻(人)]부/총8획	＊ 綱 벼리 강 / 실사[糸]부/총14획	見 볼 견:/뵈올 현: / 볼견[見]부/총7획	＊ 硬 굳을 경 / 돌석[石]부/총12획
＊ 架 시렁 가: / 나무목[木]부/총9획	＊ 鋼 강철 강 / 쇠금[金]부/총16획	堅 굳을 견 / 흙토[土]부/총11획	＊ 竟 마침내 경: / 설립[立]부/총11획
各 각각 각 / 입구[口]부/총6획	開 열 개 / 문문[門]부/총12획	犬 개 견 / 개견[犬]부/총4획	界 지경 계: / 밭전[田]부/총9획
角 뿔 각 / 뿔각[角]부/총7획	改 고칠 개(:) / 등글월문방[攵(攴)]부/총7획	＊ 牽 이끌/끌 견 / 소우[牛]부/총11획	計 셀 계: / 말씀언[言]부/총9획
刻 새길 각 / 선칼도방[刂(刀)]부/총8획	個 낱 개(:) / 사람인변[亻(人)]부/총10획	＊ 絹 비단 견 / 실사[糸]부/총13획	係 맬 계: / 사람인변[亻(人)]부/총9획
覺 깨달을 각 / 볼견[見]부/총20획	＊ 介 낄 개: / 사람인[人]부/총4획	＊ 肩 어깨 견 / 육달월[月(肉)]부/총8획	季 계절 계: / 아들자[子]부/총8획
＊ 脚 다리 각 / 육달월[月(肉)]부/총11획	＊ 概 대개 개: / 나무목[木]부/총15획	＊ 遣 보낼 견: / 책받침[辶(辵)]부/총14획	戒 경계할 계: / 창과[戈]부/총7획
＊ 閣 집 각 / 문문[門]부/총14획	＊ 慨 슬퍼할 개: / 심방변[忄(心)]부/총14획	決 결단할 결 / 삼수변[氵(水)]부/총7획	系 이어맬 계: / 실사[糸]부/총7획
＊ 却 물리칠 각 / 병부절[卩]부/총7획	＊ 皆 다(總) 개 / 흰백[白]부/총9획	結 맺을 결 / 실사[糸]부/총12획	繼 이을 계: / 실사[糸]부/총20획
間 사이 간(:) / 문문[門]부/총12획	＊ 蓋 덮을 개(:) / 초두[艹(艸)]부/총13획	潔 깨끗할 결 / 삼수변[氵(水)]부/총15획	階 섬돌 계 / 좌부변[阝(阜)]부/총12획
干 방패 간 / 방패간[干]부/총3획	客 손 객 / 갓머리[宀]부/총9획	缺 이지러질 결 / 장군부[缶]부/총10획	鷄 닭 계 / 새조[鳥]부/총21획
看 볼 간 / 눈목[目]부/총9획	車 수레 거·차 / 수레차[車]부/총7획	＊ 訣 이별할 결 / 말씀언[言]부/총11획	＊ 啓 열 계: / 입구[口]부/총11획
簡 대쪽/간략할 간(:) / 대죽머리[竹]부/총18획	去 갈 거: / 마늘모[厶]부/총5획	＊ 兼 겸할 겸 / 여덟팔[八]부/총10획	＊ 契 맺을 계: / 큰대[大]부/총9획
＊ 刊 새길 간 / 선칼도방[刂(刀)]부/총5획	擧 들 거: / 손수[手]부/총17획	＊ 謙 겸손할 겸 / 말씀언[言]부/총17획	＊ 械 기계 계: / 나무목[木]부/총11획
＊ 幹 줄기 간 / 방패간[干]부/총13획	居 살 거 / 주검시[尸]부/총8획	京 서울 경 / 돼지해머리[亠]부/총8획	＊ 溪 시내 계 / 삼수변[氵(水)]부/총13획
＊ 懇 간절할 간: / 마음심[心]부/총17획	巨 클 거: / 장인공[工]부/총5획	敬 공경할 경: / 등글월문방[攵(攴)]부/총12획	＊ 桂 계수나무 계: / 나무목[木]부/총10획
＊ 肝 간 간(:) / 육달월[月(肉)]부/총7획	拒 막을 거: / 재방변[扌(手)]부/총8획	景 볕 경(:) / 날일[日]부/총12획	＊ 癸 북방/열째천간 계: / 필발머리[癶]부/총9획
＊ 姦 간음할 간 / 계집녀[女]부/총9획	據 근거 거: / 재방변[扌(手)]부/총16획	競 다툴 경: / 설립[立]부/총20획	＊ 繫 맬 계: / 실사[糸]부/총19획
＊ 渴 목마를 갈 / 삼수변[氵(水)]부/총12획	＊ 距 상거할 거: / 발족[足]부/총12획	輕 가벼울 경 / 수레거[車]부/총14획	古 옛 고: / 입구[口]부/총5획
感 느낄 감: / 마음심[心]부/총13획	件 물건 건 / 사람인변[亻(人)]부/총6획	境 지경 경 / 흙토[土]부/총14획	苦 쓸(味覺) 고 / 초두[艹(艸)]부/총8획
減 덜 감: / 삼수변[氵(水)]부/총12획	健 굳셀 건: / 사람인변[亻(人)]부/총11획	慶 경사 경: / 마음심[心]부/총15획	高 높을 고 / 높을고[高]부/총10획
監 볼 감 / 그릇명[皿]부/총14획	建 세울 건: / 밑받침변[廴]부/총9획	經 지날/글 경 / 실사[糸]부/총13획	告 고할 고: / 입구[口]부/총7획
敢 감히/구태여 감: / 등글월문방[攵(攴)]부/총12획	＊ 乾 하늘/마를 건 / 새을[乙]부/총11획	警 깨우칠 경: / 말씀언[言]부/총19획	考 생각할 고(:) / 늙을로[耂(老)]부/총6획
甘 달 감 / 달감[甘]부/총5획	傑 뛰어날 걸 / 사람인변[亻(人)]부/총12획	傾 기울 경 / 사람인변[亻(人)]부/총13획	固 굳을 고(:) / 큰입구[囗]부/총8획

故 연고 고(:) 등글월문방[攵(攴)]부/총9획	官 벼슬 관 갓머리[宀]부/총8획	* 久 오랠 구: 삐침별[丿]부/총3획	極 다할/극진할 극 나무목[木]부/총12획
孤 외로울 고 아들자[子]부/총8획	管 대롱/주관할 관 대죽머리[竹(竹)]부/총14획	* 拘 잡을 구 재방변[扌(手)]부/총8획	劇 심할 극 선칼도방[刂(刀)]부/총15획
庫 곳집 고 집엄[广]부/총10획	* 冠 갓 관 민갓머리[冖]부/총9획	* 丘 언덕 구 한일[一]부/총5획	* 克 이길 극 어진사람인[儿]부/총7획
姑 시어미 고 계집녀[女]부/총8획	* 寬 너그러울 관 갓머리[宀]부/총14획	* 俱 함께 구 사람인변[亻(人)]부/총10획	根 뿌리 근 나무목[木]부/총10획
稿 원고/볏짚 고 벼화[禾]부/총15획	* 慣 익숙할 관 심방변[忄(心)]부/총14획	* 懼 두려워할 구 심방변[忄(心)]부/총21획	近 가까울 근: 책받침[辶(辵)]부/총8획
鼓 북 고 북고[鼓]부/총13획	* 貫 꿸 관(:) 조개패[貝]부/총11획	* 狗 개 구 개사슴록변[犭(犬)]부/총8획	勤 부지런할 근(:) 힘력[力]부/총13획
* 枯 마를 고 나무목[木]부/총9획	* 館 집 관 밥식[食]부/총17획	* 苟 진실로/구차할 구 초두[艹(艸)]부/총8획	筋 힘줄 근 대죽머리[竹(竹)]부/총12획
* 顧 돌아볼 고 머리혈[頁]부/총21획	光 빛 광 어진사람인[儿]부/총6획	* 驅 몰 구 말마[馬]부/총21획	* 僅 겨우 근: 사람인변[亻(人)]부/총13획
曲 굽을 곡 가로왈[曰]부/총6획	廣 넓을 광: 집엄[广]부/총15획	* 龜 거북 귀(구)/터질 균 거북귀[龜]부/총16획	* 斤 근/날 근 날근[斤]부/총4획
穀 곡식 곡 벼화[禾]부/총15획	鑛 쇳돌 광: 쇠금[金]부/총23획	國 나라국 큰입구[囗]부/총11획	* 謹 삼갈 근: 말씀언[言]부/총18획
哭 울 곡 입구[口]부/총10획	* 狂 미칠 광 개사슴록변[犭(犬)]부/총7획	局 판 국 주검시[尸]부/총7획	金 쇠 금/성 김 쇠금[金]부/총8획
谷 골 곡 골곡[谷]부/총7획	* 掛 걸 괘 재방변[扌(手)]부/총11획	* 菊 국화 국 초두[艹(艸)]부/총11획	今 이제 금 사람인[人]부/총4획
困 곤할 곤: 큰입구[口]부/총7획	* 壞 무너질 괴: 흙토[土]부/총19획	軍 군사 군 수레거[車]부/총9획	禁 금할 금: 보일시[示]부/총13획
* 坤 따 곤 흙토[土]부/총8획	* 怪 괴이할 괴(:) 심방변[忄(心)]부/총8획	郡 고을 군: 우부방[阝(邑)]부/총10획	* 琴 거문고 금 구슬옥변[王(玉)]부/총12획
骨 뼈 골 뼈골[骨]부/총10획	* 塊 흙덩이 괴 흙토[土]부/총13획	君 임금 군 입구[口]부/총7획	** 禽 새 금 짐승발자국유[禸]부/총13획
工 장인 공 장인공[工]부/총3획	* 愧 부끄러울 괴: 심방변[忄(心)]부/총13획	群 무리 군 양양[羊]부/총13획	** 錦 비단 금 쇠금[金]부/총16획
空 빌 공 구멍혈[穴]부/총8획	敎 가르칠 교: 등글월문방[攵(攴)]부/총11획	屈 굽힐 굴 주검시[尸]부/총8획	急 급할 급 마음심[心]부/총9획
公 공평할 공 여덟팔[八]부/총4획	校 학교 교: 나무목[木]부/총10획	宮 집 궁 갓머리[宀]부/총10획	級 등급 급 실사[糸]부/총10획
共 한가지 공: 여덟팔[八]부/총6획	交 사귈 교 돼지머리해[亠]부/총6획	窮 다할/궁할 궁 구멍혈[穴]부/총15획	給 줄 급 실사[糸]부/총12획
功 공(勳) 공 힘력[力]부/총5획	橋 다리 교 나무목[木]부/총16획	* 弓 활 궁 활궁[弓]부/총3획	** 及 미칠 급 또우[又]부/총4획
孔 구멍 공: 아들자[子]부/총4획	* 巧 공교할 교: 장인공[工]부/총5획	權 권세 권 나무목[木]부/총21획	* 肯 즐길 긍: 육달월[月(肉)]부/총8획
攻 칠 공: 등글월문방[攵(攴)]부/총7획	* 較 견줄/비교할 교 수레거[車]부/총13획	券 문서 권 칼도[刀]부/총8획	旗 기 기 모방[方]부/총14획
供 이바지할 공: 사람인변[亻(人)]부/총8획	* 矯 바로잡을 교: 화살시[矢]부/총17획	勸 권할 권: 힘력[力]부/총19획	氣 기운 기 기운기[气]부/총10획
恐 두려울 공(:) 마음심[心]부/총10획	* 郊 들(野) 교 우부방[阝(邑)]부/총9획	卷 책 권(:) 병부절[卩(卪)]부/총8획	記 기록할 기 말씀언[言]부/총10획
恭 공손할 공 마음심[忄(心)]부/총10획	九 아홉 구 새을[乙]부/총2획	* 拳 주먹 권: 손수[手]부/총10획	基 터 기 흙토[土]부/총11획
貢 바칠 공: 조개패[貝]부/총10획	口 입 구(:) 입구[口]부/총3획	* 厥 그(其) 궐 굴바위엄[厂]부/총12획	己 몸/여섯째천간 기 몸기[己]부/총3획
果 실과 과: 나무목[木]부/총8획	區 구분할/지경 구 상자방[匚]부/총11획	* 軌 바퀴자국 궤: 수레거[車]부/총9획	技 재주 기 재방변[扌(手)]부/총7획
科 과목 과 벼화[禾]부/총9획	球 공 구 임금왕[王(玉)]부/총11획	貴 귀할 귀: 조개패[貝]부/총12획	期 기약할 기 달월[月]부/총12획
課 공부할/과정 과: 말씀언[言]부/총15획	具 갖출 구(:) 여덟팔[八]부/총8획	歸 돌아갈 귀: 그칠지[止]부/총18획	汽 물끓는김 기 삼수변[氵(水)]부/총7획
過 지날 과: 책받침[辶(辵)]부/총13획	救 구원할 구: 등글월문방[攵(攴)]부/총11획	* 鬼 귀신 귀: 귀신귀[鬼]부/총10획	器 그릇 기 입구[口]부/총16획
寡 적을 과: 갓머리[宀]부/총14획	舊 예 구: 절구구[臼]부/총17획	規 법 규 볼견[見]부/총11획	起 일어날 기 달릴주[走]부/총10획
誇 자랑할 과: 말씀언[言]부/총13획	句 글귀 구 입구[口]부/총5획	* 叫 부르짖을 규 입구[口]부/총5획	奇 기특할 기 큰대[大]부/총8획
* 郭 둘레/외성 곽 우부방[阝(邑)]부/총11획	求 구할 구 물수변형[氺(水)]부/총7획	* 糾 얽힐 규 실사[糸]부/총8획	寄 부칠 기 갓머리[宀]부/총11획
觀 볼 관 볼견[見]부/총24획	究 연구할 구 구멍혈[穴]부/총7획	均 고를 균 흙토[土]부/총7획	機 틀 기 나무목[木]부/총16획
關 관계할 관 문문[門]부/총19획	構 얽을 구 나무목[木]부/총14획	** 菌 버섯 균 초두[艹(艸)]부/총11획	紀 벼리 기 실사[糸]부/총9획

* 企 꾀할 기 / 사람인[人]부/총6획	* 惱 번뇌할 뇌 / 심방변[忄(心)]부/총12획	* 貸 빌릴/꿀 대: / 조개패[貝]부/총12획	童 아이 동(:) / 설립[立]부/총12획
* 其 그 기 / 여덟팔[八]부/총8획	能 능할 능 / 육달월[月(肉)]부/총10획	德 큰 덕 / 두인변[彳]부/총15획	銅 구리 동 / 쇠금[金]부/총14획
* 畿 경기(京畿) 기 / 밭전[田]부/총15획	* 泥 진흙 니 / 삼수변[氵(水)]부/총8획	道 길 도: / 책받침[辶(辵)]부/총13획	* 凍 얼 동: / 이수변[冫]부/총10획
* 祈 빌 기 / 보일시[示]부/총9획	多 많을 다 / 저녁석[夕]부/총6획	圖 그림 도 / 큰입구몸[口]부/총14획	頭 머리 두 / 머리혈[頁]부/총16획
* 幾 몇 기 / 작을요[幺]부/총12획	* 茶 차 다/차 차 / 초두[艹(艸)]부/총9획	度 법도 도:/헤아릴 탁 / 집엄[广]부/총9획	斗 말 두 / 말두[斗]부/총4획
* 忌 꺼릴 기 / 마음심[心]부/총7획	短 짧을 단(:) / 화살시[矢]부/총12획	到 이를 도: / 선칼도방[刂(刀)]부/총8획	豆 콩 두 / 콩두[豆]부/총7획
* 旣 이미 기 / 이미기몸[旡(无)]부/총11획	團 둥글 단 / 큰입구몸[口]부/총14획	島 섬 도 / 뫼산[山]부/총10획	* 屯 진칠 둔 / 싹날철[屮]부/총4획
* 棄 버릴 기 / 나무목[木]부/총12획	壇 단 단 / 흙토[土]부/총16획	都 도읍 도 / 우부방[阝(邑)]부/총12획	* 鈍 둔할 둔: / 쇠금[金]부/총12획
* 欺 속일 기 / 아픔흠방[欠]부/총12획	單 홑 단 / 입구[口]부/총12획	導 인도할 도: / 마디촌[寸]부/총16획	得 얻을 득 / 두인변[彳]부/총11획
* 豈 어찌 기 / 콩두[豆]부/총10획	斷 끊을 단: / 날근[斤]부/총18획	徒 무리 도 / 두인변[彳]부/총10획	登 오를 등 / 필발머리[癶]부/총12획
* 飢 주릴(饑) 기 / 밥식[食]부/총11획	檀 박달나무 단 / 나무목[木]부/총17획	盜 도둑 도(:) / 그릇명[皿]부/총12획	等 무리 등: / 대죽머리[竹]부/총12획
* 騎 말탈 기 / 말마[馬]부/총18획	端 끝 단 / 설립[立]부/총14획	逃 도망할 도 / 책받침[辶(辵)]부/총10획	燈 등 등 / 불화[火]부/총16획
* 緊 긴할(急) 긴 / 실사[糸]부/총14획	段 층계 단 / 갖은등글월문[殳]부/총9획	* 刀 칼 도 / 칼도[刀]부/총2획	* 騰 오를 등 / 말마[馬]부/총20획
吉 길할 길 / 입구[口]부/총6획	* 丹 붉을 단 / 점주[丶]부/총4획	* 途 길(行中) 도: / 책받침[辶(辵)]부/총11획	羅 벌일 라(나) / 그물망[罒(网)]부/총19획
* 那 어찌 나: / 우부방[阝(邑)]부/총7획	* 但 다만 단: / 사람인변[亻(人)]부/총7획	* 陶 질그릇 도 / 좌부변[阝(阜)]부/총11획	樂 즐길 락(낙)/노래 악 / 나무목[木]부/총15획
* 諾 허락할 낙 / 말씀언[言]부/총15획	* 旦 아침 단 / 날일[日]부/총5획	* 倒 넘어질 도: / 사람인변[亻(人)]부/총10획	落 떨어질 락(낙) / 초두[艹(艸)]부/총12획
暖 따뜻할 난: / 날일[日]부/총13획	達 통달할 달 / 책받침[辶(辵)]부/총13획	* 塗 칠할 도: / 흙토[土]부/총13획	* 絡 이을/얽을 락(낙) / 실사[糸]부/총12획
難 어려울 난(:) / 새추[隹]부/총19획	談 말씀 담 / 말씀언[言]부/총15획	* 挑 돋울 도 / 재방변[扌(手)]부/총9획	亂 어지러울 란(난): / 새을방[乚(乙)]부/총13획
南 남녘 남 / 열십[十]부/총9획	擔 멜 담 / 재방변[扌(手)]부/총16획	* 桃 복숭아 도 / 나무목[木]부/총10획	卵 알 란(난): / 병부절[卩]부/총7획
男 사내 남 / 밭전[田]부/총7획	* 淡 맑을 담 / 삼수변[氵(水)]부/총11획	* 渡 건널 도 / 삼수변[氵(水)]부/총12획	* 欄 난간 란(난) / 나무목[木]부/총21획
納 들일 납 / 실사[糸]부/총10획	答 대답할 답 / 대죽머리[竹]부/총12획	* 稻 벼 도 / 벼화[禾]부/총15획	* 蘭 난초 란(난) / 초두[艹(艸)]부/총20획
* 娘 계집 낭 / 계집녀[女]부/총10획	* 畓 논 답 / 밭전[田]부/총9획	* 跳 뛸 도 / 발족[足]부/총13획	覽 볼 람(남) / 볼견[見]부/총21획
內 안 내: / 들입[入]부/총4획	* 踏 밟을 답 / 발족[足]부/총15획	讀 읽을 독 / 말씀언[言]부/총22획	* 濫 넘칠 람(남): / 삼수변[氵(水)]부/총17획
* 耐 견딜 내: / 말이을이[而]부/총9획	堂 집 당 / 흙토[土]부/총11획	獨 홀로 독 / 개사슴록변[犭(犬)]부/총16획	朗 밝을 랑(낭): / 달월[月]부/총10획
* 乃 이에 내: / 삐침변[丿]부/총2획	當 마땅할 당 / 밭전[田]부/총13획	毒 독 독 / 말무[毋]부/총9획	* 廊 사랑채/행랑 랑(낭) / 집엄[广]부/총12획
* 奈 어찌 내 / 큰대[大]부/총8획	黨 무리 당 / 검을흑[黑]부/총20획	督 감독할 독 / 눈목[目]부/총13획	* 浪 물결 랑(낭)(:) / 삼수변[氵(水)]부/총10획
女 계집 녀(여) / 계집녀[女]부/총3획	* 唐 당나라/당황할 당(:) / 입구[口]부/총10획	* 篤 도타울 독 / 대죽머리[竹]부/총16획	* 郞 사내 랑(낭) / 우부방[阝(邑)]부/총11획
年 해 년(연) / 방패간[干]부/총6획	* 糖 엿 당 / 쌀미[米]부/총16획	* 敦 도타울 돈 / 둥글월문[攵(攴)]부/총12획	來 올 래(내)(:) / 사람인[人]부/총8획
念 생각할 념(염): / 마음심[心]부/총8획	大 큰 대 / 큰대[大]부/총3획	* 豚 돼지 돈 / 돼지시[豕]부/총11획	冷 찰 랭(냉): / 이수변[冫]부/총7획
* 寧 편안 녕(영) / 갓머리[宀]부/총14획	代 대신할 대: / 사람인변[亻(人)]부/총5획	* 突 갑자기/부딪칠 돌 / 구멍혈[穴]부/총9획	略 간략할/약할(줄일) 략(약) / 밭전[田]부/총11획
努 힘쓸 노 / 힘력[力]부/총7획	對 대할 대: / 마디촌[寸]부/총14획	東 동녘 동 / 나무목[木]부/총8획	* 掠 노략질할 략(약) / 재방변[扌(手)]부/총11획
怒 성낼 노: / 마음심[心]부/총9획	待 기다릴 대: / 두인변[彳]부/총9획	冬 겨울 동 / 이수변[冫]부/총5획	良 어질 량(양) / 그칠간[艮]부/총7획
* 奴 종 노 / 계집녀[女]부/총5획	帶 띠 대(:) / 수건건[巾]부/총11획	動 움직일 동: / 힘력[力]부/총11획	量 헤아릴 량(양) / 마을리[里]부/총12획
農 농사 농 / 별진[辰]부/총13획	隊 무리(떼) 대 / 좌부변[阝(阜)]부/총12획	同 한가지 동 / 입구[口]부/총6획	兩 두 량(양): / 들입[入]부/총8획
* 腦 골/뇌수 뇌 / 육달월[月(肉)]부/총13획	* 臺 대 대 / 이를지[至]부/총14획	洞 골 동/밝을 통: / 삼수변[氵(水)]부/총9획	糧 양식 량(양) / 쌀미[米]부/총18획

* 涼 서늘할 량(양) 이수변[冫]부/총10획	* 露 이슬 로(노): 비우[雨]부/총20획	離 떠날 리(이): 새추[隹]부/총19획	脈 줄기 맥 육달월[月(肉)]부/총10획
* 梁 들보/돌다리 량(양) 나무목[木]부/총11획	綠 푸를 록(녹) 실사[糸]부/총14획	* 吏 벼슬아치/관리 리(이) 입구[口]부/총6획	* 麥 보리 맥 보리맥[麥]부/총11획
* 諒 살펴알/믿을 량(양) 말씀언[言]부/총15획	錄 기록할 록(녹) 쇠금[金]부/총16획	* 履 밟을 리(이) 주검시[尸]부/총15획	* 孟 맏 맹(:) 아들자[子]부/총8획
旅 나그네 려(여) 모방[方]부/총10획	* 祿 녹 록(녹) 보일시[示]부/총13획	* 裏 속 리(이) 옷의[衣]부/총13획	* 猛 사나울 맹: 개사슴록변[犭(犬)]부/총11획
麗 고울 려(여) 사슴록[鹿]부/총19획	* 鹿 사슴 록(녹) 사슴록[鹿]부/총11획	* 梨 배 리(이) 나무목[木]부/총11획	* 盲 소경/눈멀 맹 눈목[目]부/총8획
慮 생각할 려(여) 마음심[心]부/총15획	論 논할 론(논) 말씀언[言]부/총15획	* 隣 이웃 린(인) 좌부변[阝(阜)]부/총15획	* 盟 맹세 맹 그릇명[皿]부/총13획
* 勵 힘쓸 려(여): 힘력[力]부/총16획	* 弄 희롱할 롱(농): 받들공[廾]부/총7획	林 수풀 림(임) 나무목[木]부/총8획	面 낯 면: 낯면[面]부/총9획
力 힘 력(역) 힘력[力]부/총2획	* 賴 의뢰할 뢰(뇌): 조개패[貝]부/총16획	* 臨 임할 림(임) 신하신[臣]부/총17획	勉 힘쓸 면: 힘력[力]부/총9획
歷 지날 력(역) 그칠지[止]부/총16획	* 雷 우레 뢰(뇌) 비우[雨]부/총13획	立 설 립(입) 설립[立]부/총5획	* 眠 잘 면 눈목[目]부/총10획
* 曆 책력 력(역) 날일[日]부/총16획	料 헤아릴 료(요)(:) 말두[斗]부/총10획	馬 말 마: 말부[馬]부/총10획	* 綿 솜 면 실사[糸]부/총14획
練 익힐 련(연) 실사[糸]부/총15획	* 了 마칠 료(요): 갈고리궐[亅]부/총2획	* 磨 갈 마 돌석[石]부/총16획	* 免 면할 면: 어진사람인[儿]부/총7획
連 이을 련(연) 책받침[辶(辵)]부/총11획	* 僚 동료 료(요) 사람인[亻(人)]부/총14획	* 麻 삼 마(:) 삼마[麻]부/총11획	* 滅 꺼질/멸할 멸 삼수변[氵(水)]부/총13획
* 戀 그리워할 련(연): 마음심[心]부/총23획	龍 용 룡(용) 용룡[龍]부/총16획	* 幕 장막 막 수건건[巾]부/총13획	名 이름 명 입구[口]부/총6획
* 聯 연이을 련(연) 귀이[耳]부/총17획	* 樓 다락 루(누) 나무목[木]부/총15획	* 漠 넓을 막 삼수변[氵(水)]부/총13획	命 목숨 명: 입구[口]부/총8획
* 鍊 쇠불릴/단련할 련(연): 쇠금[金]부/총17획	* 屢 여러 루(누): 주검시[尸]부/총14획	* 莫 없을 막 초두[艹(艸)]부/총10획	明 밝을 명 날일[日]부/총8획
* 憐 불쌍히 여길 련(연) 심방변[忄(心)]부/총15획	* 淚 눈물 루(누): 삼수변[氵(水)]부/총11획	萬 일만 만: 초두[艹(艸)]부/총12획	鳴 울 명 새조[鳥]부/총14획
* 蓮 연꽃 련(연) 초두[艹(艸)]부/총14획	* 漏 샐 루(누): 삼수변[氵(水)]부/총14획	滿 찰 만(:) 삼수변[氵(水)]부/총14획	* 銘 새길 명 쇠금[金]부/총14획
列 벌일 렬(열) 선칼도방[刂(刀)]부/총6획	* 累 여러/자주 루(누): 실사[糸]부/총11획	* 慢 거만할 만: 심방변[忄(心)]부/총14획	* 冥 어두울 명 민갓머리[冖]부/총10획
烈 매울 렬(열) 연화발[灬(火)]부/총10획	流 흐를 류(유) 삼수변[氵(水)]부/총10획	* 晚 늦을 만: 날일[日]부/총11획	母 어미 모: 말무[毋]부/총5획
* 劣 못할 렬(열) 힘력[力]부/총6획	類 무리 류(유)(:) 머리혈[頁]부/총19획	* 漫 흩어질 만: 삼수변[氵(水)]부/총14획	毛 털 모 털모[毛]부/총4획
* 裂 찢어질 렬(열) 옷의[衣]부/총12획	留 머무를 류(유) 밭전[田]부/총10획	末 끝 말 나무목[木]부/총5획	模 본뜰 모 나무목[木]부/총14획
* 廉 청렴할 렴(염) 집엄[广]부/총13획	柳 버들 류(유)(:) 나무목[木]부/총9획	亡 망할 망 돼지머리해[亠]부/총3획	* 慕 그리워할 모: 밑마음심[忄(心)]부/총14획
* 獵 사냥 렵(엽) 개사슴록변[犭(犬)]부/총18획	六 여섯 륙(육) 여덟팔[八]부/총4획	望 바랄 망: 달월[月]부/총11획	* 謀 꾀 모 말씀언[言]부/총17획
令 하여금 령(영)(:) 사람인[人]부/총5획	陸 뭍 륙(육) 좌부변[阝(阜)]부/총11획	* 妄 망령될 망: 계집녀[女]부/총6획	* 貌 모양 모 갖은돼지시변[豸]부/총14획
領 거느릴 령(영) 머리혈[頁]부/총14획	輪 바퀴 륜(윤) 수레거[車]부/총15획	* 忘 잊을 망: 마음심[心]부/총7획	* 侮 업신여길 모(:) 사람인변[亻(人)]부/총9획
* 嶺 고개 령(영) 뫼산[山]부/총17획	* 倫 인륜 륜(윤) 사람인변[亻(人)]부/총10획	* 忙 바쁠 망 심방변[忄(心)]부/총6획	* 冒 무릅쓸 모 멀경[冂]부/총9획
* 靈 신령 령(영) 비우[雨]부/총24획	律 법칙 률(율) 두인변[彳]부/총9획	* 罔 없을 망 그물망[网]부/총8획	* 募 모을/뽑을 모 힘력[力]부/총12획
* 零 떨어질/영(數字) 령(영) 비우[雨]부/총13획	* 栗 밤 률(율) 나무목[木]부/총10획	* 茫 아득할 망 초두[艹(艸)]부/총9획	* 暮 저물 모: 날일[日]부/총14획
例 법식 례(예) 사람인변[亻(人)]부/총8획	* 率 비율 률(율)/거느릴 솔 검을현[玄]부/총11획	每 매양 매(:) 말무[毋]부/총7획	* 某 아무 모: 나무목[木]부/총9획
禮 예도 례(예) 보일시[示]부/총18획	* 隆 높을 륭(융) 좌부변[阝(阜)]부/총12획	買 살 매: 조개패[貝]부/총12획	木 나무 목 나무목[木]부/총4획
* 隸 종 례(예): 미칠이[隶]부/총16획	* 陵 언덕 릉(능) 좌부변[阝(阜)]부/총11획	賣 팔 매(:) 조개패[貝]부/총15획	目 눈 목 눈목[目]부/총5획
老 늙을 로(노): 늙을로[老]부/총6획	里 마을 리(이) 마을리[里]부/총7획	妹 손아래누이 매 계집녀[女]부/총8획	牧 칠 목 소우[牛]부/총8획
路 길 로(노): 발족[足]부/총13획	利 이할 리(이): 선칼도방[刂(刀)]부/총7획	* 梅 매화 매 나무목[木]부/총11획	* 睦 화목할 목 눈목[目]부/총13획
勞 일할 로(노): 힘력[力]부/총12획	李 오얏/성 리(이) 나무목[木]부/총7획	* 埋 묻을 매 흙토[土]부/총10획	* 沒 빠질 몰 삼수변[氵(水)]부/총7획
* 爐 화로 로(노): 불화[火]부/총20획	理 다스릴 리(이) 구슬옥변[王(玉)]부/총11획	* 媒 중매 매 계집녀[女]부/총12획	* 夢 꿈 몽 저녁석[夕]부/총13획

漢字	訓音 / 部首·劃數	漢字	訓音 / 部首·劃數	漢字	訓音 / 部首·劃數	漢字	訓音 / 部首·劃數
* 蒙	어두울 몽 / 초두[艹(艸)]부/총13획	* 蜜	꿀 밀 / 벌레충[虫]부/총14획	* 輩	무리 배: / 수레거[車]부/총15획	福	복 복 / 보일시[示]부/총14획
墓	무덤 묘: / 흙토[土]부/총13획	朴	순박할/성 박 / 나무목[木]부/총6획	* 杯	잔 배 / 나무목[木]부/총8획	復	회복할 복/다시 부: / 두인변[彳]부/총12획
妙	묘할 묘: / 계집녀[女]부/총7획	博	넓을 박 / 열십[十]부/총12획	白	흰 백 / 흰백[白]부/총5획	伏	엎드릴 복 / 사람인변[亻(人)]부/총6획
* 卯	토끼 묘: / 병부절[卩]부/총5획	拍	칠 박 / 재방변[扌(手)]부/총8획	百	일백 백 / 흰백[白]부/총6획	複	겹칠 복 / 옷의변[衤(衣)]부/총14획
* 廟	사당 묘: / 집엄[广]부/총15획	* 薄	엷을 박 / 초두[艹(艸)]부/총16획	* 伯	맏 백 / 사람인변[亻(人)]부/총7획	* 腹	배 복 / 육달월[月(肉)]부/총13획
* 苗	모 묘: / 초두[艹(艸)]부/총8획	* 迫	핍박할 박 / 책받침[辶(辵)]부/총9획	番	차례 번 / 밭전[田]부/총12획	* 卜	점 복 / 점복[卜]부/총2획
無	없을 무 / 연하발[灬(火)]부/총12획	* 泊	머무를/배댈 박 / 삼수변[氵(水)]부/총8획	* 繁	번성할 번 / 실사[糸]부/총17획	* 覆	다시 복/덮을 부 / 덮을아[襾]부/총18
務	힘쓸 무: / 힘력[力]부/총11획	半	반 반 / 열십[十]부/총5획	* 煩	번거로울 번 / 불화[火]부/총13획	本	근본 본 / 나무목[木]부/총5획
武	호반 무: / 그칠지[止]부/총8획	反	돌이킬 반 / 또우[又]부/총4획	* 飜	번역할 번 / 날비[飛]부/총21획	奉	받들 봉: / 큰대[大]부/총8획
舞	춤출 무: / 어긋날천[舛]부/총14획	班	나눌 반 / 구슬옥변[王(玉)]부/총10획	伐	칠 벌 / 사람인변[亻(人)]부/총6획	* 封	봉할 봉 / 마디촌[寸]부/총9획
* 茂	무성할 무: / 초두[艹(艸)]부/총8획	* 般	가지/일반 반 / 배주[舟]부/총10획	罰	벌할 벌 / 그물망[罒(网)]부/총14획	* 峯	봉우리 봉 / 뫼산[山]부/총10획
* 貿	무역할 무: / 조개패[貝]부/총12획	* 飯	밥 반 / 밥식[食]부/총13획	範	법 범 / 대죽머리[竹]부/총15획	* 逢	만날 봉 / 책받침[辶(辵)]부/총11획
* 戊	다섯째천간 무: / 창과[戈]부/총5획	* 伴	짝 반 / 사람인변[亻(人)]부/총7획	犯	범할 범 / 개사슴록변[犭(犬)]부/총5획	* 蜂	벌 봉 / 벌레충[虫]부/총13획
* 霧	안개 무: / 비우[雨]부/총19획	* 叛	배반할 반 / 또우[又]부/총9획	* 凡	무릇 범(:) / 책상궤[几]부/총3획	* 鳳	봉새 봉: / 새조[鳥]부/총14획
* 默	잠잠할 묵 / 검을흑[黑]부/총16획	* 盤	소반 반 / 그릇명[皿]부/총15획	法	법 법 / 삼수변[氵(水)]부/총8획	父	아비 부 / 아비부[父]부/총4획
* 墨	먹 묵 / 흙토[土]부/총15획	* 返	돌이킬 반 / 책받침[辶(辵)]부/총8획	壁	벽 벽 / 흙토[土]부/총16획	夫	지아비/사내 부 / 큰대[大]부/총4획
門	문 문 / 문문[門]부/총8획	發	필 발 / 필발머리[癶]부/총12획	* 碧	푸를 벽 / 돌석[石]부/총14획	部	떼/거느릴 부 / 우부방[阝(邑)]부/총11획
問	물을 문: / 입구[口]부/총11획	髮	터럭 발 / 터럭발[髟]부/총15획	變	변할 변 / 말씀언[言]부/총23획	副	버금 부: / 선칼도방[刂(刀)]부/총11획
文	글월 문 / 글월문[文]부/총4획	* 拔	뽑을 발 / 재방변[扌(手)]부/총8획	邊	가 변 / 책받침[辶(辵)]부/총19획	婦	며느리/아내 부 / 계집녀[女]부/총11획
聞	들을 문(:) / 귀이[耳]부/총14획	方	모 방 / 모방[方]부/총4획	辯	말씀 변: / 매울신[辛]부/총21획	富	부자 부: / 갓머리[宀]부/총12획
* 紋	무늬 문 / 실사[糸]부/총10획	放	놓을 방(:) / 등글월문[攵(攴)]부/총8획	* 辨	분별할 변: / 매울신[辛]부/총16획	府	마을(官廳) 부(:) / 집엄[广]부/총8획
物	물건 물 / 소우[牛]부/총8획	房	방 방 / 지게호[戶]부/총8획	別	다를/나눌 별 / 선칼도방[刂(刀)]부/총7획	否	아닐 부: / 입구[口]부/총7획
* 勿	말(禁) 물 / 쌀포[勹]부/총4획	訪	찾을 방: / 말씀언[言]부/총11획	病	병 병: / 병들녁[疒]부/총10획	負	질(荷) 부: / 조개패[貝]부/총9획
米	쌀 미 / 쌀미[米]부/총6획	防	막을 방 / 좌부변[阝(阜)]부/총7획	兵	병사 병 / 여덟팔[八]부/총7획	* 付	부칠 부: / 사람인변[亻(人)]부/총5획
美	아름다울 미(:) / 양양[羊]부/총9획	妨	방해할 방 / 계집녀[女]부/총7획	* 丙	남녁/셋째천간 병: / 한일[一]부/총5획	* 扶	도울 부 / 재방변[扌(手)]부/총7획
味	맛 미: / 입구[口]부/총8획	* 倣	본뜰 방 / 사람인변[亻(人)]부/총10획	* 屛	병풍 병: / 주검시[尸]부/총11획	* 浮	뜰 부 / 삼수변[氵(水)]부/총10획
未	아닐 미/여덟째지지 미(:) / 나무목[木]부/총5획	* 傍	곁 방: / 사람인변[亻(人)]부/총12획	並	나란히 병: / 설립[立]부/총10획	* 符	부호 부(:) / 대죽[竹]부/총11획
* 微	작을 미 / 두인변[彳]부/총13획	* 芳	꽃다울 방 / 초두[艹(艸)]부/총7획	保	지킬 보(:) / 사람인변[亻(人)]부/총9획	* 簿	문서 부: / 대죽[竹]부/총19획
* 尾	꼬리 미: / 주검시[尸]부/총7획	* 邦	나라 방 / 우부방[阝(邑)]부/총7획	報	갚을/알릴 보: / 흙토[土]부/총12획	* 附	붙을 부(:) / 좌부변[阝(阜)]부/총8획
* 眉	눈썹 미 / 눈목[目]부/총9획	倍	곱 배(:) / 사람인변[亻(人)]부/총10획	寶	보배 보: / 갓머리[宀]부/총20획	* 腐	썩을 부: / 고기육[肉]부/총14획
* 迷	미혹할 미(:) / 책받침[辶(辵)]부/총10획	拜	절 배: / 손수[手]부/총9획	步	걸음 보: / 그칠지[止]부/총7획	* 賦	부세 부: / 조개패[貝]부/총15획
民	백성 민 / 성씨씨[氏]부/총5획	背	등 배: / 육달월[月(肉)]부/총9획	普	넓을 보: / 날일[日]부/총12획	* 赴	다다를/갈 부: / 달릴주[走]부/총9획
* 憫	민망할 민 / 심방변[忄(心)]부/총15획	配	나눌/짝 배: / 닭유[酉]부/총10획	* 補	기울 보: / 옷의변[衤(衣)]부/총12획	北	북녘 북/달아날 배 / 비수비[匕]부/총5획
* 敏	민첩할 민 / 등글월문[攵(攴)]부/총11획	* 培	북돋울 배: / 흙토[土]부/총11획	* 譜	족보 보: / 말씀언[言]부/총19획	分	나눌 분(:) / 칼도[刀]부/총4획
密	빽빽할/숨길 밀 / 갓머리[宀]부/총11획	* 排	밀칠 배 / 재방변[扌(手)]부/총11획	服	옷 복 / 달월[月]부/총8획	憤	분할 분: / 심방변[忄(心)]부/총15획

* 紛 어지러울 분(:) 실사[糸]부/총10획	史 사기(史記) 사: 입구[口]부/총5획	上 윗 상: 한일[一]부/총3획	* 逝 갈 서: 책받침[辶(辵)]부/총11획
* 奔 달릴 분 큰대[大]부/총8획	士 선비 사: 선비사[士]부/총3획	商 장사 상 입구[口]부/총11획	夕 저녁 석 저녁석[夕]부/총3획
* 奮 떨칠 분: 큰대[大]부/총16획	寫 베낄 사 갓머리[宀]부/총15획	相 서로 상 눈목[目]부/총9획	席 자리 석 수건건[巾]부/총10획
粉 가루 분 쌀미[米]부/총10획	思 생각할 사(:) 마음심[心]부/총9획	賞 상줄 상 조개패[貝]부/총15획	石 돌 석 돌석[石]부/총5획
* 墳 무덤 분 흙토[土]부/총15획	査 조사할 사 나무목[木]부/총9획	常 떳떳할/항상 상 수건건[巾]부/총11획	* 惜 아낄 석 심방변[忄(心)]부/총11획
不 아닐 불(부) 한일[一]부/총4획	寺 절 사 마디촌[寸]부/총6획	床 상 상(牀) 집엄[广]부/총7획	* 釋 풀 석 나눌변[釆]부/총20획
佛 부처 불 사람인변[亻(人)]부/총7획	師 스승 사 수건건[巾]부/총10획	想 생각할 상: 마음심[心]부/총13획	* 昔 예 석 날일[日]부/총8획
* 拂 떨칠 불 재방변[扌(手)]부/총8획	舍 집 사 혀설[舌]부/총8획	狀 형상 상/문서 장: 개견[犬]부/총8획	* 析 쪼갤 석 나무목[木]부/총8획
* 崩 무너질 붕 뫼산[山]부/총11획	謝 사례할 사: 말씀언[言]부/총17획	傷 다칠 상 사람인변[亻(人)]부/총13획	先 먼저 선 어진사람인[儿]부/총6획
* 朋 벗 붕 달월[月]부/총8획	射 쏠 사(:) 마디촌[寸]부/총10획	象 코끼리 상 돼지시[豕]부/총12획	線 줄 선 실사[糸]부/총15획
比 견줄 비: 견줄비[比]부/총4획	私 사사(私事) 사 벼화[禾]부/총7획	* 像 모양 상 사람인변[亻(人)]부/총14획	仙 신선 선 사람인변[亻(人)]부/총5획
費 쓸 비: 조개패[貝]부/총12획	絲 실 사 실사[糸]부/총12획	* 喪 잃을 상(:) 입구[口]부/총12획	善 착할 선: 입구[口]부/총12획
鼻 코 비: 코비[鼻]부/총14획	辭 말씀 사 매울신[辛]부/총19획	* 尙 오히려 상(:) 작을소[小]부/총8획	船 배 선 배선[舟]부/총11획
備 갖출 비: 사람인변[亻(人)]부/총12획	* 司 맡을 사 입구[口]부/총5획	* 裳 치마 상 옷의[衣]부/총14획	選 가릴 선: 책받침[辶(辵)]부/총16획
悲 슬플 비: 마음심[心]부/총12획	* 沙 모래 사 삼수변[氵(水)]부/총7획	* 詳 자세할 상: 말씀언[言]부/총13획	鮮 고울 선 고기어[魚]부/총17획
非 아닐 비(:) 아닐비[非]부/총8획	* 祀 제사 사 보일시[示]부/총8획	* 霜 서리 상 비우[雨]부/총17획	宣 베풀 선 갓머리[宀]부/총9획
飛 날 비 날비[飛]부/총9획	* 詞 말/글 사 말씀언[言]부/총12획	* 償 갚을 상: 사람인변[亻(人)]부/총17획	* 旋 돌(廻) 선 모방[方]부/총11획
批 비평할 비: 재방변[扌(手)]부/총7획	* 邪 간사할 사 우부방[阝(邑)]부/총7획	* 嘗 맛볼 상 입구[口]부/총14획	* 禪 선 선 보일시[示]부/총17획
碑 비석 비 돌석[石]부/총13획	* 似 닮을 사: 사람인변[亻(人)]부/총7획	* 桑 뽕나무 상 나무목[木]부/총10획	雪 눈 설 비우[雨]부/총11획
祕 숨길 비: 보일시[示]부/총10획	* 巳 뱀/여섯째지지 사: 몸기[己]부/총3획	* 祥 상서 상 보일시[示]부/총11획	說 말씀 설/달랠 세: 말씀언[言]부/총14획
* 卑 낮을 비: 열십[十]부/총8획	* 捨 버릴 사: 재방변[扌(手)]부/총11획	色 빛 색 빛색[色]부/총6획	設 베풀 설 말씀언[言]부/총11획
* 妃 왕비 비 계집녀[女]부/총6획	* 斜 비낄 사 말두[斗]부/총11획	* 索 찾을 색 실사[糸]부/총10획	舌 혀 설 혀설[舌]부/총6획
* 婢 계집종 비: 계집녀[女]부/총11획	* 斯 이 사 도끼근[斤]부/총12획	* 塞 막힐 색/변방 새: 흙토[土]부/총13획	* 攝 다스릴/잡을 섭 재방변[扌(手)]부/총21획
* 肥 살찔 비: 육달월[月(肉)]부/총8획	* 蛇 긴뱀 사 벌레충[虫]부/총11획	生 날/살 생 날생[生]부/총5획	* 涉 건널 섭 삼수변[氵(水)]부/총10획
貧 가난할 빈 조개패[貝]부/총11획	* 詐 속일 사 말씀언[言]부/총12획	西 서녘 서 덮을아[襾]부/총6획	姓 성 성 계집녀[女]부/총8획
* 賓 손 빈 조개패[貝]부/총14획	* 賜 줄 사: 조개패[貝]부/총15획	書 글 서 가로왈[曰]부/총10획	成 이룰 성 창과[戈]부/총7획
* 頻 자주 빈 머리혈[頁]부/총16획	* 削 깎을 삭 선칼도방[刂(刀)]부/총9획	序 차례 서: 집엄[广]부/총7획	省 살필 성/덜 생 눈목[目]부/총9획
氷 얼음 빙 물수[水]부/총5획	* 朔 초하루 삭 달월[月]부/총10획	* 徐 천천할 서(:) 두인변[彳]부/총10획	性 성품 성: 심방변[忄(心)]부/총8획
* 聘 부를 빙 귀이[耳]부/총13획	山 메 산 뫼산[山]부/총3획	* 恕 용서할 서: 마음심[心]부/총10획	城 재 성 흙토[土]부/총10획
四 넉 사: 큰입구몸[口]부/총5획	算 셀 산: 대죽[竹]부/총14획	* 緖 실마리 서: 실사[糸]부/총15획	星 별 성 날일[日]부/총9획
事 일 사: 갈고리궐[亅]부/총8획	産 낳을 산: 날생[生]부/총11획	* 署 마을(官廳) 서: 그물망[罒(网)]부/총14획	盛 성할 성: 그릇명[皿]부/총12획
使 하여금/부릴 사: 사람인변[亻(人)]부/총8획	散 흩어질 산: 등글월문[攵(攴)]부/총12획	* 庶 여러 서: 집엄[广]부/총11획	聖 성인 성: 귀이[耳]부/총13획
死 죽을 사: 죽을사변[歹]부/총6획	殺 죽일 살/감할 쇄: 갖은등글월문[殳]부/총11획	* 敍 펼 서: 칠복[攵]부/총11획	聲 소리 성 귀이[耳]부/총17획
社 모일 사 보일시[示]부/총8획	三 석 삼 한일[一]부/총3획	* 暑 더울 서: 날일[日]부/총13획	誠 정성 성 말씀언[言]부/총14획
仕 섬길 사(:) 사람인변[亻(人)]부/총5획	* 森 수풀 삼 나무목[木]부/총12획	* 誓 맹세할 서: 말씀언[言]부/총14획	世 인간 세: 한일[一]부/총5획

歲 해 세: / 그칠지[止]부/총13획	* 衰 쇠할 쇠 / 옷의[衣]부/총10획	純 순수할 순 / 실사[糸]부/총10획	息 쉴 식 / 마음심[心]부/총10획
洗 씻을 세: / 삼수변[氵(水)]부/총9획	水 물 수 / 물수[水]부/총4획	* 巡 돌/순행할 순 / 개미허리[巛(川)]부/총7획	* 飾 꾸밀 식 / 밥식[食]부/총14획
勢 형세 세: / 힘력[力]부/총13획	手 손 수(:) / 손수[手]부/총4획	* 旬 열흘 순 / 날일[日]부/총6획	信 믿을 신: / 사람인변[亻(人)]부/총9획
稅 세금 세: / 벼화[禾]부/총12획	數 셈 수: / 등글월문[攵(攴)]부/총15획	* 瞬 눈깜짝일 순 / 눈목[目]부/총17획	新 새 신 / 도끼근[斤]부/총13획
細 가늘 세: / 실사[糸]부/총11획	樹 나무 수 / 나무목[木]부/총16획	* 循 돌 순 / 두인변[彳]부/총12획	神 귀신 신 / 보일시[示]부/총10획
小 작을 소: / 작을소[小]부/총3획	首 머리 수 / 머리수[首]부/총9획	* 殉 따라죽을 순 / 죽을사변[歹]부/총10획	身 몸 신 / 몸신[身]부/총7획
少 적을 소: / 작을소[小]부/총4획	修 닦을 수 / 사람인변[亻(人)]부/총10획	* 脣 입술 순 / 육달월[月(肉)]부/총11획	臣 신하 신 / 신하신[臣]부/총6획
所 바/곳 소: / 집호[戶]부/총8획	受 받을 수(:) / 또우[又]부/총8획	術 재주 술 / 다닐행[行]부/총11획	申 납(猿)/아홉째지지 신 / 밭전[田]부/총5획
消 사라질 소 / 삼수변[氵(水)]부/총10획	守 지킬 수 / 갓머리[宀]부/총6획	* 述 펼 술 / 책받침[辶(辵)]부/총9획	* 愼 삼갈 신: / 심방변[忄(心)]부/총13획
掃 쓸 소(:) / 재방변[扌(手)]부/총11획	授 줄 수 / 재방변[扌(手)]부/총11획	* 戌 개/열한번째지지 술 / 창과[戈]부/총6획	* 伸 펼 신 / 사람인변[亻(人)]부/총7획
笑 웃을 소: / 대죽머리[竹(竹)]부/총10획	收 거둘 수 / 등글월문[攵(攴)]부/총6획	崇 높을 숭 / 뫼산[山]부/총11획	* 晨 새벽 신 / 날일[日]부/총11획
素 본디/흴 소: / 실사[糸]부/총10획	秀 빼어날 수 / 벼화[禾]부/총7획	習 익힐 습 / 깃우[羽]부/총11획	* 辛 매울 신 / 매울신[辛]부/총7획
* 疏 소통할 소 / 발소[疋]부/총12획	* 壽 목숨 수 / 선비사[士]부/총14획	* 拾 주울습/열 십 / 재방변[扌(手)]부/총9획	室 집 실 / 갓머리[宀]부/총9획
* 蘇 되살아날 소 / 초두[艹(艸)]부/총19획	* 帥 장수 수 / 수건건[巾]부/총9획	* 襲 엄습할 습 / 옷의[衣]부/총22획	失 잃을 실 / 큰대[大]부/총5획
* 訴 호소할 소 / 말씀언[言]부/총12획	* 愁 근심 수 / 마음심[心]부/총13획	濕 젖을 습 / 삼수변[氵(水)]부/총17획	實 열매 실 / 갓머리[宀]부/총14획
* 召 부를 소 / 입구[口]부/총5획	* 殊 다를 수 / 죽을사변[歹]부/총10획	勝 이길 승 / 힘력[力]부/총12획	心 마음 심 / 마음심[心]부/총4획
* 昭 밝을 소 / 날일[日]부/총9획	* 獸 짐승 수 / 개견[犬]부/총19획	承 이을 승 / 손수[手]부/총8획	深 깊을 심 / 삼수변[氵(水)]부/총11획
* 燒 사를 소(:) / 불화[火]부/총16획	* 輸 보낼 수 / 수레거[車]부/총16획	* 乘 탈 승 / 삐침별[丿]부/총10획	* 審 살필 심(:) / 갓머리[宀]부/총15획
* 蔬 나물 소 / 초두[艹(艸)]부/총15획	* 隨 따를 수 / 좌부변[阝(阜)]부/총16획	* 僧 중 승 / 사람인변[亻(人)]부/총14획	甚 심할 심: / 달감[甘]부/총9획
* 騷 떠들 소 / 말마[馬]부/총20획	* 需 쓰일(쓸) 수 / 비우[雨]부/총14획	* 昇 오를 승 / 날일[日]부/총8획	尋 찾을 심 / 마디촌[寸]부/총12획
速 빠를 속 / 책받침[辶(辵)]부/총11획	* 囚 가둘 수 / 큰입구몸[囗]부/총5획	市 저자 시: / 수건건[巾]부/총5획	十 열 십 / 열십[十]부/총2획
束 묶을 속 / 나무목[木]부/총7획	* 垂 드리울 수 / 흙토[土]부/총8획	時 때 시 / 날일[日]부/총10획	* 雙 두/쌍 쌍 / 새추[隹]부/총18획
俗 풍속 속 / 사람인변[亻(人)]부/총9획	* 搜 찾을 수 / 재방변[扌(手)]부/총13획	始 비로소 시: / 계집녀[女]부/총8획	氏 성씨 씨 / 성씨씨[氏]부/총4획
續 이을 속 / 실사[糸]부/총21획	* 睡 졸음 수 / 눈목[目]부/총13획	示 보일 시: / 보일시[示]부/총5획	兒 아이 아 / 어진사람인[儿]부/총8획
屬 붙일 속 / 주검시[尸]부/총21획	誰 누구 수 / 말씀언[言]부/총15획	施 베풀 시: / 모방[方]부/총9획	* 亞 버금 아(:) / 두이[二]부/총8획
* 粟 조 속 / 쌀미[米]부/총12획	遂 드디어/이룰 수 / 책받침[辶(辵)]부/총13획	是 옳을/이 시: / 날일[日]부/총9획	* 我 나 아: / 창과[戈]부/총7획
孫 손자 손: / 아들자[子]부/총10획	雖 비록 수 / 새추[隹]부/총17획	視 볼 시: / 볼견[見]부/총12획	* 阿 언덕 아 / 좌부변[阝(阜)]부/총8획
損 덜 손: / 재방변[扌(手)]부/총13획	* 須 모름지기 수 / 머리혈[頁]부/총12획	試 시험할 시(:) / 말씀언[言]부/총13획	* 雅 맑을 아 / 새추[隹]부/총12획
送 보낼 송: / 책받침[辶(辵)]부/총10획	宿 잘 숙 / 갓머리[宀]부/총11획	詩 시 시 / 말씀언[言]부/총13획	* 牙 어금니 아 / 어금니아[牙]부/총4획
松 소나무 송 / 나무목[木]부/총8획	叔 아재비 숙 / 또우[又]부/총8획	* 侍 모실 시: / 사람인변[亻(人)]부/총8획	* 芽 싹 아 / 초두[艹(艸)]부/총7획
頌 기릴/칭송할 송: / 머리혈[頁]부/총13획	肅 엄숙할 숙 / 붓률[聿]부/총13획	* 矢 화살 시: / 화살시[矢]부/총5획	餓 주릴 아 / 밥식[食]부/총16획
* 訟 송사할 송: / 말씀언[言]부/총11획	* 淑 맑을 숙 / 삼수변[氵(水)]부/총11획	食 밥/먹을 식 / 밥식[食]부/총9획	惡 악할 악/미워할 오 / 마음심[心]부/총12획
* 誦 욀 송: / 말씀언[言]부/총14획	* 熟 익힐 숙 / 연화발[灬(火)]부/총15획	植 심을 식 / 나무목[木]부/총12획	* 岳 큰산 악 / 뫼산[山]부/총8획
* 刷 인쇄할 쇄: / 선칼도방[刂(刀)]부/총8획	* 孰 누구 숙 / 아들자[子]부/총11획	式 법 식 / 주살익[弋]부/총6획	安 편안할 안 / 갓머리[宀]부/총6획
* 鎖 쇠사슬 쇄: / 쇠금[金]부/총18획	順 순할/차례 순 / 머리혈[頁]부/총12획	識 알 식/기록할 지 / 말씀언[言]부/총19획	案 책상 안 / 나무목[木]부/총10획

眼 눈 안: 눈목[目]부/총11획
* 岸 언덕 안: 뫼산[山]부/총8획
* 顔 낯 안: 머리혈[頁]부/총18획
* 雁 기러기 안: 새추[隹]부/총12획
* 謁 뵐 알 말씀언[言]부/총16획
暗 어두울 암: 날일[日]부/총13획
* 巖 바위 암(岩) 뫼산[山]부/총23획
壓 누를 압 흙토[土]부/총17획
* 押 누를 압 재방변[扌(手)]부/총8획
* 仰 우러를 앙: 사람인변[亻(人)]부/총6획
* 央 가운데 앙 큰대[大]부/총5획
* 殃 재앙 앙 죽을사변[歹]부/총9획
愛 사랑 애: 마음심[心]부/총13획
* 哀 슬플 애 입구[口]부/총9획
* 涯 물가 애 삼수변[氵(水)]부/총11획
液 진 액 삼수변[氵(水)]부/총11획
額 이마 액 머리혈[頁]부/총18획
* 厄 액(재앙) 액 굴바위엄[厂]부/총4획
夜 밤 야 저녁석[夕]부/총8획
野 들 야 마을리[里]부/총11획
* 也 이끼/어조사 야: 새을방[乚(乙)]부/총3획
* 耶 어조사 야 귀이[耳]부/총9획
弱 약할 약 활궁[弓]부/총10획
藥 약 약 초두[艹(艸)]부/총18획
約 맺을 약 실사[糸]부/총9획
* 若 같을 약/반야 야 초두[艹(艸)]부/총8획
* 躍 뛸 약 발족[足]부/총21획
洋 큰바다 양 삼수변[氵(水)]부/총9획
陽 볕 양 좌부변[阝(阜)]부/총12획
養 기를 양: 밥식[食]부/총15획
羊 양 양 양양[羊]부/총6획
樣 모양 양 나무목[木]부/총15획
* 壤 흙덩이 양: 흙토[土]부/총20획
* 揚 날릴 양 재방변[扌(手)]부/총12획
* 讓 사양할 양: 말씀언[言]부/총24획

* 楊 버들 양 나무목[木]부/총13획
語 말씀 어: 말씀언[言]부/총14획
漁 고기잡을 어 삼수변[氵(水)]부/총14획
魚 물고기 어 물고기어[魚]부/총11획
* 御 거느릴 어: 두인변[彳]부/총11획
* 於 어조사 어/탄식할 오 모방[方]부/총8획
億 억 억 사람인변[亻(人)]부/총15획
* 憶 생각할 억 심방변[忄(心)]부/총16획
* 抑 누를 억 재방변[扌(手)]부/총7획
言 말씀 언 말씀언[言]부/총7획
* 焉 어찌 언 연화발[灬(火)]부/총11획
嚴 엄할 엄 입구[口]부/총20획
業 업 업 나무목[木]부/총13획
如 같을 여 계집녀[女]부/총6획
餘 남을 여 밥식[食]부/총16획
與 줄/더불 여: 절구구[臼]부/총14획
* 予 나 여 갈고리궐[亅]부/총4획
* 余 나 여 사람인[人]부/총7획
* 汝 너 여: 삼수변[氵(水)]부/총6획
* 輿 수레 여: 수레거[車]부/총17획
逆 거스를 역 책받침[辶(辵)]부/총10획
域 지경 역 흙토[土]부/총11획
易 바꿀 역/쉬울 이: 날일[日]부/총8획
* 亦 또 역 돼지머리해[亠]부/총6획
* 役 부릴 역 두인변[彳]부/총7획
* 譯 번역할 역 말씀언[言]부/총20획
* 驛 역 역 말마[馬]부/총23획
* 疫 전염병 역 병들녁[疒]부/총9획
然 그럴 연 연화발[灬(火)]부/총12획
演 펼 연: 삼수변[氵(水)]부/총14획
煙 연기 연 불화[火]부/총13획
硏 갈 연: 돌석[石]부/총11획
延 늘일 연 민책받침[廴]부/총7획
燃 탈 연 불화[火]부/총16획
緣 인연 연 실사[糸]부/총15획

鉛 납 연 쇠금[金]부/총13획
* 宴 잔치 연: 갓머리[宀]부/총10획
* 沿 물따라갈/따를 연(:) 삼수변[氵(水)]부/총8획
* 軟 연할 연: 수레거[車]부/총11획
* 燕 제비 연 연화발[灬(火)]부/총16획
熱 더울 열 연화발[灬(火)]부/총15획
* 悅 기쁠 열 심방변[忄(心)]부/총10획
* 閱 볼 열 문문[門]부/총15획
* 染 물들 염: 나무목[木]부/총9획
* 炎 불꽃 염 불화[火]부/총8획
* 鹽 소금 염 소금밭로[鹵]부/총24획
葉 잎 엽 초두[艹(艸)]부/총12획
永 길 영: 물수[水]부/총5획
英 꽃부리 영 초두[艹(艸)]부/총8획
榮 영화로울 영 나무목[木]부/총14획
映 비칠 영: 날일[日]부/총9획
營 경영할 영 불화[火]부/총17획
迎 맞을 영 책받침[辶(辵)]부/총8획
* 影 그림자 영: 터럭삼[彡]부/총15획
* 泳 헤엄칠 영: 삼수변[氵(水)]부/총8획
* 詠 읊을 영: 말씀언[言]부/총12획
藝 재주 예: 초두[艹(艸)]부/총18획
* 豫 미리 예: 돼지시[豕]부/총16획
* 譽 기릴/명예 예: 말씀언[言]부/총21획
* 銳 날카로울 예: 쇠금[金]부/총15획
五 다섯 오: 두이[二]부/총4획
午 낮/일곱번째지지 오: 열십[十]부/총4획
誤 그르칠 오: 말씀언[言]부/총14획
* 悟 깨달을 오: 심방변[忄(心)]부/총10획
* 烏 까마귀 오 연화발[灬(火)]부/총10획
* 傲 거만할 오: 사람인변[亻(人)]부/총13획
* 吾 나 오 입구[口]부/총7획
* 嗚 슬플 오: 입구[口]부/총13획
* 娛 즐길 오: 계집녀[女]부/총10획
* 汚 더러울 오: 삼수변[氵(水)]부/총6획

屋 집 옥 주검시[尸]부/총9획
玉 구슬 옥 구슬옥[玉]부/총5획
* 獄 옥(囚舍) 옥 개견[犬]부/총14획
溫 따뜻할 온 삼수변[氵(水)]부/총13획
* 擁 낄 옹 재방변[扌(手)]부/총16획
* 翁 늙은이 옹 깃우[羽]부/총10획
* 瓦 기와 와: 기와와[瓦]부/총5획
* 臥 누울 와: 신하신[臣]부/총8획
完 완전할 완 갓머리[宀]부/총7획
* 緩 느릴 완: 실사[糸]부/총15획
* 曰 가로 왈 가로왈[曰]부/총4획
王 임금 왕 구슬옥[玉]부/총4획
往 갈 왕: 두인변[彳]부/총8획
外 바깥 외: 저녁석[夕]부/총5획
* 畏 두려워할 외: 밭전[田]부/총9획
曜 빛날 요: 날일[日]부/총18획
要 요긴할 요 덮을아[襾]부/총9획
謠 노래 요 말씀언[言]부/총17획
* 搖 흔들 요 재방변[扌(手)]부/총13획
腰 허리 요 육달월[月(肉)]부/총13획
* 遙 멀 요 책받침[辶(辵)]부/총14획
浴 목욕할 욕 삼수변[氵(水)]부/총10획
* 慾 욕심 욕 마음심[心]부/총15획
* 欲 하고자할 욕 하품흠[欠]부/총11획
* 辱 욕될 욕 별진[辰]부/총10획
勇 날랠 용: 힘력[力]부/총9획
用 쓸 용:: 쓸용[用]부/총5획
容 얼굴 용 갓머리[宀]부/총10획
* 庸 떳떳할 용 집엄[广]부/총11획
右 오른쪽 우: 입구[口]부/총5획
友 벗 우: 또우[又]부/총4획
牛 소 우 소우[牛]부/총4획
雨 비 우: 비우[雨]부/총8획
優 넉넉할 우 사람인변[亻(人)]부/총17획
遇 만날 우: 책받침[辶(辵)]부/총13획

漢字	訓音	부수/획수
郵	우편 우:	우부방[阝(邑)]부/총11획
* 偶	짝 우:	사람인변[亻(人)]부/총11획
* 宇	집 우:	갓머리[宀]부/총6획
* 愚	어리석을 우	마음심[心]부/총13획
* 憂	근심 우	마음심[心]부/총15획
* 于	어조사 우	두이[二]부/총3획
* 又	또 우:	또우[又]부/총2획
* 尤	더욱 우	절름발이왕[尢]부/총4획
* 羽	깃 우:	깃우[羽]부/총6획
運	옮길 운:	책받침[辶(辵)]부/총13획
雲	구름 운	비우[雨]부/총12획
* 韻	운 운:	소리음[音]부/총19획
* 云	이를 운	두이[二]부/총4획
雄	수컷 웅	새추[隹]부/총12획
園	동산 원	큰입구몸[口]부/총13획
遠	멀 원:	책받침[辶(辵)]부/총14획
元	으뜸 원	어진사람인[儿]부/총4획
原	근원/언덕 원	굴바위엄[厂]부/총10획
院	집 원	좌부변[阝(阜)]부/총10획
願	원할 원:	머리혈[頁]부/총19획
員	인원 원	입구[口]부/총10획
圓	둥글 원	큰입구몸[口]부/총13획
怨	원망할 원(:)	마음심[心]부/총9획
援	도울 원:	재방변[扌(手)]부/총12획
源	근원 원	삼수변[氵(水)]부/총13획
月	달 월	달월[月]부/총4획
* 越	넘을 월	달릴주[走]부/총12획
位	자리 위	사람인변[亻(人)]부/총7획
偉	클 위	사람인변[亻(人)]부/총11획
爲	할/될 위	손톱조[爪]부/총12획
衛	지킬 위	다닐행[行]부/총15획
危	위태할 위	마디절[卩(㔾)]부/총6획
圍	에워쌀 위	큰입구몸[口]부/총12획
委	맡길 위	계집녀[女]부/총8획
威	위엄 위	계집녀[女]부/총9획
慰	위로할 위	마음심[心]부/총15획
* 謂	이를 위	말씀언[言]부/총16획
* 僞	거짓 위	사람인변[亻(人)]부/총14획
* 緯	씨 위	실사[糸]부/총15획
* 胃	밥통 위	육달월[月(肉)]부/총9획
違	어긋날 위	책받침[辶(辵)]부/총13획
有	있을 유:	달월[月]부/총6획
油	기름 유	삼수변[氵(水)]부/총8획
由	말미암을 유	밭전[田]부/총5획
乳	젖 유	새을방[乚(乙)]부/총8획
儒	선비 유	사람인변[亻(人)]부/총16획
遊	놀 유	책받침[辶(辵)]부/총13획
遺	남길 유	책받침[辶(辵)]부/총16획
* 幼	어릴 유	작을요[幺]부/총5획
* 幽	그윽할 유	작을요[幺]부/총9획
* 悠	멀 유	마음심[心]부/총11획
* 柔	부드러울 유	나무목[木]부/총9획
* 猶	오히려 유	개사슴록변[犭(犬)]부/총12획
* 維	벼리 유	실사[糸]부/총14획
* 裕	넉넉할 유:	옷의[衣]부/총12획
* 誘	꾈 유	말씀언[言]부/총14획
* 唯	오직 유	입구[口]부/총11획
* 惟	생각할 유	심방변[忄(心)]부/총11획
* 愈	나을 유	마음심[心]부/총13획
* 酉	닭 유	닭유[酉]부/총7획
育	기를 육	육달월[月(肉)]부/총8획
肉	고기/살 육	고기육[肉]부/총6획
* 潤	불을 윤:	삼수변[氵(水)]부/총15획
* 閏	윤달 윤:	문문[門]부/총12획
銀	은 은	쇠금[金]부/총14획
恩	은혜 은	마음심[心]부/총10획
隱	숨을 은	좌부변[阝(阜)]부/총17획
* 乙	새/둘째천간 을	새을[乙]부/총1획
音	소리 음	소리음[音]부/총9획
飮	마실 음(:)	밥식[食]부/총13획
陰	그늘 음	좌부변[阝(阜)]부/총11획
* 吟	읊을 음	입구[口]부/총7획
* 淫	음란할 음	삼수변[氵(水)]부/총11획
邑	고을 읍	고을읍[邑]부/총7획
* 泣	울 읍	삼수변[氵(水)]부/총8획
應	응할 응:	마음심[心]부/총17획
* 凝	엉길 응:	이수변[冫]부/총16획
意	뜻 의	마음심[心]부/총13획
衣	옷 의	옷의[衣]부/총6획
醫	의원 의	닭유[酉]부/총18획
義	옳을 의:	양양[羊]부/총13획
議	의논할 의(:)	말씀언[言]부/총20획
依	의지할 의	사람인변[亻(人)]부/총8획
儀	거동 의	사람인변[亻(人)]부/총15획
疑	의심할 의	발소[疋]부/총14획
* 宜	마땅 의	갓머리[宀]부/총8획
* 矣	어조사 의	화살시[矢]부/총7획
二	두 이:	두이[二]부/총2획
以	써 이:	사람인[人]부/총5획
耳	귀 이:	귀이[耳]부/총6획
移	옮길 이	벼화[禾]부/총11획
異	다를 이:	밭전[田]부/총11획
* 已	이미 이:	몸기[己]부/총3획
* 夷	오랑캐 이	큰대[大]부/총6획
而	말이을 이	말이을이[而]부/총6획
益	더할 익	그릇명[皿]부/총10획
* 翼	날개 익	깃우[羽]부/총17획
人	사람 인	사람인[人]부/총2획
因	인할 인	큰입구몸[口]부/총6획
印	도장 인	병부절[卩]부/총6획
引	끌 인	활궁[弓]부/총4획
認	알(知) 인	말씀언[言]부/총14획
仁	어질 인	사람인변[亻(人)]부/총4획
* 忍	참을 인	마음심[心]부/총7획
* 姻	혼인 인	계집녀[女]부/총9획
* 寅	범/셋째지지 인	갓머리[宀]부/총11획
一	한 일	한일[一]부/총1획
日	날 일	날일[日]부/총4획
* 逸	편안할 일	책받침[辶(辵)]부/총12획
任	맡길 임(:)	사람인변[亻(人)]부/총6획
* 壬	북방/아홉번째천간 임	선비사[士]부/총4획
* 賃	품삯 임:	조개패[貝]부/총13획
入	들 입	들입[入]부/총2획
子	아들/첫째지지 자	아들자[子]부/총3획
字	글자 자	아들자[子]부/총6획
自	스스로 자	스스로자[自]부/총6획
者	놈 자	늙을로[耂(老)]부/총9획
姿	모양 자:	계집녀[女]부/총9획
資	재물 자	조개패[貝]부/총13획
姉	손윗누이 자	계집녀[女]부/총8획
* 慈	사랑 자	마음심[心]부/총13획
* 刺	찌를 자/찌를 척	선칼도방[刂(刀)]부/총8획
* 恣	마음대로/방자할 자:	마음심[心]부/총10획
* 茲	이 자	검을현[玄]부/총10획
* 紫	자줏빛 자	실사[糸]부/총11획
作	지을 작	사람인변[亻(人)]부/총7획
昨	어제 작	날일[日]부/총9획
* 爵	벼슬 작	손톱조[爪]부/총18획
* 酌	술부을/잔질할 작	닭유[酉]부/총10획
殘	남을 잔	죽을사변[歹]부/총12획
* 暫	잠깐 잠:	날일[日]부/총15획
* 潛	잠길 잠	삼수변[氵(水)]부/총15획
雜	섞일 잡	새추[隹]부/총18획
長	길/어른 장(:)	길장[長]부/총8획
場	마당 장	흙토[土]부/총12획
章	글 장	설립[立]부/총11획
將	장수 장(:)	마디촌[寸]부/총11획
障	막을 장	좌부변[阝(阜)]부/총14획
壯	장할 장	선비사[士]부/총7획
帳	장막 장	수건건[巾]부/총11획

張 베풀 장 / 활궁[弓]부/총11획	賊 도둑 적 / 조개패[貝]부/총13획	情 뜻 정 / 심방변[忄(心)]부/총11획	造 지을 조: / 책받침[辶(辵)]부/총11획
腸 창자 장 / 육달월[月(肉)]부/총13획	適 맞을 적 / 책받침[辶(辵)]부/총15획	政 정사 정 / 등글문[攵(攴)]부/총9획	鳥 새 조 / 새조[鳥]부/총11획
裝 꾸밀 장 / 옷의[衣]부/총13획	*寂 고요할 적 / 갓머리[宀]부/총11획	程 한도/길 정 / 벼화[禾]부/총12획	條 가지 조 / 나무목[木]부/총11획
奬 장려할 장(:) / 큰대[大]부/총14획	*摘 딸(手收) 적 / 재방변[才(手)]부/총14획	精 정할(깨끗할) 정 / 쌀미[米]부/총14획	潮 조수(밀물과 썰물) 조 / 삼수변[氵(水)]부/총15획
*丈 어른 장 / 한일[一]부/총3획	*笛 피리 적 / 대죽[竹]부/총11획	丁 고무래/네째천간 정 / 한일[一]부/총2획	組 짤 조 / 실사[糸]부/총11획
*掌 손바닥 장: / 손수[手]부/총12획	*跡 발자취 적 / 발족[足]부/총13획	整 가지런할 정: / 등글문[攵(攴)]부/총16획	*兆 억조 조 / 어진사람인[儿]부/총6획
*粧 단장할 장: / 쌀미[米]부/총12획	*蹟 자취 적 / 발족[足]부/총18획	靜 고요할 정 / 푸를청[靑]부/총16획	*照 비칠 조: / 연화발[灬(火)]부/총13획
*臟 오장 장: / 육달월[月(肉)]부/총21획	*滴 물방울 적 / 삼수변[氵(水)]부/총14획	*井 우물 정 / 두이[二]부/총4획	*弔 조상할 조: / 활궁[弓]부/총4획
*莊 씩씩할 장 / 초두[艹(艸)]부/총10획	全 온전 전 / 들입[入]부/총6획	*亭 정자 정 / 돼지해밑[亠]부/총9획	*燥 마를 조 / 불화[火]부/총17획
*葬 장사지낼 장: / 초두[艹(艸)]부/총12획	前 앞 전 / 선칼도방[刂(刀)]부/총9획	*廷 조정 정 / 민책받침[廴]부/총7획	*租 조세 조 / 벼화[禾]부/총10획
*藏 감출 장: / 초두[艹(艸)]부/총17획	電 번개 전: / 비우[雨]부/총13획	*征 칠 정 / 두인변[彳]부/총8획	足 발 족 / 발족[足]부/총7획
*墻 담 장 / 흙토[土]부/총16획	戰 싸울 전: / 창과[戈]부/총16획	*淨 깨끗할 정 / 삼수변[氵(水)]부/총11획	族 겨레 족 / 모방[方]부/총11획
在 있을 재: / 흙토[土]부/총6획	傳 전할 전 / 사람인변[亻(人)]부/총13획	*貞 곧을 정 / 조개패[貝]부/총9획	尊 높을 존 / 마디촌[寸]부/총12획
才 재주 재 / 재방변[才(手)]부/총3획	典 법 전: / 여덟팔[八]부/총8획	*頂 정수리 정 / 머리혈[頁]부/총11획	存 있을 존 / 아들자[子]부/총6획
再 두 재: / 멀경[冂]부/총6획	展 펼 전: / 주검시[尸]부/총10획	*訂 바로잡을 정 / 말씀언[言]부/총9획	卒 마칠 졸 / 열십[十]부/총8획
材 재목 재 / 나무목[木]부/총7획	田 밭 전 / 밭전[田]부/총5획	弟 아우 제: / 활궁[弓]부/총7획	*拙 졸할 졸 / 재방변[才(手)]부/총8획
災 재앙 재 / 불화[火]부/총7획	專 오로지 전 / 마디촌[寸]부/총11획	第 차례 제: / 대죽[竹]부/총11획	種 씨 종(:) / 벼화[禾]부/총14획
財 재물 재 / 조개패[貝]부/총10획	轉 구를 전: / 수레거[車]부/총18획	題 제목 제 / 머리혈[頁]부/총18획	終 마칠 종 / 실사[糸]부/총11획
*栽 심을 재: / 나무목[木]부/총10획	錢 돈 전: / 쇠금[金]부/총16획	制 절제할 제: / 선칼도방[刂(刀)]부/총8획	宗 마루 종 / 갓머리[宀]부/총8획
*裁 옷마를 재 / 옷의[衣]부/총12획	*殿 전각(큰집) 전: / 갖은둥글월문[殳]부/총13획	提 끌 제 / 재방변[才(手)]부/총12획	從 좇을 종(:) / 두인변[彳]부/총11획
*載 실을 재: / 수레거[車]부/총13획	切 끊을 절/온통 체 / 칼도[刀]부/총4획	濟 건널 제: / 삼수변[氵(水)]부/총17획	鍾 쇠북 종 / 쇠금[金]부/총17획
*哉 어조사 재 / 입구[口]부/총9획	節 마디 절 / 대죽[竹]부/총15획	祭 제사 제: / 보일시[示]부/총11획	*縱 세로 종 / 실사[糸]부/총17획
*宰 재상 재: / 갓머리[宀]부/총10획	絶 끊을 절 / 실사[糸]부/총12획	製 지을 제: / 옷의[衣]부/총14획	左 왼 좌: / 장인공[工]부/총5획
爭 다툴 쟁 / 손톱조[爪]부/총8획	折 꺾을 절 / 재방변[才(手)]부/총7획	除 덜 제 / 좌부변[阝(阜)]부/총10획	座 자리 좌: / 집엄[广]부/총10획
貯 쌓을 저: / 조개패[貝]부/총12획	*竊 훔칠 절 / 구멍혈[穴]부/총22획	際 즈음(때)/가 제: / 좌부변[阝(阜)]부/총14획	*坐 앉을 좌: / 흙토[土]부/총7획
低 낮을 저: / 사람인변[亻(人)]부/총7획	店 가게 점: / 집엄[广]부/총8획	帝 임금 제: / 수건건[巾]부/총9획	*佐 도울 좌: / 사람인변[亻(人)]부/총7획
底 밑 저: / 집엄[广]부/총8획	占 점령할 점/점칠 점 / 점복[卜]부/총5획	*諸 모두 제 / 말씀언[言]부/총16획	罪 허물 죄: / 그물망[罒(网)]부/총13획
*抵 막을 저: / 재방변[才(手)]부/총8획	點 점 점(:) / 검을흑[黑]부/총17획	*齊 가지런할 제 / 가지런할제[齊]부/총14획	主 임금/주인 주 / 불똥주[丶]부/총5획
*著 나타날 저: / 초두[艹(艸)]부/총12획	*漸 점점 점: / 삼수변[氵(水)]부/총14획	*堤 둑 제 / 흙토[土]부/총12획	住 살 주: / 사람인변[亻(人)]부/총7획
的 과녁 적 / 흰백[白]부/총8획	接 이을 접 / 재방변[才(手)]부/총11획	祖 할아비 조 / 보일시[示]부/총10획	晝 낮 주 / 날일[日]부/총11획
赤 붉을 적 / 붉을적[赤]부/총7획	*蝶 나비 접 / 벌레충[虫]부/총15획	朝 아침 조 / 달월[月]부/총12획	注 부을 주: / 삼수변[氵(水)]부/총8획
敵 대적할 적 / 등글문[攵(攴)]부/총15획	正 바를 정(:) / 그칠지[止]부/총5획	操 잡을 조: / 재방변[才(手)]부/총16획	州 고을 주 / 개미허리[巛]부/총6획
積 쌓을 적 / 벼화[禾]부/총16획	定 정할 정: / 갓머리[宀]부/총8획	調 고를 조 / 말씀언[言]부/총15획	週 주일 주 / 책받침[辶(辵)]부/총12획
籍 문서 적 / 대죽[竹]부/총20획	庭 뜰 정 / 집엄[广]부/총10획	助 도울 조: / 힘력[力]부/총7획	走 달릴 주 / 달릴주[走]부/총7획
績 길쌈 적 / 실사[糸]부/총17획	停 머무를 정 / 사람인변[亻(人)]부/총11획	早 이를 조: / 날일[日]부/총6획	周 두루 주 / 입구[口]부/총8획

한자	훈음	부수 / 획수
朱	붉을 주	나무목[木]부/총6획
酒	술 주(:)	닭유[酉]부/총10획
* 宙	집 주:	갓머리[宀]부/총8획
* 柱	기둥 주	나무목[木]부/총9획
* 洲	물가 주	삼수변[氵(水)]부/총9획
* 奏	아뢸 주(:)	큰대[大]부/총9획
* 株	그루 주	나무목[木]부/총10획
* 珠	구슬 주	임금왕[王]부/총10획
* 舟	배 주	배주[舟]부/총6획
* 鑄	쇠불릴 주	쇠금[金]부/총22획
竹	대 죽	대죽[竹]부/총6획
準	준할 준:	삼수변[氵(水)]부/총13획
* 俊	준걸 준:	사람인변[亻(人)]부/총9획
* 遵	좇을 준:	책받침[辶(辵)]부/총16획
中	가운데 중	뚫을곤[丨]부/총4획
重	무거울 중:	마을리[里]부/총9획
衆	무리 중:	피혈[血]부/총12획
* 仲	버금 중(:)	사람인변[亻(人)]부/총6획
* 卽	곧 즉	병부절[卩]부/총9획
增	더할 증	흙토[土]부/총15획
證	증거 증	말씀언[言]부/총19획
* 憎	미울 증	심방변[忄(心)]부/총15획
* 曾	일찍 증	가로왈[曰]부/총12획
* 症	증세 증(:)	병들녁[疒]부/총10획
* 蒸	찔 증	초두[艹(艸)]부/총13획
* 贈	줄 증	조개패[貝]부/총19획
地	따 지	흙토[土]부/총6획
紙	종이 지	실사[糸]부/총10획
止	그칠 지	그칠지[止]부/총4획
知	알 지	화살시[矢]부/총8획
志	뜻 지	마음심[心]부/총7획
指	가리킬 지	재방변[才(手)]부/총9획
支	지탱할 지	지탱할지[支]부/총4획
至	이를 지	이를지[至]부/총6획
持	가질 지	재방변[才(手)]부/총9획
智	지혜/슬기 지	날일[日]부/총12획
誌	기록할 지	말씀언[言]부/총14획
* 之	갈 지	삐침별[丿]부/총4획
* 池	못 지	삼수변[氵(水)]부/총6획
只	다만 지	입구[口]부/총5획
* 枝	가지 지	나무목[木]부/총8획
* 遲	더딜/늦을 지	책받침[辶(辵)]부/총16획
直	곧을 직	눈목[目]부/총8획
職	직분 직	귀이[耳]부/총18획
織	짤 직	실사[糸]부/총18획
眞	참 진	눈목[目]부/총10획
進	나아갈 진:	책받침[辶(辵)]부/총12획
珍	보배 진	임금왕[王(玉)]부/총9획
盡	다할 진:	그릇명[皿]부/총14획
陣	진칠 진	좌부변[阝(阜)]부/총10획
* 振	떨칠 진:	재방변[才(手)]부/총10획
* 辰	별 진/때 신	별진[辰]부/총7획
* 鎭	진압할 진(:)	쇠금[金]부/총18획
* 陳	베풀/묵을 진	좌부변[阝(阜)]부/총11획
* 震	우레 진:	비우[雨]부/총15획
質	바탕 질	조개패[貝]부/총15획
疾	병 질	병들녁[疒]부/총10획
秩	차례 질	벼화[禾]부/총10획
* 姪	조카 질	계집녀[女]부/총9획
集	모일 집	새추[隹]부/총12획
* 執	잡을 집	흙토[土]부/총11획
* 徵	부를 징	두인변[彳]부/총15획
* 懲	징계할 징	마음심[心]부/총19획
次	버금 차	하품흠[欠]부/총6획
差	다를 차	장인공[工]부/총10획
* 此	이 차	그칠지[止]부/총6획
* 且	또 차:	한일[一]부/총5획
* 借	빌/빌릴 차:	사람인변[亻(人)]부/총10획
着	붙을 착	눈목[目]부/총12획
* 捉	잡을 착	재방변[才(手)]부/총10획
* 錯	어긋날 착	쇠금[金]부/총16획
讚	기릴 찬:	말씀언[言]부/총26획
* 贊	도울 찬:	조개패[貝]부/총19획
察	살필 찰	갓머리[宀]부/총14획
參	참여할 참/석 삼	마늘모[厶]부/총11획
* 慘	참혹할 참	심방변[忄(心)]부/총14획
* 慙	부끄러울 참	마음심[心]부/총15획
窓	창 창	구멍혈[穴]부/총11획
唱	부를 창:	입구[口]부/총11획
創	비롯할 창:	선칼도방[刂(刀)]부/총12획
* 倉	곳집 창:	사람인[人]부/총10획
* 昌	창성할 창(:)	날일[日]부/총8획
* 蒼	푸를 창	초두[艹(艸)]부/총13획
* 暢	화창할 창:	날일[日]부/총14획
採	캘 채:	재방변[才(手)]부/총11획
* 彩	채색 채:	터럭삼[彡]부/총11획
* 菜	나물 채:	초두[艹(艸)]부/총11획
* 債	빚 채:	사람인변[亻(人)]부/총13획
責	꾸짖을 책	조개패[貝]부/총11획
冊	책 책	멀경[冂]부/총5획
* 策	꾀 책	대죽[竹]부/총12획
處	곳 처:	범호밑[虍]부/총11획
* 妻	아내 처	계집녀[女]부/총8획
* 尺	자 척	주검시[尸]부/총4획
* 戚	친척 척	창과[戈]부/총11획
* 拓	넓힐척/박을 탁	재방변[才(手)]부/총8획
* 斥	물리칠 척	도끼근[斤]부/총5획
千	일천 천	열십[十]부/총3획
天	하늘 천	큰대[大]부/총4획
川	내 천	개미허리[巛]부/총3획
泉	샘 천	물수[水]부/총9획
* 淺	얕을 천:	삼수변[氵(水)]부/총11획
* 賤	천할 천:	조개패[貝]부/총15획
* 踐	밟을 천:	발족[足]부/총15획
* 薦	천거할 천:	초두[艹(艸)]부/총16획
* 遷	옮길 천:	책받침[辶(辵)]부/총15획
鐵	쇠 철	쇠금[金]부/총21획
* 哲	밝을 철	입구[口]부/총10획
* 徹	통할 철	두인변[彳]부/총15획
* 尖	뾰족할 첨	작을소[小]부/총6획
* 添	더할 첨	삼수변[氵(水)]부/총11획
* 妾	첩 첩	계집녀[女]부/총8획
靑	푸를 청	푸를청[靑]부/총8획
淸	맑을 청	삼수변[氵(水)]부/총11획
請	청할 청	말씀언[言]부/총15획
聽	들을 청	귀이[耳]부/총22획
廳	관청 청	집엄[广]부/총25획
* 晴	갤 청	날일[日]부/총12획
體	몸 체	뼈골[骨]부/총23획
* 替	바꿀 체	날일[日]부/총12획
* 滯	막힐 체	삼수변[氵(水)]부/총13획
* 逮	잡을 체	책받침[辶(辵)]부/총12획
* 遞	갈릴 체	책받침[辶(辵)]부/총14획
草	풀 초	초두[艹(艸)]부/총9획
初	처음 초	칼도[刀]부/총7획
招	부를 초	재방변[才(手)]부/총8획
* 礎	주춧돌 초	돌석[石]부/총18획
* 肖	닮을 초	육달월[月(肉)]부/총7획
* 超	뛰어넘을 초	달릴주[走]부/총12획
* 抄	뽑을 초	재방변[才(手)]부/총7획
* 秒	분초 초	벼화[禾]부/총9획
* 促	재촉할 촉	사람인변[亻(人)]부/총9획
* 觸	닿을 촉	뿔각[角]부/총20획
* 燭	촛불 촉	불화[火]부/총17획
寸	마디 촌	마디촌[寸]부/총3획
村	마을 촌	나무목[木]부/총7획
總	다(皆) 총:	실사[糸]부/총17획
銃	총 총	쇠금[金]부/총14획
* 聰	귀밝을 총	귀이[耳]부/총17획
最	가장 최:	가로왈[曰]부/총12획

* ** 催 재촉할 최: 사람인변[亻(人)]부/총13획	親 친할/어버이 친 볼견[見]부/총16획	* ** 澤 못 택 삼수변[氵(水)]부/총16획	* ** 弊 폐단/해질 폐: 받쳐들공[廾]부/총15획
秋 가을 추 벼화[禾]부/총9획	七 일곱 칠 한일[一]부/총2획	土 흙 토 흙토[土]부/총3획	* ** 肺 허파 폐: 육달월[月(肉)]부/총9획
推 밀 추 재방변[扌(手)]부/총11획	* 漆 옻 칠 삼수변[氵(水)]부/총14획	討 칠 토(:) 말씀언[言]부/총10획	* 幣 화폐 폐: 수건건[巾]부/총15획
* ** 追 쫓을/따를 추 책받침[辶(辵)]부/총10획	侵 침노할 침 사람인변[亻(人)]부/총9획	* 兎 토끼 토 어진사람인[儿]부/총8획	* ** 廢 폐할/버릴 폐: 집엄[广]부/총15획
* 抽 뽑을 추 재방변[扌(手)]부/총8획	寢 잠잘 침: 갓머리[宀]부/총14획	* 吐 토할 토(:) 입구[口]부/총6획	* 蔽 덮을 폐: 초두[艹(艸)]부/총15획
* 醜 추할 추 닭유[酉]부/총17획	針 바늘 침: 쇠금[金]부/총10획	通 통할 통 책받침[辶(辵)]부/총11획	包 쌀 포(:) 쌀포[勹]부/총5획
祝 빌 축 보일시[示]부/총10획	* 沈 잠길 침/성 심: 삼수변[氵(水)]부/총7획	統 거느릴/합칠 통: 실사[糸]부/총12획	布 베/펼 포(:), 보시 보: 수건건[巾]부/총5획
築 쌓을 축 대죽[竹]부/총16획	* 枕 베개 침: 나무목[木]부/총8획	痛 아플 통: 병들녁[疒]부/총12획	砲 대포 포: 돌석[石]부/총10획
蓄 모을 축 초두[艹(艸)]부/총13획	* 浸 잠길 침: 삼수변[氵(水)]부/총10획	退 물러날 퇴: 책받침[辶(辵)]부/총10획	胞 세포 포(:) 육달월[月(肉)]부/총9획
縮 줄일 축 실사[糸]부/총17획	稱 일컬을 칭 벼화[禾]부/총14획	投 던질 투 재방변[扌(手)]부/총7획	* 浦 개(水邊) 포 삼수변[氵(水)]부/총10획
* 丑 소/두번째지지 축 한일[一]부/총4획	快 쾌할 쾌 심방변[忄(心)]부/총7획	鬪 싸움 투 싸움투[鬥]부/총20획	* 抱 안을 포: 재방변[扌(:手)]부/총8획
* ** 畜 짐승 축 밭전[田]부/총10획	他 다를 타 사람인변[亻(人)]부/총5획	* 透 사무칠 투 책받침[辶(辵)]부/총11획	* 捕 잡을 포: 재방변[扌(手)]부/총10획
* 逐 쫓을 축 책받침[辶(辵)]부/총11획	打 칠 타: 재방변[扌(手)]부/총5획	特 특별할 특 소우[牛]부/총10획	* 飽 배부를 포: 밥식[食]부/총14획
春 봄 춘 날일[日]부/총9획	* 墮 떨어질 타: 흙토[土]부/총15획	波 물결 파 삼수변[氵(水)]부/총8획	暴 사나울 폭/모질 포: 날일[日]부/총15획
出 날 출 입벌릴감[凵]부/총5획	* 妥 온당할 타: 계집녀[女]부/총7획	破 깨뜨릴 파: 돌석[石]부/총10획	爆 불터질 폭 불화[火]부/총19획
充 채울 충 어진사람인[儿]부/총6획	卓 높을 탁 열십[十]부/총8획	派 갈래 파 삼수변[氵(水)]부/총9획	* 幅 폭 폭 수건건[巾]부/총12획
忠 충성 충 마음심[心]부/총8획	* 托 맡길 탁 재방변[扌(手)]부/총6획	* 把 잡을 파: 재방변[扌(手)]부/총7획	表 겉 표 옷의[衣]부/총8획
蟲 벌레 충 벌레충[虫]부/총18획	* 濁 흐릴 탁 삼수변[氵(水)]부/총15획	* 播 뿌릴 파(:) 재방변[扌(手)]부/총15획	票 표 표 보일시[示]부/총11획
* ** 衝 찌를 충 다닐행[行]부/총15획	* 濯 씻을 탁 삼수변[氵(水)]부/총17획	* 罷 마칠 파: 그물망[罒(网)]부/총15획	標 표할 표 나무목[木]부/총15획
取 가질 취: 또우[又]부/총8획	炭 숯 탄: 불화[火]부/총9획	* 頗 자못 파 머리혈[頁]부/총14획	* 漂 떠다닐 표 삼수변[氵(水)]부/총14획
就 나아갈 취: 절름발이왕[尢]부/총12획	彈 탄알 탄: 활궁[弓]부/총15획	板 널 판 나무목[木]부/총8획	品 물건 품: 입구[口]부/총9획
趣 뜻 취: 달릴주[走]부/총15획	歎 탄식할 탄: 하품흠방[欠]부/총15획	判 판단할 판 선칼도방[刂(刀)]부/총7획	風 바람 풍 바람풍[風]부/총9획
* ** 吹 불 취: 입구[口]부/총7획	* 誕 낳을/거짓 탄: 말씀언[言]부/총14획	* 版 판목 판 조각편[片]부/총8획	豊 풍년 풍 콩두[豆]부/총13획
* 醉 취할 취: 닭유[酉]부/총15획	脫 벗을 탈 육달월[月(肉)]부/총11획	* 販 팔 판 조개패[貝]부/총11획	* 楓 단풍 풍 나무목[木]부/총13획
* 臭 냄새 취: 스스로자[自]부/총10획	* 奪 빼앗을 탈 큰대[大]부/총14획	八 여덟 팔 여덟팔[八]부/총2획	疲 피곤할 피 병들녁[疒]부/총10획
測 헤아릴 측 삼수변[氵(水)]부/총12획	探 찾을 탐 재방변[扌(手)]부/총11획	敗 패할 패: 둥글월문[攵(攴)]부/총11획	避 피할 피: 책받침[辶(辵)]부/총17획
* ** 側 곁 측 사람인변[亻(人)]부/총11획	* 貪 탐낼 탐 조개패[貝]부/총11획	* 貝 조개 패: 조개패[貝]부/총7획	* 彼 저 피: 두인변[彳]부/총8획
層 층 층 주검시[尸]부/총15획	* 塔 탑 탑 흙토[土]부/총12획	便 편할 편/똥오줌 변 사람인변[亻(人)]부/총9획	* 皮 가죽 피 가죽피[皮]부/총5획
致 이를 치: 이를지[至]부/총10획	* 湯 끓을 탕: 삼수변[氵(水)]부/총12획	篇 책 편 대죽[竹]부/총15획	* 被 입을 피: 옷의[衤(衣)]부/총10획
治 다스릴 치 삼수변[氵(水)]부/총8획	太 클 태 큰대[大]부/총4획	* 片 조각 편(:) 조각편[片]부/총4획	必 반드시 필 마음심[心]부/총5획
置 둘 치: 그물망[罒(网)]부/총13획	態 모습 태: 마음심[心]부/총14획	* 偏 치우칠 편 사람인변[亻(人)]부/총11획	筆 붓 필 대죽[竹]부/총12획
齒 이 치 이치[齒]부/총15획	* 殆 거의 태 죽을사변[歹]부/총9획	* 編 엮을 편 실사[糸]부/총15획	* 畢 마칠 필 밭전[田]부/총11획
* ** 値 값 치 사람인변[亻(人)]부/총10획	泰 클 태 물수변형[水(水)]부/총10획	遍 두루 편 책받침[辶(辵)]부/총13획	* 匹 짝 필 상자방[匚]부/총4획
* ** 恥 부끄러울 치 마음심[心]부/총10획	* 怠 게으를 태 마음심[心]부/총9획	平 평평할 평 방패간[干]부/총5획	下 아래 하: 한일[一]부/총3획
* ** 稚 어릴 치 벼화[禾]부/총13획	宅 집 택/집 댁 갓머리[宀]부/총6획	評 평할 평: 말씀언[言]부/총12획	夏 여름 하: 뒤쳐올치[夊]부/총10획
則 법칙 칙/ 곧 즉 선칼도방[刂(刀)]부/총9획	擇 가릴 택 재방변[扌(手)]부/총16획	閉 닫을 폐: 문문[門]부/총11획	河 물 하 삼수변[氵(水)]부/총8획

표시	한자	훈·음	부수/획수
* *	何	어찌 하	사람인변[亻(人)]부/총7획
* *	賀	하례할 하:	조개패[貝]부/총12획
* *	荷	멜 하(:)	초두[艹(艸)]부/총9획
	學	배울 학	아들자[子]부/총16획
* *	鶴	학(두루미) 학	새조[鳥]부/총21획
	韓	한국/나라 한	가죽위[韋]부/총17획
	漢	한수/한나라 한:	삼수변[氵(水)]부/총14획
	寒	찰 한	갓머리[宀]부/총12획
	限	한할(한정할) 한:	좌부변[阝(阜)]부/총9획
	恨	한(怨) 한:	심방변[忄(心)]부/총9획
	閑	한가할 한	문문[門]부/총12획
*	旱	가물 한:	날일[日]부/총7획
* *	汗	땀 한(:)	삼수변[氵(水)]부/총6획
* *	割	벨 할	선칼도방[刂(刀)]부/총12획
* *	含	머금을 함	입구[口]부/총7획
* *	陷	빠질 함:	좌부변[阝(阜)]부/총11획
*	咸	다 함	입구[口]부/총9획
	合	합할 합	입구[口]부/총6획
	港	항구 항:	삼수변[氵(水)]부/총12획
	航	배 항:	배주[舟]부/총10획
	抗	겨룰 항:	재방변[扌(手)]부/총7획
* *	恒	항상 항	심방변[忄(心)]부/총9획
* *	項	항목 항:	머리혈[頁]부/총12획
*	巷	거리 항:	몸기[己]부/총9획
	海	바다 해:	삼수변[氵(水)]부/총10획
	害	해할 해:	갓머리[宀]부/총10획
	解	풀 해:	뿔각[角]부/총13획
*	亥	돼지/열두번째지지 해	돼지해밑[亠]부/총6획
*	奚	어찌 해	큰대[大]부/총10획
*	該	갖출/마땅 해	말씀언[言]부/총13획
	核	씨 핵	나무목[木]부/총10획
	幸	다행 행:	방패간[干]부/총8획
	行	다닐 행(:)/항렬 항	다닐행[行]부/총6획
	向	향할 향:	입구[口]부/총6획
	鄕	시골 향	우부방[阝(邑)]부/총13획
	香	향기 향	향기향[香]부/총9획
* *	響	울릴 향:	소리음[音]부/총22획
*	享	누릴 향:	돼지해밑[亠]부/총8획
	許	허락할 허	말씀언[言]부/총11획
	虛	빌 허	범호밑[虍]부/총12획
	憲	법 헌:	마음심[心]부/총16획
* *	獻	드릴 헌:	개견[犬]부/총20획
*	軒	집 헌	수레거[車]부/총10획
	驗	시험할 험:	말마[馬]부/총23획
	險	험할 험:	좌부변[阝(阜)]부/총16획
	革	가죽 혁	가죽혁[革]부/총9획
	現	나타날 현:	임금왕[王(玉)]부/총11획
	賢	어질현:	조개패[貝]부/총15획
	顯	나타날 현:	머리혈[頁]부/총23획
* *	懸	달(繫) 현:	마음심[心]부/총20획
* *	玄	검을 현	검을현[玄]부/총5획
*	絃	줄 현	실사[糸]부/총11획
*	縣	고을 현:	실사[糸]부/총16획
	血	피 혈:	피혈[血]부/총6획
* *	穴	굴 혈	구멍혈[穴]부/총5획
*	嫌	싫어할 혐	계집녀[女]부/총13획
	協	화할 협	열십[十]부/총8획
* *	脅	위협할 협	육달월[月(肉)]부/총10획
	兄	맏 형	어진사람인[儿]부/총5획
	形	모양 형	터럭삼[彡]부/총7획
	刑	형벌 형	선칼도방[刂(刀)]부/총6획
*	亨	형통할 형	돼지해밑[亠]부/총7획
*	螢	반딧불 형	벌레충[虫]부/총16획
* *	衡	저울대 형	다닐행[行]부/총16획
	惠	은혜 혜:	마음심[心]부/총12획
* *	慧	슬기로울 혜:	마음심[心]부/총15획
*	兮	어조사 혜	여덟팔[八]부/총4획
	號	이름 호(:)	범호밑[虍]부/총13획
	湖	호수 호	삼수변[氵(水)]부/총12획
	呼	부를 호	입구[口]부/총8획
	好	좋을 호:	계집녀[女]부/총6획
	戶	집 호:	지게호[戶]부/총4획
	護	도울 호:	말씀언[言]부/총20획
* *	浩	넓을 호:	삼수변[氵(水)]부/총10획
* *	胡	오랑캐/되(狄) 호	육달월[月(肉)]부/총9획
* *	虎	범 호(:)	범호밑[虍]부/총8획
* *	豪	호걸 호	돼지시[豕]부/총14획
*	乎	어조사 호	삐침별[丿]부/총5획
*	互	서로 호:	두이[二]부/총4획
*	毫	터럭 호	터럭모[毛]부/총11획
	或	혹 혹	창과[戈]부/총8획
* *	惑	미혹할 혹	마음심[心]부/총12획
	婚	혼인할 혼	계집녀[女]부/총11획
	混	섞을 혼:	삼수변[氵(水)]부/총11획
* *	魂	넋 혼	귀신귀[鬼]부/총14획
*	昏	어두울 혼	날일[日]부/총8획
* *	忽	갑자기 홀	마음심[心]부/총8획
	紅	붉을 홍	실사[糸]부/총9획
* *	洪	넓을 홍	삼수변[氵(水)]부/총9획
*	弘	클 홍	활궁[弓]부/총5획
*	鴻	기러기 홍	새조[鳥]부/총17획
	火	불 화:	불화[火]부/총4획
	花	꽃 화	초두[艹(艸)]부/총7획
	話	말씀 화	말씀언[言]부/총13획
	和	화할 화	입구[口]부/총8획
	畫	그림 화(:)/그을 획	밭전[田]부/총12획
	化	될 화(:)	비수비[匕]부/총4획
	貨	재물 화:	조개패[貝]부/총11획
	華	빛날 화	초두[艹(艸)]부/총11획
* *	禍	재앙 화:	보일시[示]부/총14획
*	禾	벼 화	벼화[禾]부/총5획
	確	굳을 확	돌석[石]부/총15획
*	擴	넓힐 확	재방변[扌(手)]부/총18획
*	穫	거둘 확	벼화[禾]부/총18획
	患	근심 환:	마음심[心]부/총11획
	歡	기쁠 환	하품흠[欠]부/총21획
	環	고리 환(:)	임금왕[王(玉)]부/총17획
* *	換	바꿀 환:	재방변[扌(手)]부/총12획
* *	還	돌아올 환	책받침[辶(辵)]부/총17획
*	丸	둥글 환	불똥주[丶]부/총3획
	活	살 활	삼수변[氵(水)]부/총9획
	黃	누를 황	누를황[黃]부/총12획
	況	상황 황:	삼수변[氵(水)]부/총8획
* *	皇	임금 황	흰백[白]부/총9획
* *	荒	거칠 황	초두[艹(艸)]부/총9획
	會	모일 회	날일[日]부/총13획
	回	돌아올 회	에울위[囗]부/총6획
	灰	재 회	불화[火]부/총6획
* *	悔	뉘우칠 회:	심방변[忄(心)]부/총10획
* *	懷	품을 회	심방변[忄(心)]부/총19획
* *	劃	그을 획	선칼도방[刂(刀)]부/총14획
* *	獲	얻을 획	개사슴록변[犭(犬)]부/총16획
* *	橫	가로 횡	나무목[木]부/총16획
	孝	효도 효:	아들자[子]부/총7획
	效	본받을 효:	등글월문[攵(攴)]부/총10획
*	曉	새벽 효:	날일[日]부/총16획
	後	뒤 후:	두인변[彳]부/총9획
	候	기후 후:	사람인변[亻(人)]부/총10획
	厚	두터울 후:	굴바위엄[厂]부/총9획
*	侯	제후 후	사람인변[亻(人)]부/총9획
	訓	가르칠 훈	말씀언[言]부/총10획
*	毁	헐 훼:	갖은등글월문[殳]부/총13획
	揮	휘두를 휘	재방변[扌(手)]부/총12획
*	輝	빛날 휘	수레차[車]부/총15획
	休	쉴 휴	사람인변[亻(人)]부/총6획
*	携	이끌 휴	재방변[扌(手)]부/총13획
	凶	흉할 흉	일벌릴감[凵]부/총4획
* *	胸	가슴 흉	육달월[月(肉)]부/총10획
	黑	검을 흑	검을흑[黑]부/총12획
	吸	마실 흡	입구[口]부/총7획
	興	일(盛)/기뻐할 흥	절구구[臼]부/총16획
	希	바랄 희	수건건[巾]부/총7획
	喜	기쁠 희	입구[口]부/총12획
* *	稀	드물 희	벼화[禾]부/총12획
* *	戱	놀이 희	창과[戈]부/총16획

✕ 섞음한자 사용법

　　섞음漢字를 사용하는 목적은 배정漢字 과정을 끝냈지만, 아직 암기되지 못한 漢字들을 무작위로 섞어서 읽을 수 있게 함으로써 확실하게 머리 속에 암기하기 위한 것이다. 다시 말하자면, 배정漢字 완결판이라고 할 수 있다.

　　배정한자는 가, 나, 다 순으로 나열되어 있어서 입담으로 읽기는 쉽지만 그 글자들이 漢字 급수시험이나 다른 책, 신문, 기타 출판물에 실려있을 땐 읽지 못한 경우가 허다하다. 그러나 섞음漢字 과정을 끝내면 그런 일은 없을 것이다.

✤ 사용법 ✤

　우리나라에서 사용된 漢字로 약 8만개 정도의 漢字語(單語)가 조성되고 1급 3,500字를 기준으로 약 7만단어 3급 1,817字를 기준으로 약 4만 單語가 조성된다고 보는데 '섞음漢字'를 정확히 읽을 수 있도록 연마(훈련)함으로써 3만單語를 정확히 읽고 讀音을 쓸 수 있는 근본적인 힘(능력)이 완성될 뿐만이 아니라 漢字語 쓰기에도 지대한 영향을 미치게 되는것이 오랜 세월 동안 실제 체험학습을 통해 증명되고 있습니다.

　먼저 9쪽부터의 배정漢字 1,817字 과정을 적당히 써보고 읽을 줄 안 다음 '섞음 漢字' 과정을 시작합니다. '섞음漢字'를 익힐 때는 가로, 세로, 모두 잘 읽을 수 있도록 연습합니다. 섞음漢字 속에서 모르는 글자는 번호를 확인하여 섞음漢字訓音表에서 찾아 암기하도록 합니다. 검사할 때 틀린 글자는 세 번씩 쓰고 암기하도록 합니다. 讀音 쓰기와 訓·音쓰기를 할 때도 필요하다고 느낄 때는 몇 차례 더 해줍니다. 그리고, 마지막 최종단계(시험 며칠전)에서 '섞음漢字'를 가위로 잘라서 암기하면 완벽할 것입니다.

　23쪽 '섞음漢字훈음표'에 적힌 번호와 27쪽 '섞음漢字'에 적힌 번호는 서로 같으므로 섞음漢字속의 모르는 글자는 섞음漢字훈음표를 보고 찾아 확인할 수 있습니다.

　모든 학생의 경우 예상문제를 풀어가는 도중에도 독음과 훈음문제를 합해서 4문제 이상 틀릴 때는 '섞음漢字' 검사를 해주면 거의 틀리지 않습니다.

어문회 3급 '섞음漢字' 訓·音표 (배정漢字 추가분 817字)

※ 이 '섞음漢字訓·音表'는 잘라서 사용하는 것이 편리하고 '나형섞음한자'(71쪽 다음) 할때도 사용하세요.

1 架 시렁 가	26 絹 비단 견	51 哭 울 곡	76 巧 공교할 교	101 錦 비단 금	126 腦 골 뇌/뇌수 뇌	151 豚 돼지 돈	176 劣 못할 렬	201 陵 언덕 릉	226 猛 사나울 맹	251 茂 무성할 무
2 佳 아름다울 가	27 肩 어깨 견	52 谷 골 곡	77 丘 언덕 구	102 及 미칠 급	127 泥 진흙 니	152 突 갑자기 돌	177 獵 사냥 렵	202 梨 배 리	227 盟 맹세 맹	252 貿 무역할 무
3 却 물리칠각	28 牽 끌 견	53 坤 따 곤	78 久 오랠 구	103 肯 즐길 긍	128 茶 차 다(차)	153 凍 얼 동	178 廉 청렴할 렴	203 吏 관리 리/벼슬아치 리	228 盲 소경 맹/눈멀 맹	253 墨 먹 묵
4 脚 다리 각	29 訣 이별할결/비결 결	54 供 이바지할 공	79 俱 함께 구	104 企 꾀할 기	129 丹 붉을 단	154 鈍 둔할 둔	179 嶺 고개 령	204 履 밟을 리	229 免 면할 면	254 默 잠잠할 묵
5 閣 집 각	30 兼 겸할 겸	55 恭 공손할공	80 驅 몰 구	105 其 그 기	130 但 다만 단	155 屯 진칠 둔	180 零 떨어질 령/영 령	205 裏 속 리	230 眠 잘 면	255 紋 무늬 문
6 刊 새길 간	31 謙 겸손할겸	56 恐 두려울 공	81 拘 잡을 구	106 欺 속일 기	131 旦 아침 단	156 絡 얽을 락	181 靈 신령 령	206 隣 이웃 린	231 綿 솜 면	256 勿 말 물
7 幹 줄기 간	32 頃 이랑 경/잠깐 경	57 貢 바칠 공	82 狗 개 구	107 騎 말탈 기	132 淡 맑을 담	157 欄 난간 란	182 隷 종 례	207 臨 임할 림	232 滅 멸할 멸	257 尾 꼬리 미
8 肝 간 간	33 卿 벼슬 경	58 寡 적을 과	83 苟 구차할 구/진실로 구	108 忌 꺼릴 기	133 畓 논 답	158 騰 오를 등	183 爐 화로 로	208 磨 갈 마	233 冥 어두울 명	258 微 작을 미
9 姦 간음할 간	34 竟 마침내 경	59 隔 사이뜰 격	84 懼 두려워할 구	109 幾 몇 기	134 踏 밟을 답	159 蘭 난초 란	184 露 이슬 로	209 麻 삼 마	234 銘 새길 명	259 迷 미혹할 미
10 懇 간절할 간	35 庚 별 경/일곱째천간 경	60 誇 자랑할과	85 菊 국화 국	110 畿 경기 기	135 唐 당나라 당/당황할 당	160 濫 넘칠 람	185 祿 녹 록	210 幕 장막 막	235 募 모을 모/뽑을 모	260 眉 눈썹 미
11 渴 목마를 갈	36 徑 지름길경/길 경	61 郭 성(姓) 곽/둘레 곽	86 弓 활 궁	111 祈 빌 기	136 糖 엿 당	161 廊 사랑채 랑/행랑 랑	186 鹿 사슴 록	211 漠 넓을 막	236 慕 그리워할 모	261 憫 민망할 민
12 鑑 거울 감	37 硬 굳을 경	62 冠 갓 관	87 拳 주먹 권	112 既 이미 기	137 貸 빌릴 대	162 浪 물결 랑	187 弄 희롱할 롱	212 莫 없을 막/말 막	237 暮 저물 모	262 敏 민첩할 민
13 剛 굳셀 강	38 耕 밭갈 경	63 館 집 관	88 厥 그 궐	113 棄 버릴 기	138 臺 대 대	163 郎 사내 랑	188 賴 의뢰할 뢰	213 慢 거만할 만	238 某 아무 모	263 蜜 꿀 밀
14 綱 벼리 강	39 啓 열 계	64 寬 너그러울 관	89 軌 수레바퀴 궤	114 豈 어찌 기	139 倒 넘어질 도	164 掠 노략질할 략	189 雷 우레 뢰	214 漫 흩어질 만	239 謀 꾀 모	264 薄 엷을 박
15 鋼 강철 강	40 繫 매달 계	65 慣 익숙할관	90 鬼 귀신 귀	115 飢 주릴 기	140 刀 칼 도	165 凉 서늘할 량	190 了 마칠 료	215 晚 늦을 만	240 侮 업신여길 모	265 泊 머무를 박
16 介 낄 개	41 契 맺을 계	66 貫 꿸 관	91 龜 거북 귀/터질 균	116 緊 긴할 긴	141 渡 건널 도	166 諒 살펴알 량/믿을 량	191 僚 벗 료	216 妄 망령될 망	241 貌 모양 모	266 迫 핍박할 박
17 慨 슬퍼할 개	42 溪 시내 계	67 狂 미칠 광	92 叫 부르짖을 규	117 那 어찌 나	142 挑 돋울 도	167 梁 들보 량/다리 량	192 屢 여러 루	217 忙 바쁠 망	242 冒 무릅쓸모	267 叛 배반할반
18 概 대개 개	43 械 기계 계	68 掛 걸 괘	93 糾 얽힐 규	118 諾 허락할 낙	143 桃 복숭아 도	168 勵 힘쓸 려	193 樓 다락 루	218 忘 잊을 망	243 睦 화목할 목	268 返 돌이킬 반
19 蓋 덮을 개	44 桂 계수나무 계	69 塊 흙덩이 괴	94 菌 버섯 균	119 娘 각시 낭	144 跳 뛸 도	169 曆 책력 력	194 淚 눈물 루	219 茫 아득할 망	244 沒 빠질 몰	269 飯 밥 반
20 皆 다 개	45 癸 북방 계/열째천간 계	70 愧 부끄러울 괴	95 克 이길 극	120 乃 이에 내	145 陶 질그릇 도	170 憐 불쌍히여길 련	195 漏 샐 루	220 罔 없을 망	245 夢 꿈 몽	270 盤 소반 반
21 距 상거할 거	46 姑 시어미 고	71 壞 무너질 괴	96 僅 겨우 근	121 奈 어찌 내	146 途 길 도	171 蓮 연꽃 련	196 累 여러 루/자주 루	221 埋 묻을 매	246 卯 토끼 묘	271 般 가지 반/일반 반
22 乾 하늘 건/마를 건	47 枯 마를 고	72 怪 괴이할 괴	97 謹 삼갈 근	122 耐 견딜 내	147 稻 벼 도	172 戀 사모할련	197 倫 인륜 륜	222 媒 중매 매	247 廟 사당 묘	272 伴 짝 반
23 乞 빌 걸	48 稿 원고 고/볏짚 고	73 郊 들 교	98 斤 근 근/날 근	123 寧 편안 녕	148 塗 바를 도	173 鍊 쇠불릴 련/단련할 련	198 栗 밤 률	223 梅 매화 매	248 苗 모 묘	273 拔 뽑을 발
24 劍 칼 검	49 顧 돌아볼 고	74 較 견줄 교	99 琴 거문고 금	124 奴 종 노	149 篤 도타울 독	174 聯 연이을 련	199 率 비율 률/거느릴 솔	224 麥 보리 맥	249 霧 안개 무	274 倣 본뜰 방
25 遣 보낼 견	50 鼓 북 고	75 矯 바로잡을 교	100 禽 새 금	125 惱 번뇌할 뇌	150 敦 도타울 돈	175 裂 찢어질 렬	200 隆 높을 륭	225 孟 맏 맹	250 戊 다섯째천간 무	275 傍 곁 방

어문회 3급 '섞음漢字' 訓·音표 (배정漢字 추가분 817字)

※ 이 '섞음漢字訓·音表'는 잘라서 사용하는 것이 편리하고 '나형섞음한자'(71쪽 다음) 할때도 사용하세요.

芳 꽃다울 방 276	付 부칠 부 301	司 맡을 사 326	桑 뽕나무 상 351	疏 소통할 소 376	孰 누구 숙 401	甚 심할 심 426	壤 흙덩이 양 451	炎 불꽃 염 476	慾 욕심 욕 501	幽 그윽할 유 526
邦 나라 방 277	附 붙을 부 302	詞 말 사/글 사 327	塞 막힐 색/변방 새 352	騷 떠들 소 377	熟 익을 숙 402	雙 두 쌍/쌍 쌍 427	讓 사양할 양 452	鹽 소금 염 477	欲 하고자할 욕 502	猶 오히려 유 527
培 북돋을 배 278	符 부호 부/부적 부 303	巳 뱀 사/여섯번째지지 사 328	索 찾을 색 353	粟 조 속 378	巡 돌 순/수행할 순 403	亞 버금 아 428	揚 날릴 양 453	影 그림자 영 478	辱 욕될 욕 503	酉 닭 유 528
排 밀칠 배 279	腐 썩을 부 304	祀 제사 사 329	逝 갈 서 354	訟 송사할 송 379	循 돌 순 404	阿 언덕 아 429	楊 버들 양 454	泳 헤엄칠 영 479	庸 떳떳할 용 504	悠 멀 유 529
輩 무리 배 280	簿 문서 부 305	捨 버릴 사 330	庶 여러 서 355	誦 욀 송 380	旬 열흘 순 405	我 나 아 430	御 거느릴 어 455	詠 읊을 영 480	于 어조사 우 505	柔 부드러울 유 530
杯 잔 배 281	扶 도울 부 306	沙 모래 사 331	徐 천천할 서 356	刷 인쇄할 쇄 381	殉 따라죽을 순 406	餓 주릴 아 431	於 어조사 어/탄식할 오 456	譽 기릴 예/명예 예 481	宇 집 우 506	裕 넉넉할 유 531
伯 맏 백 282	浮 뜰 부 307	邪 간사할 사 332	敍 펼 서 357	鎖 쇠사슬 쇄 382	瞬 눈깜짝할 순 407	牙 어금니 아 432	憶 생각할 억 457	銳 날카로울 예 482	偶 짝 우 507	誘 꾈 유 532
煩 번거로울 번 283	覆 덮을 부/다시 복 308	斜 비낄 사 333	恕 용서할 서 358	衰 쇠할 쇠 383	脣 입술 순 408	芽 싹 아 433	抑 누를 억 458	傲 거만할 오 483	愚 어리석을 우 508	潤 불을 윤 533
飜 번역할 번 284	賦 부세 부 309	斯 이 사 334	暑 더울 서 359	囚 가둘 수 384	戌 개 술/열한번째지지 술 409	雅 맑을 아 434	焉 어찌 언 459	吾 나 오 484	憂 근심 우 509	閏 윤달 윤 534
繁 번성할 번 285	赴 다다를 부/갈 부 310	蛇 긴뱀 사 335	緒 실마리 서 360	睡 졸음 수 385	述 펼 술 410	岳 큰산 악 435	予 나 여 460	悟 깨달을 오 485	又 또 우 510	乙 새 을/두번째천간 을 535
凡 무릇 범 286	紛 어지러울 분 311	詐 속일 사 336	署 마을 서 361	壽 목숨 수 386	拾 열 십/주울 습 411	岸 언덕 안 436	余 나 여 461	娛 즐길 오 486	尤 더욱 우 511	吟 읊을 음 536
碧 푸를 벽 287	墳 무덤 분 312	賜 줄 사 337	惜 아낄 석 362	帥 장수 수 387	濕 젖을 습 412	雁 기러기 안 437	汝 너 여 462	嗚 슬플 오 487	羽 깃 우 512	淫 음란할 음 537
辨 분별할 변 288	奔 달릴 분 313	削 깎을 삭 338	昔 예 석 363	殊 다를 수 388	襲 엄습할 습 413	顔 낯 안 438	輿 수레 여 463	烏 까마귀 오/검을 오 488	云 이를 운 513	泣 울 읍 538
丙 남녘 병/세번째천간 병 289	奮 떨칠 분 314	朔 초하루 삭 339	析 쪼갤 석 364	隨 따를 수 389	乘 탈 승 414	謁 뵐 알 439	亦 또 역 464	汚 더러울 오 489	韻 운 운 514	凝 엉길 응 539
屛 병풍 병 290	拂 떨칠 불 315	誓 맹세할 서 340	釋 풀 석 365	愁 근심 수 390	僧 중 승 415	巖 바위 암 440	役 부릴 역 465	獄 옥 옥 490	越 넘을 월 515	宜 마땅 의 540
竝 나란히 병 291	崩 무너질 붕 316	森 수풀 삼 341	旋 돌 선 366	獸 짐승 수 391	昇 오를 승 416	押 누를 압 441	疫 전염병 역 466	翁 늙은이 옹 491	違 어긋날 위 516	矣 어조사 의 541
譜 족보 보 292	朋 벗 붕 317	像 모양 상 342	禪 선 선 367	搜 찾을 수 392	侍 모실 시 417	仰 우러를 앙 442	譯 번역할 역 467	擁 껴안을 옹 492	緯 씨 위 517	夷 오랑캐 이 542
補 기울 보 293	卑 낮을 비 318	償 갚을 상 343	涉 건널 섭 368	遂 이룰 수/드디어 수 393	矢 화살 시 418	央 가운데 앙 443	驛 역 역 468	瓦 기와 와 493	僞 거짓 위 518	已 이미 이 543
卜 점 복 294	婢 계집종 비 319	嘗 맛볼 상 344	攝 다스릴 섭/잡을 섭 369	誰 누구 수 394	飾 꾸밀 식 419	殃 재앙 앙 444	宴 잔치 연 469	臥 누울 와 494	胃 밥통 위 519	而 말이을 이 544
腹 배 복 295	妃 왕비 비 320	尙 오히려 상 345	召 부를 소 370	垂 드리울 수 395	伸 펼 신 420	哀 슬플 애 445	沿 물따라갈 연 470	緩 느릴 완 495	謂 이를 위 520	翼 날개 익 545
封 봉할 봉 296	肥 살찔 비 321	裳 치마 상 346	昭 밝을 소 371	雖 비록 수 396	愼 삼갈 신 421	涯 물가 애 446	燕 제비 연 471	曰 가로 왈 496	愈 나을 유 521	躍 뛸 약 546
峯 봉우리 봉 297	賓 손 빈 322	喪 잃을 상 347	訴 호소할 소 372	輸 보낼 수 397	辛 매울 신 422	厄 액 액 447	軟 연할 연 472	畏 두려워할 외 497	唯 오직 유 522	忍 참을 인 547
逢 만날 봉 298	頻 자주 빈 323	祥 상서 상 348	燒 사를 소 373	需 쓸 수 398	晨 새벽 신 423	也 이끼 야/어조사 야 448	悅 기쁠 열 473	搖 흔들 요 498	惟 생각할 유 523	姻 혼인 인 548
蜂 벌 봉 299	聘 부를 빙 324	詳 자세할 상 349	蔬 나물 소 374	須 모름지기 수 399	審 살필 심 424	耶 어조사 야 449	閱 볼 열 474	遙 멀 요 499	維 벼리 유 524	寅 범 인/세번째지지 인 549
鳳 봉새 봉 300	似 닮을 사 325	霜 서리 상 350	蘇 되살아날 소 375	淑 맑을 숙 400	尋 찾을 심 425	若 같을 약/반야 야 450	染 물들 염 475	腰 허리 요 500	幼 어릴 유 525	逸 편안할 일 550

어문회 3급 '섞음漢字' 訓·音표 (배정漢字 추가분 817字)

어문회 3급 배정漢字는 4급 1,000字에다 새로운 817字를 추가해서 1,817字입니다. 나머지 1,000字는 5급과 4급 책 속에 있음.

551 壬 북방 임/천간 임	576 著 나타날 저	601 燥 마를 조	626 池 못 지	651 暢 화창할 창	676 抄 뽑을 초	701 浸 잠길 침	726 販 팔 판	751 賀 하례할 하	776 亨 형통할 형	801 蒙 어릴 몽
552 賃 품삯 임	577 寂 고요할 적	602 照 비칠 조	627 枝 가지 지	652 債 빚 채	677 超 뛰어넘을 초	702 沈 잠길 침/성 심	727 貝 조개 패	752 鶴 두루미 학	777 螢 반딧불 형	802 還 돌아올 환
553 刺 찌를 자/찌를 척	578 摘 딸 적	603 拙 졸할 졸	628 遲 더딜 지	653 彩 채색 채	678 礎 주춧돌 초	703 枕 베개 침	728 片 조각 편	753 汗 땀 한	778 衡 저울대 형	803 荒 거칠 황
554 恣 방자할 자/마음대로 자	579 滴 물방울 적	604 縱 세로 종	629 震 우레 진	654 菜 나물 채	679 秒 분초 초	704 墮 떨어질 타	729 偏 치우칠 편	754 旱 가물 한	779 兮 어조사 혜	804 皇 임금 황
555 慈 사랑 자	580 蹟 자취 적	605 佐 도울 좌	630 振 떨칠 진	655 策 꾀 책	680 肖 닮을 초	705 妥 온당할 타	730 遍 두루 편	755 割 벨 할	780 慧 슬기로울 혜	805 悔 뉘우칠 회
556 玆 이 자	581 笛 피리 적	606 坐 앉을 좌	631 辰 별 진/때 신	656 妻 아내 처	681 促 재촉할 촉	706 托 맡길 탁	731 編 엮을 편	756 含 머금을 함	781 乎 어조사 호	806 懷 품을 회
557 紫 자줏빛 자	582 跡 발자취 적	607 柱 기둥 주	632 陳 베풀 진/묵을 진	657 尺 자 척	682 燭 촛불 촉	707 濁 흐릴 탁	732 幣 돈 폐/폐백 폐	757 咸 다 함	782 互 서로 호	807 劃 그을 획
558 爵 벼슬 작	583 殿 전각 전	608 鑄 쇠불릴 주	633 鎭 진압할 진	658 戚 친척 척	683 觸 닿을 촉	708 濯 씻을 탁	733 弊 해질 폐/폐단 폐	758 陷 빠질 함	783 浩 넓을 호	808 獲 얻을 획
559 酌 술부을 작/잔질할 작	584 竊 훔칠 절	609 宙 집 주	634 姪 조카 질	659 斥 물리칠 척	684 聰 귀밝을 총	709 誕 속일 탄/낳을 탄	734 蔽 덮을 폐	759 巷 거리 항	784 胡 오랑캐 호/되 호	809 橫 가로 횡
560 潛 잠길 잠	585 漸 점점 점	610 洲 물가 주	635 疾 병 질	660 拓 넓힐 척/박을 탁	685 催 재촉할 최	710 奪 빼앗을 탈	735 廢 버릴 폐/폐할 폐	760 恒 항상 항	785 毫 터럭 호	810 曉 새벽 효
561 暫 잠깐 잠	586 蝶 나비 접	611 奏 아뢸 주	636 秩 차례 질	661 淺 얕을 천	686 抽 뽑을 추	711 貪 탐낼 탐	736 肺 허파 폐	761 項 항목 항	786 虎 범 호	811 侯 제후 후
562 丈 어른 장	587 亭 정자 정	612 株 그루 주	637 執 잡을 집	662 賤 천할 천	687 追 쫓을 추/따를 추	712 塔 탑 탑	737 抱 안을 포	762 亥 돼지 해/열두번째지지 해	787 豪 호걸 호	812 毁 헐 훼
563 墻 담 장	588 訂 바로잡을 정	613 珠 구슬 주	638 徵 부를 징	663 踐 밟을 천	688 醜 추할 추	713 湯 끓을 탕	738 飽 배부를 포	763 該 갖출 해/마땅 해	788 惑 미혹할 혹	813 輝 빛날 휘
564 莊 씩씩할 장	589 頂 정수리 정	614 舟 배 주	639 懲 징계할 징	664 薦 천거할 천	689 丑 두번째지지 축/소 축	714 怠 게으를 태	739 捕 잡을 포	764 奚 어찌 해	789 昏 어두울 혼	814 携 이끌 휴
565 粧 단장할 장	590 井 우물 정	615 俊 준걸 준	640 且 또 차	665 遷 옮길 천	690 畜 짐승 축/기를 축	715 殆 위태할 태/거의 태	740 浦 물가 포	765 享 누릴 향	790 魂 넋 혼	815 胸 가슴 흉
566 掌 손바닥 장	591 廷 조정 정	616 遵 좇을 준	641 借 빌릴 차	666 哲 밝을 철	691 逐 쫓을 축	716 泰 클 태	741 幅 폭 폭	766 響 울릴 향	791 忽 문득 홀	816 稀 드물 희
567 葬 장사지낼 장	592 征 칠 정	617 仲 버금 중	642 此 이 차	667 徹 통할 철	692 衝 찌를 충	717 澤 못 택	742 漂 떠다닐 표	767 獻 드릴 헌	792 弘 클 홍	817 戲 놀 희/희롱할 희
568 藏 감출 장	593 淨 깨끗할 정	618 卽 곧 즉	643 捉 잡을 착	668 尖 뾰족할 첨	693 吹 불 취	718 兎 토끼 토	743 楓 단풍 풍	768 軒 집 헌	793 洪 넓을 홍	
569 臟 오장 장	594 貞 곧을 정	619 憎 미울 증	644 錯 어긋날 착	669 添 더할 첨	694 臭 냄새 취	719 吐 토할 토	744 彼 저 피	769 玄 검을 현	794 鴻 기러기 홍	
570 哉 어조사 재	595 堤 둑 제	620 曾 일찍 증	645 贊 도울 찬	670 妾 첩 첩	695 醉 취할 취	720 透 사무칠 투	745 皮 가죽 피	770 絃 줄 현	795 禾 벼 화	
571 栽 심을 재	596 齊 가지런할 제	621 贈 줄 증	646 慘 참혹할 참	671 晴 갤 청	696 側 곁 측	721 播 뿌릴 파	746 被 입을 피	771 懸 달 현	796 禍 재앙 화	
572 宰 재상 재	597 諸 모두 제	622 蒸 찔 증	647 慚 부끄러울 참	672 替 바꿀 체	697 値 값 치	722 頗 자못 파	747 匹 짝 필	772 縣 고을 현	797 擴 넓힐 확	
573 裁 옷마를 재	598 兆 억조 조	623 症 증세 증	648 倉 곳집 창	673 滯 머무를 체	698 恥 부끄러울 치	723 把 잡을 파	748 畢 마칠 필	773 穴 굴 혈	798 穫 거둘 확	
574 載 실을 재	599 租 조세 조	624 之 갈 지/어조사 지	649 蒼 푸를 창	674 逮 잡을 체	699 稚 어릴 치	724 罷 마칠 파	749 何 어찌 하	774 脅 위협할 협	799 丸 둥글 환	
575 抵 막을 저	600 弔 조상할 조	625 只 다만 지	650 昌 창성할 창	675 遞 갈릴 체	700 漆 옻 칠	725 版 판목 판	750 荷 멜 하/연꽃 하	775 嫌 의심할 혐/싫어할 혐	800 換 바꿀 환	

※현 상태에서 가로와 세로를 좇아서 읽기를 반복하여 거의 읽을 수 있도록 합니다. (대각선으로 읽어도 됨)
　여기 '석음漢字'에 쓰인 번호와 앞부분에 있는 '석음漢字 訓音표'와 번호가 같으므로 틀린 글자는 확인하여 3번씩 쓰고 암기합니다.
※마지막 마무리 과정에서 가위로 잘라서 검사하면 가장 효과적입니다. (약간 미흡한 상태 일때)

樓 193	征 592	抑 458	劃 807	壞 451	爐 183	掌 566	麥 224	殆 715	瓦 493	驛 468
胸 815	補 293	捕 739	巡 403	壞 71	佳 2	累 196	隆 200	倫 197	輪 397	腦 126
已 543	巖 440	株 612	畢 748	鋼 15	芽 433	腐 304	賤 662	詳 349	諸 597	飯 269
値 697	彼 744	漆 700	穴 773	篤 149	供 54	沈 702	懷 806	淺 661	肺 736	蘭 159
貞 594	礎 678	貿 252	賃 552	銘 234	臟 569	獲 808	架 1	踐 663	帥 387	役 465
疏 376	履 204	蛇 335	垂 395	稚 699	奪 710	疫 466	揚 453	著 576	肥 321	但 130
鶴 752	滅 232	蒼 649	洪 793	含 756	飾 419	償 343	紫 557	惜 362	還 802	坐 606
喪 347	何 749	排 279	怪 72	殿 583	祈 111	賀 751	奔 313	換 800	猛 226	岸 436
途 146	姑 46	塞 352	剛 13	抵 575	溪 42	疾 635	尺 657	妄 216	拔 273	嶺 179
跡 582	司 326	燕 471	漏 195	茂 251	鳳 300	維 524	壽 386	賴 188	克 95	奏 611
猶 527	彩 653	陶 145	襲 413	訣 29	凉 165	仰 442	炎 476	片 728	欲 502	愚 508
兎 718	鎭 633	盲 228	廢 735	越 515	之 624	距 21	迫 266	憶 457	肝 8	韻 514
釋 365	索 353	阿 429	潤 533	勵 168	尾 257	卽 618	摘 578	陷 758	裕 531	栽 571
寂 577	及 102	戚 659	幕 210	淡 132	稿 48	默 254	愼 421	瞬 407	鑑 12	靈 181
虎 786	恐 56	柔 530	震 629	租 599	悠 529	耐 122	偶 507	潛 560	腹 295	豪 787

◇ 특허 : 제10-0636034호

※현 상태에서 가로와 세로를 좇아서 읽기를 반복하여 거의 읽을 수 있도록 합니다.(대각선으로 읽어도 됨)
　여기 '석음漢字'에 쓰인 번호와 앞부분에 있는 '석음漢字 訓音표'와 번호가 같으므로 틀린 글자는 확인하여 3번씩 쓰고 암기합니다.
※ 마지막 마무리 과정에서 가위로 잘라서 검사하면 가장 효과적입니다. (약간 미흡한 상태 일때)

驛	瓦	殆	麥	掌	爐	壤	劃	抑	征	樓
○ 468	○ 493	○ 715	○ 224	○ 566	○ 183	○ 451	○ 807	○ 458	○ 592	○ 193
腦	輪	倫	隆	累	佳	壞	巡	捕	補	胸
○ 126	○ 397	○ 197	○ 200	○ 196	○ 2	○ 71	○ 403	○ 739	○ 293	○ 815
飯	諸	詳	賤	腐	芽	鋼	畢	株	巖	己
○ 269	○ 597	○ 349	○ 662	○ 304	○ 433	○ 15	○ 748	○ 612	○ 440	○ 543
蘭	肺	淺	懷	沈	供	篤	穴	漆	彼	値
○ 159	○ 736	○ 661	○ 806	○ 702	○ 54	○ 149	○ 773	○ 700	○ 744	○ 697
役	帥	踐	架	獲	臟	銘	賃	貿	礎	貞
○ 465	○ 387	○ 663	○ 1	○ 808	○ 569	○ 234	○ 552	○ 252	○ 678	○ 594
但	肥	著	揚	疫	奪	稚	垂	蛇	履	疏
○ 130	○ 321	○ 576	○ 453	○ 466	○ 710	○ 699	○ 395	○ 335	○ 204	○ 376
坐	還	惜	紫	償	飾	含	洪	蒼	滅	鶴
○ 606	○ 802	○ 362	○ 557	○ 343	○ 419	○ 756	○ 793	○ 649	○ 232	○ 752
岸	猛	換	奔	賀	祈	殿	怪	排	何	喪
○ 436	○ 226	○ 800	○ 313	○ 751	○ 111	○ 583	○ 72	○ 279	○ 749	○ 347
嶺	拔	妄	尺	疾	溪	抵	剛	塞	姑	途
○ 179	○ 273	○ 216	○ 657	○ 635	○ 42	○ 575	○ 13	○ 352	○ 46	○ 146
奏	克	賴	壽	維	鳳	茂	漏	燕	司	跡
○ 611	○ 95	○ 188	○ 386	○ 524	○ 300	○ 251	○ 195	○ 471	○ 326	○ 582
愚	欲	片	炎	仰	凉	訣	襲	陶	彩	猶
○ 508	○ 502	○ 728	○ 476	○ 442	○ 165	○ 29	○ 413	○ 145	○ 653	○ 527
韻	肝	憶	迫	距	之	越	廢	盲	鎭	兎
○ 514	○ 8	○ 457	○ 266	○ 21	○ 624	○ 515	○ 735	○ 228	○ 633	○ 718
栽	裕	陷	摘	卽	尾	勵	潤	阿	索	釋
○ 571	○ 531	○ 758	○ 578	○ 618	○ 257	○ 168	○ 533	○ 429	○ 353	○ 365
靈	鑑	瞬	愼	默	稿	淡	幕	戚	及	寂
○ 181	○ 12	○ 407	○ 421	○ 254	○ 48	○ 132	○ 210	○ 659	○ 102	○ 577
豪	腹	潛	偶	耐	悠	租	震	柔	恐	虎
○ 787	○ 295	○ 560	○ 507	○ 122	○ 529	○ 599	○ 629	○ 530	○ 56	○ 786

渡 141	肯 680	晚 215	央 443	踏 134	泰 716	蘇 375	振 630	懇 10	吐 719	玄 769
貸 137	遷 665	宙 609	菊 85	藏 568	伯 282	我 430	較 74	露 184	谷 52	覆 308
莊 564	滯 673	贊 645	企 104	符 303	茶 128	慕 236	衡 778	硬 37	濕 412	孟 225
幹 7	凡 286	漠 211	珠 613	獄 490	菌 94	斜 333	概 18	借 641	狂 67	娘 119
紋 255	盟 227	此 642	丘 77	恭 55	栗 198	熟 402	鼓 50	池 626	慧 780	妃 320
雷 189	拾 411	譽 481	亞 428	侍 417	衰 383	徹 667	欄 157	漸 585	稀 816	症 623
澤 717	壬 551	薄 264	琴 99	獻 767	照 602	宴 469	浸 701	墨 253	磨 208	荷 750
緊 116	微 258	戲 817	燒 373	慣 65	策 655	縱 604	述 410	附 302	絡 156	旦 131
雙 427	芳 276	頃 32	哭 51	皇 804	誘 532	暫 561	慾 501	介 16	超 677	愁 390
署 361	簿 305	枝 627	兆 598	悅 473	曆 169	僞 518	粧 565	舊 314	盤 270	祿 185
載 574	促 681	裂 175	徐 356	橫 809	羽 512	臨 207	譯 467	項 761	染 475	唐 135
獸 391	烏 488	丙 289	祀 329	廊 161	蹟 580	吹 693	封 296	刷 381	湯 713	御 455
綿 231	隔 59	諾 118	忍 547	債 652	鎖 382	陳 632	裳 346	聯 174	若 450	逢 298
隨 389	催 685	刺 553	勿 256	蒸 622	亭 587	哀 445	寬 64	錦 101	其 105	刊 6
兼 30	麻 209	仲 617	沒 244	淨 593	楓 743	徑 36	哲 666	脚 4	辰 631	悔 805

◇ 특허 : 제10-0636034호

玄 ○ 769	吐 ○ 719	懇 ○ 10	振 ○ 630	蘇 ○ 375	泰 ○ 716	踏 ○ 134	央 ○ 443	晚 ○ 215	肯 ○ 680	渡 ○ 141
覆 ○ 308	谷 ○ 52	露 ○ 184	較 ○ 74	我 ○ 430	伯 ○ 282	藏 ○ 568	菊 ○ 85	宙 ○ 609	遷 ○ 665	貸 ○ 137
孟 ○ 225	濕 ○ 412	硬 ○ 37	衡 ○ 778	慕 ○ 236	茶 ○ 128	符 ○ 303	企 ○ 104	贊 ○ 645	滯 ○ 673	莊 ○ 564
娘 ○ 119	狂 ○ 67	借 ○ 641	概 ○ 18	斜 ○ 333	菌 ○ 94	獄 ○ 490	珠 ○ 613	漠 ○ 211	凡 ○ 286	幹 ○ 7
妃 ○ 320	慧 ○ 780	池 ○ 626	鼓 ○ 50	熟 ○ 402	栗 ○ 198	恭 ○ 55	丘 ○ 77	此 ○ 642	盟 ○ 227	紋 ○ 255
症 ○ 623	稀 ○ 816	漸 ○ 585	欄 ○ 157	徹 ○ 667	衰 ○ 383	侍 ○ 417	亞 ○ 428	譽 ○ 481	拾 ○ 411	雷 ○ 189
荷 ○ 750	磨 ○ 208	墨 ○ 253	浸 ○ 701	宴 ○ 469	照 ○ 602	獻 ○ 767	琴 ○ 99	薄 ○ 264	壬 ○ 551	澤 ○ 717
旦 ○ 131	絡 ○ 156	附 ○ 302	述 ○ 410	縱 ○ 604	策 ○ 655	慣 ○ 65	燒 ○ 373	戲 ○ 817	微 ○ 258	緊 ○ 116
愁 ○ 390	超 ○ 677	介 ○ 16	慾 ○ 501	暫 ○ 561	誘 ○ 532	皇 ○ 804	哭 ○ 51	頃 ○ 32	芳 ○ 276	雙 ○ 427
祿 ○ 185	盤 ○ 270	奮 ○ 314	粧 ○ 565	僑 ○ 518	曆 ○ 169	悅 ○ 473	兆 ○ 598	枝 ○ 627	簿 ○ 305	署 ○ 361
唐 ○ 135	染 ○ 475	項 ○ 761	譯 ○ 467	臨 ○ 207	羽 ○ 512	橫 ○ 809	徐 ○ 356	裂 ○ 175	促 ○ 681	載 ○ 574
御 ○ 455	湯 ○ 713	刷 ○ 381	封 ○ 296	吹 ○ 693	蹟 ○ 580	廊 ○ 161	祀 ○ 329	丙 ○ 289	烏 ○ 488	獸 ○ 391
逢 ○ 298	若 ○ 450	聯 ○ 174	裳 ○ 346	陳 ○ 632	鎖 ○ 382	債 ○ 652	忍 ○ 547	諾 ○ 118	隔 ○ 59	綿 ○ 231
刊 ○ 6	其 ○ 105	錦 ○ 101	寬 ○ 64	哀 ○ 445	亭 ○ 587	蒸 ○ 622	勿 ○ 256	刺 ○ 553	催 ○ 685	隨 ○ 389
悔 ○ 805	辰 ○ 631	脚 ○ 4	哲 ○ 666	徑 ○ 36	楓 ○ 743	淨 ○ 593	沒 ○ 244	仲 ○ 617	麻 ○ 209	兼 ○ 30

					蒙 801	徵 638	繁 285	浪 162	桃 143	拳 87
禽 100	浩 783	鑄 608	菜 654	脅 774	弊 733	憎 619	旋 366	森 341	碧 287	洲 610
忽 791	奴 124	鬼 90	削 338	胃 519	恥 698	皮 745	弓 86	般 271	巧 76	久 78
拓 658	幼 525	紛 311	廷 591	卑 318	觸 683	訟 379	尙 345	禪 367	謂 520	緩 495
鍊 173	像 342	謙 31	讓 452	夢 245	啓 39	莫 212	曾 620	透 720	淑 400	館 63
刀 140	梁 167	恕 358	逸 550	被 746	賦 309	糖 136	錯 644	汗 753	邪 332	戀 172
齊 596	吏 203	亦 464	劍 24	蓮 171	畿 110	裁 573	宇 506	耕 38	翼 545	乾 22
牙 432	懸 771	軟 472	寧 123	綱 14	丈 562	割 755	妻 656	陵 201	魂 790	執 637
貢 57	慈 555	衝 692	憂 509	輩 280	僧 415	雅 434	柱 607	葬 567	械 43	側 696
昇 416	悟 485	頂 589	版 725	付 301	恒 760	甚 426	弄 187	睦 243	畜 690	契 41
審 424	編 731	扶 306	貌 241	梅 223	騎 107	笛 581	旬 405	禍 796	誇 60	謀 239
寡 58	丹 129	影 478	率 199	冠 62	凍 153	需 398	醉 695	幽 526	訴 372	蓋 19
裏 205	霜 350	貫 66	辱 503	臺 138	詞 327	拂 315	婢 319	惑 788	井 590	鹽 477
譜 292	沙 331	郎 163	胡 784	淨 307	媒 222	泥 127	偏 729	浦 740	塔 712	追 687
殊 388	乘 414	閣 5	倒 139	昌 351	桑 648	倉 803	荒 766	響 229	免 229	沿 470
培 278	桂 44	緖 360	峯 297	乙 535	拘 81	淫 537	眠 230	突 152	秩 636	顔 438

※ 본 학습교재의 복사, 복제, 전제, 모방을 금함   ◇ 특허 : 제10-0636034호

擧 87　桃 143　浪 162　繁 285　徵 638　蒙 801

洲 610　碧 287　森 341　旋 366　憎 619　弊 733　脅 774　菜 654　鑄 608　浩 783　禽 100

久 78　巧 76　般 271　弓 86　皮 745　恥 698　胃 519　削 338　鬼 90　奴 124　忽 791

緩 495　謂 520　禪 367　尙 345　訟 379　觸 683　卑 318　廷 591　紛 311　幼 525　拓 658

館 63　淑 400　透 720　曾 620　莫 212　啓 39　夢 245　讓 452　謙 31　像 342　鍊 173

戀 172　邪 332　汗 753　錯 644　糖 136　賦 309　被 746　逸 550　恕 358　梁 167　刀 140

乾 22　翼 545　耕 38　宇 506　裁 573　畿 110　蓮 171　劍 24　亦 464　吏 203　齊 596

執 637　魂 790　陵 201　妻 656　割 755　丈 562　綱 14　寧 123　軟 472　懸 771　牙 432

側 696　械 43　葬 567　柱 607　雅 434　僧 415　輩 280　憂 509　衝 692　慈 555　貢 57

契 41　畜 690　睦 243　弄 187　甚 426　恒 760　付 301　版 725　頂 589　悟 485　昇 416

謀 239　誇 60　禍 796　句 405　笛 581　騎 107　梅 223　貌 241　扶 306　編 731　審 424

蓋 19　訴 372　幽 526　醉 695　需 398　凍 153　冠 62　率 199　影 478　丹 129　寡 58

鹽 477　井 590　惑 788　婢 319　拂 315　詞 327　臺 138　辱 503　貫 66　霜 350　裏 205

追 687　塔 712　浦 740　偏 729　泥 127　媒 222　淨 307　胡 784　郞 163　沙 331　譜 292

沿 470　免 229　響 766　荒 803　倉 648　桑 351　昌 650　倒 139　閣　乘 414　殊 388

顔 438　秩 636　突 152　眠 230　淫 537　拘 81　乙 535　峯 297　緖 360　桂 44　培 278

※현 상태에서 가로와 세로를 좇아서 읽기를 반복하여 거의 읽을 수 있도록 합니다. (대각선으로 읽어도 됨)
　여기 '석음漢字'에 쓰인 번호와 앞부분에 있는 '석음漢字 訓音표'와 번호가 같으므로 틀린 글자는 확인하여 3번씩 쓰고 암기합니다.
※ 마지막 마무리 과정에서 가위로 잘라서 검사하면 가장 효과적입니다. (약간 미흡한 상태 일때)

賜 337	鳴 487	誦 380	墮 704	閱 474	稻 147	庚 35	肩 27	楊 454	濫 160	誕 709
涯 446	昔 363	岳 435	茫 219	秒 679	獵 177	廉 178	抱 737	旣 112	矯 75	違 516
那 117	霧 249	杯 281	貝 727	尖 668	逝 354	燭 682	逐 691	哉 570	丸 799	俊 615
屑 408	舟 614	郊 73	厥 88	把 723	捨 330	堤 595	昏 789	酌 559	又 510	絹 26
迷 259	播 721	慢 213	亥 762	繫 40	頻 323	聘 324	頗 722	豚 151	赴 310	翁 491
眉 260	塗 148	嫌 775	蜂 299	幅 741	苟 83	遂 393	滴 579	唯 522	冥 233	枯 47
誓 340	攝 369	也 448	愧 70	騰 158	癸 45	曉 810	互 782	搜 392	懲 639	燥 601
僅 96	叫 92	謹 97	吾 484	冒 242	乎 781	惟 523	敏 262	絃 770	惱 125	怠 714
輿 463	似 325	署 359	携 814	掠 164	辨 288	幾 109	敍 357	贈 621	謁 439	侯 811
崩 316	賓 322	旱 754	且 640	遙 499	煩 283	亨 776	漫 214	掛 68	矣 541	晴 671
竊 584	皆 20	曰 496	欺 106	殊 444	墳 312	汚 489	鴻 794	某 238	伴 272	慨 17
斯 334	僚 191	岡 220	慘 646	嘗 344	鈍 154	拙 603	凝 539	屯 155	罷 724	朋 317
募 235	忘 218	托 706	隣 206	縣 772	茲 556	咸 757	泊 265	伸 420	恣 554	叛 267
傲 274	爵 558	穫 798	只 625	抽 686	竝 291	苗 248	云 513	晨 423	尤 511	跳 144
押 441	遲 628	棄 113	漂 742	蝶 586	須 399	忙 217	余 461	於 456	竟 34	糾 93

　　　　◇ 특허 : 제10-0636034호

※현 상태에서 가로와 세로를 좇아서 읽기를 반복하여 거의 읽을 수 있도록 합니다. (대각선으로 읽어도 됨)
　여기 '석음漢字'에 쓰인 번호와 앞부분에 있는 '석음漢字 訓音표'와 번호가 같으므로 틀린 글자는 확인하여 3번씩 쓰고 암기합니다.
※ 마지막 마무리 과정에서 가위로 잘라서 검사하면 가장 효과적입니다. (약간 미흡한 상태 일때)

誕	濫	楊	肩	庚	稻	閱	墮	誦	鳴	賜
709	160	454	27	35	147	474	704	380	487	337
違	矯	旣	抱	廉	獵	秒	茫	岳	昔	涯
516	75	112	737	178	177	679	219	435	363	446
俊	丸	哉	逐	燭	逝	尖	貝	杯	霧	那
615	799	570	691	682	354	668	727	281	249	117
絹	又	酌	昏	堤	捨	把	厥	郊	舟	屑
26	510	559	789	595	330	723	88	73	614	408
翁	赴	豚	頗	聘	頻	繫	亥	慢	播	迷
491	310	151	722	324	323	40	762	213	721	259
枯	冥	唯	滴	遂	苟	幅	蜂	嫌	塗	眉
47	233	522	579	393	83	741	299	775	148	260
燥	懲	搜	互	曉	癸	騰	愧	也	攝	誓
601	639	392	782	810	45	158	70	448	369	340
怠	惱	絃	敏	惟	乎	冒	吾	謹	叫	僅
714	125	770	262	523	781	242	484	97	92	96
侯	謁	贈	敍	幾	辨	掠	携	署	似	輿
811	439	621	357	109	288	164	814	359	325	463
晴	矣	掛	漫	亨	煩	遙	且	旱	賓	崩
671	541	68	214	776	283	499	640	754	322	316
慨	伴	某	鴻	汚	墳	殊	欺	曰	皆	竊
17	272	238	794	489	312	444	106	496	20	584
朋	罷	屯	凝	拙	鈍	嘗	慘	岡	僚	斯
317	724	155	539	603	154	344	646	220	191	334
叛	恣	伸	泊	咸	玆	縣	隣	托	忘	募
267	554	420	265	757	556	772	206	706	218	235
跳	尤	晨	云	苗	竝	抽	只	穫	爵	傲
144	511	423	513	248	291	686	625	798	558	274
斜	竟	於	余	忙	須	蝶	漂	棄	遲	押
93	34	456	461	217	399	586	742	113	628	441

畏 ○497	廟 ○247	誰 ○394	返 ○268	泣 ○538	埋 ○221	却 ○3	于 ○505	睡 ○385	娛 ○486	遣 ○25
匹 ○747	龜 ○91	抄 ○676	巷 ○759	妾 ○670	憫 ○261	捉 ○643	庸 ○504	坤 ○53	戊 ○250	墻 ○563
擴 ○797	弘 ○792	奈 ○121	兮 ○779	騷 ○377	辛 ○422	緯 ○517	了 ○190	諒 ○166	朔 ○339	宜 ○540
渴 ○11	愈 ○521	輝 ○813	屢 ○192	飽 ○738	幣 ○732	貪 ○711	尋 ○425	醜 ○688	逮 ○674	懼 ○84
顧 ○49	添 ○669	斥 ○660	戍 ○409	卿 ○33	詠 ○480	禾 ○795	聰 ○684	殉 ○406	佐 ○605	餓 ○431
蜜 ○263	卯 ○246	搖 ○498	敦 ○150	俱 ○79	閏 ○534	屛 ○290	暢 ○651	庶 ○355	暮 ○237	循 ○404
梨 ○202	雁 ○437	濯 ○708	泳 ○479	吟 ○536	替 ○672	豈 ○114	焉 ○459	隸 ○182	該 ○763	寅 ○549
臭 ○694	遵 ○616	斤 ○98	詐 ○336	矢 ○418	塊 ○69	弔 ○600	薦 ○664	粟 ○378	牽 ○28	奚 ○764
軒 ○768	乃 ○120	丑 ○689	飜 ○284	販 ○726	蔬 ○374	濁 ○707	厄 ○447	遍 ○730	憩 ○647	邦 ○277
腰 ○500	軌 ○89	傍 ○275	遞 ○675	毁 ○812	姦 ○9	挑 ○142	妥 ○705	毫 ○785	姻 ○548	召 ○370
汝 ○462	飢 ○115	劣 ○176	擁 ○492	侮 ○240	巳 ○328	驅 ○80	訂 ○588	昭 ○371	而 ○544	蔽 ○734
卜 ○294	囚 ○384	姪 ○634	宰 ○572	祥 ○348	雖 ○396	耶 ○449	執 ○401	憐 ○170	析 ○364	淚 ○194
予 ○460	螢 ○777	躍 ○546	夷 ○542	狗 ○82	臥 ○494	忌 ○108	鹿 ○186	涉 ○368	傲 ○483	零 ○180
肯 ○103	畓 ○133	酉 ○528	郭 ○61	乞 ○23	銳 ○482	枕 ○703	享 ○765			

※ '섞음漢字'의 암기가 끝날 무렵에는 各 漢字 밑에 訓·音을 써 보세요.

遣 ○25	娛 ○486	睡 ○385	于 ○505	却 ○3	埋 ○221	泣 ○268	返 ○538	誰 ○394	廟 ○247	畏 ○497
墻 ○563	戊 ○250	坤 ○53	庸 ○504	捉 ○643	憫 ○261	妾 ○670	巷 ○759	抄 ○676	龜 ○91	匹 ○747
宜 ○540	朔 ○339	諒 ○166	了 ○190	緯 ○517	辛 ○422	騷 ○377	兮 ○779	奈 ○121	弘 ○792	擴 ○797
懼 ○84	逮 ○674	醜 ○688	尋 ○425	貪 ○711	幣 ○732	飽 ○738	屢 ○192	輝 ○813	愈 ○521	渴 ○11
餓 ○431	佐 ○605	殉 ○406	聰 ○684	禾 ○795	詠 ○480	卿 ○33	戌 ○409	斥 ○660	添 ○669	顧 ○49
循 ○404	暮 ○237	庶 ○355	暢 ○651	屛 ○290	閏 ○534	俱 ○79	敦 ○150	搖 ○498	卯 ○246	蜜 ○263
寅 ○549	該 ○763	隸 ○182	焉 ○459	豈 ○114	替 ○672	吟 ○536	泳 ○479	濯 ○708	雁 ○437	梨 ○202
奚 ○764	牽 ○28	粟 ○378	薦 ○664	弔 ○600	塊 ○69	矢 ○418	詐 ○336	斤 ○98	遵 ○616	臭 ○694
邦 ○277	憲 ○647	遍 ○730	厄 ○447	濁 ○707	蔬 ○374	販 ○726	飜 ○284	丑 ○689	乃 ○120	軒 ○768
召 ○370	姻 ○548	毫 ○785	妥 ○705	挑 ○142	姦 ○9	毁 ○812	遞 ○675	傍 ○275	軌 ○89	腰 ○500
蔽 ○734	而 ○544	昭 ○371	訂 ○588	驅 ○80	巳 ○328	侮 ○240	擁 ○492	劣 ○176	飢 ○115	汝 ○462
淚 ○194	析 ○364	憐 ○170	孰 ○401	耶 ○449	雖 ○396	祥 ○348	宰 ○572	姪 ○634	囚 ○384	卜 ○294
零 ○180	傲 ○483	涉 ○368	鹿 ○186	忌 ○108	臥 ○494	狗 ○82	夷 ○542	躍 ○546	螢 ○777	予 ○460
			享 ○765	枕 ○703	銳 ○482	乞 ○23	郭 ○61	酉 ○528	畓 ○133	肯 ○103

반의결합어

(反義結合語) ━━━━━━━━━ 서로 반대(상대)되는 뜻을 지닌 字끼리 결합된 漢字語

※ 두 글자 모두, 아니면 어느 한쪽 글자는 쓰기배정漢字(4급 배정漢字) 1000字 범위에서 출제됩니다.

加減 (더할 가, 덜 감)	勤怠 (부지런할 근, 게으를 태)	陸海 (뭍 륙, 바다 해)	山海 (메 산, 바다 해)
可否 (옳을 가, 아닐 부)	今昔 (이제 금, 예석)	離合 (떠날 리, 합할 합)	賞罰 (상줄 상, 벌줄 벌)
干戈 (방패 간, 창 과)	及落 (미칠 급, 떨어질 락)	利害 (이로울 리, 해로울 해)	生死 (살 생, 죽을 사)
干滿 (얼마 간, 찰 만)	起結 (일어날 기, 맺을 결)	賣買 (팔 매, 살 매)	生殺 (살 생, 죽일 살)
甘苦 (달 감, 쓸 고)	起伏 (일어날 기, 엎드릴 복)	明暗 (밝을 명, 어두울 암)	善惡 (착할 선, 악할 악)
降登 (내릴 강, 오를 등)	起寢 (일어날 기, 잠잘 침)	問答 (물을 문, 답할 답)	先後 (먼저 선, 뒤 후)
江山 (강 강, 메 산)	吉凶 (길할 길, 흉할 흉)	文武 (글월 문, 호반 무)	盛衰 (성할 성, 쇠할 쇠)
强弱 (군셀 강, 약할 약)	難易 (어려운 난, 쉬울 이)	物心 (물건 물, 마음 심)	成敗 (이룰 성, 패할 패)
開閉 (열 개, 닫을 폐)	南北 (남녘 남, 북녘 북)	尾首 (꼬리 미, 머리 수)	疏密 (드물 소, 빽빽할 밀)
去來 (갈 거, 올 래)	內外 (안 내, 바깥 외)	美醜 (아름다울 미, 추할 추)	損益 (잃을 손, 더할 익)
經緯 (날 경, 씨줄 위)	多寡 (많을 다, 적을 과)	班常 (양반 반, 상사람 상)	送受 (보낼 송, 받을 수)
輕重 (가벼울 경, 무거울 중)	多少 (많을 다, 적을 소)	發着 (필 발, 붙을 착)	送迎 (보낼 송, 맞을 영)
慶弔 (경사 경, 조상할 조)	丹靑 (붉을 단, 푸를 청)	方圓 (모 방, 둥글 원)	需給 (쓸 수, 줄 급)
京鄕 (서울 경, 시골 향)	單複 (홑 단, 겹칠 복)	腹背 (배 복, 등 배)	收給 (거둘 수, 줄 급)
古今 (예 고, 이제 금)	旦夕 (아침 단, 저녁 석)	本末 (근본 본, 끝 말)	水陸 (물 수, 뭍 륙)
苦樂 (괴로울 고, 즐거울 락)	斷續 (끊을 단, 이을 속)	逢別 (만날 봉, 헤어질 별)	首尾 (머리 수, 꼬리 미)
姑婦 (시어머니 고, 며느리 부)	當落 (마땅 당, 떨어질 락)	父母 (아비 부, 어미 모)	授受 (줄 수, 받을 수)
高低 (높을 고, 낮을 저)	大小 (큰 대, 작을 소)	夫婦 (지아비 부, 아내 부)	手足 (손 수, 발 족)
高下 (높을 고, 아래 하)	都農 (도읍 도, 농사 농)	夫妻 (남편 부, 아내 처)	收支 (거둘 수, 지급할 지)
曲直 (굽을 곡, 곧을 직)	東西 (동녘 동, 서녘 서)	分合 (나눌 분, 합할 합)	水火 (물 수, 불 화)
骨肉 (뼈 골, 살 육)	動靜 (움직일 동, 고요할 정)	悲歡 (슬플 비, 기쁠 환)	叔姪 (아재비 숙, 조카 질)
功過 (공 공, 허물 과)	頭尾 (머리 두, 꼬리 미)	悲喜 (슬플 비, 기쁠 희)	順逆 (따를 순, 거스릴 역)
公私 (공평할 공, 사사 사)	得失 (얻을 득, 잃을 실)	貧富 (가난할 빈, 부자 부)	乘降 (탈 승, 내릴 강)
攻防 (칠 공, 막을 방)	登落 (오를 등, 떨어질 락)	氷炭 (얼음 빙, 숯 탄)	昇降 (오를 승, 내릴 강)
攻守 (칠 공, 지킬 수)	來往 (올 래, 갈 왕)	死生 (죽을 사, 살 생)	勝負 (이길 승, 질 부)
寡多 (적을 과, 많을 다)	冷熱 (찰 랭, 더울 열)	邪正 (간사할 사, 바를 정)	勝敗 (이길 승, 패할 패)
官民 (벼슬 관, 백성 민)	冷溫 (찰 랭, 따뜻할 온)	師弟 (스승 사, 제자 제)	始末 (비로소 시, 끝 말)
教學 (가르칠 교, 배울 학)	靈肉 (신령 령, 몸 육)	死活 (죽을 사, 살 활)	是非 (옳을 시, 아닐 비)
君民 (임금 군, 백성 민)	老少 (늙을 로, 젊을 소)	散集 (흩을 산, 모을 집)	始終 (비로소 시, 마칠 종)
君臣 (임금 군, 신하 신)	老幼 (늙을 로, 어릴 유)	山川 (메 산, 내 천)	新古 (새 신, 예 고)
貴賤 (귀할 귀, 천할 천)	勞使 (일할 로, 부릴 사)	山河 (메 산, 물 하)	新舊 (새 신, 옛 구)

🔶 반의결합어 (反義結合語) ━━━━ 서로 반대(상대)되는 뜻을 지닌 字끼리 결합된 漢字語

伸縮 (펼 신, 줄일 축)	因果 (까닭 인, 결과 과)	眞假 (참 진, 거짓 가)	寒暑 (찰 한, 더울 서)
心身 (마음 심, 몸 신)	任免 (맡을 임, 면할 면)	眞僞 (참 진, 거짓 위)	寒溫 (찰 한, 따뜻할 온)
深淺 (깊을 심, 얕을 천)	姉妹 (누이 자, 아랫누이 매)	進退 (나아갈 진, 물러날 퇴)	向背 (향할 향, 등 배)
雅俗 (맑을 아, 속될 속)	自至 (부터 자, 이를 지)	集配 (모을 집, 나눌 배)	虛實 (빌 허, 찰 실)
安危 (편안할 안, 위태할 위)	自他 (스스로 자, 남 타)	集散 (모을 집, 흩을 산)	賢愚 (어질 현, 어리석을 우)
哀樂 (슬플 애, 즐길 락)	昨今 (어제 작, 오늘 금)	着發 (붙을 착, 떠날 발)	形影 (형상 형, 그림자 영)
愛惡 (사랑 애, 미워할 오)	長短 (긴 장, 짧을 단)	贊反 (도울 찬, 반대할 반)	兄弟 (형 형, 아우 제)
愛憎 (사랑 애, 미워할 증)	將卒 (장수 장, 군사 졸)	天壤 (하늘 천, 흙 양)	好惡 (좋을 호, 나쁠 악)
哀歡 (슬플 애, 기쁠 환)	將兵 (장수 장, 군사 병)	天地 (하늘 천, 땅 지)	呼應 (부를 호, 응할 응)
抑揚 (누를 억, 날릴 양)	長幼 (어른 장, 어릴 유)	鐵石 (쇠 철, 돌 석)	呼吸 (숨내쉴 호, 숨들이쉴 흡)
言行 (말씀 언, 행실 행)	田畓 (밭 전, 논 답)	晴雨 (갤 청, 비 우)	禍福 (재앙 화, 복 복)
如差 (같을 여, 다를 차)	戰和 (싸울 전, 화할 화)	淸濁 (맑을 청, 흐릴 탁)	和戰 (화목할 화, 싸울 전)
與野 (참여할 여, 민간 야)	前後 (앞 전, 뒤 후)	初終 (처음 초, 끝 종)	厚薄 (두터울 후, 엷을 박)
逆順 (거스릴 역, 순할 순)	正邪 (바를 정, 간사할 사)	春秋 (봄 춘, 가을 추)	毁譽 (헐 훼, 명예 예)
榮枯 (영화 영, 마를 고)	正誤 (바를 정, 그릇될 오)	出缺 (날 출, 빠질 결)	胸背 (가슴 흉, 등 배)
榮辱 (영화 영, 욕될 욕)	淨汚 (깨끗할 정, 더러울 오)	出納 (날 출, 들입 납)	黑白 (검을 흑, 흰 백)
豫決 (미리 예, 결단할 결)	早晚 (이를 조, 늦을 만)	出沒 (날 출, 빠질 몰)	興亡 (일어날 흥, 망할 망)
玉石 (구슬 옥, 돌 석)	朝暮 (아침 조, 저물 모)	出入 (날 출, 들 입)	喜怒 (기쁠 희, 성낼 노)
溫冷 (따뜻할 온, 찰 랭)	朝夕 (아침 조, 저녁 석)	忠逆 (충성 충, 거스릴 역)	喜悲 (기쁠 희, 슬플 비)
溫涼 (따뜻할 온, 서늘할 량)	祖孫 (할아비 조, 손자 손)	取捨 (취할 취, 버릴 사)	
緩急 (느릴 완, 급할 급)	存亡 (있을 존, 망할 망)	治亂 (다스릴 치, 어지러울 란)	
往來 (갈 왕, 올 래)	存滅 (있을 존, 멸할 멸)	脫着 (벗을 탈, 붙을 착)	
往復 (갈 왕, 돌아볼 복)	尊卑 (높을 존, 낮을 비)	投打 (던질 투, 칠 타)	
優劣 (뛰어날 우, 못할 렬(열))	存廢 (있을 존, 폐할 폐)	表裏 (겉 표, 속 리)	
遠近 (멀 원, 가까울 근)	左右 (왼쪽 좌, 오른쪽 우)	豊凶 (풍년 풍, 흉년들 흉)	
怨恩 (원망할 원, 은혜 은)	主客 (주인 주, 손 객)	皮骨 (가죽 피, 뼈 골)	
有無 (있을 유, 없을 무)	晝夜 (낮 주, 밤 야)	彼此 (저 피, 이 차)	
隱現 (숨을 은, 나타날 현)	主從 (주인 주, 따를 종)	夏冬 (여름 하, 겨울 동)	
隱顯 (숨을 은, 나타날 현)	衆寡 (무리 중, 적을 과)	學訓 (배울 학, 가르칠 훈)	
陰陽 (그늘 음, 볕 양)	增減 (더할 증, 덜 감)	閑忙 (한가할 한, 바쁠 망)	
異同 (다를 이, 한가지 동)	遲速 (더딜 지, 빠를 속)	寒暖 (찰 한, 따뜻할 난)	

※ 두 單語 모두, 아니면 어느 한쪽 單語는 쓰기배정漢字(4급 배정漢字) 1000字 범위에서 출제됩니다.

可決 (가결) ↔ 否決 (부결)	高雅 (고아) ↔ 低俗 (저속)	老練 (노련) ↔ 未熟 (미숙)
架空 (가공) ↔ 實在 (실재)	固定 (고정) ↔ 流動 (유동)	弄談 (농담) ↔ 眞談 (진담)
加熱 (가열) ↔ 冷却 (냉각)	高調 (고조) ↔ 低調 (저조)	能動 (능동) ↔ 被動 (피동)
加入 (가입) ↔ 脫退 (탈퇴)	曲線 (곡선) ↔ 直線 (직선)	多元 (다원) ↔ 一元 (일원)
加重 (가중) ↔ 輕減 (경감)	困難 (곤란) ↔ 容易 (용이)	短命 (단명) ↔ 長壽 (장수)
却下 (각하) ↔ 受理 (수리)	空想 (공상) ↔ 現實 (현실)	單純 (단순) ↔ 複雜 (복잡)
幹線 (간선) ↔ 支線 (지선)	公的 (공적) ↔ 私的 (사적)	單一 (단일) ↔ 複合 (복합)
干涉 (간섭) ↔ 放任 (방임)	公平 (공평) ↔ 偏頗 (편파)	單式 (단식) ↔ 複式 (복식)
間接 (간접) ↔ 直接 (직접)	過去 (과거) ↔ 未來 (미래)	短縮 (단축) ↔ 延長 (연장)
干潮 (간조) ↔ 滿潮 (만조)	過失 (과실) ↔ 故意 (고의)	對話 (대화) ↔ 獨白 (독백)
減産 (감산) ↔ 增産 (증산)	光明 (광명) ↔ 暗黑 (암흑)	都心 (도심) ↔ 郊外 (교외)
減少 (감소) ↔ 增加 (증가)	丘陵 (구릉) ↔ 平地 (평지)	獨立 (독립) ↔ 從屬 (종속)
感情 (감정) ↔ 理性 (이성)	求心 (구심) ↔ 遠心 (원심)	獨創 (독창) ↔ 模倣 (모방)
開放 (개방) ↔ 閉鎖 (폐쇄)	君子 (군자) ↔ 小人 (소인)	動機 (동기) ↔ 結果 (결과)
個別 (개별) ↔ 合同 (합동)	屈服 (굴복) ↔ 抵抗 (저항)	登場 (등장) ↔ 退場 (퇴장)
開場 (개장) ↔ 罷場 (파장)	權利 (권리) ↔ 義務 (의무)	漠然 (막연) ↔ 確然 (확연)
改革 (개혁) ↔ 保守 (보수)	近攻 (근공) ↔ 遠交 (원교)	滅亡 (멸망) ↔ 興起 (흥기)
開會 (개회) ↔ 閉會 (폐회)	僅少 (근소) ↔ 過多 (과다)	模倣 (모방) ↔ 創造 (창조)
客觀 (객관) ↔ 主觀 (주관)	急激 (급격) ↔ 緩慢 (완만)	母音 (모음) ↔ 子音 (자음)
客體 (객체) ↔ 主體 (주체)	急性 (급성) ↔ 慢性 (만성)	無能 (무능) ↔ 有能 (유능)
巨大 (거대) ↔ 微小 (미소)	急行 (급행) ↔ 緩行 (완행)	無形 (무형) ↔ 有形 (유형)
巨富 (거부) ↔ 極貧 (극빈)	肯定 (긍정) ↔ 否定 (부정)	默讀 (묵독) ↔ 音讀 (음독)
拒絶 (거절) ↔ 承諾 (승낙)	寄生 (기생) ↔ 共生 (공생)	文官 (문관) ↔ 武官 (무관)
健康 (건강) ↔ 病弱 (병약)	奇數 (기수) ↔ 偶數 (우수)	問題 (문제) ↔ 解答 (해답)
建設 (건설) ↔ 破壞 (파괴)	樂觀 (낙관) ↔ 悲觀 (비관)	文語 (문어) ↔ 口語 (구어)
傑作 (걸작) ↔ 拙作 (졸작)	落第 (낙제) ↔ 及第 (급제)	文化 (문화) ↔ 自然 (자연)
儉約 (검약) ↔ 浪費 (낭비)	暖流 (난류) ↔ 寒流 (한류)	物質 (물질) ↔ 精神 (정신)
缺席 (결석) ↔ 出席 (출석)	濫讀 (남독) ↔ 精讀 (정독)	未決 (미결) ↔ 旣決 (기결)
輕減 (경감) ↔ 加重 (가중)	濫用 (남용) ↔ 節約 (절약)	未備 (미비) ↔ 完備 (완비)
經度 (경도) ↔ 緯度 (위도)	朗讀 (낭독) ↔ 默讀 (묵독)	密接 (밀접) ↔ 疏遠 (소원)
輕視 (경시) ↔ 重視 (중시)	來生 (내생) ↔ 前生 (전생)	密集 (밀집) ↔ 散在 (산재)
契約 (계약) ↔ 解止 (해지)	內容 (내용) ↔ 形式 (형식)	薄待 (박대) ↔ 厚待 (후대)
高潔 (고결) ↔ 低俗 (저속)	內包 (내포) ↔ 外延 (외연)	反目 (반목) ↔ 和睦 (화목)

反抗 (반항) ↔ 服從 (복종)	死後 (사후) ↔ 生前 (생전)	年頭 (연두) ↔ 歲暮 (세모)
發達 (발달) ↔ 退步 (퇴보)	常例 (상례) ↔ 特例 (특례)	連作 (연작) ↔ 輪作 (윤작)
發生 (발생) ↔ 消滅 (소멸)	相對 (상대) ↔ 絕對 (절대)	連敗 (연패) ↔ 連勝 (연승)
放心 (방심) ↔ 操心 (조심)	上昇 (상승) ↔ 下降 (하강)	靈魂 (영혼) ↔ 肉體 (육체)
邦畫 (방화) ↔ 外畫 (외화)	生家 (생가) ↔ 養家 (양가)	溫暖 (온난) ↔ 寒冷 (한랭)
背恩 (배은) ↔ 報恩 (보은)	生面 (생면) ↔ 熟面 (숙면)	溫情 (온정) ↔ 冷情 (냉정)
白髮 (백발) ↔ 紅顏 (홍안)	生食 (생식) ↔ 火食 (화식)	緩慢 (완만) ↔ 急激 (급격)
白畫 (백주) ↔ 深夜 (심야)	生花 (생화) ↔ 造花 (조화)	容易 (용이) ↔ 難解 (난해)
別居 (별거) ↔ 同居 (동거)	先天 (선천) ↔ 後天 (후천)	優等 (우등) ↔ 劣等 (열등)
竝列 (병렬) ↔ 直列 (직렬)	善意 (선의) ↔ 惡意 (악의)	優良 (우량) ↔ 不良 (불량)
保守 (보수) ↔ 進步 (진보)	成功 (성공) ↔ 失敗 (실패)	優勢 (우세) ↔ 劣勢 (열세)
複雜 (복잡) ↔ 單純 (단순)	洗練 (세련) ↔ 稚拙 (치졸)	偶然 (우연) ↔ 必然 (필연)
服從 (복종) ↔ 抵抗 (저항)	消極 (소극) ↔ 積極 (적극)	韻文 (운문) ↔ 散文 (산문)
本業 (본업) ↔ 副業 (부업)	所得 (소득) ↔ 損失 (손실)	遠隔 (원격) ↔ 近接 (근접)
部分 (부분) ↔ 全體 (전체)	消費 (소비) ↔ 生產 (생산)	原告 (원고) ↔ 被告 (피고)
富貴 (부귀) ↔ 貧賤 (빈천)	消滅 (소멸) ↔ 生成 (생성)	原書 (원서) ↔ 譯書 (역서)
富裕 (부유) ↔ 貧困 (빈곤)	疏遠 (소원) ↔ 親近 (친근)	遠心 (원심) ↔ 求心 (구심)
不實 (부실) ↔ 充實 (충실)	送舊 (송구) ↔ 迎新 (영신)	遠洋 (원양) ↔ 近海 (근해)
否認 (부인) ↔ 是認 (시인)	守勢 (수세) ↔ 攻勢 (공세)	原因 (원인) ↔ 結果 (결과)
富者 (부자) ↔ 貧者 (빈자)	收入 (수입) ↔ 支出 (지출)	怨恨 (원한) ↔ 恩惠 (은혜)
否定 (부정) ↔ 肯定 (긍정)	順理 (순리) ↔ 逆理 (역리)	僞本 (위본) ↔ 眞本 (진본)
分斷 (분단) ↔ 統合 (통합)	勝利 (승리) ↔ 敗北 (패배)	應用 (응용) ↔ 原理 (원리)
分擔 (분담) ↔ 全擔 (전담)	始發 (시발) ↔ 終着 (종착)	異端 (이단) ↔ 正統 (정통)
分離 (분리) ↔ 統合 (통합)	新婦 (신부) ↔ 新郎 (신랑)	裏面 (이면) ↔ 表面 (표면)
紛爭 (분쟁) ↔ 和解 (화해)	辛勝 (신승) ↔ 樂勝 (낙승)	離別 (이별) ↔ 相逢 (상봉)
不法 (불법) ↔ 合法 (합법)	實質 (실질) ↔ 形式 (형식)	異常 (이상) ↔ 正常 (정상)
不運 (불운) ↔ 幸運 (행운)	我軍 (아군) ↔ 敵軍 (적군)	異議 (이의) ↔ 同議 (동의)
不幸 (불행) ↔ 幸福 (행복)	惡化 (악화) ↔ 好轉 (호전)	利益 (이익) ↔ 損失 (손실)
祕密 (비밀) ↔ 公開 (공개)	安全 (안전) ↔ 危險 (위험)	理想 (이상) ↔ 現實 (현실)
非番 (비번) ↔ 當番 (당번)	暗示 (암시) ↔ 明示 (명시)	引受 (인수) ↔ 引繼 (인계)
悲運 (비운) ↔ 幸運 (행운)	愛好 (애호) ↔ 嫌惡 (혐오)	人爲 (인위) ↔ 自然 (자연)
悲哀 (비애) ↔ 歡喜 (환희)	與黨 (여당) ↔ 野黨 (야당)	臨時 (임시) ↔ 經常 (경상)
私利 (사리) ↔ 公利 (공리)	逆行 (역행) ↔ 順行 (순행)	入金 (입금) ↔ 出金 (출금)

立體(입체)	↔ 平面(평면)	執權(집권)	↔ 失權(실권)	閉業(폐업)	↔ 開業(개업)
入港(입항)	↔ 出港(출항)	質疑(질의)	↔ 應答(응답)	偏頗(편파)	↔ 公平(공평)
自立(자립)	↔ 依存(의존)	集中(집중)	↔ 分散(분산)	被害(피해)	↔ 加害(가해)
自動(자동)	↔ 手動(수동)	增進(증진)	↔ 減退(감퇴)	豊年(풍년)	↔ 凶年(흉년)
自律(자율)	↔ 他律(타율)	差別(차별)	↔ 平等(평등)	下待(하대)	↔ 恭待(공대)
自意(자의)	↔ 他意(타의)	着席(착석)	↔ 起立(기립)	下落(하락)	↔ 騰貴(등귀)
子正(자정)	↔ 正午(정오)	贊成(찬성)	↔ 反對(반대)	寒冷(한랭)	↔ 溫暖(온난)
將帥(장수)	↔ 兵卒(병졸)	天國(천국)	↔ 地獄(지옥)	解決(해결)	↔ 未決(미결)
長點(장점)	↔ 短點(단점)	淸音(청음)	↔ 濁音(탁음)	解散(해산)	↔ 集合(집합)
低俗(저속)	↔ 高尙(고상)	聽者(청자)	↔ 話者(화자)	幸福(행복)	↔ 不幸(불행)
敵對(적대)	↔ 友好(우호)	體言(체언)	↔ 用言(용언)	合法(합법)	↔ 違法(위법)
前半(전반)	↔ 後半(후반)	初聲(초성)	↔ 終聲(종성)	恒星(항성)	↔ 流星(유성)
戰爭(전쟁)	↔ 平和(평화)	總角(총각)	↔ 處女(처녀)	向上(향상)	↔ 低下(저하)
前進(전진)	↔ 後進(후진)	最初(최초)	↔ 最終(최종)	許可(허가)	↔ 禁止(금지)
切斷(절단)	↔ 連結(연결)	抽象(추상)	↔ 具體(구체)	革新(혁신)	↔ 保守(보수)
絶望(절망)	↔ 希望(희망)	出仕(출사)	↔ 落鄕(낙향)	現役(현역)	↔ 退役(퇴역)
節約(절약)	↔ 濫用(남용)	忠臣(충신)	↔ 逆臣(역신)	形式(형식)	↔ 內容(내용)
漸進(점진)	↔ 急進(급진)	就寢(취침)	↔ 起床(기상)	好評(호평)	↔ 惡評(악평)
點火(점화)	↔ 消火(소화)	治世(치세)	↔ 亂世(난세)	好材(호재)	↔ 惡材(악재)
正當(정당)	↔ 不當(부당)	稚魚(치어)	↔ 成魚(성어)	好轉(호전)	↔ 逆轉(역전)
精讀(정독)	↔ 濫讀(남독)	稱讚(칭찬)	↔ 非難(비난)	好調(호조)	↔ 亂調(난조)
靜的(정적)	↔ 動的(동적)	快樂(쾌락)	↔ 苦痛(고통)	好況(호황)	↔ 不況(불황)
靜肅(정숙)	↔ 騷亂(소란)	快勝(쾌승)	↔ 慘敗(참패)	忽待(홀대)	↔ 歡待(환대)
精神(정신)	↔ 物質(물질)	妥當(타당)	↔ 不當(부당)	擴大(확대)	↔ 縮小(축소)
定着(정착)	↔ 漂流(표류)	退去(퇴거)	↔ 轉入(전입)	活用(활용)	↔ 死藏(사장)
晝間(주간)	↔ 夜間(야간)	退步(퇴보)	↔ 進步(진보)	懷疑(회의)	↔ 確信(확신)
遵法(준법)	↔ 犯法(범법)	退院(퇴원)	↔ 入院(입원)	吸氣(흡기)	↔ 排氣(배기)
知的(지적)	↔ 情的(정적)	退職(퇴직)	↔ 就職(취직)	興奮(흥분)	↔ 鎭靜(진정)
支出(지출)	↔ 收入(수입)	退化(퇴화)	↔ 進化(진화)	稀貴(희귀)	↔ 許多(허다)
直系(직계)	↔ 傍系(방계)	統合(통합)	↔ 分析(분석)	喜劇(희극)	↔ 悲劇(비극)
直接(직접)	↔ 間接(간접)	破婚(파혼)	↔ 約婚(약혼)	希望(희망)	↔ 絶望(절망)
進級(진급)	↔ 降等(강등)	敗戰(패전)	↔ 勝戰(승전)		
眞實(진실)	↔ 虛僞(허위)	閉鎖(폐쇄)	↔ 開放(개방)		

※ 두 글자 모두, 아니면 어느 한쪽 글자는 쓰기배정漢字(4급 배정漢字) 1000字 범위에서 출제됩니다.
※ 유의결합어는 별표(*)있는 單語를 먼저하고 나머지는 예상문제를 풀때에 미흡하면 더 하세요.

歌曲 (노래 가, 가락 곡)	檢査 (검사할 검, 조사할 사)	果實 (실과 과, 열매 실)	君王 (임금 군, 임금 왕)
歌樂 (노래 가, 노래 악)	* 隔離 (사이뜰 격, 떨어질 리)	過去 (지날 과, 갈 거)	君主 (임금 군, 임금 주)
歌謠 (노래 가, 노래 요)	堅固 (굳을 견, 굳을 고)	過失 (허물 과, 잘못 실)	郡邑 (고을 군, 고을 읍)
歌唱 (노래 가, 노래 창)	* 牽引 (끌 견, 끌 인)	過誤 (허물 과, 그릇될 오)	* 郡縣 (고을 군, 고을 현)
家屋 (집 가, 집 옥)	結果 (맺을 결, 열매 과)	寡少 (적을 과, 적을 소)	群衆 (무리 군, 무리 중)
家宅 (집 가, 집 택)	* 訣別 (이별할 결, 이별할 별)	官吏 (벼슬 관, 벼슬아치 리)	屈曲 (굽을 굴, 굽을 곡)
家戶 (집 가, 집 호)	缺損 (이지러질 결, 덜 손)	觀覽 (볼 관, 볼 람)	屈折 (굽힐 굴, 꺾을 절)
街道 (거리 가, 길 도)	警覺 (깨우칠 경, 깨달을 각)	觀望 (볼 관, 바랄 망)	窮極 (다할 궁, 다할 극)
街路 (거리 가, 길 로)	警戒 (경계할 경, 경계할 계)	觀察 (볼 관, 살필 찰)	* 窮塞 (다할 궁, 막힐 색)
* 價値 (값 가, 값 치)	境界 (지경 경, 지경 계)	* 慣習 (버릇 관, 버릇 습)	* 宮殿 (집 궁, 전각 전)
* 覺悟 (깨달을 각, 깨달을 오)	經過 (지날 경, 지날 과)	* 官爵 (벼슬 관, 벼슬 작)	勸獎 (권할 권, 권면할 장)
* 間隔 (사이 간, 사이뜰 격)	經歷 (지날 경, 지날 력)	* 貫通 (꿰뚫을 관, 통할 통)	* 鬼神 (귀신 귀, 귀신 신)
簡略 (간략할 간, 간략할 략)	經書 (글 경, 글 서)	光景 (빛 광, 볕 경)	貴重 (귀할 귀, 무거울 중)
感覺 (느낄 감, 느낄 각)	* 傾斜 (기울 경, 비낄 사)	光明 (빛 광, 밝을 명)	* 歸還 (돌아갈 귀, 돌아올 환)
監督 (볼 감, 감독할 독)	競爭 (다툴 경, 다툴 쟁)	* 光彩 (빛 광, 채색 채)	規範 (법 규, 법 범)
監視 (볼 감, 볼 시)	階段 (섬돌 계, 층계 단)	* 光輝 (빛 광, 빛날 휘)	規律 (법 규, 법 률)
監察 (볼 감, 살필 찰)	階層 (층계 계, 층 층)	* 怪奇 (괴이할 괴, 기이할 기)	規則 (법 규, 법칙 칙)
減損 (덜 감, 덜 손)	計略 (꾀 계, 꾀 략)	交際 (사귈 교, 사귈 제)	均等 (고를 균, 같을 등)
減縮 (덜 감, 줄일 축)	* 計策 (꾀 계, 꾀 책)	* 交替 (주고받을 교, 바꿀 체)	極端 (다할 극, 끝 단)
强健 (굳셀 강, 굳셀 건)	計量 (셀 계, 헤아릴 량)	* 交換 (주고받을 교, 바꿀 환)	極盡 (다할 극, 다할 진)
* 强硬 (강할 강, 굳을 경)	計算 (셀 계, 셈 산)	敎訓 (가르칠 교, 가르칠 훈)	* 劇甚 (심할 극, 심할 심)
* 鋼鐵 (강철 강, 쇠 철)	* 契約 (맺을 계, 맺을 약)	* 橋脚 (다리 교, 다리 각)	根本 (뿌리 근, 근본 본)
* 康寧 (편안 강, 편안 녕)	繼續 (이을 계, 이을 속)	* 橋梁 (다리 교, 다리 량)	根源 (뿌리 근, 근원 원)
改革 (고칠 개, 고칠 혁)	繼承 (이을 계, 이을 승)	區別 (구분할 구, 나눌 별)	* 禽鳥 (새 금, 새 조)
* 慨歎 (슬퍼할 개, 탄식할 탄)	孤獨 (외로울 고, 홀로 독)	區分 (나눌 구, 나눌 분)	急速 (급할 급, 빠를 속)
巨大 (클 거, 큰 대)	考慮 (생각할 고, 생각할 려)	區域 (지경 구, 지경 역)	給與 (줄 급, 줄 여)
* 距離 (상거할 거, 떠날 리)	困窮 (곤할 곤, 궁할 궁)	具備 (갖출 구, 갖출 비)	* 紀綱 (벼리 기, 벼리 강)
拒絕 (막을 거, 끊을 절)	困難 (곤할 곤, 어려울 난)	口舌 (입 구, 혀 설)	* 機械 (틀 기, 기계 계)
居住 (살 거, 살 주)	攻擊 (칠 공, 칠 격)	* 拘束 (잡을 구, 묶을 속)	* 企圖 (꾀할 기, 꾀할 도)
健康 (굳셀 건, 편안할 강)	* 恭敬 (공손할 공, 공경할 경)	救援 (구원할 구, 도울 원)	* 企劃 (꾀할 기, 꾀할 획)
建立 (세울 건, 설 립)	* 供給 (이바지할 공, 줄 급)	救濟 (구원할 구, 건질 제)	起立 (일어날 기, 설 립)
建設 (세울 건, 세울 설)	共同 (한가지 공, 한가지 동)	救助 (구원할 구, 도울 조)	奇妙 (기이할 기, 묘할 묘)
* 劍刀 (칼 검, 칼 도)	空虛 (빌 공, 빌 허)	構造 (얽을 구, 지을 조)	記錄 (기록할 기, 기록할 록)

유의결합어 (類義結合語)   서로 비슷한 뜻을 지닌 字끼리 결합된 漢字語

※ 유의결합어는 별표(*)있는 單語를 먼저하고 나머지는 예상문제를 풀때에 미흡하면 더 하세요.

技術 (재주 기, 재주 술)	逃亡 (도망할 도, 도망할 망)	* 脈絡 (줄기 맥, 얽을 락)	* 配匹 (짝 배, 짝 필)
技藝 (재주 기, 재주 예)	逃避 (달아날 도, 피할 피)	* 勉勵 (힘쓸 면, 힘쓸 려)	* 繁盛 (번성할 번, 성할 성)
寄與 (맡길 기, 줄 여)	圖畫 (그림 도, 그림 화)	* 面貌 (얼굴 면, 얼굴 모)	犯罪 (범할 범, 죄지을 죄)
* 寄贈 (맡길 기, 줄 증)	* 督促 (재촉할 독, 재촉할 촉)	* 免許 (허락할 면, 허락할 허)	法規 (법 법, 법 규)
* 寄托 (맡길 기, 맡길 탁)	* 敦厚 (도타울 돈, 두터울 후)	滅亡 (꺼질 멸, 망할 망)	法度 (법 법, 법도 도)
* 祈願 (빌 기, 바랄 원)	同等 (같을 동, 같을 등)	明朗 (밝을 명, 밝을 랑)	法律 (법 법, 법칙 률)
基底 (터 기, 밑 저)	洞里 (마을 동, 마을 리)	命令 (명할 명, 영내릴 령)	法式 (법 법, 법 식)
* 基礎 (터 기, 주춧돌 초)	* 動搖 (움직일 동, 흔들 요)	* 明哲 (밝을 명, 밝을 철)	法典 (법 법, 법 전)
氣候 (기후 기, 기후 후)	等級 (등급 등, 등급 급)	毛髮 (털 모, 터럭 발)	法則 (법 법, 법칙 칙)
* 緊急 (급할 긴, 급할 급)	羅列 (벌일 라, 벌일 렬(열))	* 模倣 (본뜰 모, 본받을 방)	變改 (변할 변, 고칠 개)
* 緊要 (긴할 긴, 요긴할 요)	糧穀 (양식 량, 곡식 곡)	模範 (본뜰 모, 본보기 범)	變更 (변할 변, 고칠 경)
納入 (들입 납, 들 입)	* 諒知 (살펴알 량, 알 지)	模寫 (본뜰 모, 베낄 사)	變革 (변할 변, 고칠 혁)
年歲 (해 년, 해 세)	良好 (좋을 량, 좋을 호)	* 茂盛 (무성할 무, 성할 성)	* 辨別 (분별할 변, 분별할 별)
念慮 (생각할 념, 생각할 려)	旅客 (나그네 려, 손님 객)	* 貿易 (바꿀 무, 바꿀 역)	兵士 (군사 병, 군사 사)
* 農耕 (농사 농, 밭갈 경)	連結 (이을 련, 맺을 결)	文句 (글월 문, 글귀 구)	兵卒 (군사 병, 군사 졸)
段階 (계단 단, 계단 계)	* 連繫 (이을 련, 맬 계)	文書 (글월 문, 글 서)	病患 (병 병, 병들 환)
單獨 (홀 단, 홀로 독)	* 連絡 (이을 련, 이을 락)	文章 (글월 문, 글월 장)	報告 (알릴 보, 고할 고)
* 端緒 (실마리 단, 실마리 서)	連續 (이을 련, 이을 속)	門戶 (문 문, 문 호)	* 報償 (갚을 보, 갚을 상)
端正 (바를 단, 바를 정)	練習 (익힐 련, 익힐 습)	物件 (물건 물, 물건 건)	保守 (지킬 보, 지킬 수)
斷絶 (끊을 단, 끊을 절)	* 戀愛 (사모할 련, 사랑 애)	物品 (물건 물, 물건 품)	保護 (보호할 보, 도울 호)
擔任 (맡을 담, 맡을 임)	* 蓮荷 (연꽃 련, 연꽃 하)	* 微細 (가늘 미, 가늘 세)	保衛 (지킬 보, 지킬 위)
談話 (말씀 담, 말씀 화)	領受 (받을 령, 받을 수)	* 敏速 (민첩할 민, 빠를 속)	* 補助 (도울 보, 도울 조)
待遇 (대접할 대, 대접할 우)	老翁 (늙을 로, 늙은이 옹)	* 返還 (돌아올 반, 돌아올 환)	本源 (근본 본, 근원 원)
待接 (대접할 대, 대접할 접)	論議 (논할 론, 의논할 의)	* 叛逆 (배반할 반, 거스릴 역)	奉仕 (받들 봉, 섬길 사)
* 代替 (바꿀 대, 바꿀 체)	* 累積 (포갤 루, 쌓을 적)	發展 (필 발, 펼 전)	賦課 (매길 부, 매길 과)
到達 (이를 도, 이를 달)	* 流浪 (흐를 류, 물결 랑)	防衛 (막을 방, 막을 위)	* 賦與 (줄 부, 줄 여)
到着 (이를 도, 붙을 착)	律法 (법 률, 법 법)	* 放恣 (방자할 방, 방자할 자)	附屬 (붙을 부, 붙을 속)
道路 (길 도, 길 로)	* 隆盛 (성할 륭, 성할 성)	妨害 (방해할 방, 해할 해)	扶助 (도울 부, 도울 조)
徒黨 (무리 도, 무리 당)	離別 (떠날 리, 나눌 별)	* 背叛 (등질 배, 배반할 반)	副次 (버금 부, 버금 차)
* 徒輩 (무리 도, 무리 배)	離散 (떠날 리, 흩어질 산)	背後 (등 배, 뒤 후)	附着 (붙을 부, 붙을 착)
徒步 (걸을 도, 걸을 보)	利益 (이로울 리, 더할 익)	配分 (나눌 배, 나눌 분)	* 腐敗 (썩을 부, 썩을 패)
都邑 (도읍 도, 고을 읍)	末端 (끝 말, 끝 단)	* 培養 (북돋을 배, 기를 양)	* 負荷 (질 부, 멜 하)
盜賊 (도둑 도, 도적 적)	* 末尾 (끝 말, 꼬리 미)	* 配偶 (짝 배, 짝 우)	* 紛亂 (어지러울 분, 어지러울 란)

* 墳墓 (무덤 분, 무덤 묘)
分配 (나눌 분, 나눌 배)
分別 (나눌 분, 나눌 별)
* 分析 (나눌 분, 쪼갤 석)
* 分割 (나눌 분, 벨 할)
* 奔走 (달릴 분, 달릴 주)
佛寺 (부처 불, 절 사)
* 朋友 (벗 붕, 벗 우)
* 比較 (견줄 비, 비교할 교)
* 飛騰 (날 비, 날 등)
祕密 (숨길 비, 숨길 밀)
* 悲哀 (슬플 비, 슬플 애)
* 悲慘 (슬플 비, 참혹할 참)
悲歎 (슬플 비, 탄식할 탄)
費用 (쓸 비, 쓸 용)
* 鼻祖 (시초 비, 시조 조)
批判 (비평할 비, 판단할 판)
批評 (비평할 비, 평할 평)
* 賓客 (손님 빈, 손님 객)
貧困 (가난할 빈, 곤할 곤)
貧窮 (가난할 빈, 다할 궁)
* 頻數 (자주 빈, 자주 삭)
詐欺 (속일 사, 속일 기)
思考 (생각할 사, 생각할 고)
思念 (생각할 사, 생각할 념)
思慮 (생각 사, 생각할 려)
* 思慕 (생각 사, 그릴 모)
思想 (생각 사, 생각 상)
思惟 (생각 사, 생각할 유)
事務 (일 사, 일 무)
事業 (일 사, 업 업)
* 辭讓 (사양할 사, 사양할 양)
* 使役 (부릴 사, 부릴 역)

舍屋 (집 사, 집 옥)
査察 (조사할 사, 살필 찰)
舍宅 (집 사, 집 택)
社會 (모일 사, 모일 회)
* 削減 (깎을 삭, 덜 감)
* 散漫 (흩을 산, 흩어질 만)
* 森林 (수풀 삼, 수풀 림)
想念 (생각 상, 생각할 념)
想思 (생각 상, 생각 사)
* 詳細 (자세할 상, 세밀할 세)
* 喪失 (잃을 상, 잃을 실)
傷害 (다칠 상, 해칠 해)
* 相互 (서로 상, 서로 호)
狀態 (형상 상, 모습 태)
狀況 (모양 상, 모양 황)
* 色彩 (빛 색, 채색 채)
省略 (덜 생, 간략할 략)
生産 (낳을 생, 낳을 산)
生活 (살 생, 살 활)
* 逝去 (갈 서, 갈 거)
* 誓約 (맹세할 서, 맺을 약)
書籍 (책 서, 문서 적)
書冊 (책 서, 책 책)
* 釋放 (풀 석, 놓을 방)
* 選拔 (뽑을 선, 뽑을 발)
選別 (가릴 선, 분별할 별)
選擇 (가릴 선, 가릴 택)
善良 (착할 선, 어질 량)
宣布 (베풀 선, 펼 포)
* 旋回 (돌 선, 돌 회)
設立 (세울 설, 설 립)
說話 (말씀 설, 말씀 화)
* 攝取 (잡을 섭, 가질 취)

* 攝理 (다스릴 섭, 다스릴 리)
姓氏 (성 성, 성씨 씨)
省察 (살필 성, 살필 찰)
成就 (이룰 성, 이룰 취)
* 洗濯 (씻을 세, 빨 탁)
消滅 (사라질 소, 멸할 멸)
素朴 (본디 소, 소박할 박)
素質 (바탕 소, 바탕 질)
* 疏通 (소통할 소, 통할 통)
* 疏遠 (멀 소, 멀 원)
損傷 (덜 손, 상할 상)
損失 (덜 손, 잃을 실)
損害 (덜 손, 해로울 해)
* 衰弱 (쇠할 쇠, 약할 약)
* 衰殘 (쇠할 쇠, 쇠잔할 잔)
* 收納 (거둘 수, 받을 납)
樹林 (나무 수, 수풀 림)
樹木 (나무 수, 나무 목)
* 壽命 (목숨 수, 목숨 명)
* 搜査 (찾을 수, 조사할 사)
* 輸送 (보낼 수, 보낼 송)
授與 (줄 수, 줄 여)
* 需要 (구할 수, 구할 요)
守衛 (지킬 수, 지킬 위)
* 隨從 (따를 수, 따를 종)
* 收拾 (거둘 수, 주을 습)
* 收穫 (거둘 수, 거둘 확)
修練 (닦을 수, 익힐 련)
修習 (닦을 수, 익힐 습)
修養 (다스릴 수, 다스릴 양)
* 熟練 (익힐 숙, 익힐 련)
* 宿泊 (잘 숙, 머무를 박)
純潔 (순수할 순, 깨끗할 결)

* 淳朴 (순박할 순, 순박할 박)
順從 (좇을 순, 좇을 종)
* 巡回 (돌 순, 돌 회)
崇高 (높을 숭, 높을 고)
* 崇尙 (높을 숭, 높힐 상)
* 習慣 (익힐 습, 익힐 관)
承繼 (이을 승, 이을 계)
施設 (베풀 시, 베풀 설)
始初 (처음 시, 처음 초)
試驗 (시험할 시, 시험할 험)
* 植栽 (심을 식, 심을 재)
申告 (아뢸 신, 고할 고)
* 神靈 (귀신 신, 신령 령)
* 伸張 (펼 신, 벌릴 장)
* 愼重 (삼가할 신, 무거울 중)
身體 (몸 신, 몸 체)
實果 (열매 실, 열매 과)
* 尋訪 (찾을 심, 찾을 방)
* 審査 (살필 심, 조사할 사)
心情 (마음 심, 뜻 정)
兒童 (아이 아, 아이 동)
眼目 (눈 안, 눈 목)
* 顔面 (얼굴 안, 낯 면)
* 安寧 (편안할 안, 편안할 녕)
安易 (편안할 안, 쉬울 이)
* 安逸 (편안할 안, 편안할 일)
* 謁見 (뵐 알, 뵐 현)
暗黑 (어둘 암, 검을 흑)
* 愛戀 (사랑 애, 그리워할 련)
* 愛惜 (아낄 애, 아낄 석)
愛好 (사랑 애, 좋아할 호)
* 厄禍 (재앙 액, 재앙 화)
約束 (맺을 약, 맺을 속)

養育 (기를 양, 기를 육)	要請 (구할 요, 청할 청)	* 隱蔽 (숨을 은, 가릴 폐)	莊嚴 (엄할 장, 엄할 엄)
樣態 (모양 양, 모습 태)	* 要緊 (요긴할 요, 긴할 긴)	恩惠 (은혜 은, 은혜 혜)	* 災殃 (재앙 재, 재앙 앙)
* 抑壓 (누를 억, 누를 압)	* 搖動 (흔들 요, 움직일 동)	音聲 (소리 음, 소리 성)	材料 (자품 재, 거리 료)
言談 (말씀 언, 말씀 담)	* 遙遠 (멀 요, 멀 원)	音樂 (노래 음, 노래 악)	* 財貨 (재물 재, 재물 화)
言辭 (말씀 언, 말씀 사)	勇敢 (날랠 용, 감히 감)	* 音韻 (소리 음, 운 운)	* 宰相 (재상 재, 재상 상)
言語 (말씀 언, 말씀 어)	* 勇猛 (날랠 용, 사나울 맹)	依據 (의지할 의, 의거(의지)할 거)	* 災禍 (재앙 재, 재앙 화)
嚴肅 (엄할 엄, 엄숙할 숙)	* 容貌 (얼굴 용, 얼굴 모)	* 宜當 (마땅 의, 마땅할 당)	爭鬪 (싸울 쟁, 싸울 투)
業務 (일 업, 일 무)	容納 (받아들일 용, 받을 납)	議論 (의논할 의, 의논할 론)	* 著作 (지을 저, 지을 작)
餘暇 (남을 여, 틈 가)	* 容恕 (용서할 용, 용서할 서)	* 依賴 (의지할 의, 의뢰할 뢰)	貯蓄 (쌓을 저, 모을 축)
* 餘裕 (남을 여, 넉넉할 유)	* 憂患 (근심 우, 근심 환)	衣服 (옷 의, 옷 복)	* 抵抗 (막을 저, 막을 항)
* 疫病 (전염병 역, 병 병)	優良 (넉넉할 우, 어질 량)	* 衣裳 (옷 의, 치마 상)	典例 (법 전, 법식 례)
* 疫疾 (전염병 역, 병 질)	優秀 (뛰어날 우, 빼어날 수)	意思 (뜻 의, 생각 사)	典籍 (책 전, 문서 적)
硏究 (갈 연, 궁리할 구)	* 羽翼 (깃 우, 날개 익)	意志 (뜻 의, 뜻 지)	轉移 (옮길 전, 옮길 이)
* 硏磨 (갈 연, 갈 마)	* 宇宙 (집 우, 집 주)	移轉 (옮길 이, 옮길 전)	戰爭 (싸울 전, 다툴 쟁)
硏修 (갈 연, 닦을 수)	* 郵遞 (우편 우, 역말 체)	引導 (끌 인, 인도할 도)	戰鬪 (싸울 전, 싸울 투)
* 燃燒 (탈 연, 탈 소)	運動 (움직일 운, 움직일 동)	因緣 (인할 인, 인연 연)	* 節槪 (절개 절, 절개 개)
緣由 (인연 연, 말미암을 유)	* 云謂 (이를 운, 이를 위)	仁愛 (불쌍히여길 인, 사랑 애)	竊盜 (훔칠 절, 훔칠 도)
* 軟弱 (연할 연, 약할 약)	* 怨望 (원망할 원, 원망할 망)	* 仁慈 (불쌍히여길 인, 사랑 자)	接待 (대접할 접, 대접할 대)
* 閱覽 (볼 열, 볼 람)	怨恨 (원망할 원, 한할 한)	認識 (알 인, 알 식)	接續 (이을 접, 이을 속)
* 英傑 (빼어날 영, 뛰어날 걸)	援助 (도울 원, 도울 조)	認知 (알 인, 알 지)	接着 (이을 접, 붙을 착)
英雄 (빼어날 영, 뛰어날 웅)	援護 (도울 원, 도울 호)	* 慈愛 (사랑 자, 사랑 애)	* 接觸 (이을 접, 닿을 촉)
英特 (빼어날 영, 특별할 특)	危急 (위태할 위, 급할 급)	資財 (재물 자, 재물 재)	* 淨潔 (깨끗할 정, 깨끗할 결)
* 永久 (길 영, 오랠 구)	偉大 (클 위, 큰 대)	資質 (바탕 자, 바탕 질)	精密 (자세할 정, 자세할 밀)
永遠 (길 영, 멀 원)	威嚴 (위엄 위, 엄할 엄)	* 紫朱 (붉을 자, 붉을 주)	精誠 (자세할 정, 정성 성)
* 榮華 (영화 영, 빛날 화)	委任 (맡길 위, 맡길 임)	姿態 (모양 자, 모습 태)	停留 (머무를 정, 머무를 류)
藝術 (재주 예, 재주 술)	* 委託 (맡길 위, 맡길 탁)	殘餘 (남을 잔, 남을 여)	* 征伐 (칠 정, 칠 벌)
* 銳利 (날카로울 예, 날카로울 리)	* 危殆 (위태할 위, 위태로울 태)	* 獎勵 (장려할 장, 힘쓸 려)	* 靜寂 (고요할 정, 고요할 적)
* 譽讚 (기릴 예, 기릴 찬)	危險 (위태할 위, 험할 험)	* 帳幕 (장막 장, 장막 막)	停止 (머무를 정, 그칠 지)
* 娛樂 (즐길 오, 즐길 락)	* 遊戲 (놀 유, 놀 희)	* 帳簿 (장부책 장, 문서 부)	正直 (바를 정, 곧을 직)
溫暖 (따뜻할 온, 따뜻할 난)	肉身 (몸 육, 몸 신)	* 丈夫 (어른 장, 사내 부)	* 整齊 (가지런할 정, 가지런할 제)
完全 (완전할 완, 온전 전)	肉體 (몸 육, 몸 체)	場所 (마당 장, 곳 소)	政治 (정사 정, 다스릴 치)
要求 (구할 요, 구할 구)	* 潤澤 (기름질 윤, 윤택할 택)	* 將帥 (장수 장, 장수 수)	題目 (제목 제, 조목 목)
要望 (구할 요, 바랄 망)	隱密 (숨길 은, 숨길 밀)	* 裝飾 (꾸밀 장, 꾸밀 식)	* 堤防 (둑 제, 둑 방)

* 祭祀 (제사 제, 제사 사)	至誠 (지극할 지, 정성 성)	淸潔 (깨끗할 청, 깨끗할 결)	* 妥當 (온당할 타, 마땅할 당)
製作 (지을 제, 지을 작)	知識 (알 지, 알 식)	淸淨 (깨끗할 청, 깨끗할 정)	* 墮落 (떨어질 타, 떨어질 락)
製造 (지을 제, 지을 조)	* 指摘 (가리킬 지, 손가락질할 적)	靑綠 (푸를 청, 푸를 록)	* 誕生 (낳을 탄, 날 생)
帝王 (임금 제, 임금 왕)	* 智慧 (지혜 지, 슬기로울 혜)	聽聞 (들을 청, 들을 문)	探訪 (찾을 탐, 찾을 방)
* 帝侯 (임금 제, 임금 후)	珍寶 (보배 진, 보배 보)	* 滯留 (머무를 체, 머무를 류)	探査 (찾을 탐, 조사할 사)
* 租稅 (조세 조, 세금 세)	眞實 (참 진, 참 실)	* 超過 (뛰어넘을 초, 지날 과)	* 探索 (찾을 탐, 찾을 색)
早速 (이를 조, 빠를 속)	* 鎭壓 (누를 진, 누를 압)	* 招聘 (부를 초, 부를 빙)	討論 (더듬을 토, 논할 론)
造作 (지을 조, 지을 작)	* 陳列 (늘어놓을 진, 벌일 렬(열))	初創 (처음 초, 비롯할 창)	討伐 (칠 토, 칠 벌)
* 朝廷 (조정 조, 조정 정)	進出 (나아갈 진, 나갈 출)	村落 (마을 촌, 마을 락)	討議 (더듬을 토, 의논할 의)
組織 (짤 조, 짤 직)	進就 (나아갈 진, 나아갈 취)	* 聰明 (귀밝을 총, 밝을 명)	* 土壤 (흙 토, 흙 양)
調和 (고를 조, 화할 화)	質問 (물을 질, 물을 문)	推移 (옮길 추, 옮길 이)	土地 (흙 토, 따 지)
* 尊貴 (높일 존, 귀할 귀)	疾病 (병 질, 병 병)	* 追從 (좇을 추, 좇을 종)	通達 (통할 통, 통달할 달)
* 尊敬 (공경할 존, 공경할 경)	疾患 (병 질, 병들 환)	蓄積 (쌓을 축, 쌓을 적)	* 統率 (거느릴 통, 거느릴 솔)
存在 (있을 존, 있을 재)	* 秩序 (차례 질, 차례 서)	* 祝賀 (빌 축, 하례할 하)	* 統帥 (거느릴 통, 거느릴 솔)
卒兵 (군사 졸, 군사 병)	集團 (모을 집, 모을 단)	出産 (날 출, 낳을 산)	統合 (합칠 통, 합할 합)
終結 (마칠 종, 맺을 결)	集會 (모을 집, 모일 회)	出生 (날 출, 날 생)	* 退却 (물러날 퇴, 물리칠 각)
* 終了 (마칠 종, 마칠 료)	* 徵收 (거둘 징, 거둘 수)	* 衝擊 (찌를 충, 부딪힐 격)	退去 (물러날 퇴, 갈 거)
終末 (마칠 종, 끝 말)	差別 (다를 차, 다를 별)	充滿 (채울 충, 찰 만)	* 透明 (환할 투, 밝을 명)
終止 (끝 종, 그칠 지)	差異 (다를 차, 다를 이)	* 趣志 (뜻 취, 뜻 지)	鬪爭 (싸울 투, 싸울 쟁)
種子 (씨 종, 씨 자)	* 錯誤 (그릇할 착, 그릇할 오)	* 側近 (곁 측, 가까울 근)	* 派遣 (보낼 파, 보낼 견)
座席 (자리 좌, 자리 석)	* 贊助 (도울 찬, 도울 조)	測量 (헤아릴 측, 헤아릴 량)	* 破壞 (깨뜨릴 파, 무너질 괴)
住居 (살 주, 살 거)	參與 (참여할 참, 더불 여)	層階 (층 층, 층계 계)	判決 (판단할 판, 결단할 결)
主君 (임금 주, 임금 군)	* 倉庫 (곳집 창, 곳집 고)	* 齒牙 (이 치, 어금니 아)	* 販賣 (팔 판, 팔 매)
* 珠玉 (구슬 주, 구슬 옥)	創始 (비롯할 창, 비롯할 시)	親近 (친할 친, 가까울 근)	敗亡 (패할 패, 망할 망)
周圍 (둘레 주, 에워쌀 위)	彩色 (채색 채, 빛 색)	親密 (친할 친, 가까울 밀)	敗北 (패할 패, 달아날 배)
朱紅 (붉을 주, 붉을 홍)	採擇 (가려낼 채, 가릴 택)	* 親戚 (친할 친, 겨레 척)	便安 (편할 편, 편안할 안)
* 俊秀 (뛰어날 준, 빼어날 수)	* 策略 (꾀 책, 꾀 략)	侵略 (침노할 침, 노략질할 략)	平均 (평평할 평, 고를 균)
* 俊傑 (뛰어날 준, 뛰어날 걸)	責任 (맡을 책, 맡을 임)	* 侵掠 (침노할 침, 노략질할 략)	平等 (평평할 평, 같을 등)
* 中央 (가운데 중, 가운데 앙)	處所 (곳 처, 곳 소)	侵犯 (침노할 침, 범할 범)	平安 (편안할 평, 편안 안)
* 增加 (더할 증, 더할 가)	* 尺度 (자 척, 자 도)	稱頌 (일컬을 칭, 기릴 송)	平和 (화친할 평, 화목할 화)
* 贈與 (줄 증, 줄 여)	* 鐵鋼 (쇠 철, 강철 강)	稱讚 (일컬을 칭, 기릴 찬)	* 弊害 (폐단 폐, 해할 해)
* 憎惡 (미워할 증, 미워할 오)	* 添加 (더할 첨, 더할 가)	快樂 (쾌할 쾌, 즐길 락)	* 包圍 (쌀 포, 에워쌀 위)
至極 (지극할 지, 극진할 극)	* 尖端 (뾰족할 첨, 끝 단)	快速 (빠를 쾌, 빠를 속)	* 暴露 (나타낼 폭, 나타낼 로)

* 表皮 (겉 표, 가죽 피)
  豊富 (풍성할 풍, 부자 부)
  豊盛 (풍성할 풍, 성할 성)
  豊足 (풍성할 풍, 족할 족)
  疲困 (지칠 피, 곤할 곤)
* 皮革 (가죽 피, 가죽 혁)
* 必須 (반드시 필, 모름지기 수)
  下降 (아래 하, 내릴 강)
  河川 (물 하, 내 천)
  河海 (물 하, 바다 해)
  學習 (배울 학, 익힐 습)
  恨歎 (한 한, 탄식할 탄)
  寒冷 (찰 한, 찰 랭)
* 抗拒 (막을 항, 막을 거)
* 恒常 (항상 항, 항상 상)
  鄕村 (시골 향, 마을 촌)
* 該當 (마땅 해, 마땅 당)
  解放 (풀 해, 놓을 방)
  解散 (풀 해, 흩을 산)
* 解釋 (풀 해, 풀 석)
  海洋 (바다 해, 큰바다 양)
  行動 (행할 행, 움직일 동)
  行爲 (행할 행, 할 위)
  幸福 (다행 행, 복 복)
  許諾 (허락할 허, 허락할 낙(락))
  虛空 (빌 허, 빌 공)
  虛無 (빌 허, 없을 무)
* 虛僞 (헛될 허, 거짓 위)
* 獻納 (드릴 헌, 바칠 납)
  憲法 (법 헌, 법 법)
  賢良 (어질 현, 어질 량)
* 顯著 (나타날 현, 나타날 저)
* 嫌惡 (싫어할 혐, 미워할 오)

* 嫌疑 (의심할 혐, 의심할 의)
  刑罰 (형벌 형, 벌할 벌)
  形象 (모양 형, 본뜰 상)
  形狀 (모양 형, 형상 상)
  形態 (모양 형, 모습 태)
* 惠澤 (은혜 혜, 은덕 택)
* 豪傑 (뛰어날 호, 뛰어날 걸)
* 毫毛 (터럭 호, 터럭 모)
  呼稱 (부를 호, 일컬을 칭)
* 和睦 (화할 화, 화목할 목)
  和平 (화할 화, 화친할 평)
* 火炎 (불 화, 불꽃 염)
* 混亂 (섞일 혼, 어지러울 란)
* 混雜 (섞일 혼, 섞일 잡)
* 混濁 (섞을 혼, 흐릴 탁)
* 婚姻 (혼인할 혼, 혼인할 인)
  確固 (굳을 확, 굳을 고)
  歡樂 (기쁠 환, 즐길 락)
  歡喜 (기쁠 환, 기쁠 희)
* 皇帝 (임금 황, 임금 제)
  回歸 (돌아올 회, 돌아올 귀)
  會社 (모일 회, 모일 사)
  回轉 (돌 회, 구를 전)
* 悔恨 (뉘우칠 회, 한 한)
* 獲得 (얻을 획, 얻을 득)
* 橫暴 (사나울 횡, 모질 포)
* 毁損 (헐 훼, 덜 손)
* 携帶 (이끌 휴, 띠 대)
  休息 (쉴 휴, 쉴 식)
  凶惡 (흉악할 흉, 악할 악)
  凶暴 (흉악할 흉, 모질 포)
  興起 (일어날 흥, 일어날 기)
  興盛 (일어날 흥, 성할 성)

* 稀貴 (드물 희, 귀할 귀)
* 稀少 (드물 희, 적을 소)
* 喜悅 (기쁠 희, 기쁠 열)
  希望 (바랄 희, 바랄 망)
  希願 (바랄 희, 원할 원)

가도	(家道)	: 집안살림을 해나가는 방도	경사	(慶事)	: 축하할만한 일
	(街道)	: 큰 길거리		(傾斜)	: 비스듬히 기울어짐
가명	(家名)	: 한 집안의 명예	고대	(古代)	: 옛시대
	(假名)	: 거짓 이름		(苦待)	: 애타게 기다림
가무	(家務)	: 집안 일	고도	(高度)	: 높은 정도
	(歌舞)	: 노래와 춤		(古都)	: 옛 도읍
가사	(家事)	: 집안 일	고사	(故事)	: 옛적의 일
	(歌詞)	: 노래의 내용이 되는 글		(枯死)	: 나무나 풀 따위가 말라 죽음
가설	(假設)	: 임시로 설치함	고조	(高祖)	: 高祖父의 준말
	(假說)	: 임시로 내세운 이론		(高調)	: 높은 가락
가장	(家長)	: 집안 어른	고지	(高地)	: 높은 땅
	(假裝)	: 거짓태도를 취함		(告知)	: 게시나 글을 통해 알림
가정	(家庭)	: 한 집안의 가족	과년	(瓜年)	: 결혼하기에 적당한 여자의 나이
	(假定)	: 임시로 정함		(過年)	: 여자의 나이가 혼인할 시기가 지남
간부	(幹部)	: 조직체, 기관의 책임자나 지휘자	과대	(過大)	: 지나치게 큼
	(姦婦)	: 간통한 여자		(誇大)	: 작은 것을 크게 떠벌림
감사	(感謝)	: 고마움	과도	(果刀)	: 과일 깎는 칼
	(監査)	: 감독하고 검사함		(過度)	: 정도에 너무 지나침
감상	(感想)	: 마음 속에 느끼어 일어나는 현상	과장	(課長)	: 회사, 관청의 한 과의 책임자
	(鑑賞)	: 예술작품을 이해하고 평가함		(誇張)	: 실지보다 크게 나타냄
강도	(强盜)	: 폭력이나 협박으로 남의 재물을 빼앗는 도둑	교감	(校監)	: 교장을 보좌하여 학교 일을 감독하는 직책
	(强度)	: 강한 정도		(交感)	: 서로 접촉하여 느낀 감정
강화	(强化)	: 강하게 함	교우	(交友)	: 벗을 사귐
	(講和)	: 전쟁을 끝내고 화의함		(教友)	: 같은 종교를 믿는 사람
개량	(改良)	: 고치어 좋게 함	교훈	(校訓)	: 학교의 교육이념이나 목표를 나타낸 표어
	(改量)	: 토지를 다시 측량함		(教訓)	: 가르치고 타이름
개방	(開放)	: 문호를 열어놓음	구속	(球速)	: 야구에서 투수가 던지는 공의 속도
	(開房)	: 교도소에서 아침에 일을 시키려고 감방에서 모두 내보냄		(拘束)	: 행동이나 의사 자유를 제한함
개성	(改姓)	: 성을 고침	국가	(國歌)	: 한 국가를 대표하는 노래
	(個性)	: 그 사람만이 갖는 특성		(國家)	: 일정한 영토와 국민 주권을 가진 나라
개정	(改正)	: 고치어 바르게 함	국교	(國教)	: 온 국민이 믿는 종교
	(開廷)	: 법정을 열어 재판을 시작함		(國交)	: 나라 사이의 교제
거부	(巨富)	: 큰 부자	국기	(國基)	: 국가의 기초
	(拒否)	: 받아들이지 아니함		(國旗)	: 한 국가를 상징하는 기
건조	(建造)	: 건물이나 선박 따위를 만듦	급전	(急傳)	: 급히 전함
	(乾燥)	: 습기나 물기가 없어짐		(急錢)	: 급한 데에 쓰는 돈
경비	(經費)	: 사업이나 그밖의 일을 하는데 드는 비용	기사	(騎士)	: 말을 탄 무사
	(警備)	: 미리 살피고 지킴		(飢死)	: 굶어 죽음

내실	(內室)	: 부녀자가 거처하는 안방	병력	(兵力)	: 군대의 힘
	(內實)	: 내부의 실정		(病歷)	: 지금까지 앓은 일이 있는 병의 경험
녹화	(綠化)	: 산이나 들에 나무를 심어 푸르게 함	병사	(兵士)	: 군사
	(錄畫)	: 비디오 테이프에 텔레비전의 상(像)을 기록함		(兵舍)	: 군대가 들어 거처하는 집
단서	(端緖)	: 어떤 일의 실마리	보도	(步道)	: 인도(人道)
	(但書)	: 본문 외에 다른 조건을 붙이는 글		(報道)	: 나라 안팎에서 생긴 일을 전하여 알려줌
단식	(斷食)	: 음식을 먹지 아니함	부인	(婦人)	: 결혼한 여자
	(單式)	: 단식경기의 준말		(否認)	: 인정하지 아니함
담소	(淡素)	: 담담하고 소박함	부호	(富豪)	: 재산이 많고 세력이 있는 사람
	(談笑)	: 웃으면서 이야기함		(符號)	: 어떤 뜻을 나타내기 위한 기호
대금	(代金)	: 값	불사	(不死)	: 죽지 아니함
	(貸金)	: 꾸어준 돈		(不辭)	: 사양하지 아니함
대장	(大將)	: 군대의 장성급의 가장 높은 자리	불순	(不順)	: 온순하지 못함
	(大腸)	: 큰 창자		(不純)	: 순수하지 못함
동시	(同時)	: 같은 시각	불충	(不充)	: 충분하지 못함
	(童詩)	: 어린이의 정서를 읊은 시		(不忠)	: 충성스럽지 못함
동창	(同窓)	: 같은 학교나 스승에게 배우는 사람	사상	(思想)	: 생각, 의견
	(東窓)	: 동쪽으로 난 창		(死傷)	: 죽거나 다침
명일	(名日)	: 명절	사유	(私有)	: 개인 소유
	(明日)	: 내일		(事由)	: 일의 까닭
모사	(模寫)	: 그대로 그림	사회	(司會)	: 회의나 의식을 진행함
	(毛絲)	: 털실		(社會)	: 공동생활을 하는 인간의 집단
무기	(武器)	: 전투에 쓰이는 병기	상리	(商理)	: 상업상의 도리
	(無期)	: 무기한, 때가 정해지지 않음		(常理)	: 사람으로써 지켜야 할 떳떳한 도리
문구	(文句)	: 글의 구절	상용	(商用)	: 상업상의 용무
	(文具)	: 문방구의 준말		(常用)	: 항상 씀
미수	(未收)	: 돈을 아직 거두어 들이지 못함	상호	(相互)	: 서로서로
	(未遂)	: 목적을 이루지 못함		(商號)	: 영업상 간판의 이름
반신	(半身)	: 몸의 절반	세수	(稅收)	: 세금을 거두어 들임
	(半信)	: 반쪽 믿음		(洗手)	: 낯을 씻음
발광	(發光)	: 빛을 냄	소재	(所在)	: 있는 곳
	(發狂)	: 미친 증세가 일어남		(素材)	: 예술작품의 바탕이 되는 재료
백과	(百果)	: 온갖 과실	수면	(水面)	: 물의 표면
	(百科)	: 많은 과목		(睡眠)	: 자는 일
백미	(白米)	: 흰 쌀	수상	(首相)	: 국무총리
	(白眉)	: 흰 눈썹, 여럿 가운데 가장 뛰어난 사람이나 물건		(受賞)	: 상을 받음
백사	(白沙)	: 흰 모래	수위	(水位)	: 물의 높이
	(白蛇)	: 흰 뱀		(守衛)	: 지킴

수입	(收入)	: 돈 물품 따위를 거두어 들임	연하	(年下)	: 나이가 아래임
	(輸入)	: 외국의 물품을 사들임		(年賀)	: 새해를 축하함
수재	(水災)	: 물로 인한 피해	오기	(傲氣)	: 남에게 지기 싫어하는 마음
	(秀才)	: 머리가 좋고 재주가 뛰어난 사람		(誤記)	: 잘못 기록함
수족	(手足)	: 손발	오수	(午睡)	: 낮잠
	(水族)	: 물 속에 사는 동물		(汚水)	: 더러운 물
수지	(收支)	: 수입과 지출	전파	(傳播)	: 널리 퍼뜨림
	(手指)	: 손가락		(全破)	: 모두 깨뜨림
신장	(身長)	: 키	조기	(弔旗)	: 조의를 뜻하는 기
	(新裝)	: 새로 꾸밈		(早期)	: 이른 시기
실명	(實名)	: 실지의 이름	조상	(弔喪)	: 남의 상사(喪事)에 대해 조의를 표함
	(失明)	: 시력을 잃음		(祖上)	: 어버이 위로 대대의 어른
실사	(實事)	: 실지로 있는 일	조화	(弔花)	: 조상하는 뜻으로 바친 꽃
	(實査)	: 실지에 대하여 검사함		(調和)	: 서로 잘 어울림
실수	(實數)	: 실지의 수효	중용	(中庸)	: 치우침 없이 알맞은 상태
	(失手)	: 잘못		(重用)	: 중요한 자리에서 일하게 함
실업	(失業)	: 생업을 잃음	채권	(債券)	: 공채·사채 등의 유가증권
	(實業)	: 농업, 공업, 상업, 수산업 등		(債權)	: 재산권의 하나
시비	(是非)	: 옳고 그름	침수	(寢睡)	: 수면의 높임 말
	(施肥)	: 식물에 비료를 줌		(浸水)	: 물이 들거나 물에 잠김
액자	(額子)	: 그림이나 사진 따위를 끼우는 틀	타도	(他道)	: 다른 도
	(額字)	: 현판에 쓴 큰 글씨		(打倒)	: 때리거나 쳐서 쓰러뜨림
야전	(夜戰)	: 밤에 싸우는 전투	투기	(投機)	: 요행을 바라고 큰 이익을 얻으려 함
	(野戰)	: 들에서 하는 전투		(投棄)	: 내던지어 버림
약국	(弱國)	: 국력이 약한 나라	해동	(解凍)	: 얼었던 것이 녹음
	(藥局)	: 약을 지어주는 곳		(海東)	: 옛날에 우리나라를 이르던 이름
약자	(弱者)	: 힘이나 기능 따위가 약한 사람	향수	(享壽)	: 오래 사는 복을 누림
	(略字)	: 글자의 획수를 줄여쓴 글자		(香水)	: 화장품의 하나
양서	(洋書)	: 서양책	향유	(享有)	: 누리어 가짐
	(良書)	: 좋은 책		(香油)	: 화장품으로 쓰인 기름
연간	(年刊)	: 일년에 한 번씩 간행하는 일	효성	(曉星)	: 샛별
	(年間)	: 한해 동안		(孝誠)	: 마음을 다해 부모를 섬기는정성
연명	(連名)	: 이름을 잇대어 씀	후대	(後代)	: 뒷세대
	(延命)	: 목숨을 겨우 이어감		(厚待)	: 후하게 대접함
연소	(年少)	: 나이가 어림	후사	(後事)	: 뒷 일
	(燃燒)	: 불이 붙어 탐		(厚謝)	: 두터이 사례함
연장	(年長)	: 나이가 위임	희소	(稀少)	: 매우 드물어서 적음
	(延長)	: 본디보다 길게 늘임		(喜笑)	: 기뻐서 웃음

🔷 모양이 닮은 漢字

間 (사이 간)
聞 (들을 문)
問 (물을 문)

看 (볼 간)
着 (붙을 착)

監 (볼 감)
覽 (볼 람)

儉 (검소할 검)
檢 (검사할 검)

境 (지경 경)
鏡 (거울 경)

警 (깨우칠 경)
驚 (놀랄 경)

頃 (이랑 경)
項 (항목 항)

季 (철 계)
李 (오얏 리)

考 (생각할 고)
孝 (효도 효)

枯 (마를 고)
姑 (시어머니 고)

球 (공 구)
救 (구원할 구)
求 (구할 구)

壞 (무너질 괴)
壤 (흙덩이 양)
懷 (품을 회)

丘 (언덕 구)
兵 (병사 병)

句 (글귀 구)
旬 (열흘 순)

群 (무리 군)
郡 (고을 군)

卷 (책 권)
券 (문서 권)

勸 (권할 권)
觀 (볼 관)

歸 (돌아갈 귀)
掃 (쓸 소)

劇 (심할 극)
據 (근거 거)

級 (등급 급)
給 (줄 급)

起 (일어날 기)
赴 (다다를 부)

己 (몸 기)
已 (이미 이)
巳 (뱀 사)

怒 (성낼 노)
奴 (사내종 노)

旦 (아침 단)
且 (또 차)

堂 (집 당)
當 (마땅할 당)

代 (대신할 대)
伐 (칠 벌)

帶 (띠 대)
隊 (무리 대)
待 (기다릴 대)
侍 (모실 시)

到 (이를 도)
致 (이를 치)

桃 (복숭아 도)
挑 (돋울 도)

徒 (무리 도)
從 (좇을 종)

亂 (어지러울 란)
難 (어려울 난)

陸 (언덕 륙)
睦 (화목할 목)

栗 (밤 률)
粟 (조 속)

隣 (이웃 린)
憐 (불쌍히여길 련)

鳴 (울 명)
嗚 (슬플 오)

募 (뽑을 모)
慕 (그리워할 모)

墓 (무덤 묘)
暮 (저물 모)

微 (가늘 미)
徵 (부를 징)

武 (호반 무)
式 (법 식)

薄 (엷을 박)
簿 (문서 부)

防 (막을 방)
妨 (방해할 방)

紛 (어지러울 분)
粉 (가루 분)

佛 (부처 불)
拂 (떨칠 불)

貧 (가난할 빈)
貪 (탐할 탐)

謝 (사례할 사)
射 (쏠 사)

師 (스승 사)
帥 (장수 수)

使 (부릴 사)
便 (편할 편)

思 (생각 사)
恩 (은혜 은)

城 (재 성)
域 (지경 역)

矢 (화살 시)
失 (잃을 실)

囚 (가둘 수)
因 (원인 인)

遂 (드디어 수)
逐 (쫓을 축)

詩 (시 시)
討 (칠 토)

揚 (날릴 양)
楊 (버드나무 양)

緣 (인연 연)
綠 (푸를 록)

熱 (더울 열)
勢 (형세 세)

哀 (슬플 애)
衰 (쇠할 쇠)

榮 (영화로울 영)
營 (경영할 영)

謠 (노래 요)
搖 (흔들 요)

圍 (에워쌀 위)
圓 (둥글 원)

遺 (남길 유)
遣 (보낼 견)

腸 (창자 장)
陽 (해 양)

裝 (꾸밀 장)
獎 (장려할 장)

栽 (심을 재)
裁 (마를 재)
載 (실을 재)

材 (재목 재)
村 (마디 촌)

積 (쌓을 적)
績 (길쌈 적)

折 (꺾을 절)
析 (쪼갤 석)

傳 (전할 전)
停 (머무를 정)

錢 (돈 전)
殘 (남을 잔)

提 (끌 제)
堤 (둑 제)

早 (일직 조)
旱 (가물 한)

條 (가지 조)
修 (닦을 수)

指 (가리킬 지)
持 (가질 지)

知 (알 지)
和 (화할 화)

職 (직분 직)
識 (알 식)

着 (붙을 착)
差 (다를 차)

忠 (충성 충)
患 (근심할 환)

側 (곁 측)
測 (잴 측)

親 (친할 친)
新 (새 신)

探 (찾을 탐)
深 (깊을 심)

澤 (연못 택)
擇 (가릴 택)

閉 (닫을 폐)
閑 (한가할 한)

幣 (폐백 폐)
弊 (폐단 폐)
蔽 (덮을 폐)

標 (표할 표)
漂 (떠다닐 표)

鄕 (시골 향)
卿 (벼슬 경)

虛 (빌 허)
處 (곳 처)

毫 (터럭 호)
豪 (호걸 호)

畫 (그림 화)
晝 (낮 주)

活 (살 활)
浩 (넓을 호)

歡 (기쁠 환)
歎 (탄식할 탄)

侯 (제후 후)
候 (기후 후)

훈음(訓音)			예(例)	훈음(訓音)			예(例)	훈음(訓音)			예(例)
降	강	내리다	降雪(강설)	北	북	북녘	南北(남북)	識	식	알다	知識(지식)
	항	항복하다	降伏(항복)		배	달아나다	敗北(패배)		지	기록하다	標識(표지)
更	갱	다시	更新(갱신)	不	부	아니다	不當(부당)	沈	침	잠기다	沈沒(침몰)
	경	고치다	變更(변경)		불	아니다	不可能(불가능)		심	성씨	沈氏(심씨)
車	거	수레	人力車(인력거)	寺	사	절	寺刹(사찰)	惡	악	악하다	惡人(악인)
	차	수레	自動車(자동차)		시	내관	內寺(내시)		오	미워하다	憎惡(증오)
乾	건	하늘,마르다	乾坤(건곤)	邪	사	간사하다	邪惡(사악)	樂	요	좋아하다	樂山樂水(요산요수)
	간	마르다	乾物(간물)		야	희롱하다	邪揄(야유)		락	즐기다	樂園(낙원)
									악	노래	音樂(음악)
見	견	보다	見學(견학)	殺	살	죽이다	殺生(살생)	易	역	바꾸다	貿易(무역)
	현	뵙다	謁見(알현)		쇄	감하다	相殺(상쇄)		이	쉽다	難易(난이)
龜	균	터지다	龜裂(균열)	參	삼	석	參千(삼천)	刺	자	찌르다	刺客(자객)
	귀	거북,본받다	龜鑑(귀감)		참	참여하다	參加(참가)		척	찌르다	刺殺(척살)
金	금	쇠	千金(천금)	狀	상	형상	現狀(현상)	切	절	끊다	切斷(절단)
	김	성	金氏(김씨)		장	문서	賞狀(상장)		체	온통	一切(일체)
茶	다	차	茶房(다방)	塞	새	변방	要塞(요새)	辰	진	별	壬辰(임진)
	차	차	葉茶(엽차)		색	막다	閉塞(폐색)		신	태어나다	生辰(생신)
丹	단	붉다	丹楓(단풍)	索	색	찾다	索出(색출)	推	추	옮기다	推進(추진)
	란	꽃이름	牡丹(모란)		삭	흩어지다	索莫(삭막)		퇴	밀다	推敲(퇴고)
糖	당	엿	糖尿(당뇨)	說	설	말씀	說話(설화)	則	칙	법칙	法則(법칙)
	탕	사탕	雪糖(설탕)		세	달래다	遊說(유세)		즉	곧	則(즉)-다시말하면
					열	기뻐하다	說樂(열락)				
宅	택	집	住宅(주택)	省	성	살피다	反省(반성)	布	포	베, 펴다	布告(포고)
	댁	집안	宅內(댁내)		생	덜다	省略(생략)		보	베풀다	布施(보시)
度	도	법도	程度(정도)	率	솔	거느리다	引率(인솔)	暴	폭	나타내다	暴露(폭로)
	탁	헤아리다	度地(탁지)		률	비율	能率(능률)		포	사납다	暴惡(포악)
讀	독	읽다	讀書(독서)	帥	수	장수	元帥(원수)	行	행	다니다	行動(행동)
	두	구절	句讀(구두)		솔	거느리다	帥先(솔선)		항	항렬	行列(항렬)
洞	동	고을	洞里(동리)	宿	숙	묵다	旅人宿(여인숙)	畫	화	그리다	畫家(화가)
	통	밝다	洞察(통찰)		수	성수	星宿(성수)		획	그으다	計畫(계획)
便	변	똥오줌	便所(변소)	拾	습	줍다	拾得(습득)				
	편	편하다	便利(편리)		십	열	拾圓(십원)				
復	복	회복하다	復舊(복구)	食	식	먹다	飮食(음식)				
	부	다시	復興(부흥)		사	밥	簞食瓢飮(단사표음)				

角者無齒 (각자무치)	뿔이 있는 짐승은 이가 없다는 뜻으로 한 사람이 여러가지 복을 다 가질 수 없다는 말
敢不生心 (감불생심)	감히 엄두도 내지 못함
甘言利說 (감언이설)	귀가 솔깃하도록 남의 비위를 맞추거나 이로운 조건을 내세워 꾀는 말
江湖煙波 (강호연파)	강이나 호수 위에 안개처럼 보얗게 이는 기운
居安思危 (거안사위)	편안히 살 때 닥쳐올 위태로움을 생각함
見利思義 (견리사의)	눈 앞에 이익이 보일 때 의리를 먼저 생각함
見危授命 (견위수명)	나라가 위급할 때 자기 몸을 나라에 바침
結草報恩 (결초보은)	죽은 뒤에라도 은혜를 잊지 않고 갚음을 이르는 말
經世濟民 (경세제민)	세상을 다스리고 백성을 구함
敬天勤民 (경천근민)	하늘을 공경하고 백성을 위하여 부지런히 일함
鷄卵有骨 (계란유골)	달걀에도 뼈가 있다는 말로 운수가 나쁜 사람은 모처럼 좋은 기회를 만나도 역시 일이 잘 안된다는 뜻
苦盡甘來 (고진감래)	쓴 것이 다하면 단 것이 온다는 말로, 고생 끝에 즐거움이 온다는 뜻
空前絶後 (공전절후)	전에도 없었고 앞으로도 없을 일
過大評價 (과대평가)	실제보다 지나치게 높이 평가함
九牛一毛 (구우일모)	매우 많은 것 가운데 극히 적은 수를 이르는 말
九折羊腸 (구절양장)	꼬불꼬불하며 험한 산길을 이르는 말
君臣有義 (군신유의)	임금과 신하 사이의 도리는 의리에 있음
權不十年 (권불십년)	권세가 10년을 가지 못함
極惡無道 (극악무도)	지극히 악하고도 도의심이 없음
起死回生 (기사회생)	죽을 뻔하다가 다시 살아남
難攻不落 (난공불락)	공격하기가 어려워 좀처럼 함락되지 아니함
難兄難弟 (난형난제)	두 사물이 비슷하여 낫고 못함을 정하기 어려움을 이르는 말
怒發大發 (노발대발)	크게 성을 냄
論功行賞 (논공행상)	세운 공을 논하여 상을 줌
多多益善 (다다익선)	많으면 많을수록 더욱 좋음
多聞博識 (다문박식)	견문이 넓고 학식이 많음
大義名分 (대의명분)	사람으로서 마땅히 지키고 행하여야 할 도리나 본분
大同小異 (대동소이)	큰 차이 없이 거의 같음
獨不將軍 (독불장군)	남의 의견은 무시하고 혼자 모든 일을 처리함.
得意滿面 (득의만면)	일이 뜻대로 이루어져 기쁜 표정이 얼굴에 가득함
燈下不明 (등하불명)	등잔 밑이 어둡다는 뜻으로 가까이 있는 것이 오히려 알아내기가 어려움을 이르는 말
燈火可親 (등화가친)	시원한 가을 밤은 등불을 가까이 하여 책 읽기에 좋다는 뜻
明鏡止水 (명경지수)	맑은 거울과 고요한 물
目不識丁 (목불식정)	아주 간단한 글자인 '丁'자를 보고도 그것이 '고무래'인 줄을 알지 못한다는 뜻으로, 아주 까막눈임을 이르는 말
無爲徒食 (무위도식)	하는 일 없이 놀고 먹음
美風良俗 (미풍양속)	아름답고 좋은 풍속이나 기풍
博學多識 (박학다식)	학식이 넓고 아는 것이 많음
百家爭鳴 (백가쟁명)	많은 학자나 문화인 등이 자기의 학설이나 주장을 자유롭게 발표하여, 논쟁하고 토론하는 일
百害無益 (백해무익)	해롭기만 하고 조금도 이로울 것이 없음
父傳子傳 (부전자전)	아버지가 아들에게 대대로 전함
思考方式 (사고방식)	어떤 문제에 대하여 생각하고 궁리하는 방법이나 태도
死生決斷 (사생결단)	죽고 사는 것을 거들떠보지 않고 끝장을 내려고 덤벼 듦
事實無根 (사실무근)	근거가 없음. 또는 터무니 없음
事親以孝 (사친이효)	어버이를 섬기기를 효도로써 함
事必歸正 (사필귀정)	모든 일은 반드시 바른길로 돌아감
四通五達 (사통오달)	길이나 교통상태가 사방으로 막힘없이 통함
山海珍味 (산해진미)	산과 바다에서 나는 온갖 진귀한 물건으로 차린 맛있는 음식
殺身成仁 (살신성인)	자기의 몸을 희생하여 인(仁)을 이룸
生面不知 (생면부지)	서로 한 번도 만난 적이 없어서 전혀 알지 못하는 사람
生不如死 (생불여사)	삶이 죽음만 같지 못하다는 매우 곤경에 처해 있음을 이르는 말
善因善果 (선인선과)	선업을 쌓으면 반드시 좋은 결과가 따름
仙姿玉質 (선자옥질)	신선의 자태에 옥의 바탕이라는 뜻으로, 몸과 마음이 매우 아름다운 사람을 이르는 말

說往說來 (설왕설래)	서로 자신의 주장을 내세우며 옥신각신하는 것을 말함
歲時風俗 (세시풍속)	해마다 행하여지는 전통적인 행사
速戰速決 (속전속결)	싸움을 오래 끌지 아니하고 빨리 몰아쳐 이기고 짐을 결정함
送舊迎新 (송구영신)	이 해를 보내고 새해를 맞음
始終如一 (시종여일)	처음부터 끝까지 한결 같아서 변함 없음
信賞必罰 (신상필벌)	상과 벌을 공정하고 엄중하게 하는 일을 이르는 말
身言書判 (신언서판)	예전에 인물을 선발하는 데 표준으로 삼던 조건
實事求是 (실사구시)	사실에 토대를 두어 진리를 탐구하는 일
十年知己 (십년지기)	오래전부터 친히 사귀어 잘 아는 사람
眼下無人 (안하무인)	눈 아래에 사람이 없다는 뜻으로, 방자하고 교만하여 다른 사람을 업신여김을 이르는 말
安貧樂道 (안빈낙도)	가난한 생활을 하면서도 편안한 마음으로 도를 즐겨 지킴
惡戰苦鬪 (악전고투)	몹시 어렵게 싸우는 것
藥房甘草 (약방감초)	한약 속에는 반드시 감초가 들어 있듯이, 무슨 일이나 빠짐없이 끼임
弱肉强食 (약육강식)	약한 놈이 강한 놈에게 먹힘
魚東肉西 (어동육서)	제사음식을 차릴 때, 생선은 동쪽에 고기는 서쪽에 놓는다는 뜻
言文一致 (언문일치)	실제로 쓰는 말과 그 말을 적은 글이 일치함
言語道斷 (언어도단)	말할 길이 끊어졌다는 뜻으로, 어이가 없어서 말하려 해도 말할 수 없음을 이르는 말
言行一致 (언행일치)	말과 행동이 서로 같음
如出一口 (여출일구)	여러 사람의 말이 한결같이 같음
女必從夫 (여필종부)	아내는 반드시 남편에게 순종해야 한다는 말
緣木求魚 (연목구어)	나무에 올라가서 물고기를 구한다는 뜻으로, 도저히 불가능한 일을 굳이 하려 함을 비유적으로 이르는 말
連戰連勝 (연전연승)	싸울 때마다 계속하여 이김
英才敎育 (영재교육)	천재아의 재능을 훌륭하게 발전시키기 위한 특수 교육
五穀百果 (오곡백과)	온갖 곡식과 온갖 과일
玉骨仙風 (옥골선풍)	옥과 같은 골격과 선인과 같은 풍채
溫故知新 (온고지신)	옛것을 익히고 그것을 미루어서 새것을 앎

右往左往 (우왕좌왕)	이리저리 왔다갔다 하며 일이 나아가는 방향을 잡지 못함
危機一髮 (위기일발)	여유가 조금도 없이 몹시 절박한 순간
有備無患 (유비무환)	미리 준비를 해두면 어려운 일이 닥쳐도 걱정이 없다는 뜻
類類相從 (유유상종)	같은 무리끼리 서로 사귐
以實直告 (이실직고)	사실 그대로 고함
二律背反 (이율배반)	서로 모순되어 양립할 수 없는 두 개의 명제
以卵擊石 (이란격석)	달걀로 돌을 친다는 뜻으로 턱없이 약한 것으로 강한 것을 당해내려는 어리석음
異口同聲 (이구동성)	다른 입에서 같은 소리를 낸다는 데서, 여러 사람의 말이 한결같음을 말함
利用厚生 (이용후생)	기물의 사용을 편리하게 하고 백성의 생활을 윤택하게 함
以心傳心 (이심전심)	마음과 마음으로 서로 뜻이 통함
以熱治熱 (이열치열)	열로써 열을 다스림
離合集散 (이합집산)	헤어졌다가 모였다가 하는 일
因果應報 (인과응보)	좋은 일에는 좋은 결과가, 나쁜 일에는 나쁜 결과가 따름
人生無常 (인생무상)	인생이 덧없음
人死留名 (인사유명)	사람은 죽어서 이름을 남긴다는 말
仁者無敵 (인자무적)	어진 사람은 모든 사람을 사랑하고, 또 사랑을 받으므로 세상에 적이 없음
一擧兩得 (일거양득)	한 가지 일로써 두 가지 이득을 얻음
一脈相通 (일맥상통)	하나의 맥락으로 서로 통한다는 데서 솜씨나 성격 등이 서로 비슷함을 말함
一絲不亂 (일사불란)	한 타래의 실이 조금도 헝클어짐이 없이 질서정연하게 잘 풀림
一言半句 (일언반구)	한 마디의 말과 한 구의 반, 아주 짧은 말이나 글귀
一波萬波 (일파만파)	하나의 물결이 수많은 물결이 된다는 데서, 하나의 사건이 여러 가지로 자꾸 확대되는 것을 말함
日就月將 (일취월장)	나날이 다달이 자라거나 발전함
一喜一悲 (일희일비)	한편은 기쁘고 한편은 슬픔
一衣帶水 (일의대수)	한 줄기 좁은 강물이나 바닷물

四字成語 (故事成語)

一石二鳥 (일석이조) : 돌한 개를 던져 새 두 마리를 잡는다는 뜻으로, 동시에 두 가지 이득을 봄을 이르는 말

一罰百戒 (일벌백계) : 한 사람이나 한 가지 죄를 벌줌으로써 여러 사람을 경계함

自手成家 (자수성가) : 부모가 물려준 재산없이 자기 혼자의 힘으로 집안을 일으키고 재산을 모음

自强不息 (자강불식) : 스스로 힘써 몸과 마음을 가다듬어 쉬지 아니함

自業自得 (자업자득) : 자기가 저지른 일의 결과를 자기가 받음

自畫自讚 (자화자찬) : 자기가 한 일을 스스로 자랑함을 이르는 말

張三李四 (장삼이사) : 평범한 사람을 일컫는 말

適者生存 (적자생존) : 환경에 적응한 생물만이 살아남고, 그렇지 못한 것은 멸망하는 자연의 현실

適材適所 (적재적소) : 적당한 인재를 적당한 자리에 씀

戰爭英雄 (전쟁영웅) : 전쟁에 뛰어나고 용맹하여 보통 사람이 하기 어려운 일을 해내는 사람

全知全能 (전지전능) : 어떠한 사물이라도 잘 알고, 모든 일을 다 행할 수 있는 신(神)의 능력

前代未聞 (전대미문) : 이제까지 들어본 적이 없는 일

朝變夕改 (조변석개) : 아침저녁으로 뜯어 고침 곧 일을 자주 뜯어 고침

走馬看山 (주마간산) : 자세히 살피지 아니하고 대충대충 보고 지나감을 이르는 말

竹馬故友 (죽마고우) : 어릴 때부터 대나무를 타면서 같이 놀고 자랐던 옛 친구

衆口難防 (중구난방) : 여럿이 마구 지껄이는 말은 막기가 어렵다는 뜻

晝夜長川 (주야장천) : 밤낮으로 쉬지 아니하고 연달아

知過必改 (지과필개) : 자신의 잘못을 알면 반드시 고쳐야 한다는 뜻

至誠感天 (지성감천) : 지극한 정성을 하늘이 감동함

知行合一 (지행합일) : 지식과 행동이 서로 맞음

盡忠報國 (진충보국) : 충성을 다하여 나라의 은혜에 보답함

進退兩難 (진퇴양난) : 이러지도 저러지도 못하는 어려운 처지

天生緣分 (천생연분) : 세상에 태어날 때 부터 하늘이 정해준 남녀 간의 인연

千慮一失 (천려일실) : 지혜로운 사람도 많은 생각 가운데는 간혹 실책이 있을 수 있다는 말

千差萬別 (천차만별) : 여러 가지 사물이 모두 차이가 있고 구별이 있음

千篇一律 (천편일률) : 여러 시문의 격조(格調)가 모두 비슷하여 개별적 특성이 없음

天人共怒 (천인공노) : 하늘과 사람이 함께 노한다는 뜻으로 누구나 분노할 만큼 증오스럽거나 도저히 용납할 수 없음을 이르는 말

天災地變 (천재지변) : 지진, 홍수, 태풍 따위의 자연현상으로 인한 재앙과 피해

靑山流水 (청산유수) : 푸른 산에 맑은 물이라는 뜻으로 막힘없이 말을 잘 한다는 뜻

寸鐵殺人 (촌철살인) : 간단한 말로도 남을 감동시키거나 남의 약점을 찌를 수 있음

秋風落葉 (추풍낙엽) : 가을바람에 떨어지는 나뭇잎

出將入相 (출장입상) : 문무를 겸비하여 장상의 벼슬을 모두 지낸 사람

忠言逆耳 (충언역이) : 충직한 말은 귀에 거슬림

卓上空論 (탁상공론) : 현실성이 없는 허황한 이론이나 논의

敗家亡身 (패가망신) : 집안의 재산을 다 써 없애고 자신의 몸도 망침

風待歲月 (풍대세월) : 아무리 바라고 기다려도 실현될 가망성이 없는 일

風前燈火 (풍전등화) : 일의 사정이 위태로운 처지에 놓여 있음을 뜻함

必有曲折 (필유곡절) : 반드시 무슨 까닭이 있음

漢江投石 (한강투석) : 한강에 아무리 돌을 던져도 테가 나지 않듯이 지나치게 미비하여 아무 효과도 없음

海水浴場 (해수욕장) : 해수욕을 할 수 있는 환경과 시설이 갖추어진 바닷가

行動擧止 (행동거지) : 몸을 움직여 하는 모든 것

虛張聲勢 (허장성세) : 실속 없이 허세만 부림

好衣好食 (호의호식) : 잘 입고 잘 먹고 삶

呼兄呼弟 (호형호제) : 형이니 아우니 하면서 매우 가까운 사이로 지내며 산다는 뜻

花容月態 (화용월태) : 아름다운 여인의 얼굴과 맵시를 이르는 말

會者定離 (회자정리) : 만난 자는 언젠가 반드시 헤어짐

興盡悲來 (흥진비래) : 즐거움이 다하면 슬픔이 닥쳐옴

街談巷說 (가담항설) : 길거리나 마을에 떠도는 소문
　　　　　　　　　　(유) 道聽塗說

假弄成眞 (가롱성진) : 장난삼아 한 것이 진심으로 한 것같이 됨

佳人薄命 (가인박명) : 여자의 용모가 너무 아름다우면 명이 짧고
　　　　　　　　　　운명이 기박하다는 뜻

刻骨難忘 (각골난망) : 은혜가 뼈에 사무쳐서 잊혀지지 아니함
　　　　　　　　　　(유) 結草報恩

刻骨銘心 (각골명심) : 뼈 속에 새기고 마음 속에 새긴다는 뜻으로
　　　　　　　　　　잊혀지지 않음

刻舟求劍 (각주구검) : 어리석고 미련하여 융통성이 없음을 이르는
　　　　　　　　　　말 (유) 守株待兎

肝腦塗地 (간뇌도지) : 참혹한 죽음을 당하여 간장과 뇌수가 땅에
　　　　　　　　　　널려 있음, 나라를 위하여 목숨을 돌보지 않
　　　　　　　　　　고 애를 씀

干城之材 (간성지재) : 나라를 지키는 인재 (유) 棟梁之器

感慨無量 (감개무량) : 깊이 감격하여 끝없이 마음속에 사무침

感之德之 (감지덕지) : 감사하게 여기고 덕으로 여긴다는 데서, 대
　　　　　　　　　　단히 고맙게 여김

甲男乙女 (갑남을녀) : 이름도 알려지지 않은 평범한 보통 사람들

改過遷善 (개과천선) : 잘못을 고치고 착하게 살아갈 때 쓰는 말

蓋世之才 (개세지재) : 온 세상을 덮을 만큼 뛰어난 재주

居安思危 (거안사위) : 편안한 때에 있어서도 앞으로 닥칠 위태로
　　　　　　　　　　움을 생각함

擧案齊眉 (거안제미) : 밥상을 눈높이로 받들어 올린다는 말로 남
　　　　　　　　　　편을 깍듯이 공경한다는 뜻

車載斗量 (거재두량) : 수레에 싣고 말로 될 정도로 물건이나 인재
　　　　　　　　　　따위가 많아서 그다지 귀하지 않음

乾木水生 (건목수생) : 마른나무에서 물이 나올 수 없듯이 가진것
　　　　　　　　　　이 없는 사람에게 무리하게 무엇을 내라고
　　　　　　　　　　요구함

乞人憐天 (걸인연천) : 거지가 하늘을 걱정한다는 뜻으로 격에 맞
　　　　　　　　　　지 않는 걱정을 한다는 뜻

隔世之感 (격세지감) : 오래지 않은 동안에 몰라보게 변하여 아주
　　　　　　　　　　다른 세상이 된 것 같은 느낌

牽强附會 (견강부회) : 사리에 맞지 않는 말을 억지로 끌어 붙임

犬馬之勞 (견마지로) : 자기의 노력을 낮추어 일컫는 말, 개나 말
　　　　　　　　　　의 수고로움

見善如渴 (견선여갈) : 착한 일을 보기를 마치 목마른 것같이 함

見善從之 (견선종지) : 남의 착한 일을 본받고 착한 사람이 됨

見危授命 (견위수명) : 위태함을 보고 목숨을 주어 버림. 곧 나라
　　　　　　　　　　의 위태로움을 보고 목숨을 아끼지 않고 나
　　　　　　　　　　라를 위하여 싸움

犬兎之爭 (견토지쟁) : 개와 토끼의 다툼, 두 사람의 싸움에 제삼
　　　　　　　　　　자가 이익을 봄

結者解之 (결자해지) : 일을 만든 사람이 일을 해결해야 한다는 뜻

結草報恩 (결초보은) : '풀을 엮어서 은혜를 갚는다'는 뜻으로 죽어
　　　　　　　　　　서도 은혜를 잊지 않고 갚음

兼聽則明 (겸청즉명) : 여러 사람의 의견을 들어 보면 시비를 정확
　　　　　　　　　　하게 판단할 수 있음

兼人之勇 (겸인지용) : 혼자서 몇 사람을 당해낼 만한 용기

輕擧妄動 (경거망동) : 경솔하고 망령된 행동

傾國之色 (경국지색) : 한 나라를 기울게 할 만큼 용모가 빼어난 미
　　　　　　　　　　인

敬而遠之 (경이원지) : 공경하되 가까이하지는 않음

鷄卵有骨 (계란유골) : 달걀에도 뼈가 있다는 뜻으로 공교롭게 일
　　　　　　　　　　이 방해됨을 이르는 말

鷄鳴狗盜 (계명구도) : 점잖은 사람이 배울것이 못되는 천한 기능
　　　　　　　　　　또는 그런 기능을 가진 사람을 이르는 말

孤軍奮鬪 (고군분투) : 적은 인원의 약한 힘으로 남의 도움 없이
　　　　　　　　　　힘에 겨운 일을 함

高臺廣室 (고대광실) : 높은 대와 넓은 집이란 뜻에서 굉장히 크고
　　　　　　　　　　좋은 집을 말함

枯木死灰 (고목사회) : 겉모습은 마른나무와 같고 마음은 재와 같
　　　　　　　　　　음, 생기와 의욕이 없는 사람을 이르는 말

鼓腹擊壤 (고복격양) : 의식 (衣食) 이 풍부하여 안락하며 태평세월
　　　　　　　　　　을 즐기는 일

姑息之計 (고식지계) : 당장의 편안함만을 꾀하는 일시적인 방편

苦肉之策 (고육지책) : 적을 속이는 수단으로서 제 몸 괴롭히는 것
　　　　　　　　　　을 돌보지 않고 쓰는 계책

孤掌難鳴 (고장난명) : 외손뼉은 울리지 않는다는 데서, 혼자만의 힘
　　　　　　　　　　으로는 어떤 일을 하기가 어렵다는 뜻

苦盡甘來 (고진감래) : 고생 끝에 즐거움이 옴

高枕安眠 (고침안면) : 근심 없이 편히 잘 지냄

曲學阿世 (곡학아세) : 학문을 왜곡하여 세속에 아부함. 자신의 소신
　　　　　　　　　　이나 철학을 굽혀 권세나 시세에 아첨함

困獸猶鬪 (곤수유투) : 위급할 때는 아무리 약한 짐승이라도 싸우려
　　　　　　　　　　고 덤빔

骨肉相爭 (골육상쟁) : 형제나 동족끼리 서로 다툼을 뜻함

骨肉之親 (골육지친) : 부자, 형제 등의 육친 (肉親)

空中樓閣 (공중누각) : 공중에 누각을 지은 것처럼 근거가 없는 가공의 사물

過恭非禮 (과공비례) : 지나친 공손은 도리어 예의가 아님

誇大妄想 (과대망상) : 턱없이 과장하여 엉뚱하게 생각함

過猶不及 (과유불급) : 정도를 지나침은 미치지 못함과 같음

巧言令色 (교언영색) : 남의 환심을 사려고 아첨하는 교묘한 말과 보기 좋게 꾸미는 표정

九曲肝腸 (구곡간장) : 아홉 번 구부러진 간과 창자라는 뜻으로 굽이굽이 사무침. 마음 속

口蜜腹劍 (구밀복검) : 겉으로는 친한 척하나 속으로는 해칠 생각이 있음

九死一生 (구사일생) : 여러 번 죽을 고비를 넘기고 간신히 살아남

口尙乳臭 (구상유취) : 입에서 아직 젖내가 난다는 말로 말이나 행동이 유치하다는 뜻

九牛一毛 (구우일모) : 많은 것 가운데 가장 적은 것을 비유하는 말

口禍之門 (구화지문) : 입은 재앙을 불러들이는 문

國士無雙 (국사무쌍) : 나라에서 견줄 사람이 없을 정도로 빼어난 선비를 뜻함

國泰民安 (국태민안) : 나라가 태평하고 백성이 살기가 평안함

群鷄一鶴 (군계일학) : 평범한 사람 가운데 뛰어난 한 사람을 비유함

群雄割據 (군웅할거) : 많은 영웅들이 각지에 자리잡고 서로 세력을 다툼

君爲臣綱 (군위신강) : 임금은 신하의 모범이 되어야 한다는 말

窮狗莫追 (궁구막추) : 피할 곳 없는 개를 쫓으면 덤벼들듯이 곤란한 지경에 있는 사람을 모질게 다루면 해를 당한다는 말

窮餘之策 (궁여지책) : 궁한 끝에 나는 한 꾀

權謀術數 (권모술수) : 목적을 위해서는 가리지 않고 쓰는 온갖 술책

勸善懲惡 (권선징악) : 선행을 장려하고 악행을 벌함

克己復禮 (극기복례) : 사욕을 누르고 예의 범절을 좇음

近墨者黑 (근묵자흑) : 먹을 가까이 하는 사람은 검어진다. 나쁜 사람과 어울리면 그의 좋지 못한 행실에 물듦

金科玉條 (금과옥조) : 금이나 옥과 같이 귀중하게 여기어 지킬 법규나 규정

金蘭之契 (금란지계) : 다정한 친구사이의 우정

錦上添花 (금상첨화) : 비단 위에다 꽃을 얹는 다는 데서 좋은 일이 겹침

金石之交 (금석지교) : 쇠나 돌처럼 굳고 변함없는 교제

金城湯池 (금성탕지) : 방비가 완벽함

錦衣夜行 (금의야행) : 비단옷을 입고 밤에 다닌다는 뜻으로 아무 보람이 없는 행동을 비유함

錦衣玉食 (금의옥식) : 비단옷과 옥같이 흰 쌀밥이란 뜻에서 사치스러운 생활을 이르는 말

錦衣還鄕 (금의환향) : 비단옷을 입고 고향으로 돌아온다는데서 성공하여 고향에 돌아옴을 뜻함

金枝玉葉 (금지옥엽) : 임금의 집안과 자손. 귀여운 자손

氣高萬丈 (기고만장) : 기격의 높이가 만 발이나 된다는 데서, 기운이 펄펄 나는 모양

騎虎之勢 (기호지세) : 달리는 호랑이의 등을 타고 있으면 중간에 내릴 수 없듯이 일을 중도에 그만 둘 수 없는 형편을 이르는 말

吉凶禍福 (길흉화복) : 길하고 흉함과 재앙과 복

樂而不淫 (낙이불음) : 즐기되 음탕하지 않음, 즐거움의 도를 지나치지 않음

男尊女卑 (남존여비) : 여자보다 남자를 우대하고 존중함.

內憂外患 (내우외환) : 나라 안의 걱정과 외적의 침입에 대한 근심. 나라 안팎의 여러 가지 어려운 일들

內柔外剛 (내유외강) : 사실은 마음이 약한데도 외부에는 강하게 나타남

內助之功 (내조지공) : 아내가 가정에서 남편이 바깥일을 잘 할 수 있도록 도와줌

怒甲移乙 (노갑이을) : 갑에게 당한 노여움을 을에게 옮긴다는 뜻으로 어떤 사람에게 당한 화풀이를 다른 사람에게 해댐

怒氣衝天 (노기충천) : 성난 기색이 하늘을 찌를 정도로 잔뜩 성이 나 있음

老馬之智 (노마지지) : 늙은 말의 지혜란 뜻으로 아무리 하찮은 것일지라도 저마다 장기나 장점을 지니고 있음

路柳墻花 (노류장화) : 아무나 쉽게 꺾을 수 있는 길가의 버들과 담 밑의 꽃이란 뜻으로 창녀나 기생을 가리키는 말

怒髮衝冠 (노발충관) : 몹시 화가 나서 일어선 머리카락이 관을 추켜올림

路不拾遺 (노불습유) : 길에 떨어진 물건도 주워 가지 않음

綠林豪傑 (녹림호걸) : 푸른 숲 속의 호걸이란 뜻으로 화적이나 도둑을 달리 이르는 말

綠陰芳草 (녹음방초) : 푸른 나무 그늘과 꽃다운 풀, 곧, 여름의 자연경치

綠衣紅裳 (녹의홍상) : 연두저고리에 다홍치마, 젊은 여자의 고운 옷차림

四字成語 (故事成語)

弄瓦之慶 (농와지경) : 딸을 낳은 즐거움

累卵之勢 (누란지세) : 알을 쌓아 놓은 듯한 형세. 곧, 매우 위태로운 형세

累卵之危 (누란지위) : 달걀을 포개어 놓은 것과 같은 몹시 위태로운 형세를 말함

能小能大 (능소능대) : 작은 일도 큰 일도 능히 해낼 수 있음

多多益善 (다다익선) : 많으면 많을수록 더욱 좋음

斷機之敎 (단기지교) : 학문을 중도에서 그만두는 것은 짜던 베의 날을 끊는 것과 같다는 가르침

斷金之交 (단금지교) : 친구 사이의 사귀는 정이 두텁고 깊은 것

單刀直入 (단도직입) : 한칼로 바로 적진에 쳐들어간다는 뜻으로, 문장이나 언론에 여러 말을 늘어놓지 않고 바로 요점이나 본문제를 중심적으로 말함

談笑自若 (담소자약) : 근심이나 놀라운 일을 당하였을 때도 보통 때와 같이 웃고 이야기하며 침착함

淡水之交 (담수지교) : 맑은 물의 사귐, 친한 벗끼리 사귐

堂狗風月 (당구풍월) : 서당 개 삼년이면 풍월을 읊은다는 말

大器晩成 (대기만성) : 크게 될 사람은 성공이 늦다는 말

大聲痛哭 (대성통곡) : 큰 목소리로 슬피 욺

對牛彈琴 (대우탄금) : 소귀에 거문고 소리, 아무리 일러주어도 이해하지 못함

大義滅親 (대의멸친) : 국가나 사회의 대의를 위해서는 부모 형제의 정도 돌보지 않음

代人捉刀 (대인착도) : 남을 대신하여 일을 함

對症下藥 (대증하약) : 증세에 맞게 약을 써야 함, 문제의 핵심을 바로 보고 대처해야 함

大海一粟 (대해일속) : 큰 바다의 좁쌀 하나, 아주 사소한 일

大海一滴 (대해일적) : 큰 바다의 물 한 방울, 아주 작은 사물

德必有隣 (덕필유린) : 덕이 있으면 따르는 사람이 있어 외롭지 않음

道傍苦李 (도방고리) : 길옆의 쓴 자두나무, 사람들이 버린 물건이나 무용지물

桃園結義 (도원결의) : 의형제를 맺음

道聽塗說 (도청도설) : 길거리에 떠도는 소문

塗炭之苦 (도탄지고) : 진흙이나 숯불에 떨어진 것과 같은 고통이란 뜻으로 비참한 생활을 이르는 말

讀書三到 (독서삼도) : 독서는 눈으로 보고, 입으로 읽고, 마음으로 깨우쳐야 함

讀書尙友 (독서상우) : 책을 읽음으로써 옛날의 현인들과 벗이 될 수 있음

獨也靑靑 (독야청청) : 홀로 푸르름. 혼탁한 세상에서 홀로 높은 절개를 드러내고 있다는 말

同價紅裳 (동가홍상) : 같은 값이면 다홍치마. 같은 조건이라면 좀 낫고 편리한 것을 택함

同根連枝 (동근연지) : 같은 뿌리에서 나온 잇닿은 나뭇가지, 형제 자매

同而不和 (동이불화) : 겉으로는 같은 점을 표시하면서도 속마음은 그렇지 않음

東衝西突 (동충서돌) : 동쪽에서 부딪히고 서쪽에서 부딪힘

東奔西走 (동분서주) : 부산하게 이리저리 돌아다님

同床異夢 (동상이몽) : 같은 잠자리에서 다른 꿈을 꾼다는 데서 같은 처지에서도 서로 다른 생각을 함

得一忘十 (득일망십) : 한 가지를 얻고 열 가지를 잃어버림, 기억력이 좋지 못함

登高自卑 (등고자비) : 높이 오르려면 낮은 곳에서부터 오른다는 말로, 무슨 일이든지 순서가 있음을 일컫는 말

登 龍 門 (등 용 문) : 용문(龍門)은 중국 황하의 상류에 있는 급류로, 잉어가 그 곳에 오르면 용이 된다는 전설이 있음. 곧, 사람이 영달하는 관문

莫上莫下 (막상막하) : 위도 없고 아래도 없다는 뜻에서 우열의 차이가 없다는 뜻

莫逆之友 (막역지우) : 마음이 맞아 서로 거슬리는 일이 없는 친한 벗

萬頃蒼波 (만경창파) : 한없이 넓고 푸른 바다

萬事休矣 (만사휴의) : 모든 것이 헛수고로 돌아감

晩時之歎 (만시지탄) : 시기가 늦었음을 원통해하는 탄식

晩食當肉 (만식당육) : 늦게 배고플 때 먹는 것은 무엇이든 고기 맛과 같게 느껴짐

萬全之計 (만전지계) : 모든 것이 완전한 계책

亡國之音 (망국지음) : 나라를 망하게 할 음악, 저속하고 잡스러운 음악

亡國之歎 (망국지탄) : 고국의 멸망을 한탄함

罔極之恩 (망극지은) : 다함이 없는 임금이나 부모의 은혜

忘年之交 (망년지교) : 나이에 거리끼지 않고 허물없이 사귐

望梅解渴 (망매해갈) : 매실은 생각만 하여도 침이 돌아 목마름이 해소되듯이 공상으로 잠시 동안의 평안과 위안을 얻음

茫然自失 (망연자실) : 정신을 잃고 어리둥절한 모양

亡羊之歎 (망양지탄) : 갈림길에서 양을 잃고 탄식한다는 뜻으로 학문의 길이 여러 갈래여서 잡기 어렵다는 말

로 쓰임

望雲之情 (망운지정) : 타향에서 부모님을 그리워하는 자식의 애틋한 심정을 이르는 말

梅妻鶴子 (매처학자) : 속세를 떠나 유유자적하게 생활하는 것

麥秀之歎 (맥수지탄) : 고국의 멸망을 한탄함

孟母三遷 (맹모삼천) : 맹자의 어머니가 맹자에 훌륭한 교육환경을 만들어 주기 위해 세번 이사한 일

面從腹背 (면종복배) : 겉으로는 복종하면서도 속으로는 배반함

滅私奉公 (멸사봉공) : 사적인 것을 버리고 공적인 것을 위하여 힘써 일함

名實相符 (명실상부) : 겉에 드러난 이름과 속내가 서로 일치함

明若觀火 (명약관화) : 불빛을 보는 것처럼 환하게 분명히 알 수 있음, 곧, 더할 나위 없이 분명함

命在頃刻 (명재경각) : 목숨이 경각에 달렸다는 뜻으로 금방 숨이 끊어질 지경에 이름

明哲保身 (명철보신) : 총명하고 사리에 밝아 일을 잘 처리하여 자기 몸을 보존한다는 뜻

毛遂自薦 (모수자천) : 자기가 자기를 추천함

目不忍見 (목불인견) : 차마 눈 뜨고 볼 수 없는 참상이나 꼴불견

武陵桃源 (무릉도원) : 속세를 떠난 별천지

無不干涉 (무불간섭) : 함부로 참견하고 사사건건 간섭하지 않는 일이 없음

無用之用 (무용지용) : 언뜻 보기에 쓸모없는 것이 오히려 유용하게 쓰임

無依無托 (무의무탁) : 몸을 의지하고 맡길 곳이 없이 몹시 가난하고 외로운 생활을 하는 상태

門前成市 (문전성시) : 방문객이 많음을 비유한 말

勿輕小事 (물경소사) : 작은 일이라도 가벼이 보지 말라는 뜻

勿失好機 (물실호기) : 좋은 기회를 놓치지 않음

尾生之信 (미생지신) : 사기(史記)에 나온말로 신의가 굳음 또는 우직하여 융통성이 없음

美人薄命 (미인박명) : 미인의 목숨은 짧다는 뜻

拍掌大笑 (박장대소) : 손뼉을 치고 크게 웃음

博而不精 (박이부정) : 여러 방면으로 널리 아나, 정통하지 못함

半面之識 (반면지식) : 얼굴만 약간 알 정도의 교분이 두텁지 못한 사이

伴食宰相 (반식재상) : 옆에서 밥만 먹는 재상, 재능이 없으면서 유능한 재상 옆에 붙어서 정사를 처리하는 재상이란 뜻

拔本塞源 (발본색원) : 일을 올바로 처리하기 위하여 폐단의 근본을 뽑고 근원을 없애버림

發憤忘食 (발분망식) : 끼니까지도 잊을 정도로 어떤 일에 열중하여 노력함.

拔山蓋世 (발산개세) : 힘은 산을 뽑을 만큼 세고 기개는 세상을 덮을 만큼 웅대함

傍若無人 (방약무인) : 남의 입장이나 형편을 살피지 않고 언행을 제멋대로 행동함

方底圓蓋 (방저원개) : 밑바닥은 모나고 덮개는 둥굶.

背恩忘德 (배은망덕) : 남한테 입은 은혜를 저버리고 은덕을 잊음

背水之陣 (배수지진) : 강이나 바다를 등지고 치는 진, 더 이상 물러설 곳이없는 결사항전 의지의 표현

百計無策 (백계무책) : 어떤 어려운 일을 당해 아무리 생각해도 베풀만한 계교가 없음

白骨難忘 (백골난망) : 죽어 백골이 되어도 깊은 은덕을 잊을 수 없다는 말

百年佳約 (백년가약) : 젊은 남녀가 부부가 되어 평생을 같이 지낼 것을 굳게 다짐하는 언약

伯樂一顧 (백락일고) : 알아주는 사람이 있어야 능력을 발휘할 수 있음

百世之師 (백세지사) : 후세까지 모든 사람의 스승으로 존경을 받을 만한 훌륭한 사람

伯牙絶絃 (백아절현) : 절친한 벗의 죽음을 슬퍼한다는 뜻

伯仲之勢 (백중지세) : 맏형과 다음의 사이처럼 서로 우열을 가리기 어려움

百八煩惱 (백팔번뇌) : 인간의 과거·현재·미래의 삼세에 걸쳐 있다는 백 여덟 가지 번뇌

夫爲婦綱 (부위부강) : 남편은 아내의 모범이 되어야 함

父爲子綱 (부위자강) : 부모는 자식의 모범이 되어야 함

不知其數 (부지기수) : 그 수를 알 수 없다는 뜻으로, 무수히 많음

夫唱婦隨 (부창부수) : 남편이 부르면 아내가 따름

附和雷同 (부화뇌동) : 제 주견은 없고 남이 하는 대로 그대로 좇아 따르거나 같이 행동함

不恥下問 (불치하문) : 지위나 학식이 자기보다 못한 사람에게 묻기를 부끄러워하지 않음

不偏不黨 (불편부당) : 어느 한쪽으로 치우치거나 기울어짐 없이 아주 공평함

朋友有信 (붕우유신) : 벗과 벗의 도리는 믿음에 있음

非夢似夢 (비몽사몽) : 완전히 잠이 들지도 잠에서 깨어나지도 않은 어렴풋한 상태

氷炭之間 (빙탄지간) : 얼음과 숯의 사이처럼 서로 화합할 수 없는 사이

斯文亂賊 (사문난적) : 유교(儒敎)에 어긋나는 언행을 하는 사람

四分五裂 (사분오열) : 이리저리 아무렇게나 나눠지고 찢어짐

沙上樓閣 (사상누각) : 모래 위의 누각이라는 뜻으로 어떤 일의 기초가 튼튼하지 못하여 오래 견디지 못함을 비유하는 말

捨生取義 (사생취의) : 목숨을 버리고 의를 좇음

辭讓之心 (사양지심) : 사람의 본성에서 우러나오는 겸손히 남에게 사양하는 마음

死而後已 (사이후이) : 죽은 뒤에야 일을 그만 둠, 있는 힘을 다하여 그 일에 끝까지 힘씀

使人勿疑 (사인물의) : 의심스러운 사람은 부리지 말고 일단 사람을 부리게 되면 그 사람을 의심하지 말아야 함

山紫水明 (산자수명) : 산천의 경치가 아주 아름다움

三人成虎 (삼인성호) : 근거없는 말이라도 여러 사람에게 듣게되면 진실로 여겨짐을 뜻함

森羅萬象 (삼라만상) : 우주 속에 존재하는 모든 사물과 모든 현상

三旬九食 (삼순구식) : '서른날에 아홉끼니 밖에 먹지 못했다'는 뜻으로 가난하여 끼니를 많이 거름

三從之道 (삼종지도) : 여자는 어렸을 때는 아버지를 따르고, 시집을 가서는 남편을 따르고, 남편이 죽으면 아들을 따라야 한다는 유교 규범

三遷之敎 (삼천지교) : 맹모삼천(孟母三遷)과 같은 뜻

喪家之狗 (상가지구) : 상가의 개, 몹시 초라하고 수척한 사람을 깔보는 표현, 자신의 뜻을 펼치지 못하여 실의에 빠진 사람

傷弓之鳥 (상궁지조) : 한 번 화살에 맞은 새는 구부러진 나무만 보아도 놀람, 한 번 혼이 난 일로 늘 의심과 두려운 마음을 품는다는 뜻

桑田碧海 (상전벽해) : 세상일이 덧없이 바뀜을 뜻함

塞翁之馬 (새옹지마) : 일생의 길흉화복은 항상 바뀌어 미리 점칠 수 없다는 말

生者必滅 (생자필멸) : 생명이 있는 것은 반드시 죽음

先見之明 (선견지명) : 닥쳐올 일을 미리 앎

雪上加霜 (설상가상) : 불행이 엎친데 덮친 격으로 거듭 생김

盛者必衰 (성자필쇠) : 융성하는 것은 결국 쇠퇴해짐

城下之盟 (성하지맹) : 성 밑까지 쳐들어온 적군과 맺는 맹약, 항복한 나라가 적국과 맺는 굴욕적인 맹약을 뜻함

笑裏藏刀 (소리장도) : 웃는 마음속에 칼이 있음. 겉으로는 웃고 있으나 마음속에는 해칠 마음을 품고 있음

騷人墨客 (소인묵객) : 시문(詩·文)과 書畵에 종사하는 사람

小人之勇 (소인지용) : 소인의 용기

小貪大失 (소탐대실) : 작은 것을 탐하다가 큰 것을 잃음

束手無策 (속수무책) : 어찌할 방책없이 꼼짝 못함

首丘初心 (수구초심) : 여우가 죽을 때 고향쪽으로 머리를 두고 죽는다는 데서 고향을 그리워하는 마음

壽福康寧 (수복강녕) : 오래 살고 복되며 건강하고 편안함

手不釋卷 (수불석권) : 손에서 책을 놓지 않음. 늘 책을 가까이 하며 학문을 열심히 함

修身齊家 (수신제가) : 몸을 닦고 집안을 바로 잡음

水魚之交 (수어지교) : 물과 고기의 사이처럼 아주 친밀하여 떨어질 수 없는 사이

守株待兔 (수주대토) : 달리 변통할 줄을 모르고 한가지만을 내내 고집함

壽則多辱 (수즉다욕) : 오래 살수록 그만큼 욕된 일이 많음

宿虎衝鼻 (숙호충비) : 잠자는 범의 코를 찌른다는 뜻으로 공연한 일을 해서 도리어 큰 화를 자초함

脣亡齒寒 (순망치한) : 입술이 없으면 이가 시리다는 뜻으로 이해관계가 서로 밀접하여 한쪽이 망하면 다른 한쪽도 보전하기 어려움

乘勝長驅 (승승장구) : 싸움에서 이긴 기세를 타고 계속 적을 몰아침

是非之心 (시비지심) : 옳고 그름을 가릴줄 아는 마음

始終一貫 (시종일관) : 처음부터 끝까지 한결같이 관철함

識字憂患 (식자우환) : 아는 것이 오히려 근심이 됨

神出鬼沒 (신출귀몰) : 나타났다 사라졌다 하는 변화가 아주 많아 헤아릴 수 없음

深思熟考 (심사숙고) : 깊이 생각하고 곰곰이 생각함

十伐之木 (십벌지목) : 열 번 찍어 베는 나무, 열 번 찍어 안 넘어가는 나무가 없다는 뜻

十日之菊 (십일지국) : 한창 때인 9월 9일이 지난 9월 10일의 국화, 이미 때가 늦은 일

深山幽谷 (심산유곡) : 깊은 산의 으슥한 골짜기

我田引水 (아전인수) : 제 논에 물대기, 자기좋은 대로 이기적인 행동을 함

眼中之人 (안중지인) : 눈 속에 있는 사람, 마음의 눈앞에 있는 사람이나 눈앞에 없어도 평생 사귄 사람을 일컬음

殃及池魚 (앙급지어) : 성문(城門)에 난 불을 못물로 끄니 그 못의 물고기가 다 죽었다는 데서 엉뚱하게 재난을 당한다는 뜻

良禽擇木 (양금택목) : 새도 가지를 가려 앉음, 현명한 선비는 좋은 군주를 가려서 섬긴다는 뜻

羊頭狗肉 (양두구육) : 양의 머리를 내걸어 놓고 개고기를 판다는 데서, 겉으로는 그럴듯하게 내세우나 속은 변변치 않음

梁上君子 (양상군자) : 도둑을 점잖게 이르는 말

楊布之狗 (양포지구) : 겉모습이 변한 것을 보고, 속까지 변해버렸다고 판단하는 사람

養虎遺患 (양호유환) : 범을 길러서 화근을 남김. 화근이 될 것을 길러서 나중에 화를 당하게 된다는 뜻
(유) 養虎後患

魚頭肉尾 (어두육미) : 물고기는 머리 쪽이, 짐승의 고기는 꼬리 쪽이 맛있음

漁父之利 (어부지리) : 둘이 다투는 사이에 제 삼자가 이익을 취한다는 뜻

語不成說 (어불성설) : 말이 사리에 맞지 않음, 어처구니 없는 말을 할때 쓰는 말

抑强扶弱 (억강부약) : 강한 자를 누르고 약한 자를 도움

抑弱扶强 (억약부강) : 약한 자를 억누르고 강한 자를 도움

億兆蒼生 (억조창생) : 수많은 백성. 수많은 사람

焉敢生心 (언감생심) : 어찌 감히 그런 생각을 하는가?
(유) 敢不生心

言笑自若 (언소자약) : 웃고 이야기하며 침착함

嚴妻侍下 (엄처시하) : 무서운 아내를 아래에서 모시고 있다는 데서, 아내의 주장 밑에서 쥐여 사는 남편을 조롱하는 말

如履薄氷 (여리박빙) : 살얼음을 밟는 것과 같이 매우 조심하는 경우에 쓰는 말

女尊男卑 (여존남비) : 여자를 남자보다 우대하고 존중하는 일

易地思之 (역지사지) : 처지를 바꾸어 생각함

連理比翼 (연리비익) : 부부 사이가 아주 화목함 (유) 琴瑟之樂

燕雁代飛 (연안대비) : 제비가 날아올 때는 기러기가 날아가고 기러기가 날아올 때에는 제비기 날아가 서로 교체하여 각각 다른 방향으로 감, 사람의 일이 어긋난다는 뜻

榮枯盛衰 (영고성쇠) : 개인이나 사회의 성하고 쇠함은 일정하지 않음

五車之書 (오거지서) : 장서가 매우 많음을 이르는 말

五里霧中 (오리무중) : 오리가 되는 짙은 안개 속, 무슨 일에 대하여 방향이나 갈피를 잡을 수 없음

吾不關焉 (오불관언) : 나는 관계하지 않음

吾鼻三尺 (오비삼척) : 내 코가 석자라는 말로 자신의 어려움이 심하여 남의 사정을 돌볼 겨를이 없음

烏飛梨落 (오비이락) : 까마귀 날자 배 떨어진다는 말로, 일이 공교롭게 같이 일어나 남의 의심을 사게 됨

傲霜孤節 (오상고절) : 서릿발이 심한 속에서도 굴하지 않고 외로이 지키는 절개의 뜻으로, 국화를 비유하는 말

屋烏之愛 (옥오지애) : 어떤 사람을 사랑하면 그의 집 지붕에 있는 까마귀까지도 사랑스럽게 보인다는 뜻으로 깊은 사랑을 의미함

屋下架屋 (옥하가옥) : 지붕 아래 또 지붕을 만듦, 선인(先人)들이 이루어 놓은 일을 후세의 사람들이 그대로 반복하여 발전한 바가 조금도 없음

烏合之卒 (오합지졸) : 까마귀가 모인 것처럼 질서없이 어중이 떠중이가 모인 군중을 뜻함

瓦合之卒 (와합지졸) : 쉽게 깨지는 기와를 모아 놓은 듯한 허약한 병졸 (유) 烏合之卒

曰可曰否 (왈가왈부) : 어떤 일에 대하여 옳거나, 옳지 않거나 하고 말함

外柔內剛 (외유내강) : 겉으로는 부드럽고 순하나 속은 곧고 꿋꿋하다

搖之不動 (요지부동) : 흔들어도 꼼짝도 하지 않음

欲速不達 (욕속부달) : 일을 빨리 하려고 하면 도리어 이루지 못함

欲取先與 (욕취선여) : 얻으려면 먼저 주어야 함

龍頭蛇尾 (용두사미) : 용의 머리와 뱀의 꼬리란 뜻에서 시작만 좋고 나중은 좋지 않음

龍味鳳湯 (용미봉탕) : 맛이 썩 좋은 음식

龍蛇飛騰 (용사비등) : 용이 날아오르는 듯한 힘이 있는 필력

愚公移山 (우공이산) : 우공이 산을 옮김, 어리석은 일 같아도 끝까지 밀고 나가면 목적을 달성할 수 있다는 말

優柔不斷 (우유부단) : 어물저물하며 딱 잘라 결단을 내리지 못함

羽化登仙 (우화등선) : 사람의 몸에 날개가 돋아 하늘로 올라가 신선이 됨

雨後竹筍 (우후죽순) : 어떠한 일이 일시에 많이 일어남

雲泥之差 (운니지차) : 구름과 진흙의 차이, 서로 간의 차이가 매우 심함

雲中白鶴 (운중백학) : 구름 속을 나는 백학, 고상한 기품을 가진 사람

遠禍召福 (원화소복) : 화를 멀리 하고 복을 불러들임

月明星稀 (월명성희) : 달이 밝으면 별빛이 희미해지듯 새로운 영웅이 나타나면 다른 군웅(群雄)의 존재가 희미해 진다는 뜻

四字成語 (故事成語)

危機一髮 (위기일발) : 위급함이 매우 절박한 순간

柔能制剛 (유능제강) : 부드러움이 강함을 제압한다는 의미

類萬不同 (유만부동) : 모든 것이 서로 같지 아니함

流芳百世 (유방백세) : 꽃다운 이름이 후세에 길이 전함

流水不腐 (유수불부) : 흐르는 물은 썩지 아니함, 늘 움직이는 것은 썩지 아니함

唯我獨尊 (유아독존) : 세상에서 자기 혼자 잘났다고 뽐냄

有耶無耶 (유야무야) : 있는 듯 없는 듯 흐지부지함

悠悠自適 (유유자적) : 속세를 떠나 아무것에도 속박되지 않고 조용하고 편안히 생활함

遺臭萬年 (유취만년) : 더러운 이름을 후세에 오래도록 남김

六尺之孤 (육척지고) : 6尺은 15세를 의미, 15세의 고아, 나이가 젊은 후계자

隱忍自重 (은인자중) : 괴로움을 감추어 참고 스스로 몸가짐은 신중히 함

吟風弄月 (음풍농월) : 맑은 바람을 쐬며 시를 읊고 밝은 달을 바라보며 시를 지음. 풍류를 즐긴다는 뜻

意氣揚揚 (의기양양) : 뜻한 바를 펼치려는 기운이 사기를 얻어 만족한 빛이 얼굴과 행동에 나타남

二姓之樂 (이성지락) : 남성과 여성의 즐거움

泥田鬪狗 (이전투구) : 진흙밭에서 싸우는 개의 뜻으로, 저급한 싸움을 이름

二律背反 (이율배반) : 서로 모순되는 두 개의 명제가 동등한 권리로 주장되는 일

人琴之歎 (인금지탄) : 사람과 거문고의 탄식, 사람의 죽음을 몹시 슬퍼함

人飢己飢 (인기기기) : 남의 굶주림을 자기의 굶주림으로 여김

仁者無敵 (인자무적) : 어진 사람은 모든 사람을 사랑하므로 적이 없음

人面獸心 (인면수심) : 남의 은혜를 모르거나 행동이 흉악하고 음탕한 사람

日久月深 (일구월심) : 날이 갈수록 바라는 마음이 더욱 간절해짐

一刀兩斷 (일도양단) : 한 칼로 쳐서 두 동강이를 내듯이 머뭇거리지 않고 일이나 행동을 선뜻 결정함

日暮途遠 (일모도원) : 날은 저물고 갈 길은 멂, 늙고 쇠약하나 앞으로 해야 할 일은 많다는 뜻

一蓮托生 (일련탁생) : 다른 사람과 행동과 운명을 같이 함

一飯千金 (일반천금) : 한끼의 밥을 얻어먹고 뒤에 천금으로 사례하였다는데서 조그만 은혜에 크게 보답함

一樹百穫 (일수백확) : 나무 한 그루를 심어서 백 가지의 이익을 본다는 데서 유능한 인재 하나를 길러 여러 가지 효과를 얻는다는 뜻

一葉片舟 (일엽편주) : 한 척의 쪽배

一以貫之 (일이관지) : 하나의 이치로서 모든 것을 꿰뚫었다는 뜻으로, 처음부터 끝까지 변하지 않음

一日之長 (일일지장) : 하루 먼저 태어나서 나이가 조금 위가 된다는 뜻, 조금 낫다는 뜻

一場春夢 (일장춘몽) : 덧없는 부귀영화

一觸卽發 (일촉즉발) : 조그만 자극에도 큰 일이 벌어질 것 같은 아슬아슬한 상태를 이르는 말

一片丹心 (일편단심) : 변치 않는 참된 마음

一筆揮之 (일필휘지) : 글씨를 단숨에 힘차고 시원하게 써 내려감

一脈相通 (일맥상통) : 생각, 처지, 성질 등이 한 줄기로 서로 통함

一絲不亂 (일사불란) : 질서나 체계가 정연하여 조금도 어지러운 데가 없음

一魚濁水 (일어탁수) : 한 마리의 고기가 물을 흐리게 함. 곧, 한 사람의 악행으로 인해 여러 사람이 그 해를 입게 됨

臨機應變 (임기응변) : 그때그때의 형편에 따라 변통성 있게 적당히 대처함

立身揚名 (입신양명) : 사회적으로 인정받고 출세하여 이름을 널리 알림

自激之心 (자격지심) : 자기가 한 일에 대해 스스로 미흡하다고 생각하는 것

自手削髮 (자수삭발) : 자기 손으로 자신의 머리털을 깎음, 어려운 일을 남의 힘을 빌리지 않고 자기 혼자의 힘으로 감당함

自中之亂 (자중지란) : 같은 패 안에서 일어나는 다툼이나 혼란

自暴自棄 (자포자기) : 절망상태에 빠져서 자신을 포기하고 돌보지 않음

自畫自讚 (자화자찬) : 제가 한 일을 스스로 칭찬하여 자랑함

爭先恐後 (쟁선공후) : 앞을 다투고 뒤처지는 것을 두려워 함. 격렬한 경쟁

赤手空拳 (적수공권) : 맨손과 맨주먹이란 뜻으로 아무것도 가진 것이 없음

赤子之心 (적자지심) : 赤子는 갓난아이를 뜻한데서 죄악에 물들지 아니하고 순수하며 거짓이 없는 마음을 의미한다.

田夫之功 (전부지공) : 농부의 공덕

前人未踏 (전인미답) : 지금까지 들어본 적이 없다는 것으로, 놀라운 일이나 새로운 것을 이르는 말

轉禍爲福 (전화위복)	화가 바뀌어 복이 됨. 언짢은 일이 계기가 되어 오히려 다른 좋은 일이 있음
絶世佳人 (절세가인)	매우 뛰어난 미인을 일컫는 말
絶長補短 (절장보단)	남는 것을 옮겨서 부족한 데를 채움
切齒腐心 (절치부심)	몹시 분하여 이를 갈면서 속을 썩임
漸入佳境 (점입가경)	갈수록 점점 재미있는 경지로 들어감
朝令暮改 (조령모개)	아침에 내린 영을 저녁에 고침. 곧, 법령 등이 빈번하게 바뀜
朝三暮四 (조삼모사)	간사한 잔꾀로 남을 속이거나 눈앞에 보이는 차이만 알고 결과가 같음을 모르는 어리석음을 뜻한다.
鳥足之血 (조족지혈)	'새발의 피'라는 뜻으로 아주 적은 분량을 비유하는 말
足脫不及 (족탈불급)	맨발로 뛰어도 미치지 못함, 능력이나 역량 따위가 뚜렷한 차이가 있음을 이름
存亡之秋 (존망지추)	나라가 죽고 사느냐의 절박한 상황
縱橫無盡 (종횡무진)	세로와 가로로 다함이 없다는 데서, 자유자재하여 끝이 없는 상태
左顧右視 (좌고우시)	왼쪽을 돌아보고 오른쪽을 돌아봄, 매사에 주의가 깊음
坐不安席 (좌불안석)	마음에 초조·불안·근심 등이 있어 한 자리에 오래 앉아 있지 못함
坐井觀天 (좌정관천)	우물에 앉아 하늘을 본다는 뜻으로, 견문이 좁아 세상물정에 어두움
左之右之 (좌지우지)	제 마음대로 다루거나 휘두름
左衝右突 (좌충우돌)	이리저리 닥치는대로 부딪힘. 아무 사람이나 구분하지 않고 함부로 맞닥뜨림
晝耕夜讀 (주경야독)	낮에는 밭을 갈고 밤에는 책을 읽는다는 것으로 바쁜 틈을 타서 어렵게 공부를 한다는 뜻
酒池肉林 (주지육림)	술은 못을 이루고 고기는 숲을 이룬다는 뜻으로 굉장하게 차린 술잔치를 가리키는 말. 호화로운 생활
衆寡不敵 (중과부적)	적은 수로써는 많은 수를 대적할 수 없음
衆口難防 (중구난방)	여러 사람의 입은 막기 어려움. 곧, 여러 사람들의 떠드는 원성 따위를 이루 막아내지 못함
中原逐鹿 (중원축록)	서로 경쟁하여 어떤 지위를 얻고자 하는 일
知己之友 (지기지우)	자기를 알아주는 친한 벗
知難而退 (지난이퇴)	형세가 불리한 것을 알면 물러서야 함

指鹿爲馬 (지록위마)	사슴을 가리켜 말이라고 우겨서 남을 속이는 일, 윗사람을 농락하여 권세를 마음대로 함
支離滅裂 (지리멸렬)	서로 갈라져 흩어지고 나눠져서 멸망함
知命之年 (지명지년)	천명을 알 나이라는 뜻으로, 50세의 나이를 달리 이르는 말
池魚之殃 (지어지앙)	못 속의 물고기의 재앙 (유)殃及池魚
知足不辱 (지족불욕)	분수를 지켜 매사에 만족할 줄 아는 사람은 욕되지 아니함
指呼之間 (지호지간)	손짓하여 부르면 대답할 수 있을 정도의 가까운 거리
進退維谷 (진퇴유곡)	앞으로 나아갈 수도 뒤로 물러날 수도 없이 꼼짝할 수 없는 궁지에 빠짐
借廳入室 (차청입실)	대청을 빌려 쓰다가 점점 욕심이 생겨 안방까지 들어간다는데서 처음에는 남에게 조금 의지하다가 나중에는 그의 권리까지 침범한다는 뜻
此日彼日 (차일피일)	이날저날 하고 자꾸 기일을 미루어 가는 경우에 씀
妻城子獄 (처성자옥)	아내는 성(城)이고 자식은 감옥이란 뜻으로 처자가 있는 사람은 거기에 얽매여 자유롭게 활동할 수 없음
天高馬肥 (천고마비)	하늘은 높고 말은 살찐다는 뜻으로, '가을'을 일컫는 말
天壤之差 (천양지차)	하늘과 땅의 차이. 곧, 매우 큰 차이를 이르는 말
千載一遇 (천재일우)	좀처럼 얻기 어려운 좋은 기회
徹頭徹尾 (철두철미)	처음부터 끝까지 빈틈이 없이 일을 처리함
徹天之恨 (철천지한)	하늘에 사무치는 크나큰 원한
晴耕雨讀 (청경우독)	날이 개면 논밭을 갈고 비가 오면 글을 읽음. 부지런히 일하며 공부에 힘씀
靑雲之志 (청운지지)	높고 큰 뜻을 펼치기 위해 높은 지위에 오르고자 하는 욕망
追友江南 (추우강남)	친구 따라 강남에 감, 자기주장이 없이 남을 따라하는 언행
秋毫之末 (추호지말)	가을의 짐승 털의 끝, 아주 작거나 적음
出沒無雙 (출몰무쌍)	나타났다 없어졌다 하는 것이 헤아릴 수 없을 만큼 심함
醉生夢死 (취생몽사)	술에 취하여 꿈을 꾸다가 죽는다는 말로, 아무 의미 없이, 이룬 일도 없이 한 평생을 흐리멍텅하게 보낸다는 말

四字成語(故事成語)

置之度外 (치지도외) : 내버려두고 문제삼지 아니함

七去之惡 (칠거지악) : 아내를 내쫓는 이유가 되는 일곱가지 사항

七步之才 (칠보지재) : 일곱 걸음을 걸을 동안에 시를 지을 만큼 아주 뛰어난 글재주를 가진 사람

他山之石 (타산지석) : 다른 사람의 하찮은 언행도 자기 지덕을 닦는 데는 도움이 된다는 말

脫兔之勢 (탈토지세) : 우리를 빠져나가 마음껏 달아나는 토끼처럼 매우 빠르고 날랜 기세

貪官汚吏 (탐관오리) : 탐욕이 많고 행실이 깨끗하지 못한 벼슬아치

泰山北斗 (태산북두) : 태산과 북두성을 이르는 말로 세상 사람들로부터 가장 존경받는 사람들을 일컫는 말

破鏡之歎 (파경지탄) : 깨어진 거울 조각을 들고 하는 탄식, 즉 부부의 이별을 서러워하는 탄식

破邪顯正 (파사현정) : 그릇된 생각을 깨뜨리고 바른 도리를 드러냄

破顔大笑 (파안대소) : 즐거운 표정으로 한바탕 웃음

破竹之勢 (파죽지세) : 대를 쪼개는 것과 같은 기세로, 세력이 강하여 막을 수 없는 형세를 말함

廢寢忘食 (폐침망식) : 밥 먹는 것과 잠자는 것도 잊고 매우 열심히 공부함

抱腹絶倒 (포복절도) : 배를 움켜쥐고 넘어질 정도로 몹시 웃음

飽食暖衣 (포식난의) : 배불리 먹고 따뜻하게 입음, 곧의식이 넉넉함을 말함

布衣之交 (포의지교) : 벼슬을 하기 전 선비 시절에 베옷을 입고 다닐때의 사귐

表裏不同 (표리부동) : 겉과 속이 다름

風樹之歎 (풍수지탄) : 나무는 고요하고자 하나 바람은 그치지 않고, 자식은 봉양하고자 하나 부모님은 기다려 주시지 않는다는데서 효도를 다하지 못한 채 어버이를 여읜 자식의 슬픔을 이르는 말

風雲之會 (풍운지회) : 영웅호걸이 때를 만나 뜻을 이룰 수 있는 좋은 기회

風前燈燭 (풍전등촉) : 바람 앞의 등불처럼 매우 위급한 상태

皮骨相接 (피골상접) : 살가죽과 뼈가 맞붙을 정도로 몹시 마름

彼此一般 (피차일반) : 저편이나 이편이나 한가지, 두 편이 서로 같음

匹夫匹婦 (필부필부) : 한 사람의 남자와 한 사람의 여자, 평범한 사람들

下石上臺 (하석상대) : 아랫돌 빼서 윗돌 괴고 윗돌 빼서 아랫돌 괴기

鶴首苦待 (학수고대) : 학의 목처럼 목을 길게 늘여 애태우며 기다린다는 뜻으로 몹시 기다림을 뜻함

學而知之 (학이지지) : 배워서야 앎에 이름

咸興差使 (함흥차사) : 심부름을 가서 오지 아니하거나 더디 올때 쓰는 말

恒茶飯事 (항다반사) : 늘 있는 일

行不曲徑 (행불곡경) : 길을 가는데 지름길이나 뒤안길로 가지 않고 큰길로 감

虛無孟浪 (허무맹랑) : 터무니없이 거짓되고 실속이 없음

軒軒丈夫 (헌헌장부) : 이목구비가 반듯하고 헌거로운 남자

賢母良妻 (현모양처) : 어진 어머니이면서 착한 아내

懸河之辯 (현하지변) : 거침없이 유창하게 말을 잘함

螢雪之功 (형설지공) : 반딧불과 눈으로 쌓은 공이란 뜻으로 어려운 처지에서도 학문에 힘써 이룬 공을 말함

胡馬望北 (호마망북) : 북쪽오랑캐의 말이 북쪽을 바라봄 (유)首丘初心

浩然之氣 (호연지기) : 공명정대하여 조금도 부끄러울 바가 없는 도덕적 용기

昏定晨省 (혼정신성) : 주무실때는 부모의 잠자리를 보아 드리고 이른 아침에는 부모의 안부를 여쭘, 부모를 잘 섬기고 효성을 다함

忽顯忽沒 (홀현홀몰) : 문득 나타났다 문득 없어짐

紅爐點雪 (홍로점설) : 빨갛게 달아오른 화로 위에 눈을 뿌리면 순식간에 녹듯이 사욕이나 의혹이 일순간에 꺼져 없어짐

弘益人間 (홍익인간) : 널리 인간세상을 이롭게 한다는 뜻

畫蛇添足 (화사첨족) : 뱀을 그리면서 발을 보태어 넣는다는 데서, 쓸데없는 일을 한다는 뜻

畫虎類狗 (화호유구) : 범을 그리려다가 개를 그린다는 데서 무능력한 사람이 큰 일을 하려다가 실패하고 만다는 뜻

黃口乳臭 (황구유취) : 부리가 누런 새 새끼같이 어려서 아직 젖비린내가 남, 어리고 하잘 것 없다는 뜻

後生可畏 (후생가외) : 후배들은 선배들보다 나아질 가능성이 많기 때문에 두려운 존재로 여길 수 있음

厚顔無恥 (후안무치) : 뻔뻔스러워서 부끄러움이 없음

興亡盛衰 (흥망성쇠) : 흥하고 망하고 성하고 쇠하는 일

喜怒哀樂 (희로애락) : 기쁨과 노여움과 슬픔과 즐거움, 사람의 온갖 감정

假 (거짓 가) →仮	當 (마땅할 당)→当	寫 (베낄 사) →写, 写	醫 (의원 의) →医
價 (값 가) →価	黨 (무리 당) →党	師 (스승 사) →师	殘 (남을 잔) →残
暇 (틈 가) →睱	對 (대할 대) →対	絲 (실 사) →糸	雜 (섞일 잡) →雑
覺 (깨달을 각) →覚	圖 (그림 도) →図	辭 (말씀 사) →辞	壯 (장할 장) →壮
强 (강할 강) →強	獨 (홀로 독) →独	狀 (형상 상) →状	莊 (엄할 장) →荘
監 (볼 감) →监	讀 (읽을 독) →読	聲 (소리 성) →声	將 (장수 장) →将
據 (의거할 거)→拠	同 (한가지 동)→仝	世 (인간 세) →古	裝 (꾸밀 장) →装
擧 (들 거) →挙	燈 (등 등) →灯	屬 (붙을 속) →属	獎 (장려할 장)→奨
儉 (검소할 검) →倹	樂 (풍류 악, 즐길 락)→楽	續 (이을 속) →続	爭 (다툴 쟁) →争
檢 (검사할 검) →検	亂 (어지러울 란)→乱	數 (셈할 수) →数	傳 (전할 전) →伝
堅 (굳을 견) →竪	覽 (볼 람) →覧	收 (거둘 수) →収	戰 (싸울 전) →战
缺 (이지러질 결)→欠	來 (올 래) →来	肅 (엄숙할 숙)→肃, 甫	轉 (구를 전) →転
經 (지날 경) →経	兩 (두 량) →両	術 (재주 술) →朮	錢 (돈 전) →銭
輕 (가벼울 경)→軽	麗 (고울 려) →麗	實 (열매 실) →実, 実	點 (점 점) →点, 㸃
繼 (이을 계) →継	禮 (예도 례) →礼	兒 (아이 아) →児	定 (정할 정) →㝎
鷄 (닭 계) →雞	勞 (일할 로) →労	惡 (악할 악) →悪	靜 (고요할 정)→静
觀 (볼 관) →覌, 覌	龍 (용 룡) →竜	壓 (누를 압) →圧	濟 (건널 제) →済
關 (관계할 관)→関	離 (떠날 리) →难	藥 (약 약) →薬	條 (가지 조) →条
廣 (넓을 광) →広	臨 (임할 림) →临	嚴 (엄할 엄) →厳	卒 (마칠 졸) →卆
鑛 (쇳돌 광) →鉱	滿 (가득할 만)→満	業 (업 업) →业	從 (좇을 종) →从
區 (구분할 구)→区	萬 (일만 만) →万	與 (줄 여) →与	晝 (낮 주) →昼
舊 (옛 구) →旧	賣 (팔 매) →売	餘 (남을 여) →余	證 (증거 증) →証
國 (나라 국) →国	脈 (줄기 맥) →脉	榮 (영화 영) →栄	珍 (보배 진) →珎
勸 (권할 권) →劝, 劝	貌 (모양 모) →皃	營 (경영할 영)→営	盡 (다할 진) →尽
權 (권세 권) →权	無 (없을 무) →无	藝 (재주 예) →芸, 芸	眞 (참 진) →真
歸 (돌아갈 귀)→帰	發 (필 발) →発	豫 (미리 예) →予	質 (바탕 질) →貭
氣 (기운 기) →気	變 (변할 변) →変	員 (인원 원) →貟	參 (참여할 참)→参
農 (농사 농) →农	邊 (가 변)→辺, 边	圍 (둘레 위) →囲	處 (곳 처) →処
單 (홑 단) →单	寶 (보배 보) →宝	爲 (위할 위) →為	鐵 (쇠 철) →鉄
團 (모을 단) →団	佛 (부처 불) →仏	隱 (숨을 은) →隠	廳 (청사 청) →庁
斷 (끊을 단) →断	拂 (떨칠 불) →払	陰 (그늘 음) →隂	聽 (들을 청) →聴
擔 (멜 담) →担	冰 (얼음 빙) →氷	應 (응할 응) →応	體 (몸 체) →体

약자 (略字)

蟲(벌레 충) →虫	豊(풍년 풍) →豊	驗(시험할 험)→験	歡(기쁠 환) →欢
齒(이 치) →歯	學(배울 학) →学	賢(어질 현) →"賢	會(모일 회) →会
稱(일컬을 칭)→称	解(풀 해) →觧	顯(나타낼 현) →顕	興(일어날 흥)→兴
彈(탄알 탄) →弾	虛(빌 허) →虚	號(이름 호) →号	
擇(가릴 택) →択	獻(드릴 헌) →献	畫(그림 화) →画	
澤(못 택) →沢	險(험할 험) →険	擴(넓힐 확) →拡	

활음조현상(滑音調現象)

미끄러울 활(滑), 소리 음(音), 고를 조(調)

'활음조'는, 소리를 미끄러지듯 부드럽게 골라주는 현상이란 뜻입니다.

활음조현상은 발음하기가 어렵고 듣기 거슬리는 소리에 어떤 소리를 더하거나 바꾸어, 발음하기가 쉽고 듣기 부드러운 소리로 되게 하는 음운 현상입니다.

음조를 부드럽게 하기 위하여 ㄴ음이 ㄹ로 바뀌거나, 발음을 쉽게 하기 위하여 ㄹ음이 ㄴ따위로 바뀌는 현상이 활음조현상입니다.

두음법칙(頭音法則)도 활음조현상의 일종입니다.(5급, 4급에 수록)

활음조현상은 'ㄴ, ㄹ'이 '모음이나 유성자음(주로 'ㄴ')' 뒤에 연결될 때 이루어집니다.

大怒(대노) — 대로	千兩(천량) — 천냥	龜裂(균렬) — 균열
困難(곤난) — 곤란	六月(육월) — 유월	優劣(우렬) — 우열
受諾(수낙) — 수락	十月(십월) — 시월	序列(서렬) — 서열
許諾(허낙) — 허락	惹鬧(야뇨) — 야료	先烈(선렬) — 선열
寒暖(한난) — 한란	牛囊(우낭) — 우랑	系列(계렬) — 계열
喜怒(희노) — 희로	智異山(지이산) — 지리산	陳列(진렬) — 진열
議論(의론) — 의논	漢拏山(한나산) — 한라산	奴隷(노례) — 노예
論難(논난) — 논란	規律(규률) — 규율	

◆이체자(異體字) — 모양만 다를 뿐 서로 같은 글자

裡(속 리) — 裏	疏(소통할 소) — 疎	讃(기릴 찬) — 讚
糧(양식 량) — 粮	煙(연기 연) — 烟	針(바늘 침) — 鍼
免(면할 면) — 免	研(갈 연) — 硏	恥(부끄러울 치) — 耻
幷(합할 병) — 并	映(비칠 영) — 暎	歎(탄식할 탄) — 嘆
祕(숨길 비) — 秘	豫(미리 예) — 預	兔(토끼 토) — 兎
盃(잔 배) — 杯	弔(조상할 조) — 弓	效(본받을 효) — 効

어문회 3급 '섞음漢字' 訓·音표 (배정漢字 추가분 817字)

어문회 3급 배정漢字는 4급 1,000字에다 새로운 817字를 추가해서 1,817字입니다. 나머지 1,000字는 5급과 4급 책 속에 있음.

1 架 시렁 가	26 絹 비단 견	51 哭 울 곡	76 巧 공교할교	101 錦 비단 금	126 腦 골 뇌 뇌수 뇌	151 豚 돼지 돈	176 劣 못할 렬	201 陵 언덕 릉	226 猛 사나울 맹	251 茂 무성할 무
2 佳 아름다울 가	27 肩 어깨 견	52 谷 골 곡	77 丘 언덕 구	102 及 미칠 급	127 泥 진흙 니	152 突 갑자기 돌	177 獵 사냥 렵	202 梨 배 리	227 盟 맹세 맹	252 貿 무역할 무
3 却 물리칠각	28 牽 끌 견	53 坤 따 곤	78 久 오랠 구	103 肯 즐길 긍	128 茶 차 다 (차)	153 凍 얼 동	178 廉 청렴할렴	203 吏 관리 리 벼슬아치 리	228 盲 소경 맹 눈멀 맹	253 墨 먹 묵
4 脚 다리 각	29 訣 이별할결 비결 결	54 供 이바지할공	79 俱 함께 구	104 企 꾀할 기	129 丹 붉을 단	154 鈍 둔할 둔	179 嶺 고개 령	204 履 밟을 리	229 免 면할 면	254 默 잠잠할 묵
5 閣 집 각	30 兼 겸할 겸	55 恭 공손할공	80 驅 몰 구	105 其 그 기	130 但 다만 단	155 屯 진칠 둔	180 零 떨어질 령 영령 령	205 裏 속 리	230 眠 잘 면	255 紋 무늬 문
6 刊 새길 간	31 謙 겸손할겸	56 恐 두려울공	81 拘 잡을 구	106 欺 속일 기	131 旦 아침 단	156 絡 얽을 락	181 靈 신령 령	206 隣 이웃 린	231 綿 솜 면	256 勿 말 물
7 幹 줄기 간	32 頃 이랑 경 잠깐 경	57 貢 바칠 공	82 狗 개 구	107 騎 말탈 기	132 淡 맑을 담	157 欄 난간 란	182 隷 종 례	207 臨 임할 림	232 冥 어두울 명	257 尾 꼬리 미
8 肝 간 간	33 卿 벼슬 경	58 寡 적을 과	83 苟 구차할 구 진실로 구	108 忌 꺼릴 기	133 畓 논 답	158 騰 오를 등	183 爐 화로 로	208 磨 갈 마	233 銘 새길 명	258 微 작을 미
9 姦 간음할 간	34 竟 마침내 경	59 隔 사이뜰격	84 懼 두려워할구	109 幾 몇 기	134 踏 밟을 답	159 蘭 난초 란	184 露 이슬 로	209 麻 삼 마	234 募 모을 모 뽑을 모	259 迷 미혹할 미
10 懇 간절할 간	35 庚 별 경 일곱째 천간 경	60 誇 자랑할과	85 菊 국화 국	110 畿 경기 기	135 唐 당나라 당 당황할 당	160 濫 넘칠 람	185 祿 녹 록	210 幕 장막 막	235 慕 그리워할 모	260 眉 눈썹 미
11 渴 목마를 갈	36 徑 지름길경 길 경	61 郭 성(姓) 곽 둘레 곽	86 弓 활 궁	111 祈 빌 기	136 糖 엿 당	161 廊 사랑채 랑 행랑 랑	186 鹿 사슴 록	211 漠 넓을 막	236 模 본뜰 모	261 憫 민망할 민
12 鑑 거울 감	37 硬 굳을 경	62 冠 갓 관	87 拳 주먹 권	112 旣 이미 기	137 貸 빌릴 대	162 浪 물결 랑	187 弄 희롱할 롱	212 莫 없을 막 말 막	237 暮 저물 모	262 敏 민첩할 민
13 剛 굳셀 강	38 耕 밭갈 경	63 館 집 관	88 厥 그 궐	113 棄 버릴 기	138 臺 대 대	163 郞 사내 랑	188 賴 의뢰할 뢰	213 慢 거만할 만	238 某 아무 모	263 蜜 꿀 밀
14 綱 벼리 강	39 啓 열 계	64 寬 너그러울 관	89 軌 수레바퀴 궤	114 豈 어찌 기	139 倒 넘어질 도	164 掠 노략질할 략	189 雷 우레 뢰	214 漫 흩어질 만	239 謀 꾀 모	264 薄 엷을 박
15 鋼 강철 강	40 繫 매달 계	65 慣 익숙할관	90 鬼 귀신 귀	115 飢 주릴 기	140 刀 칼 도	165 凉 서늘할량	190 了 마칠 료	215 晩 늦을 만	240 侮 업신여길 모	265 泊 머무를 박
16 介 길 개	41 契 맺을 계	66 貫 꿸 관	91 龜 거북 귀 터질 균	116 緊 긴할 긴	141 渡 건널 도	166 諒 살펴알 량 믿을 량	191 僚 벗 료	216 妄 망령될 망	241 貌 모양 모	266 迫 핍박할 박
17 慨 슬퍼할 개	42 溪 시내 계	67 狂 미칠 광	92 叫 부르짖을규	117 那 어찌 나	142 挑 돋을 도	167 梁 들보 량 다리 량	192 屢 여러 루	217 忙 바쁠 망	242 冒 무릅쓸 모	267 叛 배반할 반
18 槪 대개 개	43 械 기계 계	68 掛 걸 괘	93 糾 얽힐 규	118 諾 허락할 낙	143 桃 복숭아 도	168 勵 힘쓸 려	193 樓 다락 루	218 忘 잊을 망	243 睦 화목할 목	268 返 돌이킬 반
19 蓋 덮을 개	44 桂 계수나무 계	69 塊 흙덩이 괴	94 菌 버섯 균	119 娘 각시 낭	144 跳 뛸 도	169 曆 책력 력	194 淚 눈물 루	219 茫 아득할 망	244 沒 빠질 몰	269 飯 밥 반
20 皆 다 개	45 癸 북방 계 열번째 천간 계	70 愧 부끄러울 괴	95 克 이길 극	120 乃 이에 내	145 陶 질그릇 도	170 憐 불쌍히 여길 련	195 漏 샐 루	220 罔 없을 망	245 夢 꿈 몽	270 盤 소반 반
21 距 상거할 거	46 姑 시어미 고	71 壞 무너질괴	96 僅 겨우 근	121 奈 어찌 내	146 途 길 도	171 蓮 연꽃 련	196 累 여러 루 자주 루	221 埋 묻을 매	246 卯 토끼 묘	271 般 가지 반 일반 반
22 乾 하늘 건 마를 건	47 枯 마를 고	72 怪 괴이할괴	97 謹 삼갈 근	122 耐 견딜 내	147 稻 벼 도	172 戀 사모할련	197 倫 인륜 륜	222 媒 중매 매	247 廟 사당 묘	272 伴 짝 반
23 乞 빌 걸	48 稿 원고 고 볏짚 고	73 郊 들 교	98 斤 근 근 날 근	123 寧 편안 녕	148 塗 바를 도	173 鍊 쇠불릴 련 단련할 련	198 栗 밤 률	223 梅 매화 매	248 苗 모 묘	273 拔 뽑을 발
24 劍 칼 검	49 顧 돌아볼고	74 較 견줄 교	99 琴 거문고 금	124 奴 종 노	149 篤 도타울 독	174 聯 연이을 련	199 率 비율 률 거느릴 솔	224 麥 보리 맥	249 霧 안개 무	274 倣 본뜰 방
25 遣 보낼 견	50 鼓 북 고	75 矯 바로잡을교	100 禽 새 금	125 惱 번뇌할뇌	150 敦 도타울 돈	175 裂 찢어질렬	200 隆 높을 륭	225 孟 맏 맹	250 戊 다섯째 천간 무	275 傍 곁 방

어문회 3급 '섞음漢字' 訓·音표 (배정漢字 추가분 817字)

어문회 3급 배정漢字는 4급 1,000字에다 새로운 817字를 추가해서 1,817字입니다. 나머지 1,000字는 5급과 4급 책 속에 있음.

芳 꽃다울 방 276	付 부칠 부 301	司 맡을 사 326	桑 뽕나무 상 351	疏 소통할 소 376	孰 누구 숙 401	甚 심할 심 426	壤 흙덩이 양 451	炎 불꽃 염 476	慾 욕심 욕 501	幽 그윽할 유 526
邦 나라 방 277	附 붙을 부 302	詞 말 사/글 사 327	塞 막힐 색/변방 새 352	騷 떠들 소 377	熟 익을 숙 402	雙 두 쌍/쌍 쌍 427	讓 사양할 양 452	鹽 소금 염 477	欲 하고자할 욕 502	猶 오히려 유 527
培 북돋을 배 278	符 부호 부/부적 부 303	巳 뱀 사/여섯번째지지 사 328	索 찾을 색 353	粟 조 속 378	巡 돌 순/순행할 순 403	亞 버금 아 428	揚 날릴 양 453	影 그림자 영 478	辱 욕될 욕 503	酉 닭 유 528
排 밀칠 배 279	腐 썩을 부 304	祀 제사 사 329	逝 갈 서 354	訟 송사할 송 379	循 돌 순 404	阿 언덕 아 429	楊 버들 양 454	泳 헤엄칠 영 479	庸 떳떳할 용 504	悠 멀 유 529
輩 무리 배 280	簿 문서 부 305	捨 버릴 사 330	庶 여러 서 355	誦 욀 송 380	旬 열흘 순 405	我 나 아 430	御 거느릴 어 455	詠 읊을 영 480	于 어조사 우 505	柔 부드러울 유 530
杯 잔 배 281	扶 도울 부 306	沙 모래 사 331	徐 천천할 서 356	刷 인쇄할 쇄 381	殉 따라죽을 순 406	餓 주릴 아 431	於 어조사 어/탄식할 오 456	譽 기릴 예/명예 예 481	宇 집 우 506	裕 넉넉할 유 531
伯 맏 백 282	浮 뜰 부 307	邪 간사할 사 332	敍 펼 서 357	鎖 쇠사슬 쇄 382	瞬 눈깜짝할 순 407	牙 어금니 아 432	憶 생각할 억 457	銳 날카로울 예 482	偶 짝 우 507	誘 꾈 유 532
煩 번거로울 번 283	覆 덮을 부/다시 복 308	斜 비낄 사 333	恕 용서할 서 358	衰 쇠할 쇠 383	脣 입술 순 408	芽 싹 아 433	抑 누를 억 458	傲 거만할 오 483	愚 어리석을 우 508	潤 불을 윤 533
飜 번역할 번 284	賦 부세 부 309	斯 이 사 334	暑 더울 서 359	囚 가둘 수 384	戌 개 술/열한번째지지 술 409	雅 맑을 아 434	焉 어찌 언 459	吾 나 오 484	憂 근심 우 509	閏 윤달 윤 534
繁 번성할 번 285	赴 다다를 부/갈 부 310	蛇 긴뱀 사 335	緒 실마리 서 360	睡 졸음 수 385	述 펼 술 410	岳 큰산 악 435	予 나 여 460	悟 깨달을 오 485	又 또 우 510	乙 새 을/두번째천간 을 535
凡 무릇 범 286	紛 어지러울 분 311	詐 속일 사 336	署 마을 서 361	壽 목숨 수 386	拾 열 십/주울 습 411	岸 언덕 안 436	余 나 여 461	娛 즐길 오 486	尤 더욱 우 511	吟 읊을 음 536
碧 푸를 벽 287	墳 무덤 분 312	賜 줄 사 337	惜 아낄 석 362	帥 장수 수 387	濕 젖을 습 412	雁 기러기 안 437	汝 너 여 462	嗚 슬플 오 487	羽 깃 우 512	淫 음란할 음 537
辨 분별할 변 288	奔 달릴 분 313	削 깎을 삭 338	昔 예 석 363	殊 다를 수 388	襲 엄습할 습 413	顏 낯 안 438	輿 수레 여 463	烏 까마귀 오/검을 오 488	云 이를 운 513	泣 울 읍 538
丙 남녘 병/셋째천간 병 289	奮 떨칠 분 314	朔 초하루 삭 339	析 쪼갤 석 364	隨 따를 수 389	乘 탈 승 414	謁 뵐 알 439	亦 또 역 464	汚 더러울 오 489	韻 운 운 514	凝 엉길 응 539
屛 병풍 병 290	拂 떨칠 불 315	誓 맹세할 서 340	釋 풀 석 365	愁 근심 수 390	僧 중 승 415	巖 바위 암 440	役 부릴 역 465	獄 옥 옥 490	越 넘을 월 515	宜 마땅 의 540
竝 나란히 병 291	崩 무너질 붕 316	森 수풀 삼 341	旋 돌 선 366	獸 짐승 수 391	昇 오를 승 416	押 누를 압 441	疫 전염병 역 466	翁 늙은이 옹 491	違 어긋날 위 516	矣 어조사 의 541
譜 족보 보 292	朋 벗 붕 317	像 모양 상 342	禪 선 선 367	搜 찾을 수 392	侍 모실 시 417	仰 우러를 앙 442	譯 번역할 역 467	擁 껴안을 옹 492	緯 씨 위 517	夷 오랑캐 이 542
補 기울 보 293	卑 낮을 비 318	償 갚을 상 343	涉 건널 섭 368	遂 이룰 수/드디어 수 393	矢 화살 시 418	央 가운데 앙 443	驛 역 역 468	瓦 기와 와 493	僞 거짓 위 518	已 이미 이 543
卜 점 복 294	婢 계집종 비 319	嘗 맛볼 상 344	攝 다스릴 섭/잡을 섭 369	誰 누구 수 394	飾 꾸밀 식 419	殃 재앙 앙 444	宴 잔치 연 469	臥 누울 와 494	胃 밥통 위 519	而 말이을 이 544
腹 배 복 295	妃 왕비 비 320	尙 오히려 상 345	召 부를 소 370	垂 드리울 수 395	伸 펼 신 420	哀 슬플 애 445	沿 물따라갈 연 470	緩 느릴 완 495	謂 이를 위 520	翼 날개 익 545
封 봉할 봉 296	肥 살찔 비 321	裳 치마 상 346	昭 밝을 소 371	雖 비록 수 396	愼 삼갈 신 421	涯 물가 애 446	燕 제비 연 471	曰 가로 왈 496	愈 나을 유 521	躍 뛸 약 546
峯 봉우리 봉 297	賓 손 빈 322	喪 잃을 상 347	訴 호소할 소 372	輸 보낼 수 397	辛 매울 신 422	厄 액 액 447	軟 연할 연 472	畏 두려워할 외 497	唯 오직 유 522	忍 참을 인 547
逢 만날 봉 298	頻 자주 빈 323	祥 상서 상 348	燒 사를 소 373	需 쓸 수 398	晨 새벽 신 423	也 이끼 야/어조사 야 448	悅 기쁠 열 473	搖 흔들 요 498	惟 생각할 유 523	姻 혼인 인 548
蜂 벌 봉 299	聘 부를 빙 324	詳 자세할 상 349	蔬 나물 소 374	須 모름지기 수 399	審 살필 심 424	耶 어조사 야 449	閱 볼 열 474	遙 멀 요 499	維 벼리 유 524	寅 범 인/셋째지지 인 549
鳳 봉새 봉 300	似 닮을 사 325	霜 서리 상 350	蘇 되살아날 소 375	淑 맑을 숙 400	尋 찾을 심 425	若 같을 약/반야 야 450	染 물들 염 475	腰 허리 요 500	幼 어릴 유 525	逸 편안할 일 550

어문회 3급 '섞음漢字' 訓·音표 (배정漢字 추가분 817字)

어문회 3급 배정漢字는 4급 1,000字에다 새로운 817字를 추가해서 1,817字입니다. 나머지 1,000字는 5급과 4급 책 속에 있음.

551 壬 북방 임/아홉째천간 임	576 著 나타날 저	601 燥 마를 조	626 池 못 지	651 暢 화창할 창	676 抄 뽑을 초	701 浸 잠길 침	726 販 팔 판	751 賀 하례할 하	776 亨 형통할 형	801 蒙 어릴 몽
552 賃 품삯 임	577 寂 고요할 적	602 照 비칠 조	627 枝 가지 지	652 債 빚 채	677 超 뛰어넘을 초	702 沈 잠길 침/성 심	727 貝 조개 패	752 鶴 두루미 학	777 螢 반딧불 형	802 還 돌아올 환
553 刺 찌를 자/찌를 척	578 摘 딸 적	603 拙 졸할 졸	628 遲 더딜 지	653 彩 채색 채	678 礎 주춧돌 초	703 枕 베개 침	728 片 조각 편	753 汗 땀 한	778 衡 저울대 형	803 荒 거칠 황
554 恣 방자할 자/마음대로 자	579 滴 물방울 적	604 縱 세로 종	629 震 우레 진	654 菜 나물 채	679 秒 분초 초	704 墮 떨어질 타	729 偏 치우칠 편	754 旱 가물 한	779 兮 어조사 혜	804 皇 임금 황
555 慈 사랑 자	580 蹟 자취 적	605 佐 도울 좌	630 振 떨칠 진	655 策 꾀 책	680 肖 닮을 초	705 妥 온당할 타	730 遍 두루 편	755 割 벨 할	780 慧 슬기로울 혜	805 悔 뉘우칠 회
556 玆 이 자	581 笛 피리 적	606 坐 앉을 좌	631 辰 별 진/때 신	656 妻 아내 처	681 促 재촉할 촉	706 托 맡길 탁	731 編 엮을 편	756 含 머금을 함	781 乎 어조사 호	806 懷 품을 회
557 紫 자줏빛 자	582 跡 발자취 적	607 柱 기둥 주	632 陳 베풀 진/묵을 진	657 尺 자 척	682 燭 촛불 촉	707 濁 흐릴 탁	732 幣 돈 폐/폐백 폐	757 咸 다 함	782 互 서로 호	807 劃 그을 획
558 爵 벼슬 작	583 殿 전각 전	608 鑄 쇠불릴 주	633 鎭 진압할 진	658 拓 넓힐 척/박을 탁	683 觸 닿을 촉	708 濯 씻을 탁	733 弊 해질 폐/폐단 폐	758 陷 빠질 함	783 浩 넓을 호	808 獲 얻을 획
559 酌 술부을 작/잔질할 작	584 竊 훔칠 절	609 宙 집 주	634 姪 조카 질	659 戚 친척 척	684 聰 귀밝을 총	709 誕 속일 탄/낳을 탄	734 蔽 덮을 폐	759 巷 거리 항	784 胡 오랑캐 호/되 호	809 橫 가로 횡
560 潛 잠길 잠	585 漸 점점 점	610 洲 물가 주	635 疾 병 질	660 斥 물리칠 척	685 催 재촉할 최	710 奪 빼앗을 탈	735 廢 버릴 폐/폐할 폐	760 恒 항상 항	785 毫 터럭 호	810 曉 새벽 효
561 暫 잠깐 잠	586 蝶 나비 접	611 奏 아뢸 주	636 秩 차례 질	661 淺 얕을 천	686 抽 뽑을 추	711 貪 탐낼 탐	736 肺 허파 폐	761 項 항목 항	786 虎 범 호	811 侯 제후 후
562 丈 어른 장	587 亭 정자 정	612 株 그루 주	637 執 잡을 집	662 賤 천할 천	687 追 쫓을 추/따를 추	712 塔 탑 탑	737 抱 안을 포	762 亥 돼지 해/열두번째지지 해	787 豪 호걸 호	812 毁 헐 훼
563 墻 담 장	588 訂 바로잡을 정	613 珠 구슬 주	638 徵 부를 징	663 踐 밟을 천	688 醜 추할 추	713 湯 끓을 탕	738 飽 배부를 포	763 該 갖출 해/마땅 해	788 惑 미혹할 혹	813 輝 빛날 휘
564 莊 씩씩할 장	589 頂 정수리 정	614 舟 배 주	639 懲 징계할 징	664 薦 천거할 천	689 丑 두번째지지 축/소 축	714 怠 게으를 태	739 捕 잡을 포	764 奚 어찌 해	789 昏 어두울 혼	814 携 이끌 휴
565 粧 단장할 장	590 井 우물 정	615 俊 준걸 준	640 且 또 차	665 遷 옮길 천	690 畜 짐승 축/기를 축	715 殆 위태할 태/거의 태	740 浦 물가 포	765 享 누릴 향	790 魂 넋 혼	815 胸 가슴 흉
566 掌 손바닥 장	591 廷 조정 정	616 遵 좇을 준	641 借 빌릴 차	666 哲 밝을 철	691 逐 쫓을 축	716 泰 클 태	741 幅 폭 폭	766 響 울릴 향	791 忽 문득 홀	816 稀 드물 희
567 葬 장사지낼 장	592 征 칠 정	617 仲 버금 중	642 此 이 차	667 徹 통할 철	692 衝 찌를 충	717 澤 못 택	742 漂 떠다닐 표	767 獻 드릴 헌	792 弘 클 홍	817 戲 놀 희/희롱할 희
568 藏 감출 장	593 淨 깨끗할 정	618 卽 곧 즉	643 捉 잡을 착	668 尖 뾰족할 첨	693 吹 불 취	718 兎 토끼 토	743 楓 단풍 풍	768 軒 집 헌	793 洪 넓을 홍	
569 臟 오장 장	594 貞 곧을 정	619 憎 미울 증	644 錯 어긋날 착	669 添 더할 첨	694 臭 냄새 취	719 吐 토할 토	744 彼 저 피	769 玄 검을 현	794 鴻 기러기 홍	
570 哉 어조사 재	595 堤 둑 제	620 曾 일찍 증	645 贊 도울 찬	670 妾 첩 첩	695 醉 취할 취	720 透 사무칠 투	745 皮 가죽 피	770 絃 줄 현	795 禾 벼 화	
571 栽 심을 재	596 齊 가지런할 제	621 贈 줄 증	646 慘 참혹할 참	671 晴 갤 청	696 側 곁 측	721 播 뿌릴 파	746 被 입을 피	771 懸 달 현	796 禍 재앙 화	
572 宰 재상 재	597 諸 모두 제	622 蒸 찔 증	647 慙 부끄러울 참	672 替 바꿀 체	697 値 값 치	722 頗 자못 파	747 匹 짝 필	772 縣 고을 현	797 擴 넓힐 확	
573 裁 옷마를 재	598 兆 억조 조	623 症 증세 증	648 倉 곳집 창	673 滯 머무를 체	698 恥 부끄러울 치	723 把 잡을 파	748 畢 마칠 필	773 穴 굴 혈	798 穫 거둘 확	
574 載 실을 재	599 租 조세 조	624 之 갈 지/어조사 지	649 蒼 푸를 창	674 逮 잡을 체	699 稚 어릴 치	724 罷 마칠 파	749 何 어찌 하	774 脅 위협할 협	799 丸 둥글 환	
575 抵 막을 저	600 弔 조상할 조	625 只 다만 지	650 昌 창성할 창	675 遞 갈릴 체	700 漆 옻 칠	725 版 판목 판	750 荷 멜 하/연꽃 하	775 嫌 의심할 혐/싫어할 혐	800 換 바꿀 환	

3Ⅱ '섞음한자' 500字 나型

滯	卑	縱	戀	贊	哲	詞	魂	促	影	瞬
673	318	604	172	645	666	327	790	681	478	407
飾	槪	賴	詳	蘭	弄	梅	燒	韻	抵	旋
419	18	188	349	159	187	223	373	514	575	366
軟	拾	刷	淑	司	雅	睦	償	綿	久	維
472	411	381	400	326	434	243	343	231	78	524
茂	賤	殆	桂	蒼	兼	摘	帥	辱	仰	企
251	662	715	44	649	30	578	387	503	442	104
透	其	惑	腐	裁	耐	微	距	劍	娘	響
720	105	788	304	573	122	258	21	24	119	766
泰	塔	拂	倫	慈	默	卽	貫	署	補	震
716	712	315	197	555	254	618	66	361	293	629
壬	隨	架	廢	臺	僧	壽	欲	盤	譽	洪
551	389	1	735	138	415	386	502	270	481	793
楓	唐	燕	但	懸	陷	鹽	谷	礎	梁	哀
743	135	471	130	771	758	477	52	678	167	445
橫	溪	壞	拳	漏	桑	陳	需	輩	忽	割
809	42	71	87	195	351	632	398	280	791	755
皇	笛	鼓	胡	欄	蹟	潤	征	附	凍	鍊
804	581	50	784	157	580	533	592	302	153	173
吏	廷	廊	奮	浸	鎖	秩	巖	兆	肺	被
203	591	161	314	701	382	636	440	598	736	746
句	滅	債	錦	述	踏	何	寡	猛	墨	磨
405	232	652	101	410	134	749	58	226	253	208
蛇	寧	菊	畢	頂	慣	尾	愁	紋	掌	付
335	123	85	748	589	65	257	390	255	566	301
倒	漸	硬	尙	琴	符	拔	井	緩	樓	淫
139	585	37	345	99	303	273	590	495	193	537
岸	池	臟	翔	亦	徵	冠	獄	丈	脅	迫
436	626	569	512	464	638	62	490	562	774	266

柱 607 　恭 55 　憶 457 　祈 111 　絡 156 　穴 773 　潛 560 　怪 72 　嶺 179 　奏 611 　妻 656

悔 805 　譜 292 　猶 527 　側 696 　辰 631 　徹 667 　莊 564 　沈 702 　逢 298 　幽 526 　浩 783

綱 14 　凉 165 　勵 168 　裂 175 　幼 525 　宴 469 　乘 414 　編 731 　幹 7 　襲 413 　麻 209

謂 520 　疫 466 　婢 319 　稚 699 　兎 718 　旦 131 　憂 509 　脚 4 　懷 806 　曾 620 　之 624

鑄 608 　偏 729 　鑑 12 　扶 306 　跡 582 　稿 48 　蒙 801 　緊 116 　紛 311 　弊 733 　貢 57

腹 295 　錯 644 　銘 234 　昇 416 　夢 245 　忍 547 　載 574 　醉 695 　賀 751 　拓 658 　蒸 622

簿 305 　臨 207 　項 761 　渡 141 　弓 86 　刊 6 　祿 185 　阿 429 　培 278 　訣 29 　越 515

催 685 　壤 451 　症 623 　垂 395 　衝 692 　訟 379 　悟 485 　麥 224 　蓋 19 　聯 174 　盟 227

途 146 　藏 568 　柔 530 　肖 680 　奪 710 　削 338 　緒 360 　械 43 　役 465 　隔 59 　芳 276

荒 803 　枝 627 　戚 659 　霜 350 　熟 402 　審 424 　寂 577 　昌 650 　及 102 　烏 488 　鬼 90

片 728 　貿 252 　劃 807 　淺 661 　封 296 　沿 470 　邪 332 　孟 225 　此 642 　賃 552 　累 196

塞 352 　鳳 300 　肝 8 　悠 529 　像 342 　般 271 　株 612 　索 353 　諾 118 　丙 289 　版 725

突 152 　捕 739 　率 199 　哭 51 　謀 239 　追 687 　茶 128 　禍 796 　鶴 752 　貸 137 　戲 817

虎 786 　愚 508 　裳 346 　幕 210 　洲 610 　克 95 　己 543 　喪 347 　郎 163 　乙 535 　疏 376

誘 532 　菌 94 　淨 593 　我 430 　糖 136 　排 279 　浮 307 　鎭 633 　畜 690 　亭 587 　伯 282

寬 ○64　肓 ○228　宙 ○609　斜 ○333　凡 ○286　媒 ○222

御 ○455　衡 ○778　館 ○63　濕 ○412　甚 ○426　肥 ○321　奔 ○313　曆 ○169　刀 ○140　讓 ○452　齊 ○596

恐 ○56　頃 ○32　宇 ○506　獸 ○391　介 ○16　供 ○54　遷 ○665　還 ○802　繁 ○285　瓦 ○493　湯 ○713

眠 ○230　汗 ○753　丹 ○129　栗 ○198　漆 ○700　釋 ○365　策 ○655　裕 ○531　偶 ○507　含 ○756　芽 ○433

慾 ○501　謙 ○31　吹 ○693　衰 ○383　翼 ○545　淡 ○132　覆 ○308　粧 ○565　殿 ○583　紫 ○557　菜 ○654

蘇 ○375　裏 ○205　著 ○576　侍 ○417　慕 ○236　契 ○41　碧 ○287　妄 ○216　若 ○450　賦 ○309　沒 ○244

暫 ○561　貌 ○241　徑 ○36　鋼 ○15　靈 ○181　豪 ○787　殊 ○388　執 ○637　彼 ○744　慧 ○780　栽 ○571

炎 ○476　隆 ○200　胃 ○519　倉 ○648　祀 ○329　稀 ○816　刺 ○553　胸 ○815　雷 ○189　勿 ○256　疾 ○635

耕 ○38　畿 ○110　換 ○800　姑 ○46　逸 ○550　借 ○641　訴 ○372　乾 ○22　蓮 ○171　租 ○599　陶 ○145

輸 ○397　諸 ○597　徐 ○356　佳 ○2　露 ○184　閣 ○5　騎 ○107　沙 ○331　悅 ○473　皮 ○745　莫 ○212

葬 ○567　驛 ○468　憎 ○619　飯 ○269　觸 ○683　桃 ○143　泥 ○127　爐 ○183　禽 ○100　森 ○341　薄 ○264

禪 ○367　仲 ○617　恥 ○698　踐 ○663　牙 ○432　免 ○229　玄 ○769　珠 ○613　啓 ○39　獻 ○767　央 ○443

巡 ○403　漠 ○211　愼 ○421　惜 ○362　抑 ○458　浦 ○740　僑 ○518　峯 ○297　誇 ○60　篤 ○149　彩 ○653

貞 ○594　奴 ○124　浪 ○162　振 ○630　値 ○697　荷 ○750　巧 ○76　丘 ○77　澤 ○717　陵 ○201　恒 ○760

雙 ○427　揚 ○453　晚 ○215　懇 ○10　顏 ○438　妃 ○320　吐 ○719　尺 ○657　譯 ○467　坐 ○606　恕 ○358

狂 ○67　剛 ○13　照 ○602　染 ○475　拘 ○81　超 ○677　亞 ○428　腦 ○126　獲 ○808　履 ○204　較 ○74

※ 이곳 번호에 맞는 訓·音表는 23쪽 훈·음표를 이용하세요.
㉮ 型 '섞음漢字'을 완전히 끝낸 다음에 합니다.
앞면과 뒷면의 글자가 다르므로 양면 모두 하세요.

煩 283	誕 709	曰 496	斯 334	梨 202	娛 486	忘 218	爵 558	曉 810	畏 497	嘗 344
竝 291	攝 369	謁 439	龜 91	躍 546	誰 394	旱 754	販 726	弔 600	厄 447	賜 337
朔 339	幾 109	妾 670	敏 262	敍 357	屯 155	掛 68	姻 548	漂 742	狗 82	渴 11
醜 688	抱 737	濁 707	遵 616	頂 588	捉 643	傍 275	苗 248	卿 33	耶 449	焉 459
斤 98	擴 797	遣 25	濫 160	而 544	罷 724	聘 324	伸 420	毀 812	墮 704	憑 647
囚 384	睡 385	軌 89	晨 423	淚 194	姪 634	鳴 487	吟 536	奈 121	庶 355	輝 813
昏 789	朋 317	欺 106	侮 240	郭 61	夷 542	姦 9	糾 93	署 359	拙 603	亨 776
享 765	遲 628	傲 483	挑 142	顧 49	塊 69	賓 322	鴻 794	旣 112	銳 482	召 370
殃 444	豈 114	畓 133	戍 409	驅 80	慨 17	臥 494	循 404	飽 738	尋 425	聰 684
軒 768	抄 676	穫 798	緯 517	謹 97	餓 431	暮 237	弘 792	薦 664	妥 705	愈 521
絹 26	乃 120	眉 260	添 669	閏 534	辛 422	幣 732	只 625	埋 221	蜂 299	厥 88
詠 480	僚 191	禾 795	析 364	幅 741	燥 601	巳 328	卯 246	酌 559	丑 689	雖 396
孰 401	茲 556	冒 242	枯 47	貝 727	枕 703	坤 53	懼 84	似 325	屑 408	斥 660
蔽 734	鈍 154	飜 284	把 723	戊 250	抽 686	惱 125	詐 336	劣 176	庸 504	岳 435
於 456	貪 711	互 782	也 448	昭 371	涯 446	隷 182	憐 170	獵 177	替 672	蜜 263

零 ○180	豚 ○151	亥 ○762	螢 ○777	宰 ○572	返 ○268	怠 ○714	携 ○814	宜 ○540	那 ○117	擁 ○492
皆 ○20	該 ○763	屏 ○290	佐 ○605	兮 ○779	跳 ○144	廉 ○178	泣 ○538	墳 ○312	崩 ○316	苟 ○83
忙 ○217	頻 ○323	嫌 ○775	汚 ○489	播 ○721	臭 ○694	郊 ○73	竊 ○584	塗 ○148	縣 ○772	敦 ○150
墻 ○563	酉 ○528	癸 ○45	違 ○516	忌 ○108	唯 ○522	粟 ○378	憫 ○261	惟 ○523	罔 ○220	滴 ○579
輿 ○463	巷 ○759	飢 ○115	暢 ○651	汝 ○462	殉 ○406	矯 ○75	寅 ○549	懲 ○639	稻 ○147	且 ○640
須 ○399	乞 ○23	遞 ○675	楊 ○454	遍 ○730	愧 ○70	矣 ○541	漫 ○214	凝 ○539	泊 ○265	却 ○3
肩 ○27	搖 ○498	某 ○238	俱 ○79	屢 ○192	咸 ○757	竟 ○34	冥 ○233	涉 ○368	燭 ○682	尤 ○511
僅 ○96	奚 ○764	堤 ○595	遂 ○393	逐 ○691	又 ○510	鹿 ○186	傲 ○274	絃 ○770	贈 ○621	翁 ○491
吾 ○484	毫 ○785	閱 ○474	廟 ○247	隣 ○206	慘 ○646	濯 ○708	云 ○513	押 ○441	搜 ○392	余 ○461
祥 ○348	頗 ○722	昔 ○363	托 ○706	騷 ○377	矢 ○418	叛 ○267	誓 ○340	邦 ○277	庚 ○35	雁 ○437
肯 ○103	腰 ○500	舟 ○614	蔬 ○374	伴 ○272	晴 ○671	姿 ○554	慢 ○213	杯 ○281	泳 ○479	秒 ○679
逝 ○354	侯 ○811	諒 ○166	蝶 ○586	騰 ○158	茫 ○219	遙 ○499	了 ○190	卜 ○294	乎 ○781	矛 ○460
于 ○505	誦 ○380	牽 ○28	辨 ○288	逮 ○674	繫 ○40	俊 ○615	尖 ○668	匹 ○747	叫 ○92	丸 ○799
捨 ○330	赴 ○310	迷 ○259	募 ○235	霧 ○249	掠 ○164	哉 ○570	棄 ○113			

※ '섞음漢字'의 암기가 끝날 무렵에는 各 漢字 밑에 訓·音을 써 보세요.

綱網罔　幹乾　兼廉謙　旣槪慨　鄕卿響　隆陵幕
14 망 220　7 22　30 178 31　112 18 17　향 33 766　200 201 210

墓漠莫暮慕募模　茂戊戌咸成　默點墨　線綿錦
묘 211 212 237 236 235 모　251 250 409 757 성　254 점 253　선 231 101

判反叛返飯　微徵懲　踏跳躍踐遷　途送　郞朗廊浪
판 반 267 268 269　258 638 639　134' ○ 144 약 663 ○ 665　○ 146 송　○ 163 랑 161 162

曆歷麻磨　枝桂柱　畿幾機　祈析　練鍊　粟栗票
169 력 209 208　627 44 607　110 109 기　111 364　련 173　378 198 표

但旦且　嶺領令　免兎兎兔　眠眼　滅減　般航船盤
130 131 640　179 령 령　229 229 718 718　230 안　232 감　271 항 선 270

拍泊迫　腹服復履覆薄　賦賊賤踐　詳祥　當堂
박 265 266　295 복 복 204 308 264　309 적 662 663　349 348　당 당

裳嘗　斜敍　署署　昔借　召昭照　疏蔬　誦訟頌
346 344　333 357　361 359　363 641　370 371 조　376 374　380 379 송

遂逐　孰熟執敦　丘岳　拘狗　其基甚　釋擇澤譯驛
393 691　401 402 집 150　77 435　81 82　105 기 426　365 택 택 467 468

偶愚遇　何荷阿　牙芽雅　仰迎　若苦　懷壞壤讓
507 508 우　749 750 429　432 433 434　442 영　450 고　806 71 451 452

億憶　軟連　烏嗚鳴　慾欲辱　維唯惟　閏潤憫
억 457　472 련　488 487 명　501 502 503　유 522 523　534 533 261

炎淡談　己巳已　抵底低　宇守　寂寢　蹟跡　漸慙
476 132 담　기 328 543　575 저 저　506 수　577 침　580 582　585 647

適敵摘滴　修條悠　亭亨享　廷延庭　役投　淨靜精
적 적 578 579　수 조 529　정 ○ 776 향　591 연 정　465 투　593 정 정

壯裝莊將獎粧　兆逃挑跳　奏泰奉　曾僧增憎贈
장 장 장 장 장 565　598 도 142 144　611 태 봉　620 승 증 619 621

疾病症疫　贊讚　倉蒼　唱昌　換還　環虎處虛慮
질 병 623 466　645 찬　648 649　창 650　800 802　환 786 처 허 려

衡衝　永泳詠氷　每侮悔海敏繁　亥該刻　遣遺
778 충　영 479 480 빙　매 240 805 해 262 285　762 763 각　25 유

癸發　塊愧鬼　橋稿矯　僅謹勤　叫糾　凉掠略
45 발　69 70 90　교 48 75　96 97 근　92 93　165 164 략

京諒凉　屢樓累　憐隣　倣傲　慢漫　亡妄忙忘茫
경 166 165　192 193 196　170 206　274 483　213 214　망 216 217 218 219

某謀冒　雨雲雪零露雷霧霜電震　綠錄祿緣　農晨
238 239 242　우 운 설 180 184 189 249 350 전 629　록 록 185 연　농 423

揚楊暢陽　押壓　搖遙腰　偉違緯衛　提堤　晴淸請
453 454 651 양　441 압　498 요 500　위 516 517 위　제 595　671 청 청

斬暫斬暫　推抄秒抽　獨燭濁　篇偏遍編
참 561 585 561　추 676 679 686　독 682 707　편 729 730 731

幣弊蔽　穫獲　毫豪　侯候
732 733 734　798 808　785 787　811 후

3급 讀音 쓰기 연습

※ 다음 漢字語의 讀音을 쓰시오.

※ 정답은 81쪽에 있음

⊙ 讀音문제를 풀때 먼저 한줄을 풀어보고 미흡할 때는 '섞음漢字'를 복습하고 다시 푸는 식으로 하세요.

1. 債務 ( )	39. 畓穀 ( )	77. 紙幣 ( )	115. 慙悔 ( )
2. 閉塞 ( )	40. 濁流 ( )	78. 封鎖 ( )	116. 跳躍 ( )
3. 吸收 ( )	41. 佳景 ( )	79. 凍結 ( )	117. 享樂 ( )
4. 腰痛 ( )	42. 憤慨 ( )	80. 汚水 ( )	118. 捕獲 ( )
5. 彼岸 ( )	43. 墨客 ( )	81. 苗木 ( )	119. 草嶺 ( )
6. 透徹 ( )	44. 頭緒 ( )	82. 燒却 ( )	120. 振幅 ( )
7. 拙作 ( )	45. 臥龍 ( )	83. 勇猛 ( )	121. 係累 ( )
8. 徵聘 ( )	46. 薄福 ( )	84. 草稿 ( )	122. 客愁 ( )
9. 猛犬 ( )	47. 侮辱 ( )	85. 未畢 ( )	123. 辨證 ( )
10. 墮落 ( )	48. 騷亂 ( )	86. 濁水 ( )	124. 赴任 ( )
11. 莫論 ( )	49. 貞淑 ( )	87. 生涯 ( )	125. 疏忽 ( )
12. 刺客 ( )	50. 窮塞 ( )	88. 能率 ( )	126. 均衡 ( )
13. 程度 ( )	51. 傍觀 ( )	89. 發芽 ( )	127. 欺罔 ( )
14. 洞徹 ( )	52. 敦篤 ( )	90. 容恕 ( )	128. 微量 ( )
15. 畢竟 ( )	53. 過濫 ( )	91. 緩慢 ( )	129. 被殺 ( )
16. 戶籍 ( )	54. 緩衝 ( )	92. 霧散 ( )	130. 智異山 ( )
17. 農耕 ( )	55. 尖銳 ( )	93. 僅少 ( )	131. 行動 ( )
18. 懲戒 ( )	56. 朗誦 ( )	94. 晩秋 ( )	132. 土房 ( )
19. 罷免 ( )	57. 爆彈 ( )	95. 刻薄 ( )	133. 播多 ( )
20. 阿附 ( )	58. 餓鬼 ( )	96. 叔姪 ( )	134. 侵略 ( )
21. 片舟 ( )	59. 閉鎖 ( )	97. 蛇足 ( )	135. 田畓 ( )
22. 勤儉 ( )	60. 囚人 ( )	98. 內侍 ( )	136. 挑戰 ( )
23. 趣味 ( )	61. 諒知 ( )	99. 皆濁 ( )	137. 慘劇 ( )
24. 耐熱 ( )	62. 香港 ( )	100. 啓蒙 ( )	138. 詐取 ( )
25. 奪還 ( )	63. 粟穀 ( )	101. 互換 ( )	139. 觸感 ( )
26. 相殺 ( )	64. 陶器 ( )	102. 戈盾 ( )	140. 毒蛇 ( )
27. 宇宙 ( )	65. 豚舍 ( )	103. 逢着 ( )	141. 排擊 ( )
28. 竊盜 ( )	66. 拾得 ( )	104. 姦通 ( )	142. 老鍊 ( )
29. 徹底 ( )	67. 帳簿 ( )	105. 醜態 ( )	143. 銀塊 ( )
30. 拓本 ( )	68. 萬若 ( )	106. 銳利 ( )	144. 緩急 ( )
31. 擴大 ( )	69. 麻衣 ( )	107. 需要 ( )	145. 鋼管 ( )
32. 復舊 ( )	70. 默契 ( )	108. 睡眠 ( )	146. 引渡 ( )
33. 發刊 ( )	71. 超越 ( )	109. 擴散 ( )	147. 暑氣 ( )
34. 金冠 ( )	72. 韻致 ( )	110. 緊密 ( )	148. 雲霧 ( )
35. 綱領 ( )	73. 先烈 ( )	111. 硬性 ( )	149. 厚賜 ( )
36. 拾億 ( )	74. 覆面 ( )	112. 僞裝 ( )	150. 蒸氣 ( )
37. 燒酒 ( )	75. 換錢 ( )	113. 補充 ( )	
38. 奔忙 ( )	76. 神靈 ( )	114. 枯木 ( )	

※ 다음 漢字語의 讀音을 쓰시오.

⊙ 讀音문제를 풀때 먼저 한줄을 풀어보고 미흡할 때는 '섞음漢字'를 복습하고 다시 푸는 식으로 해 가세요.
확실하게 완성됩니다.

1. 販促 ( )	39. 眞影 ( )	77. 哲學 ( )	115. 沈氏 ( )
2. 庶政 ( )	40. 禁煙 ( )	78. 賞狀 ( )	116. 肩章 ( )
3. 架空 ( )	41. 逐出 ( )	79. 浮漂 ( )	117. 臥病 ( )
4. 懇談 ( )	42. 斷乎 ( )	80. 補佐 ( )	118. 魚雷 ( )
5. 幾微 ( )	43. 難易 ( )	81. 胡蝶 ( )	119. 昏睡 ( )
6. 絶頂 ( )	44. 臨終 ( )	82. 含蓄 ( )	120. 葉茶 ( )
7. 縣監 ( )	45. 借入 ( )	83. 巷間 ( )	121. 老衰 ( )
8. 牧畜 ( )	46. 奔走 ( )	84. 削除 ( )	122. 暢達 ( )
9. 賦課 ( )	47. 疲弊 ( )	85. 迷路 ( )	123. 火爐 ( )
10. 優劣 ( )	48. 浪說 ( )	86. 罷業 ( )	124. 兼職 ( )
11. 幹線 ( )	49. 傍證 ( )	87. 弊端 ( )	125. 沈沒 ( )
12. 驅步 ( )	50. 履修 ( )	88. 遍在 ( )	126. 雪糖 ( )
13. 錯誤 ( )	51. 廢鑛 ( )	89. 城郭 ( )	127. 磨滅 ( )
14. 矯導 ( )	52. 彈丸 ( )	90. 感興 ( )	128. 稀薄 ( )
15. 雙橋 ( )	53. 腰帶 ( )	91. 懲罰 ( )	129. 降雪 ( )
16. 編成 ( )	54. 盛衰 ( )	92. 謙卑 ( )	130. 降伏 ( )
17. 自慢 ( )	55. 洗濯 ( )	93. 燒却 ( )	131. 中媒 ( )
18. 腐敗 ( )	56. 慘狀 ( )	94. 渴望 ( )	132. 埋伏 ( )
19. 運賃 ( )	57. 畏懼 ( )	95. 鑑定 ( )	133. 參兆 ( )
20. 現狀 ( )	58. 度地 ( )	96. 隣近 ( )	134. 淡白 ( )
21. 苦惱 ( )	59. 打倒 ( )	97. 觸媒 ( )	135. 濫用 ( )
22. 卿相 ( )	60. 困難 ( )	98. 拙劣 ( )	136. 免稅 ( )
23. 附屬 ( )	61. 昭明 ( )	99. 蒼波 ( )	137. 募兵 ( )
24. 比較 ( )	62. 絶叫 ( )	100. 分析 ( )	138. 流浪 ( )
25. 農道 ( )	63. 蜂起 ( )	101. 模倣 ( )	139. 雅樂 ( )
26. 祭祀 ( )	64. 驅迫 ( )	102. 芳香 ( )	140. 肖像 ( )
27. 行列 ( )	65. 透明 ( )	103. 鈍濁 ( )	141. 拾得 ( )
28. 携帶 ( )	66. 快晴 ( )	104. 羽翼 ( )	142. 憤激 ( )
29. 削減 ( )	67. 藍色 ( )	105. 北斗 ( )	143. 漂流 ( )
30. 脈絡 ( )	68. 僅少 ( )	106. 左翼 ( )	144. 議論 ( )
31. 漫畫 ( )	69. 紫雲 ( )	107. 搜索 ( )	145. 錯覺 ( )
32. 殺生 ( )	70. 布施 ( )	108. 廉恥 ( )	146. 布告 ( )
33. 荷役 ( )	71. 萬若 ( )	109. 丘陵 ( )	147. 但只 ( )
34. 漫談 ( )	72. 憐憫 ( )	110. 逢着 ( )	148. 鬼哭 ( )
35. 便所 ( )	73. 鬼哭 ( )	111. 派遣 ( )	149. 養蜂 ( )
36. 尖銳 ( )	74. 默認 ( )	112. 添附 ( )	150. 胃壁 ( )
37. 斷電 ( )	75. 刺殺 ( )	113. 引率 ( )	
38. 奈落 ( )	76. 肝炎 ( )	114. 隆盛 ( )	

1. 追更 ( )	39. 浸透 ( )	77. 此際 ( )	115. 餘罪 ( )
2. 溪谷 ( )	40. 涉獵 ( )	78. 避雷 ( )	116. 遊泳 ( )
3. 廉探 ( )	41. 近方 ( )	79. 亨通 ( )	117. 壬辰 ( )
4. 召還 ( )	42. 拜謁 ( )	80. 荒涼 ( )	118. 糖分 ( )
5. 金杯 ( )	43. 鼓吹 ( )	81. 騷亂 ( )	119. 肥料 ( )
6. 緩慢 ( )	44. 鹽浴 ( )	82. 聰慧 ( )	120. 姿態 ( )
7. 遍歷 ( )	45. 巡禮 ( )	83. 讚揚 ( )	121. 穀倉 ( )
8. 冬寒 ( )	46. 坐定 ( )	84. 通達 ( )	122. 星宿 ( )
9. 返送 ( )	47. 痛哭 ( )	85. 喜怒 ( )	123. 蒙古 ( )
10. 鎭壓 ( )	48. 具現 ( )	86. 募集 ( )	124. 播種 ( )
11. 返品 ( )	49. 驅迫 ( )	87. 塞翁 ( )	125. 茶房 ( )
12. 埋沒 ( )	50. 濫用 ( )	88. 庭園 ( )	126. 賦役 ( )
13. 抑留 ( )	51. 句讀 ( )	89. 垂楊 ( )	127. 拙速 ( )
14. 侵入 ( )	52. 繁榮 ( )	90. 乾杯 ( )	128. 先輩 ( )
15. 謙虛 ( )	53. 桂樹 ( )	91. 早稻 ( )	129. 崇尙 ( )
16. 傲氣 ( )	54. 租稅 ( )	92. 餓死 ( )	130. 星辰 ( )
17. 把守 ( )	55. 擴張 ( )	93. 暴利 ( )	131. 添附 ( )
18. 秘訣 ( )	56. 戲弄 ( )	94. 推尋 ( )	132. 謹身 ( )
19. 浮刻 ( )	57. 空欄 ( )	95. 欺罔 ( )	133. 慣習 ( )
20. 殆半 ( )	58. 官爵 ( )	96. 索莫 ( )	134. 違反 ( )
21. 透視 ( )	59. 隱蔽 ( )	97. 首肯 ( )	135. 脅迫 ( )
22. 養魚 ( )	60. 頗多 ( )	98. 稀微 ( )	136. 承諾 ( )
23. 汚染 ( )	61. 洗濯 ( )	99. 庶務 ( )	137. 索出 ( )
24. 搖亂 ( )	62. 遵法 ( )	100. 基幹 ( )	138. 豪傑 ( )
25. 叛旗 ( )	63. 功勞 ( )	101. 毁損 ( )	139. 便利 ( )
26. 暴惡 ( )	64. 曉星 ( )	102. 薦擧 ( )	140. 蜂蜜 ( )
27. 干拓 ( )	65. 淸廉 ( )	103. 許諾 ( )	141. 軌跡 ( )
28. 緯度 ( )	66. 狂奔 ( )	104. 妙策 ( )	142. 完遂 ( )
29. 妄言 ( )	67. 强姦 ( )	105. 修訂 ( )	143. 旋律 ( )
30. 吟味 ( )	68. 痛歎 ( )	106. 某處 ( )	144. 賀客 ( )
31. 淡水 ( )	69. 繫留 ( )	107. 剛直 ( )	145. 國賓 ( )
32. 龜裂 ( )	70. 倉庫 ( )	108. 生涯 ( )	146. 延燒( )
33. 皇妃 ( )	71. 肺病 ( )	109. 絶叫 ( )	147. 匹敵 ( )
34. 飽食 ( )	72. 善隣 ( )	110. 召集 ( )	148. 讀書 ( )
35. 桂樹 ( )	73. 湯藥 ( )	111. 書架 ( )	149. 照光 ( )
36. 苗板 ( )	74. 後輩 ( )	112. 淡水 ( )	150. 參與 ( )
37. 佳境 ( )	75. 違背 ( )	113. 破裂 ( )	
38. 公職 ( )	76. 洞察 ( )	114. 漂流 ( )	

※ 다음 漢字語의 讀音을 쓰시오.

1. 白狗 (　　)
2. 顧客 (　　)
3. 詐取 (　　)
4. 傲慢 (　　)
5. 派遣 (　　)
6. 銳角 (　　)
7. 虎患 (　　)
8. 忘却 (　　)
9. 毁損 (　　)
10. 懇曲 (　　)
11. 暗誦 (　　)
12. 殘像 (　　)
13. 娛樂 (　　)
14. 貸與 (　　)
15. 說明 (　　)
16. 陳腐 (　　)
17. 菜蔬 (　　)
18. 沙漠 (　　)
19. 乘船 (　　)
20. 吉夢 (　　)
21. 謹身 (　　)
22. 交替 (　　)
23. 鈍濁 (　　)
24. 憫死 (　　)
25. 反省 (　　)
26. 販路 (　　)
27. 詐稱 (　　)
28. 捕獲 (　　)
29. 仲裁 (　　)
30. 一切 (　　)
31. 敦篤 (　　)
32. 敬畏 (　　)
33. 抽象 (　　)
34. 濫發 (　　)
35. 便乘 (　　)
36. 煩惱 (　　)
37. 立稻 (　　)
38. 輪廓 (　　)

39. 必須 (　　)
40. 劣等 (　　)
41. 白蛇 (　　)
42. 旣婚 (　　)
43. 逮捕 (　　)
44. 越墻 (　　)
45. 需給 (　　)
46. 固執 (　　)
47. 麥酒 (　　)
48. 滿朔 (　　)
49. 完拂 (　　)
50. 隣接 (　　)
51. 解析 (　　)
52. 皆勤 (　　)
53. 姑息 (　　)
54. 龜鑑 (　　)
55. 弔客 (　　)
56. 生辰 (　　)
57. 抄本 (　　)
58. 睡眠 (　　)
59. 吐露 (　　)
60. 切斷 (　　)
61. 俊秀 (　　)
62. 落淚 (　　)
63. 蓮池 (　　)
64. 租稅 (　　)
65. 受諾 (　　)
66. 携帶 (　　)
67. 刻銘 (　　)
68. 捕捉 (　　)
69. 壓迫 (　　)
70. 封墳 (　　)
71. 關聯 (　　)
72. 頻繁 (　　)
73. 懸賞 (　　)
74. 傾斜 (　　)
75. 降等 (　　)
76. 參酌 (　　)

77. 革罷 (　　)
78. 荒野 (　　)
79. 漫談 (　　)
80. 寒暖 (　　)
81. 館長 (　　)
82. 英傑 (　　)
83. 係員 (　　)
84. 檢疫 (　　)
85. 復興 (　　)
86. 避亂 (　　)
87. 貴賓 (　　)
88. 十月 (　　)
89. 莫大 (　　)
90. 懲罰 (　　)
91. 訴訟 (　　)
92. 遊說 (　　)
93. 娛樂 (　　)
94. 再拜 (　　)
95. 劣等 (　　)
96. 派遣 (　　)
97. 怪異 (　　)
98. 秒針 (　　)
99. 退却 (　　)
100. 鹽田 (　　)
101. 播種 (　　)
102. 觀衆 (　　)
103. 配匹 (　　)
104. 距離 (　　)
105. 運賃 (　　)
106. 洞長 (　　)
107. 削髮 (　　)
108. 堤防 (　　)
109. 封印 (　　)
110. 誘導 (　　)
111. 挑出 (　　)
112. 濫用 (　　)
113. 篤實 (　　)
114. 遷都 (　　)

115. 配置 (　　)
116. 辨償 (　　)
117. 淡墨 (　　)
118. 終了 (　　)
119. 收拾 (　　)
120. 妥協 (　　)
121. 讓渡 (　　)
122. 互稱 (　　)
123. 配偶 (　　)
124. 掛圖 (　　)
125. 謙虛 (　　)
126. 朔風 (　　)
127. 傍觀 (　　)
128. 條項 (　　)
129. 省略 (　　)
130. 徵兆 (　　)
131. 大怒 (　　)
132. 安寧 (　　)
133. 樂園 (　　)
134. 森林 (　　)
135. 墨香 (　　)
136. 埋沒 (　　)
137. 荷重 (　　)
138. 濁流 (　　)
139. 突破 (　　)
140. 裏面 (　　)
141. 盲腸 (　　)
142. 熟眠 (　　)
143. 踏査 (　　)
144. 推薦 (　　)
145. 貯蓄 (　　)
146. 騷動 (　　)
147. 謙讓 (　　)
148. 投宿 (　　)
149. 說樂 (　　)
150. 孟浪 (　　)

독음쓰기연습 정답

1. 채무 2. 폐색 3. 흡수 4. 요통 5. 피안 6. 투철 7. 졸작 8. 징빙 9. 맹견10. 타락 11. 막론 12. 자객 13. 정도 14. 통철 15. 필경 16. 호적 17. 농경 18. 징계19. 파면 20. 아부 21. 편주 22. 근검 23. 취미 24. 내열 25. 탈환 26. 상쇄 27. 우주 28. 절도 29. 철저 30. 탁본 31. 확대 32. 복구 33. 발간 34. 금관 35. 강령 36. 십억 37. 소주 38. 분망 39. 답곡 40. 탁류 41. 가경 42. 분개 43. 묵객 44. 두서 45. 와룡 46. 박복47. 모욕 48. 소란 49. 정숙 50. 궁색 51. 방관 52. 돈독 53. 과남 (람) 54. 완충 55. 첨예 56. 낭송 57. 폭탄 58. 아귀 59. 폐쇄 60. 수인 61. 양지 62. 향항 63. 속곡 64. 도기 65. 돈사 66. 습득 67. 장부 68. 만약 69. 마의 70. 묵계 71. 초월 72. 운치 73. 선열 74. 복면 75. 환전 76. 신령 77. 지폐 78. 봉쇄 79. 동결 80. 오수 81. 묘목 82. 소각 83. 용맹 84. 초고 85. 미필 86. 탁수 87. 생애 88. 능률 89. 발아 90. 용서 91. 완만 92. 무산 93. 근소 94. 만추 95. 각박 96. 숙질 97. 사족 98. 내시 99. 개탁 100. 계몽 101. 호환 102. 과순 103. 봉착 104. 간통 105. 추태 106. 예리 107. 수요 108. 수면 109. 확산 110. 긴밀 111. 경성 112. 위장 113. 보충 114. 고목 115. 참회 116. 도약 117. 향락 118. 포획 119. 초령 120. 진폭 121. 계루 122. 객수 123. 변증 124. 부임 125. 소홀 126. 균형 127. 기망 128. 미량 129. 피살 130. 지리산 131. 행동 132. 토방 133. 파다 134. 침략 135. 전답 136. 도전 137. 참극 138. 사취 139. 촉감 140. 독사 141. 배격 142. 노련 143. 은괴 144. 완급 145. 강관 146. 인도 147. 서기 148. 운무 149. 후사 150. 증기

1. 판촉 2. 서정 3. 가공 4. 간담 5. 기미 6. 절정 7. 현감 8. 목축 9. 부과10. 우열 11. 간선 12. 구보 13. 착오 14. 교도 15. 쌍교 16. 편성 17. 자만 18. 부패19. 운임 20. 현상 21. 고뇌 22. 경상 23. 부속 24. 비교 25. 농도 26. 제사 27. 행렬 28. 휴대 29. 삭감 30. 맥락 31. 만화 32. 살생 33. 하역 34. 만담 35. 변소 36. 첨예 37. 단전 38. 나락 39. 진영 40. 금연 41. 축출 42. 단호 43. 난이 44. 임종 45. 차입 46. 분주47. 피폐 48. 낭설 49. 방증 50. 이수 51. 폐광 52. 탄환 53. 요대 54. 성쇠 55. 세탁 56. 참상 57. 외구 58. 탁지 59. 타도 60. 곤란 61. 소명 62. 절규 63. 봉기 64. 구박 65. 투명 66. 쾌청 67. 남색 68. 근소 69. 자운 70. 보시 71. 만약 72. 연민 73. 귀곡 74. 묵인 75. 척살 76. 간염 77. 철학 78. 상장 79. 부표 80. 보좌 81. 호접 82. 함축 83. 항간 84. 삭제 85. 미로 86. 파업 87. 폐단 88. 편재 89. 성곽 90. 감흥 91. 징벌 92. 겸비 93. 소각 94. 갈망 95. 감정 96. 인근 97. 촉매 98. 졸렬 99. 창파 100. 분석 101. 모방 102. 방향 103. 둔탁 104. 우익 105. 북두 106. 좌익 107. 수색 108. 염치 109. 구릉 110. 봉착 111. 파견 112. 첨부 113. 인솔 114. 융성 115. 심씨 116. 건장 117. 와병 118. 어뢰 119. 혼수 120. 엽차 121. 노쇠 122. 창달 123. 화로 124. 겸직 125. 침몰 126. 설탕 127. 마멸 128. 희박 129. 강설 130. 항복 131. 중매 132. 매복 133. 삼조 134. 담백 135. 남용 136. 면세 137. 모병 138. 유랑 139. 아악 140. 초상 141. 습득 142. 분격 143. 표류 144. 의논 145. 착각 146. 포고 147. 단지 148. 귀곡 149. 양봉 150. 위벽

1. 추경 2. 계곡 3. 염탐 4. 소환 5. 금배 6. 완만 7. 편력 8. 동한 9. 반송10. 진압 11. 반품 12. 매몰 13. 억류 14. 침입 15. 겸허 16. 오기 17. 파수 18. 비결 19. 부각 20. 태반 21. 투시 22. 양어 23. 오염 24. 요란 25. 반기 26. 포악 27. 간척 28. 위도 29. 망언 30. 음미 31. 담수 32. 균열 33. 황비 34. 포식 35. 계수 36. 묘판 37. 가경 38. 공직 39. 침투 40. 섭렵 41. 근방 42. 배알 43. 고취 44. 염욕 45. 순례 46. 좌정47. 통곡 48. 구현 49. 구박 50. 남용 51. 구독 52. 번영 53. 계수 54. 조세 55. 확장 56. 희롱 57. 공란 58. 관작 59. 은폐 60. 파다 61. 세탁 62. 준법 63. 공로 64. 효성 65. 청렴 66. 광분 67. 강간 68. 통탄 69. 계류 70. 창고 71. 폐병 72. 선린 73. 탕약 74. 후배 75. 위배 76. 통찰 77. 차제 78. 피뢰 79. 형통 80. 황량 81. 소란 82. 총혜 83. 찬양 84. 통달 85. 희로(노) 86. 모집 87. 새옹 88. 정원 89. 수양 90. 건배 91. 조도 92. 아사 93. 폭리 94. 추심 95. 기망 96. 삭막 97. 수궁 98. 희미 99. 서무 100. 기간 101. 훼손 102. 천거 103. 허락 104. 묘책 105. 수정 106. 모처 107. 강직 108. 생애 109. 절규 110. 소집 111. 서가 112. 담수 113. 파열 114. 표류 115. 여죄 116. 유영 117. 임진 118. 당분 119. 비료 120. 자태 121. 곡창 122. 성수 123. 몽고 124. 파종 125. 다방 126. 부역 127. 졸속 128. 선배 129. 숭상 130. 성신 131. 첨부 132. 근신 133. 관습 134. 위반 135. 협박 136. 승낙 137. 색출 138. 호걸 139. 편리 140. 봉밀 141. 궤적 142. 완수 143. 선율 144. 하객 145. 국빈 146. 연소 147. 필적 148. 독서 149. 조광 150. 참여

1. 백구 2. 고객 3. 사취 4. 오만 5. 파견 6. 예각 7. 호환 8. 망각 9. 훼손10. 간곡 11. 암송 12. 잔상 13. 오락 14. 대여 15. 설명 16. 진부 17. 채소 18. 사막19. 승선 20. 길몽 21. 근신 22. 교체 23. 둔탁 24. 참사 25. 반성 26. 판로 27. 사칭 28. 포획 29. 중재 30. 일체 31. 돈독 32. 경외 33. 추상 34. 남발 35. 편승 36. 번뇌 37. 입도 38. 윤곽 39. 필수 40. 열등 41. 백사 42. 기혼 43. 체포 44. 월장 45. 수급 46. 고집47. 맥주 48. 만삭 49. 완불 50. 인접 51. 해석 52. 개근 53. 고식 54. 귀감 55. 조객 56. 생신 57. 초본 58. 수면 59. 토로 60. 절단 61. 준수 62. 낙루 63. 연지 64. 조세 65. 수락 66. 휴대 67. 각명 68. 포착 69. 압박 70. 봉분 71. 관련 72. 빈번 73. 현상 74. 경사 75. 강등 76. 참작 77. 혁파 78. 황야 79. 만담 80. 한란 81. 관장 82. 영걸 83. 계원 84. 검역 85. 부흥 86. 피란 87. 귀빈 88. 시월 89. 막대 90. 징벌 91. 소송 92. 유세 93. 오락 94. 재배 95. 열등 96. 파견 97. 괴이 98. 초침 99. 퇴각 100. 염전 101. 파종 102. 관중 103. 배필 104. 거리 105. 운임 106. 동장 107. 삭발 108. 제방 109. 봉인 110. 유도 111. 도출 112. 남용 113. 독실 114. 천도 115. 배치 116. 변상 117. 담묵 118. 종료 119. 수습 120. 타협 121. 양도 122. 호칭 123. 배우 124. 패도 125. 겸허 126. 삭풍 127. 방관 128. 조항 129. 생략 130. 징조 131. 대로(노) 132. 안녕 133. 낙원 134. 삼림 135. 묵향 136. 매몰 137. 하중 138. 탁류 139. 돌파 140. 이면 141. 맹장 142. 숙면 143. 답사 144. 추천 145. 저축 146. 소동 147. 겸양 148. 투숙 149. 열락 150. 맹랑

지금껏 여러분께서는 기본과정을 열심히 공부해 왔습니다.
이제부터는 '각 유형별 문제익히기'를 풀 차례입니다.

　　각 급수책의 독음(讀音)과 훈·음(訓·音) 쓰기는 앞에서
말한 '섞음漢字'를 사용해서 완벽하게 숙지(熟知)할 수가
있고, 나머지 유형별(類形別) 중 ①반대어 및 반의 결합어
②유의결합어 ③사자성어 ④약자 이 네 종류는 어느 정도
한정(限定)되어 있는 분야이기 때문에 거의 숙지(熟知)가
가능하므로 이상 네 가지에 관해서 조언(助言)의 말씀을 드
리자면 각 유형별 기본학습과정을 충실히 마친 학생일지라
도 막상 '각 유형별 문제 익히기'의 문제를 풀 때면 거의 대
부분 틀릴 것입니다. 그러나 문제될 것이 없습니다. 正答이
적힌 답안지를 보고 연습을 하게한 후 시험을 보게 하고 틀
린문제는 다시 외우게 한 다음 제2, 제3시험을 보게한다면
대부분의 학생이 강한 자신감을 갖게 될 것입니다. 물론 예
상문제를 풀 때도 새로운 문제들이 출제되어 모르는 문제도
있겠지만, 그 양(量)이 현저하게 줄어들 것이며, 예상문제를
끝낸 과정에서 거의 완벽한 실력이 확충될 것입니다.

　　　　　　　정답은 98쪽에 있습니다.

각 유형별 문제 익히기

❁ 다음 漢字語의 讀音을 쓰시오. ※ 정답은 98쪽부터 있음.

◆ 많이 틀리면 52쪽을 복습하세요.

1. 參與 [　　]	38. 銀塊 [　　]	75. 繫留 [　　]	112. 塞翁 [　　]
2. 參兆 [　　]	39. 立稻 [　　]	76. 推進 [　　]	113. 驅逐 [　　]
3. 懲罰 [　　]	40. 拾億 [　　]	77. 推敲 [　　]	114. 知識 [　　]
4. 燒却 [　　]	41. 拾得 [　　]	78. 煩雜 [　　]	115. 標識 [　　]
5. 謙虛 [　　]	42. 姦通 [　　]	79. 乘船 [　　]	116. 履行 [　　]
6. 降雪 [　　]	43. 逮捕 [　　]	80. 默認 [　　]	117. 更新 [　　]
7. 降伏 [　　]	44. 行動 [　　]	81. 引率 [　　]	118. 變更 [　　]
8. 漂流 [　　]	45. 行列 [　　]	82. 能率 [　　]	119. 千兩 [　　]
9. 冬季 [　　]	46. 擴張 [　　]	83. 戶籍 [　　]	120. 壬辰 [　　]
10. 度地 [　　]	47. 蜂蜜 [　　]	84. 刺客 [　　]	121. 生辰 [　　]
11. 程度 [　　]	48. 麻衣 [　　]	85. 刺殺 [　　]	122. 海狗 [　　]
12. 老衰 [　　]	49. 北斗 [　　]	86. 畢竟 [　　]	123. 濁流 [　　]
13. 生涯 [　　]	50. 敗北 [　　]	87. 伯父 [　　]	124. 毀損 [　　]
14. 避雷 [　　]	51. 幹線 [　　]	88. 妥協 [　　]	125. 洞長 [　　]
15. 龜船 [　　]	52. 違反 [　　]	89. 便利 [　　]	126. 洞察 [　　]
16. 龜鑑 [　　]	53. 必須 [　　]	90. 便所 [　　]	127. 趣味 [　　]
17. 龜裂 [　　]	54. 投宿 [　　]	91. 姿態 [　　]	128. 緩衝 [　　]
18. 埋伏 [　　]	55. 星宿 [　　]	92. 垂楊 [　　]	129. 滄波 [　　]
19. 兩傍 [　　]	56. 租稅 [　　]	93. 切斷 [　　]	130. 復興 [　　]
20. 携帶 [　　]	57. 慨歎 [　　]	94. 一切 [　　]	131. 復舊 [　　]
21. 索出 [　　]	58. 吸收 [　　]	95. 降等 [　　]	132. 戈盾 [　　]
22. 索莫 [　　]	59. 葉茶 [　　]	96. 抑留 [　　]	133. 誘導 [　　]
23. 庶政 [　　]	60. 茶房 [　　]	97. 浪說 [　　]	134. 播種 [　　]
24. 暑氣 [　　]	61. 捕獲 [　　]	98. 反省 [　　]	135. 殺生 [　　]
25. 讀書 [　　]	62. 配置 [　　]	99. 省略 [　　]	136. 相殺 [　　]
26. 句讀 [　　]	63. 浸透 [　　]	100. 洞徹 [　　]	137. 秘訣 [　　]
27. 干拓 [　　]	64. 仲媒 [　　]	101. 承諾 [　　]	138. 便乘 [　　]
28. 拓本 [　　]	65. 說明 [　　]	102. 肥料 [　　]	139. 裏面 [　　]
29. 暴利 [　　]	66. 遊說 [　　]	103. 羅針盤 [　　]	140. 布告 [　　]
30. 暴惡 [　　]	67. 說樂 [　　]	104. 糖分 [　　]	141. 布施 [　　]
31. 南色 [　　]	68. 勸奬 [　　]	105. 雪糖 [　　]	142. 固執 [　　]
32. 萬若 [　　]	69. 罷業 [　　]	106. 淡白 [　　]	143. 祭祀 [　　]
33. 般若 [　　]	70. 拜謁 [　　]	107. 兼職 [　　]	144. 沈沒 [　　]
34. 聯盟 [　　]	71. 住宅 [　　]	108. 稀微 [　　]	145. 沈氏 [　　]
35. 唐突 [　　]	72. 宅內 [　　]	109. 梨園 [　　]	146. 殘像 [　　]
36. 要塞 [　　]	73. 獵銃 [　　]	110. 現狀 [　　]	147. 妄言 [　　]
37. 閉塞 [　　]	74. 旱害 [　　]	111. 賞狀 [　　]	148. 乾燥 [　　]
			149. 佛寺 [　　]
			150. 內侍 [　　]

❀ 다음 빈칸에 뜻이 對立되는 漢字를 써 넣어 單語를 完成하시오.

※ 정답은 98쪽에 있음

1. 開 ↔ ( )	32. 手 ↔ ( )	63. ( ) ↔ 複	94. ( ) ↔ 淺	125. ( ) ↔ 非
2. 如 ↔ ( )	33. 賞 ↔ ( )	64. ( ) ↔ 愚	95. ( ) ↔ 樂	126. 君 ↔ ( )
3. 正 ↔ ( )	34. 功 ↔ ( )	65. ( ) ↔ 逆	96. ( ) ↔ 背	127. 來 ↔ ( )
4. 寡 ↔ ( )	35. 遠 ↔ ( )	66. ( ) ↔ 私	97. ( ) ↔ 落	128. 教 ↔ ( )
5. 散 ↔ ( )	36. 喜 ↔ ( )	67. ( ) ↔ 妻	98. ( ) ↔ 靜	129. 丹 ↔ ( )
6. 收 ↔ ( )	37. 續 ↔ ( )	68. ( ) ↔ 民	99. ( ) ↔ 海	130. 當 ↔ ( )
7. 和 ↔ ( )	38. 損 ↔ ( )	69. ( ) ↔ 答	100. ( ) ↔ 兵	131. 成 ↔ ( )
8. 授 ↔ ( )	39. 物 ↔ ( )	70. ( ) ↔ 憎	101. ( ) ↔ 至	132. 往 ↔ ( )
9. 教 ↔ ( )	40. 難 ↔ ( )	71. ( ) ↔ 買	102. ( ) ↔ 衰	133. 向 ↔ ( )
10. 虛 ↔ ( )	41. 溫 ↔ ( )	72. ( ) ↔ 武	103. ( ) ↔ 遠	134. 哀 ↔ ( )
11. 逢 ↔ ( )	42. 攻 ↔ ( )	73. ( ) ↔ 裏	104. ( ) ↔ 暗	135. 朝 ↔ ( )
12. 需 ↔ ( )	43. 旦 ↔ ( )	74. ( ) ↔ 陽	105. ( ) ↔ 亡	136. 都 ↔ ( )
13. 晝 ↔ ( )	44. 安 ↔ ( )	75. ( ) ↔ 舊	106. ( ) ↔ 戈	137. 利 ↔ ( )
14. 疏 ↔ ( )	45. 吉 ↔ ( )	76. ( ) ↔ 富	107. ( ) ↔ 來	138. 祖 ↔ ( )
15. 禍 ↔ ( )	46. 得 ↔ ( )	77. ( ) ↔ 秋	108. ( ) ↔ 果	139. 腹 ↔ ( )
16. 尾 ↔ ( )	47. 與 ↔ ( )	78. ( ) ↔ 否	109. ( ) ↔ 惡	140. 昨 ↔ ( )
17. 輕 ↔ ( )	48. 怨 ↔ ( )	79. ( ) ↔ 吸	110. ( ) ↔ 使	141. 靈 ↔ ( )
18. 興 ↔ ( )	49. 贊 ↔ ( )	80. ( ) ↔ 鄕	111. ( ) ↔ 苦	142. ( ) ↔ 幼
19. 增 ↔ ( )	50. 始 ↔ ( )	81. ( ) ↔ 暑	112. ( ) ↔ 弱	143. ( ) ↔ 廢
20. 隱 ↔ ( )	51. 存 ↔ ( )	82. ( ) ↔ 假	113. ( ) ↔ 守	144. ( ) ↔ 配
21. 勞 ↔ ( )	52. 自 ↔ ( )	83. ( ) ↔ 短	114. ( ) ↔ 常	145. ( ) ↔ 壞
22. 師 ↔ ( )	53. 曲 ↔ ( )	84. ( ) ↔ 復	115. ( ) ↔ 活	146. ( ) ↔ 濁
23. 是 ↔ ( )	54. 姑 ↔ ( )	85. ( ) ↔ 卑	116. ( ) ↔ 負	147. ( ) ↔ 滿
24. 緩 ↔ ( )	55. 離 ↔ ( )	86. ( ) ↔ 從	117. ( ) ↔ 敗	148. ( ) ↔ 冷
25. 言 ↔ ( )	56. ( ) ↔ 迎	87. ( ) ↔ 晚	118. ( ) ↔ 身	149. ( ) ↔ 殺
26. 陸 ↔ ( )	57. ( ) ↔ 辱	88. ( ) ↔ 散	119. ( ) ↔ 他	150. ( ) ↔ 寢
27. 發 ↔ ( )	58. ( ) ↔ 僞	89. ( ) ↔ 寡	120. ( ) ↔ 害	151. ( ) ↔ 罰
28. 將 ↔ ( )	59. ( ) ↔ 近	90. ( ) ↔ 伏	121. ( ) ↔ 末	152. ( ) ↔ 圓
29. 進 ↔ ( )	60. ( ) ↔ 免	91. ( ) ↔ 怒	122. ( ) ↔ 客	
30. 乘 ↔ ( )	61. ( ) ↔ 登	92. ( ) ↔ 減	123. ( ) ↔ 納	
31. 昇 ↔ ( )	62. ( ) ↔ 賤	93. ( ) ↔ 地	124. ( ) ↔ 從	

❖ 다음 漢字와 뜻이 反對 (또는 相對)되는 漢字를 넣어 單語를 完成하시오.

153. ( ) ↔ 枯	159. ( ) ↔ 捨	165. ( ) ↔ 姪	171. 登 ↔ ( )	177. 脫 ↔ ( )
154. ( ) ↔ 縮	160. ( ) ↔ 薄	166. ( ) ↔ 醜	172. 陸 ↔ ( )	178. 遲 ↔ ( )
155. ( ) ↔ 伏	161. ( ) ↔ 忙	167. ( ) ↔ 緯	173. 昇 ↔ ( )	179. 抑 ↔ ( )
156. ( ) ↔ 昔	162. ( ) ↔ 番	168. ( ) ↔ 弔	174. 乘 ↔ ( )	180. 豫 ↔ ( )
157. ( ) ↔ 忘	163. ( ) ↔ 劣	169. ( ) ↔ 憎	175. 春 ↔ ( )	181. 胸 ↔ ( )
158. ( ) ↔ 缺	164. ( ) ↔ 防	170. ( ) ↔ 顯	176. 伸 ↔ ( )	182. 雅 ↔ ( )

❖ 다음 漢字語의 反義語 또는 相對語를 漢字로 쓰시오.

※ 정답은 98쪽에 있음

1. 好調 ↔ ( )	32. 直接 ↔ ( )	63. 複雜 ↔ ( )	94. 始發 ↔ ( )
2. 稀貴 ↔ ( )	33. 增加 ↔ ( )	64. 異性 ↔ ( )	95. 偶然 ↔ ( )
3. 守勢 ↔ ( )	34. 正當 ↔ ( )	65. 放心 ↔ ( )	96. 怨恨 ↔ ( )
4. 落選 ↔ ( )	35. 精神 ↔ ( )	66. 溫情 ↔ ( )	97. 應用 ↔ ( )
5. 分離 ↔ ( )	36. 進級 ↔ ( )	67. 被動 ↔ ( )	98. 異國 ↔ ( )
6. 豊年 ↔ ( )	37. 差別 ↔ ( )	68. 閉鎖 ↔ ( )	99. 臨時 ↔ ( )
7. 反政 ↔ ( )	38. 退去 ↔ ( )	69. 曲線 ↔ ( )	100. 立體 ↔ ( )
8. 未備 ↔ ( )	39. 登場 ↔ ( )	70. 長壽 ↔ ( )	101. 自動 ↔ ( )
9. 漠然 ( )	40. 長點 ↔ ( )	71. 部分 ↔ ( )	102. 切斷 ↔ ( )
10. 閉鎖 ↔ ( )	41. 巨富 ↔ ( )	72. 損失 ↔ ( )	103. 增進 ↔ ( )
11. 靜的 ↔ ( )	42. 空想 ↔ ( )	73. 點火 ↔ ( )	104. 贊成 ↔ ( )
12. 架空 ↔ ( )	43. 緩行 ↔ ( )	74. 悲觀 ( )	105. 稱讚 ↔ ( )
13. 現在 ↔ ( )	44. 高調 ↔ ( )	75. 富者 ↔ ( )	106. 解散 ↔ ( )
14. 從屬 ↔ ( )	45. 過去 ↔ ( )	76. 希望 ↔ ( )	107. 光明 ↔ ( )
15. 幹線 ↔ ( )	46. 對話 ↔ ( )	77. 消費 ↔ ( )	108. 弄談 ↔ ( )
16. 地獄 ↔ ( )	47. 未熟 ↔ ( )	78. 分離 ↔ ( )	109. 文官 ↔ ( )
17. 形式 ↔ ( )	48. 密集 ↔ ( )	79. 虛僞 ↔ ( )	110. 疏遠 ↔ ( )
18. 增進 ↔ ( )	49. 貧賤 ↔ ( )	80. 理想 ↔ ( )	111. 保守 ↔ ( )
19. 長篇 ↔ ( )	50. 當番 ↔ ( )	81. 最初 ↔ ( )	112. 相對 ↔ ( )
20. 單一 ↔ ( )	51. 疏遠 ↔ ( )	82. 退化 ↔ ( )	113. 先天 ↔ ( )
21. 善意 ↔ ( )	52. 好材 ↔ ( )	83. 發達 ↔ ( )	114. 容易 ↔ ( )
22. 幸福 ↔ ( )	53. 默讀 ↔ ( )	84. 上昇 ↔ ( )	115. 優良 ↔ ( )
23. 文化 ↔ ( )	54. 正午 ↔ ( )	85. 祕密 ↔ ( )	116. 遠洋 ↔ ( )
24. 絶望 ↔ ( )	55. 公的 ↔ ( )	86. 被告 ↔ ( )	117. 異端 ↔ ( )
25. 體言 ↔ ( )	56. 恩惠 ↔ ( )	87. 敵對 ↔ ( )	118. 裏面 ↔ ( )
26. 脫退 ↔ ( )	57. 問題 ↔ ( )	88. 過失 ↔ ( )	119. 人爲 ↔ ( )
27. 勝利 ↔ ( )	58. 無形 ↔ ( )	89. 悲觀 ↔ ( )	120. 入金 ↔ ( )
28. 悲運 ↔ ( )	59. 原因 ↔ ( )	90. 動機 ↔ ( )	121. 前進 ↔ ( )
29. 晝間 ↔ ( )	60. 正常 ↔ ( )	91. 文語 ↔ ( )	122. 支出 ↔ ( )
30. 專擔 ↔ ( )	61. 快樂 ↔ ( )	92. 分斷 ↔ ( )	123. 總角 ↔ ( )
31. 質疑 ↔ ( )	62. 戰爭 ( )	93. 成功 ↔ ( )	124. 退步 ↔ ( )

※ 정답은 98쪽에 있음

125. 向上 ↔ ( )	146. ( ) ↔ 新式	167. 拒絶 ↔ ( )	188. 君子 ↔ ( )
126. 遠隔 ↔ ( )	147. ( ) ↔ 複雜	168. 困難 ↔ ( )	189. 個別 ↔ ( )
127. 來生 ↔ ( )	148. ( ) ↔ 複式	169. 別居 ↔ ( )	190. 固定 ↔ ( )
128. 白晝 ↔ ( )	149. ( ) ↔ 精神	170. 變革 ↔ ( )	191. 母音 ↔ ( )
129. 消滅 ↔ ( )	150. ( ) ↔ 輕減	171. 溫情 ↔ ( )	192. 開會 ↔ ( )
130. 本業 ↔ ( )	151. ( ) ↔ 幸運	172. 生花 ↔ ( )	193. 客觀 ↔ ( )
131. 紛爭 ↔ ( )	152. ( ) ↔ 熟面	173. 危險 ↔ ( )	194. 入港 ↔ ( )
132. 死後 ↔ ( )	153. ( ) ↔ 譯書	174. 暗示 ↔ ( )	195. 知的 ↔ ( )
133. 損失 ↔ ( )	154. ( ) ↔ 迎新	175. 前半 ↔ ( )	196. 着席 ↔ ( )
134. 實質 ↔ ( )	155. ( ) ↔ 新郞	176. 登場 ↔ ( )	197. 缺席 ↔ ( )
135. 安全 ↔ ( )	156. ( ) ↔ 好轉	177. 健康 ↔ ( )	198. 複數 ↔ ( )
136. 逆行 ↔ ( )	157. ( ) ↔ 排氣	178. 義務 ↔ ( )	199. 背恩 ↔ ( )
137. 溫暖 ↔ ( )	158. ( ) ↔ 分散	179. 物質 ↔ ( )	200. 積極 ↔ ( )
138. 遠心 ↔ ( )	159. ( ) ↔ 逆臣	180. 元金 ↔ ( )	201. 依存 ↔ ( )
139. 理想 ↔ ( )	160. ( ) ↔ 廢業	181. 我軍 ↔ ( )	202. 破壞 ↔ ( )
140. 自意 ↔ ( )	161. ( ) ↔ 恭待	182. 感情 ↔ ( )	203. 不法 ↔ ( )
141. 漸進 ↔ ( )	162. ( ) ↔ 死藏	183. 否認 ↔ ( )	204. 自律 ↔ ( )
142. 亂世 ↔ ( )	163. ( ) ↔ 默讀	184. 靈魂 ↔ ( )	205. 輕視 ↔ ( )
143. 敗戰 ↔ ( )	164. 善意 ↔ ( )	185. 退院 ↔ ( )	206. 否決 ↔ ( )
144. 許可 ↔ ( )	165. 高尙 ↔ ( )	186. 降等 ↔ ( )	
145. 不實 ↔ ( )	166. 解決 ↔ ( )	187. 高潔 ↔ ( )	

207. 擴大 ↔ ( )	221. 與黨 ↔ ( )	235. 偏頗 ↔ ( )	249. 僞本 ↔ ( )
208. 騰貴 ↔ ( )	222. 僅少 ↔ ( )	236. 將帥 ↔ ( )	250. 緯度 ↔ ( )
209. 慘敗 ↔ ( )	223. 竝列 ↔ ( )	237. 傍系 ↔ ( )	251. 拙作 ↔ ( )
210. 分析 ↔ ( )	224. 引繼 ↔ ( )	238. 騷亂 ↔ ( )	252. 執權 ↔ ( )
211. 特例 ↔ ( )	225. 嫌惡 ↔ ( )	239. 辛勝 ↔ ( )	253. 濁音 ↔ ( )
212. 初聲 ↔ ( )	226. 輪作 ↔ ( )	240. 濫讀 ↔ ( )	254. 懷疑 ↔ ( )
213. 契約 ↔ ( )	227. 妥當 ↔ ( )	241. 稚拙 ↔ ( )	255. 上昇 ↔ ( )
214. 抵抗 ↔ ( )	228. 遵法 ↔ ( )	242. 稚魚 ↔ ( )	256. 忽待 ↔ ( )
215. 引渡 ↔ ( )	229. 模倣 ↔ ( )	243. 漂流 ↔ ( )	257. 就寢 ↔ ( )
216. 韻文 ↔ ( )	230. 緩行 ↔ ( )	244. 干涉 ↔ ( )	258. 相逢 ↔ ( )
217. 抽象 ↔ ( )	231. 姦臣 ↔ ( )	245. 緩慢 ↔ ( )	259. ( ) ↔ 劣勢
218. 歲暮 ↔ ( )	232. 邦畫 ↔ ( )	246. 異議 ↔ ( )	260. ( ) ↔ 退職
219. 丘陵 ↔ ( )	233. 劣等 ↔ ( )	247. 濫用 ↔ ( )	261. ( ) ↔ 恒星
220. 卑賤 ↔ ( )	234. 滅亡 ↔ ( )	248. 罷場 ↔ ( )	

❖ 빈칸에 뜻이 같은 漢字(同訓字)를 써서 漢字語를 만드시오.

※ 정답은 98~99쪽에 있음

⊙ 유의결합어는 별표(*) 있는 單語를 먼저 풀고 나머지는 예상문제를 풀때에 미흡하면 더 하세요.

1. 單 ( )	39. 言 ( )	77. 困 ( )	*115. ( )策	153. ( )就
2. 怪 ( )	40. 居 ( )	78. 到 ( )	116. ( )擇	154. ( )與
3. 擔 ( )	41. 巨 ( )	79. 旅 ( )	*117. ( )覽	*155. ( )較
4. 區 ( )	42. 眼 ( )	80. 優 ( )	118. ( )規	*156. ( )耕
5. 逃 ( )	43. 根 ( )	81. 肉 ( )	119. ( )患	*157. ( )甚
6. 同 ( )	44. 精 ( )	82. 討 ( )	120. ( )列	*158. 增 ( )
7. 窮 ( )	45. 姿 ( )	83. 文 ( )	*121. ( )殿	159. 質 ( )
8. 分 ( )	46. 淸 ( )	*84. 恭 ( )	*122. ( )貌	160. 羅 ( )
9. 佛 ( )	47. 扶 ( )	85. 思 ( )	123. ( )律	161. 要 ( )
*10. 戀 ( )	48. 具 ( )	86. 衣 ( )	124. ( )受	162. 孤 ( )
11. 律 ( )	49. 均 ( )	87. 規 ( )	125. ( )盡	163. 談 ( )
12. 蓄 ( )	50. 傷 ( )	88. 土 ( )	126. ( )令	164. 道 ( )
13. 養 ( )	51. 朱 ( )	89. 創 ( )	127. ( )錄	165. 滅 ( )
*14. 抑 ( )	52. 暗 ( )	*90. 贊 ( )	128. ( )治	166. 海 ( )
15. 素 ( )	53. 空 ( )	*91. 貫 ( )	129. ( )籍	167. 財 ( )
16. 藝 ( )	54. 充 ( )	92. 群 ( )	130. ( )童	*168. 旋 ( )
*17. 壽 ( )	55. 施 ( )	93. 練 ( )	131. ( )察	169. 競 ( )
*18. 輸 ( )	*56. 尋 ( )	94. 料 ( )	*132. ( )久	170. 徒 ( )
19. 運 ( )	57. 處 ( )	95. 終 ( )	*133. ( )掠	171. 調 ( )
20. 援 ( )	58. 寒 ( )	96. 種 ( )	134. ( )暖	172. 生 ( )
21. 委 ( )	59. 政 ( )	97. 庭 ( )	135. ( )衛	173. 兵 ( )
22. 試 ( )	60. 存 ( )	98. 純 ( )	*136. ( )慣	174. 健 ( )
23. 村 ( )	*61. 隆 ( )	99. 階 ( )	*137. ( )牙	175. 音 ( )
24. 尺 ( )	62. 改 ( )	100. 報 ( )	*138. ( )釋	176. 攻 ( )
25. 責 ( )	63. 都 ( )	101. 附 ( )	139. ( )均	177. 退 ( )
26. 光 ( )	*64. 鼻 ( )	102. 偉 ( )	140. ( )留	178. 參 ( )
27. 集 ( )	65. 緣 ( )	103. 斷 ( )	141. ( )緣	179. 圖 ( )
28. 絶 ( )	66. 怨 ( )	*104. 釋 ( )	142. ( )轉	180. 敎 ( )
29. 接 ( )	67. 服 ( )	105. 議 ( )	143. ( )達	181. 到 ( )
30. 轉 ( )	68. 恩 ( )	106. 區 ( )	144. ( )息	*182. 尊 ( )
31. 殘 ( )	69. 鬪 ( )	107. 屈 ( )	*145. ( )脚	183. 繼 ( )
32. 資 ( )	70. 崇 ( )	108. 模 ( )	*146. ( )慈	184. 希 ( )
33. 認 ( )	71. 停 ( )	109. 等 ( )	147. ( )謠	185. 副 ( )
34. 統 ( )	72. 身 ( )	110. 虛 ( )	148. ( )髮	186. 至 ( )
35. 便 ( )	73. 申 ( )	*111. 慈 ( )	149. ( )覺	187. 念 ( )
36. 形 ( )	74. 帝 ( )	*112. 衰 ( )	150. ( )覽	188. 測 ( )
*37. 恒 ( )	75. 貯 ( )	*113. 潤 ( )	*151. ( )央	189. 製 ( )
38. 背 ( )	76. 授 ( )	*114. ( )壤	152. ( )際	190. 選 ( )

❖ 빈칸에 뜻이 같은 漢字(同訓字)를 써서 漢字語를 만드시오.

※ 정답은 99쪽에 있음

⊙ 유의결합어는 별표(*) 있는 單語를 먼저 풀고 나머지는 예상문제를 풀때에 미흡하면 더 하세요.

191. 樹 ( )	205. 收 ( )	* 219. 丈 ( )	* 233. ( ) 逸	* 247. ( ) 寧
192. 境 ( )	* 206. 微 ( )	* 220. 租 ( )	* 234. ( ) 廷	* 248. ( ) 祀
193. 保 ( )	* 207. 森 ( )	221. 材 ( )	* 235. ( ) 帥	* 249. ( ) 磨
194. 滅 ( )	* 208. 熟 ( )	* 222. 抵 ( )	* 236. ( ) 炎	* 250. ( ) 露
195. 想 ( )	* 209. 訣 ( )	* 223. 緊 ( )	* 237. ( ) 賀	* 251. ( ) 鋼
196. 堅 ( )	* 210. 削 ( )	* 224. 鎭 ( )	* 238. ( ) 哲	* 252. ( ) 惜
* 197. 奔 ( )	* 211. 喪 ( )	* 225. 顔 ( )	* 239. ( ) 値	* 253. ( ) 率
* 198. 壽 ( )	* 212. 企 ( )	* 226. 獲 ( )	* 240. ( ) 觸	* 254. ( ) 拔
* 199. 詳 ( )	* 213. 抑 ( )	* 227. 疏 ( )	* 241. ( ) 栽	* 255. ( ) 梁
* 200. 腐 ( )	* 214. 秩 ( )	* 228. 賦 ( )	* 242. ( ) 緖	* 256. ( ) 償
* 201. 鬼 ( )	* 215. 珠 ( )	229. 連 ( )	* 243. ( ) 偶	* 257. ( ) 牙
* 202. 拘 ( )	* 216. 征 ( )	230. ( ) 吏	244. ( ) 諾	* 258. ( ) 摘
* 203. 慣 ( )	* 217. 陳 ( )	* 231. ( ) 役	* 245. ( ) 淡	
* 204. 繁 ( )	* 218. 錯 ( )	* 232. ( ) 替	* 246. ( ) 絡	

❖ 빈칸에 뜻이 같은 漢字(同訓字)를 써서 漢字語를 만드시오.

* 259. 距 ( )	* 281. 混 ( )	* 303. 堤 ( )	* 325. 頻 ( )	* 347. ( ) 騰
* 260. 淨 ( )	* 282. 悔 ( )	* 304. 辨 ( )	* 326. 契 ( )	* 348. ( ) 爵
* 261. 紛 ( )	283. 凶 ( )	* 305. 茂 ( )	* 327. 隔 ( )	* 349. ( ) 換
* 262. 鋼 ( )	* 284. 稀 ( )	* 306. 返 ( )	* 328. 宰 ( )	350. ( ) 罪
* 263. 俊 ( )	* 285. 毁 ( )	* 307. 補 ( )	* 329. 娛 ( )	* 351. ( ) 遣
* 264. 贈 ( )	* 286. 攝 ( )	* 308. 需 ( )	* 330. 巡 ( )	* 352. ( ) 蔽
* 265. 徵 ( )	* 287. 滯 ( )	* 309. 墳 ( )	* 331. 謁 ( )	* 353. ( ) 尙
* 266. 免 ( )	* 288. 著 ( )	* 310. 朋 ( )	* 332. 審 ( )	354. ( ) 嚴
* 267. 尖 ( )	* 289. 衝 ( )	* 311. 賓 ( )	* 333. 透 ( )	* 355. ( ) 付
* 268. 添 ( )	* 290. 誓 ( )	* 312. 伸 ( )	* 334. 策 ( )	* 356. ( ) 贈
* 269. 超 ( )	* 291. 蓮 ( )	313. 樣 ( )	* 335. 紫 ( )	357. ( ) 候
270. 推 ( )	* 292. 祈 ( )	* 314. 循 ( )	* 336. 遙 ( )	358. ( ) 侯
* 271. 側 ( )	* 293. 劍 ( )	315. 嚴 ( )	* 337. 譽 ( )	* 359. ( ) 恣
272. 侵 ( )	* 294. 誕 ( )	* 316. 淳 ( )	* 338. 妥 ( )	* 360. ( ) 幕
* 273. 墮 ( )	* 295. 牽 ( )	* 317. 銳 ( )	* 339. 華 ( )	* 361. ( ) 斜
274. 探 ( )	* 296. 逝 ( )	* 318. 搖 ( )	* 340. ( ) 簿	362. ( ) 段
275. 包 ( )	297. 省 ( )	* 319. 憂 ( )	* 341. ( ) 索	363. ( ) 層
* 276. 販 ( )	298. 構 ( )	320. 怨 ( )	342. ( ) 圍	* 364. ( ) 彩
* 277. 弊 ( )	299. 段 ( )	321. 肉 ( )	* 343. ( ) 穫	* 365. ( ) 濯
* 278. 皮 ( )	* 300. 敦 ( )	* 322. 宜 ( )	* 344. ( ) 泊	* 366. ( ) 互
* 279. 嫌 ( )	* 301. 諒 ( )	* 323. 竊 ( )	* 345. ( ) 燒	* 367. ( ) 漫
* 280. 惠 ( )	* 302. 累 ( )	324. 修 ( )	* 346. ( ) 賴	* 368. ( ) 悟

※ 정답은 99쪽에 있음

❖ 빈칸에 뜻이 같은 漢字(同訓字)를 써서 漢字語를 만드시오.

369. ( )慮	381. ( )納	*393. ( )哀	*405. ( )聘	*417. ( )析
370. ( )援	*382. ( )殆	*394. ( )麗	406. ( )近	*418. ( )替
*371. ( )逮	383. ( )遇	*395. ( )猛	*407. ( )戚	*419. ( )恕
*372. ( )綱	*384. ( )讓	396. ( )任	*408. ( )姻	420. ( )聞
*373. ( )械	385. ( )擊	*397. ( )悅	*409. ( )皮	421. ( )納
374. ( )賊	*386. ( )勵	398. ( )知	*410. ( )裳	422. ( )着
*375. ( )須	*387. ( )倣	399. ( )喜	411. ( )歎	*423. 巖( )
*376. ( )礎	*388. ( )匹	*400. ( )寂	*412. ( )拒	*424. 携( )
*377. ( )殃	389. ( )更	*401. ( )齊	*413. ( )飾	*425. 愼( )
*378. ( )叛	*390. ( )托	*402. ( )了	*414. ( )僞	*426. 疫( )
*379. ( )裕	*391. ( )割	*403. ( )慧	415. ( )質	*427. 慨( )
*380. ( )靈	392. ( )評	404. ( )團	*416. ( )戲	*428. 敏( )

❖ 다음 ( )속에 알맞은 漢字를 써 넣어 故事成語(熟語)를 完成하시오.

※ 정답은 99쪽에 있음

1. 佳人薄( )	26. (주)耕(야)讀	51. (좌)之(우)之	76. 悠悠(자)(적)
2. 刻骨銘( )	27. 錦( )夜行	52. 鶴(수)(고)待	77. (심)(산)幽谷
3. 拍掌大( )	28. 恒茶飯( )	53. 喜(노)哀(락)	78. 群( )割據
4. 縱橫( )盡	29. (일)(장)春夢	54. ( )壤之差	79. 滅私奉( )
5. 進( )維谷	30. (경)擧妄(동)	55. 皮骨(상)(접)	80. (신)(출)鬼沒
6. (식)字憂(환)	31. 嚴妻侍( )	56. (수)(불)釋卷	81. 醉(생)夢(사)
7. 興亡( )衰	32. (구)(곡)肝腸	57. ( )身齊家	82. 巧(언)令(색)
8. 莫(상)莫(하)	33. (단)機之(교)	58. 一片丹( )	83. 群鷄( )鶴
9. 孤掌( )鳴	34. (노)氣衝(천)	59. 沙( )樓閣	84. (속)手(무)策
10. (백)(계)無策	35. 坐不(안)(석)	60. 一( )揮之	85. 窮( )之策
11. (금)石之(교)	36. 人(면)獸(심)	61. (삼)旬九(식)	86. 面( )腹背
12. 氷( )之間	37. (심)思熟(고)	62. ( )肉之策	87. ( )偏不黨
13. ( )刀直入	38. (표)裏不(동)	63. (지)命之(년)	88. 首丘( )心
14. 高臺( )室	39. (동)奔西(주)	64. (내)憂外(환)	89. (내)柔(외)剛
15. 紅爐點( )	40. 錦衣玉( )	65. (파)顏大(소)	90. 天(고)(마)肥
16. 君(위)(신)綱	41. (선)(견)之明	66. 犬(마)之(로)	91. 一( )貫之
17. 夫( )婦隨	42. 甲(남)乙(녀)	67. 優柔不( )	92. (설)(상)加霜
18. 勿失( )機	43. (권)謀(술)數	68. (부)爲(자)綱	93. (수)魚之(교)
19. ( )山之石	44. (삼)從之(도)	69. 抑(강)扶(약)	94. 姑(식)之(계)
20. 烏(합)之(졸)	45. (자)激之(심)	70. 隔( )之感	95. 同(가)(홍)裳
21. 鳥(족)之(혈)	46. (시)(종)一貫	71. 伯仲之( )	96. 日久月( )
22. 我田( )水	47. (길)(흉)禍福	72. 龍( )蛇尾	97. (현)(모)良妻
23. 傾(국)之色	48. 下(석)(상)臺	73. 兼(인)之(용)	98. ( )蘭之契
24. (파)邪顯(정)	49. (중)寡不(적)	74. (기)高(만)丈	99. ( )甲移乙
25. 泰(산)(북)斗	50. (일)日之(장)	75. (억)兆蒼(생)	100. (자)(중)之亂

101. 存(망)之(추)	115. 名( )相符	129. 蓋世之( )	143. 彼此( )般
102. 金( )湯池	116. 明若( )火	130. 錦(의)還(향)	144. (입)身揚(명)
103. 魚( )肉尾	117. 武陵桃( )	131. (대)(성)痛哭	145. 壽(복)(강)寧
104. ( )株待兎	118. ( )芳百世	132. (일)觸卽(발)	146. 不(지)其(수)
105. 轉禍(위)(복)	119. 龍( )鳳湯	133. 莫(역)之(우)	147. 晩時之( )
106. (숙)虎衝(비)	120. ( )忍不拔	134. (칠)(거)之惡	148. (과)猶(불)及
107. (등)高(자)卑	121. (동)(상)異夢	135. 坐井(관)(천)	149. (결)(자)解之
108. 隱忍(자)(중)	122. (곡)學阿(세)	136. (족)(탈)不及	150. (면)從腹(배)
109. (명)(재)頃刻	123. 易(지)(사)之	137. (오)車之(서)	151. 酒池(육)(림)
110. (여)履薄(빙)	124. 孤( )奮鬪	138. 滅( )奉公	152. 森( )萬象
111. 此(일)彼(일)	125. 漁(부)之(리)	139. (좌)衝(우)突	153. (국)泰(민)安
112. 克己(복)(례)	126. ( )載一遇	140. 浩(연)之(기)	154. 一刀(양)(단)
113. 不恥(하)(문)	127. 漸入佳( )	141. (파)竹之(세)	155. (감)之(덕)之
114. 夫爲( )綱	128. (목)不忍(견)	142. 臨機(응)(변)	

156. ( )慨無量	165. ( )禍召福	174. 乞(인)憐(천)	183. 一蓮托( )
157. (고)枕(안)眠	166. 乘( )長驅	175. 軒軒丈( )	184. 搖之( )動
158. 勸(선)懲(악)	167. 塞翁之( )	176. 錦上添( )	185. 脣亡( )寒
159. 累( )之危	168. ( )鼻三尺	177. ( )狗風月	186. ( )枯盛衰
160. ( )也靑靑	169. 傲霜( )節	178. 茫(연)自(실)	187. 烏(비)梨(락)
161. 罔極之( )	170. 梁上( )子	179. (사)分(오)裂	188. 日(가)日(부)
162. 朋(우)有(신)	171. ( )貪大失	180. 背(은)忘(덕)	189. 羊( )狗肉
163. 白骨( )忘	172. 貪( )汚吏	181. ( )八煩惱	190. 飽( )暖衣
164. 吟(풍)弄(월)	173. ( )蛇添足	182. 泥(전)(투)狗	191. 弘(익)人(간)

1. 變( )	13. 收( )	25. 興( )	37. 當( )	49. 兩( )
2. 價( )	14. 擔( )	26. 農( )	38. 來( )	50. 屬( )
3. 賢( )	15. 聲( )	27. 師( )	39. 寶( )	51. 獨( )
4. 擧( )	16. 麗( )	28. 醫( )	40. 陰( )	52. 鑛( )
5. 黨( )	17. 榮( )	29. 總( )	41. 關( )	53. 體( )
6. 藝( )	18. 業( )	30. 傳( )	42. 齒( )	54. 廳( )
7. 佛( )	19. 廣( )	31. 燈( )	43. 圖( )	55. 亂( )
8. 虛( )	20. 續( )	32. 實( )	44. 兒( )	56. 殘( )
9. 爲( )	21. 解( )	33. 參( )	45. 區( )	57. 證( )
10. 觀( )	22. 禮( )	34. 濟( )	46. 蟲( )	58. 脈( )
11. 餘( )	23. 權( )	35. 勞( )	47. 氣( )	59. 賣( )
12. 壓( )	24. 應( )	36. 鐵( )	48. 佛( )	60. 邊( )

다음 漢字의 略字를 쓰시오.

61. 寫 ( )	70. 驗 ( )	79. 晝 ( )	88. 黨 ( )	97. 嚴 ( )
62. 圍 ( )	71. 同 ( )	80. 覺 ( )	89. 覽 ( )	98. 獻 ( )
63. 條 ( )	72. 擇 ( )	81. 與 ( )	90. 僞 ( )	99. 離 ( )
64. 對 ( )	73. 錢 ( )	82. 勸 ( )	91. 辭 ( )	100. 臨 ( )
65. 戰 ( )	74. 歡 ( )	83. 緊 ( )	92. 單 ( )	101. 拂 ( )
66. 稱 ( )	75. 轉 ( )	84. 當 ( )	93. 從 ( )	102. 收 ( )
67. 舊 ( )	76. 號 ( )	85. 讀 ( )	94. 畫 ( )	103. 賢 ( )
68. 應 ( )	77. 會 ( )	86. 肅 ( )	95. 解 ( )	104. 監 ( )
69. 堅 ( )	78. 質 ( )	87. 無 ( )	96. 貌 ( )	105. 嚴 ( )

다음 漢字의 部首를 쓰시오.

※ 정답은 99쪽에 있음

1. 虎 ( )	18. 羅 ( )	35. 兆 ( )	52. 酉 ( )	69. 午 ( )
2 幹 ( )	19. 業 ( )	36. 鬼 ( )	53. 半 ( )	70. 失 ( )
3. 弄 ( )	20. 養 ( )	37. 獄 ( )	54. 未 ( )	71. 承 ( )
4. 以 ( )	21. 旦 ( )	38. 幸 ( )	55. 武 ( )	72. 享 ( )
5. 晝 ( )	22. 此 ( )	39. 寒 ( )	56. 條 ( )	73. 辛 ( )
6. 歷 ( )	23. 史 ( )	40. 戒 ( )	57. 孟 ( )	74. 平 ( )
7. 啓 ( )	24. 司 ( )	41. 之 ( )	58. 垂 ( )	75. 和 ( )
8. 含 ( )	25. 者 ( )	42. 再 ( )	59. 省 ( )	76. 化 ( )
9. 隔 ( )	26. 勝 ( )	43. 巨 ( )	60. 善 ( )	77. 丸 ( )
10. 凡 ( )	27. 申 ( )	44. 出 ( )	61. 聖 ( )	78. 全 ( )
11. 單 ( )	28. 奮 ( )	45. 默 ( )	62. 狀 ( )	79. 句 ( )
12. 京 ( )	29. 豪 ( )	46. 與 ( )	63. 商 ( )	80. 栽 ( )
13. 鮮 ( )	30. 其 ( )	47. 反 ( )	64. 卑 ( )	81. 載 ( )
14. 恭 ( )	31. 帥 ( )	48. 丙 ( )	65. 乘 ( )	82. 也 ( )
15. 免 ( )	32. 永 ( )	49. 步 ( )	66. 丈 ( )	83. 不 ( )
16. 丹 ( )	33. 去 ( )	50. 世 ( )	67. 將 ( )	
17. 墨 ( )	34. 興 ( )	51. 船 ( )	68. 威 ( )	

다음 漢字의 部首를 쓰시오.

84. 皆 ( )	95. 肩 ( )	106. 竟 ( )	117. 癸 ( )	128. 龜 ( )
85. 厥 ( )	96. 肯 ( )	107. 屯 ( )	118. 騰 ( )	129. 幾 ( )
86. 棄 ( )	97. 豈 ( )	108. 乃 ( )	119. 奈 ( )	130. 劣 ( )
87. 隷 ( )	98. 了 ( )	109. 鹿 ( )	120. 臨 ( )	131. 罔 ( )
88. 某 ( )	99. 冒 ( )	110. 卯 ( )	121. 蜜 ( )	132. 辨 ( )
89. 飜 ( )	100. 賓 ( )	111. 巳 ( )	122. 庶 ( )	133. 召 ( )
90. 孰 ( )	101. 厄 ( )	112. 殉 ( )	123. 戌 ( )	134. 面 ( )
91. 子 ( )	102. 庸 ( )	113. 玆 ( )	124. 爵 ( )	135. 云 ( )
92. 哉 ( )	103. 且 ( )	114. 斥 ( )	125. 肖 ( )	136. 妾 ( )
93. 丑 ( )	104. 臭 ( )	115. 罷 ( )	126. 亞 ( )	137. 互 ( )
94. 縣 ( )	105. 亏 ( )	116. 奚 ( )	127. 巷 ( )	138. 旱 ( )

❀ 다음은 같은 意味의 四字成語입니다. ( )속에 알맞은 漢字를 써 넣으시오.

※ 정답은 99쪽에 있음

◆ 남을 속이는 언행
1. 甘言利( )
2. 巧言令( )

◆ 평범한 사람들
3. 甲( )乙女
4. 匹夫匹( )
5. 張( )李四
6. 凡( )凡婦

◆ 자연의 좋은 경치
7. 江( )煙波
8. ( )風明月
9. 山紫( )明

◆ 잘못을 고침
10. ( )過遷善
11. ( )過必改

◆ 불행에 대비함
12. 居安思( )
13. 有備無( )

◆ 세상변화가 큼
14. 隔( )之感
15. 桑田碧( )
16. ( )昔之感

◆ 매우 놀랍고 새로운 일
17. ( )人未踏
18. 前代未( )
19. ( )天荒
20. ( )曾有

◆ 마음 속에 원한이 가득함
21. 切( )腐心
22. 千秋之( )
23. 徹( )之恨
24. 含憤蓄( )

◆ 법령이 자주 바뀜
25. ( )令暮改
26. 朝變( )改

◆ 원인에 따라 결과가 주어짐
27. 種豆( )豆
28. 種瓜( )瓜
29. ( )果應報

◆ 순국정신
30. 見危授( )
31. 見危( )命

◆ 절세미인
32. 花容月( )
33. 傾國之( )
34. 丹脣皓( )
35. ( )世佳人
36. ( )城之色

◆ 외로운 처지
37. 孤立無( )
38. 無( )無托
39. 四顧無( )
40. 孤城( )日

◆ 말을 거침없이 잘함
41. 靑山( )水
42. 懸河之( )

◆ 일시적인 계책
43. 臨機應( )
44. 姑( )之計
45. 凍足( )尿
46. 下石( )臺

◆ 한 바탕의 헛된 꿈
47. ( )生之夢
48. 一( )春夢

◆ 기다리기 매우 지루함
49. 何待( )年
40. 鶴首( )待
51. 百年( )淸

◆ 경치가 좋은 시기
52. 花朝月( )
53. 陽春佳( )

◆ 단단하여 흔들리지 않음
54. 確固不( )
55. ( )固不拔

◆ 인생의 무상함
56. 會者定( )
57. 生者必( )
58. 盛者( )衰

◆ 학문에 힘씀
59. 手不釋( )
60. 晝耕夜( )
61. 晴耕( )讀
62. 螢( )之功
63. 韋編三( )

◆ 혼자서는 할 수 없음
64. ( )掌難鳴
65. ( )不將軍

◆ 호의호식 편안하게 삶
66. 高枕( )眠
67. 高枕( )憂
68. ( )枕而臥

◆ 혈족끼리 다툼
69. 同( )相殘
70. 骨肉相( )
71. 自中之( )

◆ 세상에 있을 수 없는 일(것)
72. 空前絶( )
73. ( )無後無
74. 前代未( )
75. ( )人未踏

◆ 정도가 지나치면 오히려 해가 됨
76. 矯角( )牛
77. ( )猶不及
78. 矯枉過( )

◆ 동에 번쩍 서에 번쩍
79. 縱橫無( )
80. 自( )自在
81. ( )出鬼沒

◆ 겉과 속이 다름
82. ( )蜜腹劍
83. ( )從腹背
84. 笑裏( )刀
85. ( )裏不同

◆ 미인은 명이 짧음
86. ( )人薄命
87. ( )人薄命
88. ( )顔薄命

◆ 은혜를 잊지 못함
89. ( )骨難忘
90. ( )骨難忘
91. 結( )報恩

◆ 자기합리화
92. 牽( )附會
93. 我田( )水

◆ 융통성이 없음
94. 刻舟( )劍
95. ( )株待兎
96. 尾生之( )

◆ 어쩔 수 없는 형세
97. 騎虎之( )
98. 虎尾難( )

◆ 절친한 친구
99. ( )蘭之交
100. 水( )之交
101. 肝膽( )照
102. ( )己之友
103. 莫( )之友
104. 竹馬( )友
105. ( )石之交

◆ 몹시 화가 남
106. 發憤忘( )
107. ( )發大發
108. 怒氣( )天
109. ( )髮衝冠

◆ 도둑이나 불한당
110. ( )林豪傑
111. 梁( )君子
112. 無本大( )

◆ 윗 사람을 섬기는 겸손한 마음
113. 犬馬之( )
114. 犬( )之心
115. 狗( )之心

◆ 나라 일을 경륜하고 세상을 구제함
116. ( )國濟世
117. 經世濟( )
118. 濟世( )民

다음은 같은 意味의 四字成語입니다. ( )속에 알맞은 漢字를 써 넣으시오.

※ 정답은 99쪽에 있음

◆ 우열을 가리기 힘듦
1. 莫上莫( )
2. 伯仲之( )
3. 難( )難弟

◆ 부모에 대한 그리움
4. 風( )之歎
5. 望( )之情
6. 白( )孤飛

◆ 면학에 대한 엄중한 권계
7. 孟母( )機
8. 斷機之( )
9. 孟母( )遷
10. 三遷之( )

◆ 못할 일이 없음
11. 無所不( )
12. 無( )不能

◆ 학문이 넓고 식견이 많음
13. 博學多( )
14. 無不通( )
15. 無( )不知

◆ 미미한 존재
16. 九牛一( )
17. ( )載斗量
18. 大( )一粟

◆ 뛰어난 존재
19. 群鷄一( )
20. ( )山北斗

◆ 환경의 영향을 받게됨
21. ( )墨者黑
22. 脣亡( )寒
23. 近朱者( )
24. ( )狗風月

◆ 변하지 않는 약속
25. 金石盟( )
26. 金石之( )

◆ 쳐 부수기 어려운 성지(城地)
27. 金( )湯池
28. 金城鐵( )
29. 難( )不落

◆ 출세하여 고향에 돌아옴
30. 錦衣還( )

31. 錦衣之( )

◆ 확실한 사실
32. 不( )可知
33. 明若( )火

◆ 길이 사방 팔방으로 통해 있음
34. 四通五( )
35. ( )通八達
36. 四方八( )

◆ 세상의 변화는 예측하기 힘듦
37. 塞翁之( )
38. 轉禍爲( )
39. ( )枯盛衰

◆ 작은 것을 탐하다가 큰 것을 잃음
40. 小貪大( )
41. 矯角( )牛

◆ 화근거리를 키움
42. 養虎遺( )
43. 自業自( )

◆ 자기 분수를 알고 만족함
44. 安分知( )
45. 安貧樂( )

◆ 교만한 행동
46. ( )下無人
47. 傍若( )人

◆ 매우 위태로움
48. 累卵之( )
49. 累( )之危
50. 風前( )火
51. 一觸卽( )
52. ( )在頃刻

◆ 길거리에 떠도는 뜬 소문
53. 道( )塗說
54. ( )談巷說

◆ 매우 바쁜 생활
55. 東奔西( )
56. ( )行北走
57. 南船( )馬

◆ 제삼자에게 화가 미침
58. 池( )之殃
59. 殃及池( )
60. 漁網鴻( )

◆ 아무리 말해도 소용없음
61. ( )耳東風
62. 牛耳( )經
63. 對牛( )琴

◆ 여러 사람의 말이 한결같음
64. 異口同( )
65. ( )出一口

◆ 학문이나 재주가 갑자기 늘어남
66. 日就月( )
67. 日進月( )

◆ 한가지 일로서 두가지 이득을 얻음
68. 一( )兩得
69. 一石二( )

◆ 두개의 사물이 가까운 거리에 존재함
70. 一牛鳴( )
71. 一衣帶( )
72. ( )呼之間

◆ 출세하여 이름을 날림
73. 立身揚( )
74. 立身出( )

◆ 고향을 그리워 함
75. 首丘( )心
76. 胡馬( )北

◆ 작은 것도 쌓이면 크게 됨
77. 積小成( )
78. 積土成( )
79. ( )塵成山
80. 積水成( )淵
81. 塵合( )山

◆ 가혹한 정치
82. 民生塗( )
83. 塗炭之( )

◆ 전혀 모르는 사람
84. ( )面不知
85. ( )面之識

◆ 북받치는 슬픔과 분노
86. ( )聲大哭
87. ( )聲痛哭

◆ 많은 장서(책)
88. 五( )之書
89. 汗牛( )棟

◆ 아무리 애써도 성사시키기 어려움
90. 百年河( )
91. 漢江( )石
92. 勞而無( )

◆ 가정에서의 부부화합을 강조하는 말
93. ( )翼連理
94. ( )唱婦隨
95. 女必( )夫

◆ 화합 할 수 없는 사이
96. 不俱戴( )
97. 不( )戴天
98. 氷( )之間

◆ 온갖 고생을 함
99. 百戰老( )
100. 天辛萬( )
101. 天苦萬( )
102. 山戰( )戰

◆ 아주 큰 차이
103. 天壤之( )
104. ( )壤之判
105. ( )泥之差

◆ 온갖 가지의 사물
106. 千差萬( )
107. 千態萬( )

◆ 같은 처지의 사람
108. 草( )同色
109. 類類相( )

◆ 따끔한 충고
110. 寸鐵( )人
111. 頂( )一針

◆ 엉뚱한 제삼자가 이익을 얻음
112. 漁父之( )
113. 犬兎之( )

◆ 자연과 더불어 즐김
114. 閑雲( )鶴
115. 梅妻鶴( )
116. 吟風弄( )
117. 悠悠( )適

※ 정답은 100쪽에 있음

1. 干城之( )	18. 談笑自( )	35. 屋烏之( )	52. 綠衣( )裳
2. 口尙( )臭	19. 淡水之( )	36. 屋下架( )	53. 弄瓦之( )
3. 徹天之( )	20. ( )鹿爲馬	37. 兼聽則( )	54. 百年佳( )
4. 赤手( )拳	21. ( )顔無恥	38. 自( )自棄	55. 知難而( )
5. ( )鏡之歎	22. 後生( )畏	39. 對症下( )	56. 有耶( )耶
6. ( )弄成眞	23. 七( )之才	40. 中( )逐鹿	57. 遺臭( )年
7. 死而後( )	24. ( )必有隣	41. 枯木( )灰	58. 瓦合之( )
8. 使人勿( )	25. 道傍( )李	42. 妻( )子獄	59. 舉( )齊眉
9. 三人成( )	26. 布( )之交	43. 讀書尙( )	60. 欲速不( )
10. 追( )江南	27. ( )雲之會	44. 肝腦塗( )	61. 欲取先( )
11. ( )鳴狗盜	28. 風前( )燭	45. 人琴之( )	62. 國土( )雙
12. 老馬之( )	29. ( )而知之	46. 人飢( )飢	63. ( )不拾遺
13. ( )柳墻花	30. 乾( )水生	47. 日暮途( )	64. 柔能( )剛
14. 敬而( )之	31. ( )兎之勢	48. 伯( )一顧	65. ( )水不腐
15. ( )狗莫追	32. 桃園( )義	49. ( )世之師	66. 唯我( )尊
16. 伴( )宰相	33. 背水之( )	50. 置之度( )	67. 是( )之心
17. 抱腹( )倒	34. 城( )之盟	51. 非夢( )夢	68. 龍蛇( )騰

※ 정답은 100쪽에 있음

69. 同( )連枝	85. 眼中之( )	101. 一飯( )金	117. 燕雁( )飛
70. 十伐之( )	86. 咸興差( )	102. 五( )霧中	118. 吾不( )焉
71. ( )日之菊	87. 見( )如渴	103. 女尊男( )	119. 左顧右( )
72. 昏定晨( )	88. 見( )從之	104. ( )獸猶鬪	120. 羽化登( )
73. ( )禍之門	89. 一樹( )穫	105. 骨肉之( )	121. 雲泥之( )
74. 斯文( )賊	90. ( )葉片舟	106. 過恭非( )	122. 行不( )徑
75. 捨生( )義	91. 言笑自( )	107. 忽( )忽沒	123. 虛( )孟浪
76. ( )讓之心	92. ( )不干涉	108. 六尺之( )	124. 畫虎( )狗
77. 壽則( )辱	93. 無( )之用	109. ( )氣揚揚	125. 黃口( )臭
78. 勿輕小( )	94. 拔山蓋( )	110. 喪( )之狗	126. 萬事( )矣
79. 赤( )之心	95. 知( )不辱	111. 傷弓之( )	127. 晚食( )肉
80. ( )國之音	96. 借聽人( )	112. 同而不( )	128. ( )毫之末
81. 亡( )之歎	97. 望梅( )渴	113. 抑强扶( )	129. 出沒( )雙
82. 忘年之( )	98. ( )雲之情	114. 明哲保( )	130. 徹( )徹尾
83. 良禽( )木	99. 梅妻鶴( )	115. 毛遂( )薦	
84. 愚公( )山	100. 廢寢忘( )	116. 楊( )之狗	

다음 漢字語의 同音異義語를 쓰되 제시된 뜻에 맞게 쓰시오.

※ 정답은 100쪽에 있음

1. 假定 − (   ) : 한 집안의 가족 전체
2. 事後 − (   ) : 죽은 뒤
3. 檢事 − (   ) : 옳고 그름과 좋고 나쁨을 검토하거나 조사하여 판정함
4. 造化 − (   ) : 서로 잘 어울림. 균형이 잘 잡힘
5. 動靜 − (   ) : 남의 불행이나 슬픔 따위를 자기 일처럼 생각하여 위로함
6. 厚謝 − (   ) : 뒷일
7. 同化 − (   ) : 어린이를 위해 쓴 이야기
8. 經費 − (   ) : 미리 살피고 지킴
9. 印象 − (   ) : 물건 값, 요금, 봉급 등을 올림
10. 自首 − (   ) : 자기 혼자의 노력이나 힘
11. 交感 − (   ) : 교장을 보좌하여 학교 일을 감독하는 직책
12. 在庫 − (   ) : 다시 한 번 생각함
13. 開庭 − (   ) : 바르게 고침
14. 科擧 − (   ) : 지나간 때
15. 人士 − (   ) : 남에게 공경하는 뜻으로 하는 예
16. 對備 − (   ) : 서로 맞대어 비교함
17. 教師 − (   ) : 학교의 건물
18. 時機 − (   ) : 정해진 때
19. 寶庫 − (   ) : 자기 임무에 대해서 윗사람에게 알림
20. 弱國 − (   ) : 약을 지어주는 곳
21. 毒酒 − (   ) : 경주에서 남을 앞질러 혼자 달림
22. 告知 − (   ) : 높은 땅
23. 野戰 − (   ) : 밤에 싸우는 전투
24. 演技 − (   ) : 물건이 탈 때에 빛깔이 있는 기체
25. 文句 − (   ) : 문방구의 준말

26. 補修 − (   ) : 오랜 습관 제도 등을 그대로 지킴
27. 招待 − (   ) : 어떤 계통의 첫 번째 사람
28. 否認 − (   ) : 결혼한 여자
29. 家名 − (   ) : 거짓 이름
30. 感査 − (   ) : 감독하고 검사함
31. 厚待 − (   ) : 뒷 세대
32. 年賀 − (   ) : 나이가 아래임
33. 大使 − (   ) : 큰 일
34. 病歷 − (   ) : 군대의 힘
35. 私有 − (   ) : 일의 까닭
36. 遺傳 − (   ) : 석유가 나는 곳
37. 死傷 − (   ) : 생각, 의견
38. 半身 − (   ) : 반쪽 믿음
39. 司會 − (   ) : 공동생활을 하는 인간의 집단
40. 拾得 − (   ) : 배워 터득함
41. 國史 − (   ) : 나라의 중대한 일
42. 待機 − (   ) : 지구 둘레를 싸고 있는 공기
43. 異常 − (   ) : 이성으로 생각할 수 있는 사물의 가장 완전한 상태나 모습
44. 假裝 − (   ) : 집안 어른
45. 解散 − (   ) : 아이를 낳는 일
46. 稅收 − (   ) : 낯을 씻음
47. 武器 − (   ) : 무기한
48. 綠陰 − (   ) : 소리를 재생할 수 있도록 기계로 기록하는 일
49. 異性 − (   ) : 사물의 이치를 논리적으로 판단하는 능력
50. 資源 − (   ) : 자기 스스로 하고자 바람
51. 對韓 − (   ) : 24절기의 하나, 극심한 추위

다음 漢字語의 同音異義語를 한 가지씩 쓰시오. (長短音 관계없음)

52. 力士 − ( )	59. 洋書 − ( )	66. 感謝 − ( )	73. 景氣 − ( )
53. 步道 − ( )	60. 醫師 − ( )	67. 恭遜 − ( )	74. 家名 − ( )
54. 古史 − ( )	61. 神父 − ( )	68. 情夫 − ( )	75. 懷疑 − ( )
55. 拒否 − ( )	62. 最古 − ( )	69. 病源 − ( )	76. 故事 − ( )
56. 壯觀 − ( )	63. 經路 − ( )	70. 浮上 − ( )	77. 拒否 − ( )
57. 發展 − ( )	64. 實名 − ( )	71. 長者 − ( )	78. 弔旗 − ( )
58. 聲明 − ( )	65. 死後 − ( )	72. 弔花 − ( )	79. 頂上 − ( )

80. 造船－( )	88. 早起－( )	96. 弔喪－( )	104. 公使－( )
81. 享有－( )	89. 級數－( )	97. 厚待－( )	105. 斜陽－( )
82. 榮華－( )	90. 交感－( )	98. 公布－( )	106. 神父－( )
83. 洋書－( )	91. 燃燒－( )	99. 傳記－( )	107. 同期－( )
84. 構造－( )	92. 入荷－( )	100. 力士－( )	108. 秀才－( )
85. 延長－( )	93. 辭典－( )	101. 散星－( )	109. 壯觀－( )
86. 歌詞－( )	94. 燒失－( )	102. 警戒－( )	110. 誰何－( )
87. 恒久－( )	95. 經路－( )	103. 同化－( )	

❖ 다음 漢字語의 同音異義語를 쓰되 제시된 뜻에 맞게 쓰시오.

111. 私設－( ) : 공인되지 않은 개인의 학설이나 의견

112. 家具－( ) : 주거와 생계를 같이하는 단위

113. 家務－( ) : 노래와 춤

114. 拘束－( ) : 야구에서 투수가 던지는 공의 속도

115. 政黨－( ) : 바르고 마땅함

116. 古都－( ) : 높은 정도

117. 士氣－( ) : 역사적인 사실을 적어놓은 책

118. 實業－( ) : 생업을 잃음

119. 睡眠－( ) : 물의 표면

120. 大將－( ) : 큰 창자

121. 上面－( ) : 서로 대면함

122. 天災－( ) : 태어날 때부터 뛰어난 재주를 가진 사람

123. 家系－( ) : 집안살림에 쓰는 수입과 지출 상태

124. 單式－( ) : 음식을 먹지 아니함

125. 國家－( ) : 한 국가를 대표하는 노래

126. 强盜－( ) : 강한 정도

127. 通貨－( ) : 전화로 말을 주고 받음

128. 防火－( ) : 일부러 불을 지름

129. 原稿－( ) : 소송을제기하여 재판을 청구한 사람

130. 好轉－( ) : 싸우기를 좋아함

131. 首相－( ) : 상을 받음

132. 辭意－( ) : 고마움을 표하는 마음

133. 假裝－( ) : 집안 어른

134. 認定－( ) : 사람이 본디 지니고 있는 감정

135. 同窓－( ) : 동쪽으로 난 창

136. 守衛－( ) : 물의 높이

137. 新裝－( ) : 키

138. 果實－( ) : 잘못이나 허물

139. 同時－( ) : 어린이의 정서를 읊은 시

140. 事故－( ) : 생각하는 일

141. 防衛－( ) : 동서남북의 방향

142. 消化－( ) : 불을 끔

143. 享壽－( ) : 화장품의 하나

144. 可恐－( ) : 원료나 재료에 손을 더해 새로 만듦

145. 同心－( ) : 어린이의 마음

146. 初代－( ) : 남을 청하여 대접함

147. 晨星－( ) : 매우 거룩하고 성스러움

148. 不渡－( ) : 여자가 마땅히 지켜야 할 도리

149. 但只－( ) : 주택, 공장, 작물재배지 등을 집단적으로 형성한 곳

150. 騎手－( ) : 대열의 앞에 서서 기를 드는 일을 맡은 사람

151. 動搖－(　　　) : 아이들이 부르는 노래

152. 詐欺－(　　　) : 역사적인 사실을 적어놓은 책

153. 負荷－(　　　) : 남의 아래에서 그의 명령에 따라 움직이는 사람

154. 凍太－(　　　) : 움직이는 상태

155. 思惟－(　　　) : 개인의 소유

156. 糖度－(　　　) : 어떠한 곳이나 일에 이름

157. 諒知－(　　　) : 볕이 바로 드는 땅

158. 傳播－(　　　) : 적외선 이상의 파장을 가지는 전자기파

159. 陳腐－(　　　) : 참 됨과 그러하지 못함

160. 禪院－(　　　) : 선박의 승무원

161. 桃李－(　　　) : 어떤 입장에서 마땅히 지켜야 할 바른 길

162. 遙遠－(　　　) : 필요한 인원

163. 相互－(　　　) : 상인이 영업상 자기를 나타내는데 쓰는 이름

164. 斜線－(　　　) : 죽을 고비

165. 大暑－(　　　) : 남을 대신하여 문서따위를 씀

166. 凍傷－(　　　) : 금·은·동으로 상의 등급을 이름지었을 때의 3등상

167. 睡眠－(　　　) : 물의 표면

168. 騎士－(　　　) : 신문·잡지 등에 실리어 어떠한 사실을 알리는 글

169. 單騎－(　　　) : 짧은 기간

170. 奚琴－(　　　) : 금하던 것을 품

171. 厄禍－(　　　) : 기체가 냉각, 압축되어 액체로 변하는 현상

172. 營舍－(　　　) : 영화나 환등 따위의 필림의 상을 영사막에 비치어 나타냄

173. 扶桑 : 상장과 정식상(賞) 외에 따로 덧붙여 주는 상 ---------------------------------- [　　]

174. 斯界 : 사철(봄·여름·가을·겨울) ---------------- [　　]

175. 絹本 : 본보기가 되는 물건, 샘플 --------- [　　]

176. 凍害 : 대한민국의 영해에 속한 동쪽바다 ------ [　　]

177. 忌日 : 기약한 날 -------------------------- [　　]

178. 享有 : 화장품으로 쓰인 향기로운 기름 -------- [　　]

179. 透寫 : 싸움터나 경기장에서 싸우려고 나선 사람 [　　]

180. 弔花 : 이것과 저것이 서로 고루게 잘 어울림 [　　]

181. 零世 : 영원한 세대나 세월 ------------------- [　　]

182. 伸縮 : 새로 지음 ----------------------------- [　　]

183. 丹脣 : 간단하여 복잡하지 아니함 --------------- [　　]

184. 判徒 : 삼면이 바다로 둘러싸이고 한 면은 육지에 이어진 땅 ------------------------------ [　　]

185. 豆腐 : 머리 부분 -------------------------- [　　]

186. 亂刺 : 성숙한 난세포, 밑씨 --------------- [　　]

187. 辛苦 : (해당기관에 일정한 사실을)알리는 일 ------------------------------- [　　]

188. 顧問 : 옛글 ------------------------------- [　　]

189. 透水 : 야구경기에서 공을 던지는 선수 -------- [　　]

190. 曉星 : 마음을 다하여 부모를 섬기는 정성 ------ [　　]

191. 打倒 : 다른 도(道) ---------------------- [　　]

192. 仲兄 : 아주 무거운 형벌 ------------------- [　　]

193. 債券 : 채권자가 채무자에게 급부(돈)를 청구할 수 있는 권리 ------------------------- [　　]

194. 引導 : 사람만 다니도록 도로 양쪽에 낸 길 --- [　　]

195. 紫朱 : 남의 간섭을 받지 아니하고 스스로 자기 일을 처리함 --------------------------- [　　]

196. 投棄 : 확신도 없이 요행만 바라고 큰 이익을 얻으려 함 -------------------------------- [　　]

197. 解凍 : 옛날에 우리나라를 이르던 이름(발해의 동쪽이란 뜻) -------------------------- [　　]

198. 中庸 : 매우 소중하게 쓰임 ------------------- [　　]

199. 傲氣 : 잘못 기록함 ------------------------- [　　]

각 유형별 문제익히기 [83쪽] 〈독음쓰기〉

1.참여 2.삼조 3.징벌 4.소각 5.겸허 6.강설 7.항복 8.표류 9.동계 10.탁지 11.정도 12.노쇠 13.생애 14.피뢰 15.귀선 16.귀감 17.균열 18.매복 19.양방 20.휴대 21.색출 22. 삭막 23.서정 24.서기 25.독서 26.구두 27.간척 28.탁본 29.폭리 30.포악 31.남색 32.만약 33.반야 34.연맹 35.당돌 36.요새 37.폐색 38.은괴 39.입도 40.십억 41.습득 42.간통 43.체포 44.행동 45.항렬, 행렬 46.확장 47.봉밀 48.마의 49.북두 50.패배 51.간선 52.위반 53.필수 54.투숙 55.성수 56.조세 57.개탄 58.흡수 59.엽차 60.다방 61.포획 62.배치 63. 침투 64.중매 65.설명 66.유세 67.열락 68.권장 69.파업 70.배알 71.주택 72.댁내 73.엽총 74.한해 75.계류 76.추진 77.퇴고 78.번잡 79.승선 80.묵인 81.인솔 82.능률 83.호적 84.자객 85.척살 86.필경 87.백부 88.타협 89.편리 90.변소 91.자태 92.수양 93.절단 94.일체 95.강등 96.억류 97.낭설 98.반성 99.생략 100.통철 101.승낙 102.비료 103.나침반 104.당분 105.설탕 106.담백 107.겸직 108.희미 109.이원 110.현상 111.상장 112.새옹 113.구축 114.지식 115.표지 116.이행 117.갱신 118.변경 119.천냥 120.임진 121.생신 122.해구 123.탁류 124.훼손 125.동장 126.통찰 127.취미 128.완충 129.창파 130.부흥 131.복구 132.과순 133.유도 134.파종 135.살생 136.상쇄 137.비결 138.편승 139.이면 140.포고 141.보시 142.고집 143.제사 144.침몰 145.심씨 146.잔상 147.망언 148건조 149.불사 150.내시

각 유형별 문제익히기 [84~85쪽] 〈반의결합어〉

1.閉 2.異,他 3.誤 4.多 5.集,會 6.支 7.戰 8.受 9.學 10.實 11.別 12.給 13.夜 14.密 15.福 16.首,頭 17.重 18.亡 19.滅 20.現 21.使 22.弟 23.非 24.急 25.行 26.海 27.着 28.卒,兵 29.退 30.降 31.降 32.足 33.罰 34.過 35.近 36.悲 37.斷,切 38.益 39.心 40.易 41.冷 42.防,守 43.夕 44.危 45.凶 46.失 47.野 48.恩 49.反 50.末,終 51.亡 52.他,至 53.直 54.婦 55.合 56.送 57.榮 58.眞 59.遠 60.任 61.降 62.貴 63.單 64.賢 65.順,忠 66.公 67.夫 68.官 69.問 70.愛 71.賣 72.文 73.表 74.陰 75.新 76.貧 77.春 78.可 79.呼 80.京 81.寒 82.眞 83.長 84.往 85.尊 86.主 87.早 88.集 89.衆 90.起 91.喜 92.加,增 93.天 94.深 95.苦 96.向,腹 97.當 98.動 99.陸 100.將 101.自 102.盛 103.近 104.明 105.興,存 106.干 107.往,去 108.因 109.善 110.勞 111.甘 112.强 113.攻 114.班 115.死 116.勝 117.勝 118.心 119.自 120.利 121.本 122.主 123.出 124.主 125.是 126.臣 127.往 128.學 129.靑 130.落 131.敗 132.來 133.背,後 134.樂 135.夕 136.農 137.害 138.孫 139.背 140.今 141.肉 142.老,長 143.存 144.集 145.天 146.淸 147.干 148.溫 149.生 150.起 151.賞 152.方 153.榮 154.伸 155.起 156.今 157.勤 158.出 159.取 160.厚 161.閑 162.田 163.優 164.攻 165.叔 166.美 167.經 168.慶 169.愛 170.隱 171.落 172.海 173.降 174.降 175.秋 176.縮 177.着 178.速 179.揚 180.決 181.背 182.俗

각 유형별 문제익히기 [85~86쪽] 〈상대어〉

1.難調 2.許多 3.攻勢 4.當選 5.統合 6.凶年 7.親政 8.完備 9.確然 10.開放 11.動的 12.實在 13.過去 14.獨立 15.支線 16.天國 17.內容 18.減退 19.短篇 20.複合 21.惡意 22.不幸 23.自然 24.希望 25.用言 26.加入 27.敗北 28.幸運 29.夜間 30.分擔 31.應壯 32.間接 33.減少 34.不當 35.物質 36.降等 37.平等 38.轉入 39.退場 40.短點 41.極貧 42.現實 43.急行 44.低調 45.未來 46.獨白 47.老練 48.散在 49.富貴 50.非番 51.親近 52.惡材 53.朗讀 54.子正 55.私的 56.怨恨 57.解答 58.有形 59.結果 60.異常 61.苦痛 62.平和 63.單純 64.同性 65.操心 66.冷情 67.能動 68.開放 69.直線 70.短命 71.全體 72.所得 73.消火 74.樂觀 75.貧者 76.絶望 77.生産 78.統合 79.眞實 80.現實 81.最終 82.進化 83.退步 84.下降 85.公開 86.原告 87.友好 88.故意 89.樂觀 90.結果 91.口語 92.統合 93.失敗 94.終着 95.必然 96.恩惠 97.原理 98.祖國 99.經常 100.平面 101.手動 102.連結 103.減退 104.反對 105.非難 106.集合 107.暗黑 108.眞談 109.武官 110.密接 111.改革, 革新 112.絶對 113.後天 114.難解 115.不良 116.近海 117.正統 118.表面 119.自然 120.出金 121.後進 122.收入 123.處女 124.進步 125.低下 126.近接 127.前生 128.深夜 129.生成 130.副業 131.和解 132.生前 133.利得 134.形式 135.危險 136.順行 137.寒冷 138.求心 139.現實 140.他意 141.急進 142.治世 143.勝戰 144.禁止 145.充實 146.舊式 147.單純 148.單式 149.物質 150.加重 151.悲運 152.生面 153.原書 154.送舊 155.新婦 156.惡化 157.吸氣 158.集合 159.忠臣 160.開業 161.下待 162.活用 163.朗讀 164.惡意 165.低俗 166.未決 167.承認 168.容易 169.同居 170.保守 171.冷情 172.造花 173.安全 174.明示 175.後半 176.退場 177.病弱 178.權利 179.精神 180.利子 181.敵軍 182.理性 183.是認 184.肉身,肉體 185.入院 186.進級 187.低俗 188.小人 189.合同 190.流動 191.子音 192.閉會 193.主觀 194.出港 195.情的 196.起立 197.出席 198.單數 199.報恩 200.消極 201.自立 202.建設 203.合法 204.他律 205.重視 206.可決 207.縮小 208.下落 209.快勝 210.統合 211.常例 212.終聲 213.解止 214.服從 215.引受 216.散文 217.具體 218.年頭 219.平地 220.尊貴 221.野黨 222.過多 223.直列 224.引受 225.愛好 226.連作 227.否當 228.犯法 229.創造 230.急行 231.忠臣 232.外畫 233.優等 234.興起 235.公平 236.兵卒 237.直系 238.靜肅 239.樂勝 240.精讀 241.洗練 242.成魚 243.定着 244.放任 245.急激 246.同議 247.節約 248.開場 249.眞本 250.經度 251.傑作 252.失權 253.淸音 254.確信 255.下降 256.厚待 257.起床 258.離別 259.優勢 260.就職 261.流星

각 유형별 문제익히기 [87~88쪽] 〈유의결합어〉

1.獨,一 2.奇 3.任 4.分,別 5.亡,避 6.等 7.極 8.別,離 9.寺 10.愛,慕 11.法 12.積 13.育 14.壓 15.朴,質 16.術,技 17.命 18.送 19.動 20.助 21.任 22.驗 23.落 24.度 25.任 26.景 27.合 28.斷 29.續 30.移 31.餘 32.質,財 33.識 34.合 35.安 36.狀,態 37.常 38.後 39.語 40.住,處 41.大 42.目 43.本 44.密,誠 45.態,勢 46.潔 47.助 48.備,器 49.等 50.害 51.紅 52.黑 53.虛 54.滿,足 55.設 56.訪 57.所 58.冷 59.治 60.在 61.盛 62.革 63.邑,市 64.祖 65.由 66.恨,望 67.從 68.惠 69.爭 70.高 71.止 72.體 73.告 74.王 75.蓄 76.與 77.難,窮 78.着,達 79.客 80.良 81.身,體 82.伐,論 83.章,書 84.敬 85.考,想 86.服 87.則,律 88.地 89.始 90.助 91.通 92.衆 93.習 94.量 95.末 96.子 97.園 98.潔 99.級,段 100.告 101.着,屬 102.大 103.絶,切 104.放 105.論 106.別,域 107.曲 108.寫 109.級 110.無,空 111.愛 112.弱,殘 113.澤 114.破 115.計 116.選 117.觀 118.法 119.病,疾 120.羅 121.宮 122.容,面 123.法,規 124.領 125.極 126.命 127.記 128.政 129.書 130.兒 131.省 132.永 133.侵 134.溫 135.守,防 136.習 137.齒 138.解 139.平 140.停 141. 因 142.回,運 143.通,到 144.休 145.橋 146.仁 147.歌 148.毛 149.感 150.觀 151.中 152.交 153.進,成 154.參,給 155.比 156.農 157.劇

158.加,益 159.問 160.列 161.求,請 162.獨 163.話,論 164.路,理 165.亡 166.洋 167.貨,物 168.回 169.爭 170.黨,步 171.和 172.產,活 173.士,卒 174.康 175.樂, 聲 176.擊 177.去 178.與 179.畫 180.訓 181.着,達 182.敬 183.續 184.望 185. 次 186.極 187.願,思 188.量 189.作,造 190.擇,別 191.木,林 192.界 193.護,存 194.亡,195.考,念 196.固 197.走 198.命 199.細 200.敗 201.神 202.束 203.智 204.盛,榮 205.納 206.細 207.林 208.練 209.別 210.減,除 211.失 212.圖,劃 213.壓 214.序 215.玉 216.伐 217.列 218.課 219.夫 220.稅 221.料 222.抗 223. 急 224.壓 225.面 226.得 227.遠 228.課 229.續,絡 230.官 231.使,勞 232.代, 交 233.安 234.朝 235.將 236.火 237.祝 238.賢,明 239.價 240.接 241.植 242. 端 243.配 244.許 245.淸 246.連 247.安 248.祭 249.硏 250.暴 251.鐵 252.愛 253.比,統 254.選 255.橋 256.報, 賠 257.齒 258.指 259.離 260.潔 261.亂 262. 鐵 263.傑 264.與 265.收 266.許,脫 267.端 268.加 269.過 270.移 271.近 272. 略,掠 273.落 274.訪 275.圍 276.賣 277.害 278.革 279.惡, 疑 280.澤 281.雜 282.恨 283.惡 284.少 285.損 286.取 287.留 288.作 289.擊 290.約 291.荷 292. 願 293.刀 294.生 295.引 296.去 297.察,略 298.造 299.階 300.厚, 篤 301.知 302.積 303.防 304.別 305.盛 306.還 307.助 308.要 309.墓 310.友 311.客 312. 張 313.態 314.環 315.肅 316.朴 317.利 318.動 319.愁,患 320.恨,望 321.體,身 322.當 323.盜 324.練 325.數 326.約 327.離 328.相 329.樂 330.回 331.見 332. 查 333.明 334.略 335.朱 336.遠 337.讚 338.當 339.麗 340.帳 341.探 342.周 343.收 344.宿 345.燃 346.依 347.飛 348.官 349.交 350.犯 351.派 352.隱 353. 崇, 高 354.威 355.寄 356.寄 357.氣 358.帝 359.放 360.帳 361.傾 362.階 363. 階 364.色 365.洗 366.相 367.散 368.覺 369.念考思 370.救 371.郵 372.紀 373. 機 374.盜 375.必 376.基 377.災 378.背 379.餘,富 380.神 381.受 382.危 383. 待 384.辭 385.攻, 打 386.獎,勉 387.模 388.配 389.變 390.委,寄 391.分 392. 批 393.悲 394.華 395.勇 396.委,擔 397.喜 398.認 399.歡 400.靜 401.整 402. 終 403.智 404.集 405.招 406.親 407.親 408.婚 409.表 410.衣 411.恨 412.抗 413.裝 414.虛 415.素,資 416.遊, 417.分 418.交,代, 419.容 420.聽 421.容,收 422.附,到,接 423.石 424.帶 425.重 426.疾, 病 427.歡 428.速

각 유형별 문제익히기 [89~90쪽] 〈사자성어〉

1.命 2.心 3.笑 4.無 5.退 6.識,患 7.盛 8.上,下 9.難 10.百,計 11.金,交 12.炭 13.單 14.廣 15.雪 16.爲,臣 17.唱 18.好 19.他 20.合, 卒 21.足,血 22.引 23.國 24.破,正 25.山,北 26.晝,夜 27.衣 28.事 29.一, 場 30.輕,動 31.下 32.九,曲 33. 斷, 敎 34.怒,天 35.安,席 36.面,心 37.深,考 38.表,同 39.東,走 40.食 41.先, 見 42.男,女 43.權,術 44.三,道 45.自,心 46.始,終 47.吉凶 48.石,上 49.衆,敵 50.一,長 51.左,右 52.首,苦 53.怒樂 54.天 55.相,接 56.手,不 57.修 58.心 59. 上 60.筆 61.三,食 62.苦 63.知,年 64.內,患 65.破,笑 66.馬,勞 67.斷 68.父,子 69.强,弱 70.世 71.勢 72.頭 73.人,勇 74.氣,萬 75.億,生 76.自適 77.深山 78. 雄 79.公 80.神,出 81.生,死 82.言,色 83.一 84.束,無 85.餘 86.從 87.不 88.初 89.內,外 90.高,馬 91.以 92.雪,上 93.水,交 94.息,計 95.價,紅 96.深 97.賢,母 98.金 99.怒 100.自中 101.亡,秋 102.城 103.頭 104.守 105.爲,福 106.宿,鼻 107.登,自 108.自重 109.命,在 110.如,水 111.日,日 112.復,禮 113.下,問 114.婦 115.實 116.觀 117.源 118.流 119.味 120.見 121.同床 122.曲,世 123.地,思 124.軍 125.父,利 126.千 127.境 128.目,見 129.才 130.衣,鄉 131.大,聲 132. 一,發 133.逆,友 134.七,去 135.觀,天 136.足,脫 137.五,書 138.私 139.左,右 140.然,氣 141.破,勢 142.應,變 143.一 144.立,名 145.福,康 146.知,數 147. 歡 148.過,不 149.結,者 150.面,背 151.肉,林 152.羅 153.國,民 154.兩,斷 155.感,德 156.感 157.高,安 158.善,惡 159.卵 160.獨 161.恩 162.友,信 163. 難 164.風,月 165.遠 166.勝 167.馬 168.吾 169.孤 170.君 171.小 172.官 173.畫 174.人,天 175.夫 176.花 177.堂 178.然,失 179.四,五 180.恩,德 181.百 182.戰 鬪 183.生 184.不 185.齒 186.榮 187.飛,落 188.可,否 189.頭 190.食 191.益,間

각 유형별 문제익히기 [90~91쪽] 〈약자〉

1.変 2.価 3.賢 4.挙 5.党 6.芸 7.仏 8.虚 9.為 10.観 11.余 12.圧 13.収 14.担 15.声 16.麗 17.栄 18.业 19.広 20.統 21.解 22.礼 23.権 24.応 25.興 26.農 27.師 28.医 29.総 30.伝 31.灯 32.実 33.参 34.済 35.労 36.鉄 37.当 38. 来 39.宝 40.陰 41.関 42.歯 43.図 44.児 45.区 46.虫 47.気 48.仏 49.両 50.属 51.独 52.鉱 53.体 54.庁 55.乱 56.残 57.証 58.脈 59.売 60.辺 61.写 62.囲 63.条 64. 対 65.戦 66.称 67.旧 68.応 69.堅 70.験 71.全 72.択 73.銭 74.次 75.転 76.号 77.会 78.質 79.画 80.覚 81.与 82.効 83.緊 84.当 85.読 86.粛 87.无 88.党 89.覧 90.偽 91.辞 92.単 93.从 94.尽 95.解 96.児 97.厳 98.献 99.雄 100.临 101.払 102.収 103.賢 104. 監 105.厳

각 유형별 문제익히기 [91쪽] 〈부수〉

1.虍 2.干 3.廾 4.人 5.田 6.止 7.口 8.口 9.阝 (阜) 10.几 11.口 12. 一 13.魚 14.忄(心) 15.儿 16.丶 17.土 18.罒(网) 19.木 20.食 21. 日 22.止 23.口 24.口 25.耂(老) 26.力 27.田 28.大 29.豕 30.八 31. 巾 32.水 33.厶 34.臼 35.儿 36.鬼 37.犭(犬) 38.干 39.宀 40.戈 41. 丿 42.門 43.工 44.凵 45.黑 46.臼 47.又 48.一 49.止 50.一 51.舟 52.酉 53.十 54.木 55.止 56.木 57.子 58.土 59.目 60.口 61.耳 62.犬 63.口 64.十 65.丿 66. 一 67.寸 68.女 69.十 70.大 71.手 72.丷 73.辛 74.丿 75.口 76.匕 77.丶 78.入 79.口 80.木 81.車 82.乚(乙) 83.一 84.白 85.厂 86.木 87.隶 88.木 89.飛 90. 子 91.亅 92.口 93.一 94.糸 95.月(肉) 96.月(肉) 97.豆 98.亅 99.冂 100.宀 101.厂 102.广 103.一 104.自 105.八 106.立 107.少 108.丿 109.鹿 110.卩 111. 己 112.歹 113.玄 114.斤 115.罒(网) 116.大 117.癶 118.馬 119.示 120.臣 121. 虫 122.广 123.戈 124.爪 125.月(肉) 126.二 127.己 128.龜 129.幺 130.力 131. 罒(网) 132.辛 133.口 134.面 135.二 136.女 137.二 138.日

각 유형별 문제익히기 [92쪽] 〈사자성어〉

1.說 2.色 3.男 4.婦 5.三 6.夫 7.湖 8.淸 9.水 10.改 11.知 12.危 13.患 14.世 15.海 16.今 17.前 18.聞 19.破 20.未 21.齒 22.恨 23.天 24.怨 25.朝 26.夕 27.得 28.得 29.因 30.命 31.致 32.態 33.色 34.齒 35.絶 36.傾 37.援 38.依 39.親 40.落 41.流 42.辯 43.辯 44.息 45.放 46.上 47.老 48.場 49.明 50.苦 51.河 52.夕 53.節 54.動 55.確 56.離 57.滅 58.必 59.卷 60.讀 61.雨 62.雪 63.絶 64.孤 65.獨 66.安 67.無 68.高 69.族 70.爭 71.亂 72.後 73.前 74.聞 75.前 76.殺 77.過 78.直 79.盡 80.由 81.神 82.口 83.面 84.藏 85.表 86.佳 87.美 88.紅 89.刻 90.白 91.草 92.强 93.引 94.求 95.守 96.信 97.勢 98.放 99.金 100.魚 101.相 102.知 103.逆 104.故 105.金 106.食 107.怒 108.衝 109.怒 110.綠 111. 上 112.商 113.勞 114.馬 115.馬 116.經 117.民 118.安

각 유형별 문제익히기 [93쪽] 〈사자성어〉

1.下 2.勢 3.兄 4.樹 5.雲 6.雲 7.斷 8.戒 9.三 10.敎 11.爲 12.所 13.識 14.知 15.所 16.毛 17.車 18.海 19.鶴 20.泰 21.近 22.齒 23.赤 24.堂 25.約 26.約 27.城 28.壁 29.攻 30.鄉 31.榮 32.問 33.觀 34.達 35.四 36.方 37.馬 38.福 39.榮 40.失 41.殺 42.患 43.得 44.足 45.道 46.眼

47.無 48.勢 49.卵 50.燈 51.發 52.命 53.聽 54.街 55.走 56.南 57.北 58.魚 59.魚 60.離 61.馬 62.讀 63.彈 64.聲 65.如 66.將 67.步 68.擧 69.鳥 70.地 71.水 72.指 73.名 74.世 75.初 76.望 77.大 78.山 79.積 80.成 81.泰 82.炭 83.苦 84.生 85.半 86.放 87.大 88.車 89.充 90.淸 91.投 92.功 93.比 94.夫 95.從 96.天 97.共 98.炭 99.將 100.苦 101.難 102.水 103.差 104.天 105.雲 106.別 107.象 108.綠 109.從 110.殺 111.門 112.利 113.爭 114.野 115.子 116.月 117.自

191.他道 192.重刑 193.債權 194.人道 195.自主 196.投機 197.海東 198.重用 199.誤記

각 유형별 문제익히기 [94쪽] 〈사자성어〉

1.材 2.乳 3.恨 4.空 5.破 6.假 7.已 8.疑 9.虎 10.友 11.鷄 12.智 13.路 14.遠 15.窮 16.食 17.絶 18.若 19.交 20.指 21.厚 22.可 23.步 24.德 25.苦 26.衣 27.風 28.燈 29.學 30.木 31.脫 32.結 33.陣 34.下 35.愛 36.屋 37.明 38.暴 39.藥 40.原 41.死 42.城 43.友 44.地 45.歡 46.己 47.遠 48.樂 49.百 50.外 51.似 52.紅 53.慶 54.約 55.退 56.無 57.萬 58.卒 59.案 60.達 61.與 62.無 63.路 64.制 65.流 66.獨 67.非 68.飛 69.根 70.木 71.十 72.省 73.口 74.亂 75.取 76.辭 77.多 78.事 79.子 80.亡 81.國 82.交 83.擇 84.移 85.人 86.使 87.善 88.善 89.百 90.一 91.若 92.無 93.用 94.世 95.足 96.室 97.解 98.望 99.子 100.食 101.千 102.里 103.卑 104.困 105.親 106.禮 107.顯 108.孤 109.意 110.家 111. 鳥 112.和 113.弱 114.身 115.自 116.布 117.代 118.關 119.視 120.仙 121.差 122.曲 123.無 124.類 125.乳 126.休 127.當 128.秋 129.無 130 頭

각 유형별 문제익히기 [95~97쪽] 〈동음이의어〉

1.家庭 2.死後 3.檢查 4.調和 5.同情 6.後事 7.童話 8.警備 9.引上 10.自 手 11.校監 12.再考 13.改正 14.過去 15.人事 16.對比 17.校舍 18.時期 19.報告 20.藥局 21.獨走 22.高地 23.夜戰 24.煙氣 25.文具 26.保守 27.初代 28.婦人 29.假名 30.監査 31.後代 32.年下 33.大事 34.兵力 35.事由 36.油田 37.思想 38.半信 39.社會 40.習得 41.國事 42.大氣 43.理想 44.家長 45.解産 46.洗手 47.無期 48.錄音 49.理性 50.自願 51.大寒 52.歷史 53.報道 54.故事 55.巨富 56.長官 57.發電 58.姓名 59.良書 60.意思 61.新婦 62.最高 63.敬老 64.失明 65.事後 66.監査 67.共存 68.政府 69.病院 70.副賞 71.長子 72.調和 73.競技 74.假名 75.會議 76.古史 77.巨富 78.早期 79.正常 80.朝鮮 81.香油 82.映畫 83. 良書 84.救助 85.年長 86.家事 87.港口 88.早期 89.給水 90.校監 91.年 少 92.立夏 93.事前 94.小失 95.敬老 96.祖上 97.後代 98.空砲 99.電氣 100.歷史 101.山城 102.境界 103.童話 104.工事 105.辭讓 106.新婦 107.同氣 108.水災 109.長官 110.手下 111.私說 112.家口 113.歌舞 114.球速 115.正當 116.高度 117.史記 118.失業 119.水面 120.大腸 121.相面 122.天才 123. 家計 124.斷食 125.國歌 126.强度 127.通話 128.放火 129.原告 130.好戰 131.受賞 132.謝意 133.家長 134.人情 135.東窓 136.水位 137.身長 138.過失 139.童詩 140.思考 141.方位 142.消火 143.香水 144.加工 145.童心 146.招待 147.神聖 148.婦道 149.團地 150.旗手 151.童謠 152.史記 153.部下 154.動態 155.私有 156.當到 157. 陽地 158.電波 159.眞否 160.船員 161.道理 162.要員 163.商號 164.死線 165.代書 166.銅賞 167.水面 168.記事 169.短期 170.解禁 171.液化 172.映寫 173.副賞 174.四季 175.見本 176.東海 177.期日 178.香油 179. 鬪士 180.調和 181.永世 182.新築 183.單純 184.半島 185.頭部 186.卵子 187.申告 188.古文 189.投手 190.孝誠

한자능력 검정시험 3급
예상문제(1회~13회)

예상문제를 푸는 동안 '讀音'과 '訓音' 부분에서 3문제 이상 틀릴 때는 '섞음漢字' 전체읽기를 하여 틀린 글자는 3번씩 쓰고 외우기를 2회 정도 하면 72문제를 거의 맞출 수 있습니다. '섞음漢字' 사용은 학생의 상황에 따라 신속하게 이용할 수 있고 경우에 따라서는 4급용도 익힐 필요가 있습니다.

정답은 199쪽에 있습니다.

국가공인
제1회 한자능력검정시험 3급 예상문제

※ 예상문제를 푸는 동안 미흡한 분야는, 독음과 훈음쓰기는 '석음 漢字'를, 그밖에 반의어, 유의어, 약자, 사자성어 등은 각 유형별 문제 익히기를 통해서 실력을 확보하세요.

1.【問 1~45】 다음 漢字語의 讀音을 쓰시오.

(1) 淡水	(2) 憐憫
(3) 丘陵	(4) 憤慨
(5) 硬性	(6) 超越
(7) 埋沒	(8) 粟穀
(9) 參酌	(10) 推薦
(11) 需要	(12) 桂樹
(13) 添附	(14) 默契
(15) 違反	(16) 騷亂
(17) 索出	(18) 吸收
(19) 索莫	(20) 葉茶
(21) 庶政	(22) 茶房
(23) 暑氣	(24) 捕獲
(25) 劣等	(26) 配置
(27) 分析	(28) 浸透
(29) 干拓	(30) 中媒
(31) 銳利	(32) 檢疫
(33) 暴利	(34) 佳景
(35) 暴惡	(36) 說樂
(37) 倉庫	(38) 租稅
(39) 龜鑑	(40) 必須
(41) 龜裂	(42) 投宿
(43) 埋伏	(44) 星宿
(45) 近方	

2.【問 46~72】 다음 漢字의 訓과 音을 쓰시오.

(46) 側	(47) 衰
(48) 漂	(49) 賓
(50) 礎	(51) 乎
(52) 狂	(53) 麥
(54) 謂	(55) 裂
(56) 蒼	(57) 耶
(58) 聘	(59) 押
(60) 畓	(61) 桑

(62) 兆	(63) 辛
(64) 率	(65) 芳
(66) 嘗	(67) 滯
(68) 荷	(69) 蘇
(70) 襲	(71) 哲
(72) 彼	

3.【問 73~99】 밑줄 그은 漢字語를 漢字로 쓰시오.

(73) 눈이 며칠동안 연속해서 많이 내렸다.

(74) 그는 고위관직도 사양하고 불우이웃돕기에 헌신했다.

(75) 담배 연기는 피우지 않는 옆사람에게도 해를 끼친다.

(76) 운전자는 교통 표지판을 보고 운전한다.

(77) 장마로 등산 일정이 연기되었다.

(78) 외국여행을 할때는 여권을 소지해야 한다.

(79) 공부할때는 연필과 볼펜을 사용한다.

(80) 선거운동을 하기 위해 당원으로 등록했다.

(81) 친구의 결혼식을 축복하기 위해 예식장에 갔다.

(82) 외국 원수가 비행기에서 내리자 경계가 삼엄하였다.

(83) 나의 성씨는 김이고 이름은 선달이다.

(84) 통화는 간단하면서 예의있게 해야한다.

(85) 봄이 되니 산 곳곳에 분홍빛이 가득하다.

(86) 범죄인에게는 형벌이 가해진다.

(87) 전반에 지고 있던 팀이 후반에는 역전시켜 우승했다.

(88) 가을은 등화可親의 계절로 독서하기에 좋다.

(89) 부모에게 극진히 효도하여 세상사람의 찬사를 받았다.

(90) 폭탄이 폭발하여 많은 인명피해가 발생했다.

(91) 아버지께서는 농업에 종사하십니다.

(92) 나라의 경제를 성장시키는 원동력은 근면이다.

(93) 명절 때 조상의 묘를 성묘하는 것은 우리의 풍속이다.

(94) 지구가 태양의 둘레를 한 바퀴 <u>회전</u>하는데 1년이 걸린다.

(95) 아직 일이 끝나지도 않았는데 일의 <u>성패</u>를 단정할 수 없다.

(96) 미국의 링컨 대통령은 극장에서 한 괴한에게 아깝게도 <u>암살</u>되었다.

(97) 40대 남자가 달리는 도중 땅에 쓰러져 <u>의식</u>을 차리지 못했다.

(98) 군부대 앞을 지나면 <u>경계</u>가 삼엄함을 느낀다.

(99) 당신이 제안한 그 의견은 다시 한 번 <u>고려</u>해서 결정할 것입니다.

4.【問 100~109】다음 한자와 뜻이 反對 또는 相對되는 漢字를 써 넣어 單語를 完成하시오.

(100) 斷 ↔ [　　]   (101) 贊 ↔ [　　]

(102) 遲 ↔ [　　]   (103) 哀 ↔ [　　]

(104) 送 ↔ [　　]   (105) [　　] ↔ 枯

(106) [　　] ↔ 緯   (107) [　　] ↔ 暗

(108) [　　] ↔ 免   (109) [　　] ↔ 賤

5.【問 110~119】빈칸에 訓이 같은 漢字를 써 넣어 單語를 完成하시오.

(110) 賦 − [　　]   (111) 祈 − [　　]

(112) 要 − [　　]   (113) 舍 − [　　]

(114) 健 − [　　]   (115) 尋 − [　　]

(116) [　　] − 靈   (117) [　　] − 著

(118) [　　] − 擊   (119) [　　] − 潔

6.【120~129】다음 빈 곳에 알맞은 漢字를 써 넣어 四字成語를 完成하시오.

(120) 彼此[　　]般

(121) 率[　　]垂範

(122) 面[　　]腹背

(123) 飽食[　　]衣

(124) 軒軒丈[　　]

(125) 咸興[　　]使

(126) 愚公[　　]山

(127) 弘[　　]人間

(128) [　　]蛇添足

(129) 四顧無[　　]

7.【問 130~134】다음 漢字語 중 첫 소리가 長音인 것을 골라 그 번호를 쓰시오.

(130) [　　] : ①寶物 ②官廳 ③脫黨 ④陽地

(131) [　　] : ①希望 ②直接 ③損害 ④級數

(132) [　　] : ①群衆 ②檀君 ③期約 ④廣告

(133) [　　] : ①講習 ②年歲 ③邊方 ④商業

(134) [　　] : ①傾斜 ②境界 ③配給 ④智慧

8.【問 135~139】다음 漢字語의 同音異義語를 쓰되 제시된 뜻에 맞게 쓰시오.

(135) 家系 − [　　] : 집안살림에 쓰는 수입과 지출 상태

(136) 大將 − [　　] : 큰 창자

(137) 同窓 − [　　] : 동쪽으로 난 창

(138) 守衛 − [　　] : 물의 높이

(139) 相互 − [　　] : 영업상 간판의 이름

9.【問 140~144】다음 漢字의 部首를 쓰시오.

(140) 迷   (141) 泰

(142) 殆   (143) 免

(144) 組

10.【問 145~147】다음 漢字의 略字를 쓰시오.

(145) 戰   (146) 濟

(147) 歸

11.【問 148~150】다음 漢字語의 뜻을 쓰시오.

(148) 默音 −

(149) 忌日 −

(150) 排斥 −

국가공인
제2회 한자능력검정시험 3급 예상문제

※ 예상문제를 푸는 동안 미흡한 분야는, 독음과 훈음쓰기는 '석음 漢字'를, 그밖에 반의어, 유의어, 약자, 사자성어 등은 각 유형별 문제 익히기를 통해서 실력을 확보하세요.

1.【問 1~45】 다음 漢字語의 讀音을 쓰시오.

(1) 便利		(2) 緩衝	
(3) 便所		(4) 滄波	
(5) 姿態		(6) 復興	
(7) 垂楊		(8) 復舊	
(9) 抽象		(10) 過順	
(11) 拙劣		(12) 誘導	
(13) 降等		(14) 播種	
(15) 抑留		(16) 漂流	
(17) 浪說		(18) 驅步	
(19) 緩慢		(20) 秘訣	
(21) 廢鑛		(22) 痛哭	
(23) 洞徹		(24) 裏面	
(25) 承諾		(26) 苗木	
(27) 肥料		(28) 租稅	
(29) 默認		(30) 荷重	
(31) 優劣		(32) 弔客	
(33) 餓死		(34) 濫用	
(35) 戶籍		(36) 白狗	
(37) 債務		(38) 濁流	
(39) 刻薄		(40) 毀損	
(41) 畢竟		(42) 辨償	
(43) 韻致		(44) 啓蒙	
(45) 謙卑			

2.【問 46~72】 다음 漢字의 訓과 音을 쓰시오.

(46) 겁		(47) 絹	
(48) 狗		(49) 稿	
(50) 拔		(51) 腦	
(52) 泣		(53) 析	
(54) 巖		(55) 遍	
(56) 獸		(57) 摘	
(58) 脚		(59) 鶴	
(60) 亂		(61) 屬	

(62) 役		(63) 載	
(64) 詠		(65) 雷	
(66) 奪		(67) 履	
(68) 贊		(69) 抵	
(70) 肖		(71) 培	
(72) 淺			

3.【問 73~97】 밑줄친 漢字語를 漢字로 쓰시오.

(73) 금년 벼농사는 비와 바람이 적당해서 풍작이다.

(74) 우리 팀이 전반에 1점을 내주었으나 후반에 2점을 넣어 역전되었다.

(75) 나는 現代詩보다 古典時를 더 좋아하는 취향이 있다.

(76) 南과 北이 하루빨리 왕래하는 날이 왔으면 좋겠다.

(77) 대통령을 치료하는 주치의는 누구일까?

(78) 그가 사냥을 잘하는 걸 보면 사격솜씨가 매우 좋구나.

(79) 정기국회가 끝나고 의장이 폐회를 선언했다.

(80) 기상악화로 비행기가 운항하지 못했다.

(81) 선거철이 되어서 후보자들의 유세소리가 귀에 쟁쟁하다.

(82) 나는 대학에 가면 역사를 전공하여 우리의 미래를 선도하는데 힘쓰겠다.

(83) 나이가 들어 成人이 되면 부모를 의존하는 마음을 버려야 한다.

(84) 고압선 주위에는 접근이 금지된다.

(85) 여름철 휴가는 바닷가에서 보내기로 마음먹었다.

(86) 해외유학을 마치고 귀국했다.

(87) 장관이 외국사절을 영접하기 위해 인천공항으로 갔다.

(88) 제주도에는 세계 각국의 관광객들이 모여 즐겁게 구경한다.

(89) 죄짓고 도망간다 해도 마음은 역시 불안하다.

(90) 어려운 일에는 다른 사람의 도움을 받아 해결하는 경우가 많다.

(91) 自手成家란 부모의 <u>유산</u>없이 혼자서 재산을 모아 성공하는 것을 뜻한다.

(92) 나이가 들어도 적당한 운동을 하고 <u>음주</u>를 삼가하면 건강할 수 있다.

(93) 밤늦은 시간에 <u>간식</u>을 먹는 것은 건강에 좋지 않다.

(94) 인천, 부산, 광양 등은 <u>항구</u> 도시이다.

(95) 중환자실에서 <u>응급</u>처치를 받는 환자의 상태가 매우 위급하다.

(96) 학교 주변 <u>환경</u>을 깨끗이 하기 위해 청소와 교통정리를 한다.

(97) 부모는 자식의 장래를 위해 늘 <u>현명</u>한 생각을 한다.

---

4. 【問 98~107】 다음 漢字와 뜻이 反對 또는 相對되는 漢字를 써 넣어 單語를 完成하시오.

(98) 忙 ↔ [   ]　　(99) 損 ↔ [   ]

(100) 正 ↔ [   ]　　(101) 開 ↔ [   ]

(102) [   ] ↔ 悲　　(103) [   ] ↔ 辱

(104) [   ] ↔ 卑　　(105) [   ] ↔ 衰

(106) [   ] ↔ 愚　　(107) [   ] ↔ 從

---

5. 【問 108~117】 빈 칸에 訓이 같은 漢字를 써넣어 單語를 完成하시오.

(108) 賓 - [   ]　　(109) 蓄 - [   ]

(110) 頻 - [   ]　　(111) 切 - [   ]

(112) 墳 - [   ]　　(113) 副 - [   ]

(114) [   ] - 貨　　(115) [   ] - 聘

(116) [   ] - 倣　　(117) [   ] - 幕

---

6. 【問 118~127】 다음 빈 곳에 알맞은 漢字를 써 넣어 四字成語를 完成하시오.

(118) 沙上樓[   ]　　(119) 博而不[   ]

(120) 進退維[   ]　　(121) 一筆[   ]之

(122) [   ]井觀天　　(123) 群雄割[   ]

(124) 手不釋[   ]　　(125) 信[   ]必罰

(126) 會者定[   ]　　(127) [   ]足之血

---

7. 【問 128~132】 다음 漢字語의 同音異義語를 쓰시오.(長短音 관계없이)

(128) 負傷 [   ]　　(129) 感謝 [   ]

(130) 辭典 [   ]　　(131) 榮華 [   ]

(132) 臺詞 [   ]

---

8. 【問 133~137】 다음 漢字語 중 첫 소리가 長音인 것을 5개 골라그 기호(㉮~㉭)를 쓰시오. [순서무관]

㉮短點	㉯限界	㉰潔白	㉱氣溫
㉲村落	㉳速達	㉴如否	㉵痛歎
㉶破産	㉷思想	㉸打算	㉹週間
㉺侵入	㉻休息		

(133) [   ]　　(134) [   ]

(135) [   ]　　(136) [   ]

(137) [   ]

---

9. 【問 138~142】 다음 漢字의 部首를 쓰시오.

(138) 牙　　　　(139) 希

(140) 紋　　　　(141) 除

(142) 革

---

10. 【問 143~147】 다음 漢字語의 뜻을 10자 이내의 고유어로 쓰시오.

(143) 擔任 -

(144) 保管 -

(145) 伸張 -

(146) 收穫 -

(147) 若冠 -

---

11. 【問 148~150】 다음 漢字의 略字를 쓰시오.

(148) 鑛　　(149) 輕

(150) 豫

국가공인
제3회 한자능력검정시험 3급 예상문제

※ 예상문제를 푸는 동안 미흡한 분야는, 독음과 훈음쓰기는 '섞음 漢字'를, 그밖에 반의어, 유의어, 약자, 사자성어 등은 각 유형별 문제 익히기를 통해서 실력을 확보하세요.

1.【問1~45】다음 漢字語의 讀音을 쓰시오.

(1)	空欄	(2)	森林
(3)	迷路	(4)	繁榮
(5)	播種	(6)	過濫
(7)	喜怒	(8)	徹底
(9)	臨終	(10)	蒙古
(11)	拜謁	(12)	流浪
(13)	輪番	(14)	薄福
(15)	雙橋	(16)	許諾
(17)	搖亂	(18)	殺生
(19)	幹線	(20)	相殺
(21)	妥協	(22)	趣味
(23)	詐取	(24)	遵法
(25)	濁水	(26)	漫談
(27)	敦篤	(28)	紙幣
(29)	傍觀	(30)	鋼管
(31)	塞翁	(32)	懇曲
(33)	閉塞	(34)	盲腸
(35)	派遣	(36)	觀衆
(37)	添附	(38)	疲弊
(39)	携帶	(40)	緊密
(41)	落淚	(42)	遷都
(43)	腐敗	(44)	擴大
(45)	洗濯		

2.【問46~72】다음 漢字의 訓과 音을 쓰시오.

(46)	拙	(47)	蝶
(48)	睡	(49)	壓
(50)	壁	(51)	酉
(52)	潛	(53)	熟
(54)	粉	(55)	俊
(56)	慈	(57)	票
(58)	妄	(59)	埋
(60)	篤	(61)	銘
(62)	維	(63)	魂
(64)	船	(65)	瞬
(66)	仰	(67)	互
(68)	岸	(69)	稿
(70)	滴	(71)	鍊
(72)	署		

3.【問73~97】밑줄 그은 漢字語를 漢字로 쓰시오.

(73) 오늘은 태풍경보가 내려져서 배가 묶인 채 **항해**를 하지 못했다.

(74) 간밤에 내린 눈의 **강설**量이 20㎝정도 된다.

(75) 퀴즈대회에서 문제를 맞출 때는 기본지식도 필요하지만 **재치**가 있어야 한다.

(76) 노약자는 추운 겨울에는 **독감**에 걸리기 쉬우니 주의해야 한다.

(77) 일요일 아침 **간소**한 옷차림으로 운동장에 모였다.

(78) 무슨 일을 하든지 **건강**이 먼저 선행되어야 한다.

(79) 누구나 일생을 살아가는 동안 생활의 **굴곡**이 있기 마련이다.

(80) 어두운 밤길에 **방범**대원들이 거리를 지키고 있다.

(81) 내가 전교 글짓기대회에서 뽑히다니 **실감**이 나지 않는다.

(82) 우리 국민은 단군이래 5천년의 오랜 **역사**를 지닌 민족이다.

(83) 육아교육에는 충분한 **자료**가 있어야 어린아이들의 이해가 빠르다.

(84) 성벽이 **견고**해서 적이 침입할 수 없었을 것 같이 보인다.

(85) 왕의 무덤앞에 **비석**이 우뚝 서 있다.

(86) 오랫동안 비가 오지 않아 들판의 풀들이 고사 **상태**에 있다.

(87) 제사를 지낸 것은 조상숭배의 관습이다.

(88) 운전자는 소량의 **음주** 행위도 용납되지 않는다.

(89) 그는 범죄행위를 하고 **피신** 중이다.

(90) 남극의 빙하가 녹아내리는 것은 매우 **기이**한 현상이다.

(91) 나무그늘 아래서 <u>휴식</u>을 취했다.

(92) 미국 정부는 대통령 직속하에 <u>부통령</u>이 있다.

(93) 옛선조의 장인기술을 <u>계승</u>하기 위해 열심히 노력한다.

(94) 옛적엔 옷과 이불을 꿰매는 <u>침구</u>가 집집마다 있었다.

(95) 기차를 타기 위해 <u>정류장</u>으로 갔다.

(96) 선생님께서 학생들의 노트를 가끔 <u>검사</u>하신다.

(97) 학교에 <u>결석</u>하지 않으려고 결심했다.

4.【問 98~102】 빈 칸에 뜻이 反對 또는 相對되는 漢字를 써 넣어 單語를 完成하시오.

(98) 存 ↔ [　　] 　　(99) [　　] ↔ 昔

(100) 好 ↔ [　　] 　　(101) [　　] ↔ 疏

(102) [　　] ↔ 晚

5.【問 103~107】 다음 漢字語의 反對 또는 相對되는 漢字語를 쓰시오.

(103) 快樂 ↔ [　　　　]

(104) 干涉 ↔ [　　　　]

(105) [　　　　] ↔ 轉入

(106) [　　　　] ↔ 罷場

(107) [　　　　] ↔ 緩慢

6【問 108~117】 빈칸에 訓이 같은 漢字를 써 넣어 單語를 完成하시오.

(108) [　] － 了 　　(109) [　] － 値

(110) [　] － 齊 　　(111) [　] － 替

(112) 滅 － [　] 　　(113) 素 － [　]

(114) 充 － [　] 　　(115) 報 － [　]

(116) 茂 － [　] 　　(117) 逃 － [　]

7.【問 118~127】 빈칸에 알맞은 漢字를 써 넣어 成語를 完成하시오.

(118) 金[　]玉條 　　(119) 伯牙[　]絃

(120) [　]慨無量 　　(121) 同[　]異夢

(122) 乞人憐[　] 　　(123) 高枕[　]眠

(124) 桑田碧[　] 　　(125) 伯仲之[　]

(126) [　]終一貫 　　(127) 累[　]之危

8.【問 128~132】 다음 漢字語의 同音異義語를 쓰되 제시된 뜻에 맞게 쓰시오.

(128) 防火 － [　　] : 일부러 불을 지름

(129) 新裝 － [　　] : 키

(130) 同心 － [　　] : 어린이의 마음

(131) 私設 － [　　] : 공인되지 않은 개인의 학설 이나 의견

(132) 假裝 － [　　] : 집안 어른

9【問 133~137】 다음 漢字語 중 첫 소리가 長音인 것을 골라 그 번호를 쓰시오.

(133) [　　　] : ①攻擊 ②故鄕 ③掃除 ④部落

(134) [　　　] : ①私感 ②展開 ③樹木 ④光線

(135) [　　　] : ①罰則 ②都邑 ③輿論 ④結論

(136) [　　　] : ①交感 ②延期 ③救助 ④次席

(137) [　　　] : ①烈女 ②援助 ③邊方 ④冬至

10.【問 138~142】 다음 漢字의 部首를 쓰시오.

(138) 壽 　　　　(139) 華

(140) 牽 　　　　(141) 病

(142) 匹

11.【問 143~147】 다음 漢字語의 뜻을 쓰시오.

(143) 趣味 －

(144) 單獨 －

(145) 開學 －

(146) 盜聽 －

(147) 蟲齒 －

12.【問 148~150】 다음 略字를 正字(기본자)로 바꾸어 쓰시오.

(148) 継 　　　(149) 辞

(150) 灯

국가공인
제4회 한자능력검정시험 3급 예상문제

1.【問1~45】다음 漢字語의 讀音을 쓰시오.

(1) 難易   (2) 運賃

(3) 詐取   (4) 賀客

(5) 洗濯   (6) 雅樂

(7) 睡眠   (8) 十月

(9) 具現   (10) 聰慧

(11) 先烈   (12) 拾得

(13) 避亂   (14) 振幅

(15) 胡蝶   (16) 老鍊

(17) 換錢   (18) 功勞

(19) 堤防   (20) 頗多

(21) 皆勤   (22) 免稅

(23) 罷免   (24) 菜蔬

(25) 荒野   (26) 慙悔

(27) 洞長   (28) 終了

(29) 洞察   (30) 耐熱

(31) 苦惱   (32) 淡水

(33) 彈丸   (34) 附屬

(35) 收拾   (36) 盛衰

(37) 縣監   (38) 履修

(39) 觸媒   (40) 拓本

(41) 脅迫   (42) 隱蔽

(43) 沙漠   (44) 吉夢

(45) 怪異

2.【問46~72】다음 漢字의 訓과 音을 쓰시오.

(46) 鳳   (47) 曾

(48) 矣   (49) 禍

(50) 訣   (51) 姪

(52) 慙   (53) 溪

(54) 封   (55) 沙

(56) 遷   (57) 制

(58) 宇   (59) 央

(60) 却   (61) 殆

(62) 含   (63) 捕

(64) 夷   (65) 眠

(66) 架   (67) 街

(68) 鹿   (69) 喪

(70) 墮   (71) 胃

(72) 拾

3.【問73~97】밑줄 그은 漢字語를 漢字로 쓰시오.

(73) 孔子는 유교의 창시자이다.

(74) 『직지심경』은 우리의 조상들이 세계 최초로 발명한 금속활자로 찍은 불교서적으로서 우리 민족의 창의력 우수性을 증명하고 있다.

(75) 명상을 자주해서 머릿속의 잡념을 없앤다.

(76) 민주주의는 국가권력을 행정·입법·사법부로 분산한다.

(77) 부모님은 자식의 모든 일에 염려를 많이 한다.

(78) 연극은 등장 배우를 실제로 볼 수 있어서 흥미가 더한 것 같다.

(79) 매월 월급에서 생활비를 쓰고 남은 돈은 저축한다.

(80) 언어표현은 그 사람의 인격수준을 나타낸다.

(81) 가난한 자를 천대하지 말고 부유한 자에게 아첨하지 말라.

(82) 난중일기가 고교생 필독도서로 선정되었다.

(83) 새로 당선된 국회의원들이 한달 뒤에 일제히 취임하게 된다.

(84) 시력이 좋아서 안경을 쓰지 않는 사람이 부럽다.

(85) 우리나라의 월드컵 四强진출은 전국민에게 큰 감격을 주었다.

(86) 사람이 성공하기까지는 험난한 일을 많이 겪는다.

(87) 나의 친구는 즐거운 영화를 좋아한다.

(88) 의로운 사람은 의인, 악한 사람은 악인

(89) 백화점에 진열된 상품이 고객의 눈길을 끌었다.

(90) 청소년을 잘 <u>인도</u>함으로써 국가의 큰 자원이 된다.

(91) 사람들은 <u>정숙</u>한 태도로 현충일 기념식에 참여했다.

(92) 흐린 날씨에 <u>혹시</u>라도 비가 올까봐 우산을 챙겼다.

(93) 국제시대에 다문화 가정에 대한 새로운 <u>인식</u>이 필요하다.

(94) 공자는 유교의 <u>창시</u>者이다.

(95) 포근한 햇볕아래 <u>유원지</u>에는 많은 사람이 모였다.

(96) 성공은 <u>우연</u>히 되는 것이 아니고 많은 노력이 필요하다.

(97) 해외에 <u>거주</u>하고 있는 교포수가 증가하고 있다.

4.【問 98~107】다음 漢字와 뜻이 反對 또는 相對되는 漢字를 써 넣어 단어를 完成하시오.

(98) 冷 ↔ [　　] 　　(99) 乘 ↔ [　　]
(100) 眞 ↔ [　　] 　(101) 抑 ↔ [　　]
(102) [　　] ↔ 益 　(103) [　　] ↔ 怨
(104) [　　] ↔ 支 　(105) [　　] ↔ 怠
(106) [　　] ↔ 廢 　(107) [　　] ↔ 濁

5.【問 108~117】빈 칸에 訓이 같은 漢字를 써 넣어 單語를 完成하시오.

(108) 議 － [　　] 　(109) [　　] － 斜
(110) 宜 － [　　] 　(111) 敦 － [　　]
(112) [　　] － 爵 　(113) 橫 － [　　]
(114) [　　] － 却 　(115) 潤 － [　　]
(116) [　　] － 雄 　(117) 護 － [　　]

6.【問 118~127】빈칸에 알맞은 漢字를 써 넣어 四字成語를 完成하시오.

(118) 伴[　　]宰相 　(119) [　　]憤忘食
(120) 笑裏[　　]刀 　(121) 抱腹[　　]倒

(122) 三人[　　]虎 　(123) 浩[　　]之氣
(124) 錦上添[　　] 　(125) 附和雷[　　]
(126) 勸[　　]懲惡 　(127) 昏定晨[　　]

7.【問 128~132】다음 漢字語와 音은 같고 뜻이 다른 漢字語를 한 가지씩 쓰시오.(長短音 관계없이)

(128) 弔花 － 　　　(129) 大盛 －
(130) 催告 － 　　　(131) 祕報 －
(132) 實名 －

8.【問 133~137】다음 漢字語 중 첫 소리가 長音인 것을 골라 그 번호를 쓰시오.

(133) [　　]：①驚歎 ②經濟 ③累計 ④紙面
(134) [　　]：①意圖 ②婦人 ③成人 ④松板
(135) [　　]：①堅固 ②整備 ③努力 ④病勢
(136) [　　]：①姿勢 ②授業 ③擊破 ④味學
(137) [　　]：①便利 ②登校 ③祕密 ④局面

9.【問 138~142】다음 漢字의 部首를 쓰시오.

(138) 黑 　　　　(139) 岳
(140) 簡 　　　　(141) 卯
(142) 酌

10.【問 143~147】다음 漢字語의 뜻을 쓰시오.

(143) 粉乳 －
(144) 畢竟 －
(145) 討論 －
(146) 勤勞者 －
(147) 領土 －

11.【問 148~150】다음 漢字의 略字를 쓰시오.

(148) 榮 　　　(149) 應
(150) 處

1. 【問 1~45】 다음 漢字語의 讀音을 쓰시오.

(1) 感興		(2) 微量	
(3) 敬畏		(4) 峻嶺	
(5) 廉探		(6) 敦篤	
(7) 此際		(8) 鬼哭	
(9) 俊傑		(10) 侵入	
(11) 受諾		(12) 配偶	
(13) 姑息		(14) 竊盜	
(15) 窮塞		(16) 樂園	
(17) 係員		(18) 片舟	
(19) 白狗		(20) 互換	
(21) 返品		(22) 醜態	
(23) 枯木		(24) 緩急	
(25) 挑出		(26) 封鎖	
(27) 反省		(28) 尖銳	
(29) 省略		(30) 驅迫	
(31) 帳簿		(32) 勤儉	
(33) 便乘		(34) 神靈	
(35) 奈落		(36) 謙虛	
(37) 旣婚		(38) 虎患	
(39) 劣等		(40) 奔走	
(41) 陶器		(42) 金冠	
(43) 募集		(44) 享樂	
(45) 貯蓄			

2. 【問 46~72】 다음 漢字의 訓과 音을 쓰시오.

(46) 讓		(47) 揚	
(48) 隆		(49) 孟	
(50) 整		(51) 戀	
(52) 替		(53) 恭	
(54) 債		(55) 弊	
(56) 抄		(57) 郞	
(58) 滿		(59) 錯	
(60) 載		(61) 臨	
(62) 悲		(63) 縣	
(64) 兮		(65) 憎	
(66) 鑑		(67) 瓦	
(68) 曉		(69) 疫	
(70) 孤		(71) 兼	
(72) 晨			

3. 【問 73~97】 밑줄 그은 漢字語를 漢字로 쓰시오.

(73) 사람들이 모인 실내 대기실에는 항상 **잡지** 책이 있기 마련이다.

(74) 지구상에는 굶주림과 질병으로 **고통**받는 사람들이 많다.

(75) 제주도의 경치는 참으로 **수려**하다.

(76) 자꾸 발생한 무역마찰은 두 나라가 **협상**해서 풀어야 한다.

(77) 금년 겨울은 따뜻해서 **난방**비용이 절약되었다.

(78) 전자제품의 **가격** 인상은 가계에 큰 부담을 준다.

(79) 경찰은 시위 군중에게 **해산**을 명했다.

(80) 그는 건강이 좋지 않아 이사장직을 **사임**했다.

(81) 상대편의 말을 제대로 이해하지 못하고 **오해**가 생기면 다툼이 생길 때도 있다.

(82) 고려 왕조 때도 왜구들이 종종 남해안을 **침범**했었다.

(83) 본사에서 각 지점으로 판매활동에 대한 **지침서**를 보내왔다.

(84) 동남아지역에 **조류**독감이 발생하여 닭고기 판매가 줄었다.

(85) 옛날 여인들은 결혼 전에 **순정**을 지키려 애썼다.

(86) 인류사회는 과학의 **발전**으로 살기가 편해졌다.

(87) 거스름돈으로 받은 **동전**이 주머니에서 찰랑거린다.

(88) 비가 밤새 **계속** 내리고 있다.

(89) 정찰제는 물건값을 <u>감액</u>해 주지 않는다.

(90) 영국의 그리니치 천문대에 걸린 시계는 세계 각국 시각의 <u>표준</u>이다.

(91) 집은 건축사가 제시한 <u>도면</u>대로 지어야 한다.

(92) 모든 <u>금속</u>이 전기가 잘 통하는 것은 아니다.

(93) 대통령 선거 직후에 하는 당선자 설문조사는 <u>오차</u>가 거의 생기지 않는다.

(94) 앞마당에 피어있는 목련화가 고상한 <u>자태</u>를 드러냈다.

(95) 공항에서 출입국시에는 <u>소지품</u> 검사를 한다.

(96) 수입보다 지출이 더 많을 때 <u>수지</u>가 많지 않다고 한다.

(97) 이순신 장군은 불멸의 <u>영웅</u>이다.

4. 【問 98~107】다음 각 글자와 뜻이 對立되는 漢字와 漢字語를 쓰시오.

(98) [　] ↔ 畓　　(99) [　] ↔ 衰

(100) [　] ↔ 過　　(101) [　] ↔ 我

(102) 寡 ↔ [　]　　(103) 干 ↔ [　]

(104) 富裕 ↔ [　]　(105) 疏遠 ↔ [　]

(106) 漠然 ↔ [　]　(107) 弄談 ↔ [　]

5. 【問 108~117】다음 漢字와 訓이 같은 漢字를 써 넣어 單語를 完成하시오.

(108) [　] － 贈　　(109) 返 － [　]

(110) 叛 － [　]　　(111) 救 － [　]

(112) 俊 － [　]　　(113) 附 － [　]

(114) 審 － [　]　　(115) 牽 － [　]

(116) 疾 － [　]　　(117) 尊 － [　]

6. 【問 118~122】다음 漢字語의 同音異義語를 쓰시오.(長短音 관계없이)

(118) 動機 －

(119) 未遂 －

(120) 貴中 －

(121) 步道 －

(122) 最古 －

7. 【問 123~132】빈 칸에 알맞은 漢字를 써 넣어 成語를 完成하시오.

(123) 累卵之 [　]　　(124) 百 [　] 無策

(125) 隱忍自 [　]　　(126) [　] 枯盛衰

(127) 一魚濁 [　]　　(128) 鷄鳴狗 [　]

(129) 堂狗 [　] 月　　(130) 塞翁之 [　]

(131) [　] 也靑靑　　(132) 克己復 [　]

8. 【問 133~137】다음 漢字語 중 첫 소리가 長音인 것을 5개 골라그 기호(㉮~㉵)를 쓰시오. [순서무관]

㉮確實	㉯華麗	㉰要所	㉱郵便
㉲店員	㉳寢室	㉴橋梁	㉵創造
㉶降雪	㉷速度	㉸彈壓	㉹拍手
㉺帝王	㉻寫眞		

(133) [　]　　　(134) [　]

(135) [　]　　　(136) [　]

(137) [　]

9. 【問 138~142】다음 漢字의 部首를 쓰시오.

(138) 弟　　　(139) 矯

(140) 獲　　　(141) 肅

(142) 腹

10. 【問 143~147】다음 漢字語의 뜻을 10자 이내의 固有語로 쓰시오.

(143) 豫約 －

(144) 激憤 －

(145) 應援 －

(146) 古稀 －

(147) 歎聲 －

11. 【問 148~150】다음 漢字의 略字를 쓰시오.

(148) 廳　　　(149) 壓

(150) 險

1.【問1~45】다음 漢字語의 讀音을 쓰시오.

(1) 飽食　　　　　(2) 困難
(3) 封墳　　　　　(4) 延燒
(5) 補佐　　　　　(6) 囚人
(7) 娛樂　　　　　(8) 僅少
(9) 海浴　　　　　(10) 驅迫
(11) 遊泳　　　　　(12) 擴散
(13) 疏忽　　　　　(14) 慘狀
(15) 弊端　　　　　(16) 召還
(17) 透明　　　　　(18) 但只
(19) 生涯　　　　　(20) 養蜂
(21) 赴任　　　　　(22) 胃壁
(23) 忘却　　　　　(24) 議論
(25) 曉星　　　　　(26) 布告
(27) 溫冷　　　　　(28) 布施
(29) 捕捉　　　　　(30) 濫用
(31) 臥病　　　　　(32) 脈絡
(33) 借入　　　　　(34) 含蓄
(35) 畓穀　　　　　(36) 賦役
(37) 錯誤　　　　　(38) 傲氣
(39) 毁損　　　　　(40) 芳香
(41) 排擊　　　　　(42) 遍歷
(43) 奔忙　　　　　(44) 返送
(45) 尖銳

2.【問46~72】다음 漢字의 訓과 音을 쓰시오.

(46) 余　　　　　(47) 臭
(48) 乞　　　　　(49) 被
(50) 梨　　　　　(51) 踐
(52) 而　　　　　(53) 試
(54) 緒　　　　　(55) 沈
(56) 岳　　　　　(57) 燕
(58) 憶　　　　　(59) 賃
(60) 屯　　　　　(61) 漸
(62) 鬼　　　　　(63) 蓮
(64) 簿　　　　　(65) 索
(66) 故　　　　　(67) 保
(68) 逮　　　　　(69) 亨
(70) 貝　　　　　(71) 穫
(72) 濫

3.【問73~84】밑줄 그은 漢字語를 漢字로 쓰시오.

(73) 야구 경기의 심판은 판단을 순간적으로 빨리 내려야 한다.
(74) 사람은 누구에게나 기회가 오지만 그때를 잘 모르고 지나친다.
(75) 산에서 나무를 벌목할 때는 관청의 허가를 받아야 한다.
(76) 대통령의 임기가 끝나면 정권이 바뀐다.
(77) 집을 지을 때는 기초를 확고하게 해야 한다.
(78) 나는 목표에 도달하고 나니 긴장이 죽 풀렸다.
(79) 항공기를 이용할 때는 표를 미리 예매한다.
(80) 어려운 과목은 반복학습이 필요하다.
(81) 운동을 규칙적으로 하면 몸의 근육이 발달한다.
(82) 앞마당의 화초를 정성껏 가꾸었더니 무럭무럭 자랐다.
(83) 자기의 분수를 모르고 지나친 욕심을 부리다가 禍를 자초하는 결과가 된다.
(84) 어린 아이는 순진하여 거짓말을 하지 않는다.
(85) 큰부자는 하늘에서 낸다고 하지만 노력하면 풍부한 삶을 누릴 수 있다.
(86) 피로가 너무 많이 축적되면 병이 될 수 있다.
(87) 시골 전원 마을에 집을짓고 농삿일을 하고 싶다.
(88) 운동장에 들어서니 오륜 마크가 휘날렸다.
(89) 영화배우가 되려고 예술학교에 원서를 접수했다.
(90) 좋은 약도 과용하면 독약이 될 수 있다.
(91) 쉐터는 모사 재료를 써서 만든다.
(92) 도시의 콘크리트는 온통 회색 빛이다.

4.【問 93~102】다음 漢字와 뜻이 反對 또는 相對되는 漢字를 써 넣어 單語를 完成하시오.

(93) [　] ↔ 暮　　(94) 投 ↔ [　]

(95) [　] ↔ 裏　　(96) 抑 ↔ [　]

(97) 晴 ↔ [　]　　(98) 寒 ↔ [　]

(99) 動 ↔ [　]　　(100) [　] ↔ 醜

(101) 賞 ↔ [　]　　(102) 緩 ↔ [　]

5.【問 103~107】다음 漢字語의 反對 또는 相對되는 漢字語를 쓰시오.

(103) 模倣 ↔ [　]

(104) 好況 ↔ [　]

(105) 薄待 ↔ [　]

(106) [　] ↔ 偏頗

(107) 反抗 ↔ [　]

6【問 108~117】빈 칸에 訓이 같은 漢字를 써 넣어 單語를 完成하시오.

(108) 政 - [　]　　(109) [　] - 礎

(110) 攝 - [　]　　(111) 連 - [　]

(112) 逃 - [　]　　(113) 逝 - [　]

(114) 鬼 - [　]　　(115) 恒 - [　]

(116) [　] - 償　　(117) 倉 - [　]

7.【問 118~127】다음 빈 곳에 알맞은 漢字를 써 넣어 四字成語를 完成하시오.

(118) 罔[　]之恩　　(119) [　]虎衝鼻

(120) 臨戰無[　]　　(121) 支[　]滅裂

(122) 梁上[　]子　　(123) 脣[　]齒寒

(124) 茫[　]自失　　(125) 一觸卽[　]

(126) 傍若[　]人　　(127) 白骨[　]忘

8.【問 128~132】다음 漢字語와 音이 같고 뜻이 다른 漢字語를 한 가지씩 쓰시오.(長短音 관계없이)

(128) 受賞 -

(129) 警戒 -

(130) 工事 -

(131) 士勇 -

(132) 加算 -

9.【問 133~137】다음 漢字語 중 첫 소리가 長音인 것을 골라 그 번호를 쓰시오.

(133) [　]:①圖書 ②影像 ③獨身 ④速達

(134) [　]:①案內 ②缺席 ③番號 ④洋服

(135) [　]:①社長 ②銅像 ③我軍 ④考慮

(136) [　]:①他鄕 ②鑛物 ③貸出 ④吸入

(137) [　]:①漁獲 ②在庫 ③領土 ④糧穀

10.【問 138~142】다음 漢字의 部首를 쓰시오.

(138) 腸　　　　(139) 肉

(140) 考　　　　(141) 畿

(142) 勵

11.【問 143~147】다음 漢字語의 뜻을 쓰시오.

(143) 創造 -

(144) 損害 -

(145) 救濟 -

(146) 妨害 -

(147) 歸省 -

12.【問 148~150】다음 漢字의 略字를 쓰시오.

(148) 價　　　　(149) 邊

(150) 珍

1.【問 1~45】다음 漢字語의 讀音을 쓰시오.

(1) 頻繁	(2) 欺罔
(3) 徵聘	(4) 狂奔
(5) 懸賞	(6) 鈍濁
(7) 星辰	(8) 早稻
(9) 官爵	(10) 晚秋
(11) 公職	(12) 跳躍
(13) 磨滅	(14) 荷役
(15) 把守	(16) 篤實
(17) 派遣	(18) 彼岸
(19) 魚雷	(20) 蓮池
(21) 殆半	(22) 容恕
(23) 讀書	(24) 模倣
(25) 句讀	(26) 俊秀
(27) 顧客	(28) 燒却
(29) 涉獵	(30) 懲戒
(31) 携帶	(32) 朗誦
(33) 條項	(34) 斷乎
(35) 基幹	(36) 吐露
(37) 緯度	(38) 透徹
(39) 繫留	(40) 濫塞
(41) 暢達	(42) 再拜
(43) 桂樹	(44) 首肯
(45) 湯藥	

2.【問 46~72】다음 漢字의 訓과 音을 쓰시오.

(46) 猛	(47) 醜
(48) 恣	(49) 愧
(50) 宰	(51) 庚
(52) 凡	(53) 壇
(54) 迷	(55) 賀
(56) 栽	(57) 冒
(58) 井	(59) 穴
(60) 酌	(61) 須
(62) 餓	(63) 軌
(64) 模	(65) 舟
(66) 杯	(67) 懇
(68) 弔	(69) 驛
(70) 館	(71) 勵
(72) 濕	

3.【問 73~97】밑줄 그은 漢字語를 漢字로 쓰시오.

(73) 경찰은 피의자가 범인이라는 확실한 **증거**를 제시했다.

(74) 외롭게 사는 독거 노인을 찾아 **위로**하였다.

(75) 중국어선의 영해침범을 더욱 **경계**해야 한다.

(76) 버스는 **정류장**마다 멈춰서 손님을 태운다.

(77) 댐에서 흐르는 물이 **수로**를 따라 넓은 광야로 보급된다.

(78) 공자님의 言行을 기록한 책이 **논어**이다.

(79) 1948년 7월 17일을 대한민국의 제헌절로 **공포**했다.

(80) 교황 요한 바오로 2세가 공항에 내리자 **환영**인파들이 뜨겁게 맞이했다.

(81) 써커스를 구경할 때면 참 **기묘**한 재주가 많다.

(82) 우리는 해마다 뜻하지 않게 태풍과 폭우로 **재난**을 당해왔다.

(83) 불량식품을 만들어 사람의 건강을 해치는 행위에 대해 **통탄**을 금치 못한다.

(84) 좋은 의견은 받아들이고 나쁜 의견은 **거절**한다.

(85) 사무실에 가서 노트를 **복사**하였다.

(86) 산중턱에 산수유가 **군락**을 이루고 있었다.

(87) 옛추억이 **허공**속에 스쳐지나갔다.

(88) 고려시대에 우리나라가 대마도를 **정벌**할때도 있었다.

(89) 문학에 대한 순수한 **비평**은 교양사회의 필수 요건이다.

(90) 사람의 능력은 어느 **정도** 한계가 있다.

(91) 조정의 <u>문무</u> 백관들이 왕의 명령을 받들었다.

(92) 대학을 <u>우수</u>한 성적으로 졸업하였다.

(93) 미래를 헤아리는 통찰력과 <u>예지력</u>이 남다르다.

(94) 오백원권은 지폐가 아니고 <u>동전</u>이다.

(95) 교실이 너무 어수선하니 <u>정리</u>, 정돈을 해주세요.

(96) 그 선수는 이마로 벽돌을 <u>격파</u>시켰다.

(97) 러시아와 우리나라는 기온 <u>차이</u>가 크다.

4. 【問 98~107】 다음 빈 곳에 알맞은 漢字를 넣어 成語를 完成하시오.

(98) 假弄成[　　]　　(99) 擧[　　]齊眉

(100) 路[　　]墻花　　(101) 對牛[　　]琴

(102) 盤溪[　　]徑　　(103) 大[　　]晩成

(104) [　　]三暮四　　(105) 薄利多[　　]

(106) 望[　　]之情　　(107) [　　]八煩惱

5. 【問 108~117】 다음 漢字와 뜻이 反對 또는 相對되는 漢字를 써 넣어 單語를 完成하시오.

(108) 將 ↔ [　　]　　(109) 伸 ↔ [　　]

(110) [　　] ↔ 答　　(111) 哭 ↔ [　　]

(112) 胸 ↔ [　　]　　(113) [　　] ↔ 淺

(114) [　　] ↔ 弔　　(115) [　　] ↔ 偶

(116) [　　] ↔ 賤　　(117) [　　] ↔ 薄

6. 【問 118~127】 빈 칸에 訓이 같은 漢字를 써 넣어 單語를 完成하시오.

(118) [　　] － 評　　(119) [　　] － 漫

(120) 監 － [　　]　　(121) 搖 － [　　]

(122) 徒 － [　　]　　(123) 承 － [　　]

(124) 遙 － [　　]　　(125) 誓 － [　　]

(126) 謁 － [　　]　　(127) [　　] － 泊

7. 【問 128~132】 다음 漢字語의 同音異義語를 쓰되 제시된 뜻에 맞게 쓰시오.

(128) 首相－[　　] : 상을 받음

(129) 防衛－[　　] : 동서남북의 방향

(130) 同時－[　　] : 어린이의 정서를 읊은 시

(131) 國家－[　　] : 한 국가를 대표하는 노래

(132) 好轉－[　　] : 싸우기를 좋아함

8. 【問 133~137】 다음 漢字語 중 첫 소리가 長音인 것을 골라 그 번호를 쓰시오.

(133) [　　] : ①南部 ②刷新 ③段階 ④汽車

(134) [　　] : ①個別 ②修養 ③餘白 ④禮儀

(135) [　　] : ①凶惡 ②對決 ③農業 ④能力

(136) [　　] : ①進路 ②守衛 ③覺悟 ④都邑

(137) [　　] : ①秀麗 ②額面 ③衆論 ④錄音

9. 【問 138~142】 다음 漢字의 部首를 쓰시오.

(138) 象

(139) 隔

(140) 帝

(141) 輝

(142) 賃

10. 【問 143~147】 다음 漢字語의 뜻을 쓰시오.

(143) 晝間 －

(144) 脫退 －

(145) 復活 －

(146) 許容 －

(147) 核心 －

11. 【問 148~150】 다음 略字를 正字(기본자)로 바꾸어 쓰시오.

(148) 担　　　　(149) 証

(150) 声

1. 【問1~45】 다음 漢字語의 讀音을 쓰시오.

(1) 絶頂		(2) 頭緖	
(3) 未畢		(4) 阿附	
(5) 徵兆		(6) 照光	
(7) 關聯		(8) 智異山	
(9) 後輩		(10) 鈍濁	
(11) 傍證		(12) 慼死	
(13) 書架		(14) 推尋	
(15) 汚水		(16) 掛圖	
(17) 田畓		(18) 懲罰	
(19) 騷亂		(20) 派遣	
(21) 募兵		(22) 閉鎖	
(23) 寒暖		(24) 覆面	
(25) 革罷		(26) 滿朔	
(27) 貴賓		(28) 仲裁	
(29) 傍觀		(30) 削除	
(31) 睡眠		(32) 乘船	
(33) 說明		(34) 浮漂	
(35) 遊說		(36) 隣接	
(37) 叔姪		(38) 厚賜	
(39) 苗板		(40) 霧散	
(41) 强姦		(42) 斷電	
(43) 薦擧		(44) 穀倉	
(45) 莫論			

2. 【問46~72】 다음 漢字의 訓과 音을 쓰시오.

(46) 誓		(47) 戚	
(48) 郵		(49) 尤	
(50) 及		(51) 捨	
(52) 斜		(53) 皇	
(54) 咸		(55) 疾	
(56) 灰		(57) 梅	
(58) 隊		(59) 勿	
(60) 貿		(61) 旣	
(62) 梁		(63) 壽	
(64) 脣		(65) 烈	
(66) 謹		(67) 詳	
(68) 懷		(69) 盲	
(70) 汝		(71) 甚	
(72) 緊			

3. 【問73~94】 밑줄 그은 漢字語를 漢字로 쓰시오.

(73) 남들은 그의 범죄를 의심하고 있지만 그는 자기의 **결백**을 계속 주장하고 있다.

(74) 광고는 자기회사의 상품을 **선전**하는 것이다.

(75) 우리가 건강하고 쾌적한 환경을 갖기 위해서는 자연**보호**가 중요하다.

(76) 가게의 상품은 **진열**하기에 따라 더욱 좋게 보인다.

(77) 의자에 앉아서 공부할 때는 **자세**를 바르게 한다.

(78) 나도 공부를 잘해 전교 **우등생**이 될 수 있다.

(79) 밤늦게 **귀가**할 때는 불이 환한 곳으로 다닌다.

(80) 올림픽에서 메달을 따는 것도 나라를 위한 **공적**에 속한다.

(81) 산에서 내려올 때 **경사**진 곳은 특히 조심해야 한다.

(82) 지진으로 흙더미에 깔린 사람들을 **구조**하려고 숨막히게 바쁘다.

(83) 나는 여러 과목 중에 **수학**을 좋아한 편이다.

(84) 우리 선조들은 수많은 **외침**을 물리치고 살아왔다.

(85) 넓은 산천도 소유주가 따로 있어서 **한계**가 분명하다.

(86) 전국에 **분포**되어 있는 문화재 보존에 힘을 기울이고 있다.

(87) **벽보**는 아무데나 부치지 않고 지정된 장소에 부친다.

(88) <u>종교</u>의식을 거행하는 곳은 신선한 느낌이 든다.

(89) 전국 프로골프대회에서 우승하여 많은 <u>상금</u>을 탔다.

(90) 우리집 개는 <u>성질</u>이 온순하여 잘 짖지도 않는다.

(91) 도박은 <u>흥미</u>있어 보이지만 결국은 敗家亡身의 길이다.

(92) 물과 기름은 서로가 합해지지 않는 <u>속성</u>을 가지고 있다.

(93) 결혼의 첫째 <u>조건</u>은 애정이다.

(94) 보험에 가입할 때는 약관을 <u>세밀</u>하게 읽고 따져볼 필요가 있다.

4.【問 95~99】다음 漢字와 뜻이 反對 또는 相對되는 漢字를 써 넣어 單語를 完成하시오.

(95) 悲 ↔ [　　]　　(96) 豫 ↔ [　　]

(97) 雅 ↔ [　　]　　(98) 及 ↔ [　　]

(99) [　　] ↔ 應

5.【問 100~107】다음 漢字語의 反對語 또는 相對語를 쓰시오.

(100) 排氣 ↔ [　　]　　(101) [　　] ↔ 濫用

(102) 却下 ↔ [　　]　　(103) [　　] ↔ 稚拙

(104) 竝列 ↔ [　　]　　(105) 矛盾 ↔ [　　]

(106) 邦畫 ↔ [　　]　　(107) 丘陵 ↔ [　　]

6.【問 108~117】다음 빈 곳에 訓이 같은 漢字를 써 넣어 單語를 完成하시오.

(108) 嫌 － [　　]　　(109) 休 － [　　]

(110) [　　] － 遞　　(111) [　　] － 慧

(112) [　　] － 穫　　(113) [　　] － 簿

(114) [　　] － 殃　　(115) 策 － [　　]

(116) [　　] － 托　　(117) 竊 － [　　]

7.【問 118~127】다음 빈 곳에 알맞은 漢字를 써 넣어 四字成語를 完成하시오.

(118) 四[　　]五裂　　(119) 守株[　　]兎

(120) 感慨無[　　]　　(121) 優柔不[　　]

(122) 塞翁之[　　]　　(123) 誇大妄[　　]

(124) 騷人墨[　　]　　(125) [　　]學阿世

(126) 人面獸[　　]　　(127) 小貪[　　]失

8.【問 128~132】다음 漢字語의 同音異義語를 쓰되 제시된 뜻에 맞게 쓰시오.

(128) 原稿－[　　] : 소송을 제기하여 재판을 청구한 사람

(129) 政黨－[　　] : 바르고 마땅함

(130) 家具－[　　] : 주거와 생계를 같이하는 단위

(131) 果實－[　　] : 잘못이나 허물

(132) 拘束－[　　] : 야구에서 투수가 던지는 공의 속도

9.【問 133~137】다음 漢字語 중 첫 소리가 長音인 것을 골라 그 번호를 쓰시오.

(133) [　　] : ①煙氣 ②孤兒 ③灰色 ④等級

(134) [　　] : ①質問 ②油價 ③勸奬 ④病院

(135) [　　] : ①幸福 ②聖人 ③構成 ④快樂

(136) [　　] : ①製粉 ②別班 ③模範 ④高級

(137) [　　] : ①競技 ②織物 ③科學 ④閑暇

10.【問 138~142】다음 漢字의 部首를 쓰시오.

(138) 揮　　　　(139) 征

(140) 疫　　　　(141) 覺

(142) 龍

11.【問 143~147】다음 漢字語의 뜻을 쓰시오.

(143) 慰勞 －

(144) 强盜 －

(145) 苦痛 －

(146) 否認 －

(147) 賤待 －

12.【問 148~150】다음 漢字의 略字를 쓰시오.

(148) 歡　　　(149) 寶

(150) 屬

1.【問 1~45】다음 漢字語의 讀音을 쓰시오.

(1) 秒針	(2) 違背
(3) 矯導	(4) 絶叫
(5) 汚染	(6) 訴訟
(7) 稀薄	(8) 侵掠
(9) 腰帶	(10) 抄本
(11) 巷間	(12) 拙速
(13) 騷動	(14) 互稱
(15) 墮落	(16) 引率
(17) 旋律	(18) 能率
(19) 戲弄	(20) 漫談
(21) 蛇足	(22) 金杯
(23) 打倒	(24) 臥龍
(25) 遍在	(26) 濫用
(27) 錯覺	(28) 渴望
(29) 肝炎	(30) 緩慢
(31) 匹敵	(32) 係累
(33) 蜂起	(34) 召集
(35) 鬼哭	(36) 完遂
(37) 牧畜	(38) 雲霧
(39) 紫雲	(40) 完拂
(41) 快晴	(42) 朔風
(43) 編成	(44) 先輩
(45) 漫畫	

2.【問 46~72】다음 漢字의 訓과 音을 쓰시오.

(46) 著	(47) 睦
(48) 背	(49) 莫
(50) 洲	(51) 督
(52) 媒	(53) 默
(54) 贈	(55) 驛
(56) 祀	(57) 獸
(58) 竟	(59) 腹
(60) 薄	(61) 微
(62) 矯	(63) 廟
(64) 遂	(65) 租
(66) 愈	(67) 幾
(68) 竊	(69) 堤
(70) 予	(71) 缺
(72) 幼	

3.【問 73~87】다음의 訓과 音으로 연결된 單語를 漢字(正字)로 쓰시오.

(73) 맞을 적 – 마땅할 당 [   ]

(74) 살필 성 – 살필 찰 [   ]

(75) 재물 자 – 헤아릴 료 [   ]

(76) 짧은 단 – 책 편 [   ]

(77) 벌레 충 – 이 치 [   ]

(78) 참 진 – 값 가 [   ]

(79) 눈 안 – 거울 경 [   ]

(80) 홑 단 – 홀로 독 [   ]

(81) 둥글 원 – 가득할 만 [   ]

(82) 맞이할 영 – 이을 접 [   ]

(83) 밥통 위 – 창자 장 [   ]

(84) 나무 수 – 진 액 [   ]

(85) 기쁠 희 – 연극 극 [   ]

(86) 가릴 선 – 가릴 택 [   ]

(87) 법식 례 – 거동 의 [   ]

4.【問 88~97】밑줄 그은 漢字語를 漢字로 쓰시오..

(88) 기업체는 <u>설비투자</u>에 게으르지 않고 미래에 대비해야 한다.

(89) 골목길에서 갑자기 마주치자 그녀는 놀라서 <u>비명</u>을 질렀다.

(90) 갑작스런 폭우로 야영객들이 <u>고립</u>되었다.

(91) 자동차사고로 여러 사람이 죽고 또 <u>부상</u>을 입었다.

(92) 오늘은 **기상** 상태가 안좋아서 비행기 조종을 하지 않는다.

(93) 우리의 역사와 문화를 **계승**하기 위해 유적지 발굴에 힘쓰고 있다.

(94) 축구경기에서는 공격 못지 않게 **수비**도 중요하다.

(95) 학부모님들의 漢字教育에 대한 **관심**이 높다.

(96) 인생은 짧으나 **예술**은 영원하다.

(97) 가장 추운 1월과 2월 사이에 많은 **한파**가 밀려온다.

5. 【問 98~107】 다음 한자와 뜻이 反對 또는 相對되는 漢字를 써 넣어 單語를 完成하시오.

(98) [　] ↔ 複 　　(99) [　] ↔ 尾

(100) [　] ↔ 終 　　(101) 昇 ↔ [　]

(102) 姑 ↔ [　] 　　(103) 班 ↔ [　]

(104) 喜 ↔ [　] 　　(105) 當 ↔ [　]

(106) 集 ↔ [　] 　　(107) 向 ↔ [　]

6. 【問 108~117】 빈칸에 訓이 같은 漢字를 써 넣어 單語를 完成하시오.

(108) [　] － 折 　　(109) [　] － 耕

(110) [　] － 甚 　　(111) [　] － 掠

(112) [　] － 飾 　　(113) 悔 － [　]

(114) 贈 － [　] 　　(115) 毁 － [　]

(116) 徵 － [　] 　　(117) [　] － 姻

7. 【問 118~127】 다음 빈 곳에 알맞은 漢字를 써 넣어 四字成語를 完成하시오.

(118) [　]泥之差 　　(119) [　]蜜腹劍

(120) [　]身齊家 　　(121) 乘[　]長驅

(122) 壽[　]康寧 　　(123) 自[　]自棄

(124) 脣亡[　]寒 　　(125) 羊[　]狗肉

(126) 識者憂[　] 　　(127) 轉禍爲[　]

8. 【問 128~132】 다음 漢字語의 同音異義를 쓰되 제시된 뜻에 맞게 쓰시오.

(128) 睡眠－[　] : 물의 표면

(129) 士氣－[　] : 역사적인 사실을 적어놓은 책

(130) 認定－[　] : 사람의 본디 지니고 있는 감정

(131) 古都－[　] : 높은 정도

(132) 天災－[　] : 태어날 때부터 뛰어난 재주를 가진 사람

9. 【問 133~137】 다음 漢字語 중 첫 소리가 長音인 것을 골라 그 번호를 쓰시오.

(133) [　] : ①戰亂 ②毛髮 ③刑罰 ④疲困

(134) [　] : ①演說 ②決定 ③倍數 ④漁夫

(135) [　] : ①納稅 ②庶民 ③寄贈 ④逃亡

(136) [　] : ①望鄕 ②激感 ③複雜 ④逆賊

(137) [　] : ①陳列 ②假定 ③後世 ④爆發

10. 【問 138~142】 다음 漢字의 部首를 쓰시오.

(138) 屢 　　　　(139) 飾

(140) 斥 　　　　(141) 腰

(142) 環

11. 【問 143~147】 다음 漢字語의 뜻을 쓰시오.

(143) 依存 －

(144) 悲劇 －

(145) 宣傳 －

(146) 整備 －

(147) 段階 －

12. 【問 148~150】 다음 漢字의 略字를 쓰시오.

(148) 假 　　　　(149) 齒

(150) 轉

국가공인
제10회 한자능력검정시험 3급 예상문제

1.【問1~45】다음 漢字語의 讀音을 쓰시오.

(1) 參與　　　　　(2) 銀塊

(3) 參兆　　　　　(4) 立稻

(5) 懲罰　　　　　(6) 拾億

(7) 燒却　　　　　(8) 拾得

(9) 謙虛　　　　　(10) 姦通

(11) 降雪　　　　　(12) 逮捕

(13) 降伏　　　　　(14) 行動

(15) 漂流　　　　　(16) 行旅

(17) 冬季　　　　　(18) 擴張

(19) 度地　　　　　(20) 蜂蜜

(21) 程度　　　　　(22) 麻衣

(23) 老衰　　　　　(24) 北斗

(25) 生涯　　　　　(26) 萬若

(27) 羅針盤　　　　(28) 固執

(29) 糖分　　　　　(30) 祭祀

(31) 雪糖　　　　　(32) 沈沒

(33) 淡白　　　　　(34) 沈氏

(35) 兼職　　　　　(36) 殘像

(37) 稀微　　　　　(38) 妄言

(39) 庭園　　　　　(40) 乾燥

(41) 現狀　　　　　(42) 佛寺

(43) 賞狀　　　　　(44) 內侍

(45) 避雷

2.【問46~72】다음 漢字의 訓과 音을 쓰시오.

(46) 騷　　　　　(47) 倣

(48) 煩　　　　　(49) 枕

(50) 敦　　　　　(51) 破

(52) 粟　　　　　(53) 衡

(54) 廷　　　　　(55) 蒙

(56) 欄　　　　　(57) 池

(58) 懸　　　　　(59) 囚

(60) 搜　　　　　(61) 廊

(62) 卽　　　　　(63) 御

(64) 泰　　　　　(65) 勸

(66) 盜　　　　　(67) 擁

(68) 豪　　　　　(69) 謀

(70) 循　　　　　(71) 忍

(72) 超

3.【問73~97】밑줄 그은 漢字語를 漢字로 쓰시오.

(73) 아파트 경비원들은 밤에도 자지 않고 **야근**을 한다.

(74) 전국 채소 재배면적이 늘어남에 따라 채소값이 **폭락**했다.

(75) 부서진 선풍기를 **수리**해서 다시 쓴다.

(76) 월드컵 예선전의 A조 1위는 서로가 잘 싸워서 **혼전**상태에 있다.

(77) 감초는 **약방**의 거의 모든 약 속에 들어간다.

(78) 쓰레기폐기장설립을 반대하는 주민들을 **설득**하느라 애썼다.

(79) 우리 팀은 많은 훈련을 했으므로 금년 시즌에는 **우승**할 수 있을 것이다.

(80) 우리 민족의 시조는 **단군**이시다.

(81) 이사를 가게 되면 **전입**신고를 한다.

(82) 중동지역의 **유전**에서 원유생산을 중단하여 석유값이 올랐다.

(83) 상품출고와 판매는 **담당**者가 각각 다르다.

(84) 가을철운동회를 9월에 열기로 학교 전체 회의에서 **가결**되었다.

(85) 대학입시는 **선택**과목도 있다.

(86) 그가 마라톤에서 우승하리라는 **예상**이 빗나갔다.

(87) 서울지하철 1번 노선의 **종점**이 어딥니까?

(88) 나는 대학에 들어가면 **장학금**을 탈 수 있도록 열심히 공부하겠다.

(89) 간밤에 그림을 도둑맞고 **도난**신고를 했다.

(90) <u>범인</u>을 잡는 관청은 경찰서 뿐만 아니다.

(91) 한시간 토론 끝에 공사를 계속 하기로 <u>결론</u>이 났다.

(92) 선생님께서 <u>강의</u>하실 때는 놓치지 말고 모두 들어야 한다.

(93) 야생난초의 <u>종류</u>는 여러 가지가 있다.

(94) 나는 이 세상에서 부모님이 제일 <u>존경</u>스럽다.

(95) 남극이 <u>북극</u>보다 좀 더 춥다.

(96) 우리나라 기후가 아열대성으로 변해가는 <u>경향</u>이 있다.

(97) 애써 번 돈을 <u>검소</u>하게 써야겠다.

---

4. 【問98~107】 다음 漢字와 意味上 對立되는 漢字를 써 넣어 單語를 完成하시오.

(98) [　　] ↔ 靜　　(99) 禍 ↔ [　　]

(100) [　　] ↔ 濁　　(101) 丹 ↔ [　　]

(102) [　　] ↔ 愚　　(103) 逢 ↔ [　　]

(104) 贊 ↔ [　　]　　(105) 勝 ↔ [　　]

(106) 疏 ↔ [　　]　　(107) 是 ↔ [　　]

---

5. 【問108~117】 다음 빈 칸에 訓이 같은 漢字를 써 넣어 單語를 完成하시오.

(108) 空 － [　　]　　(109) [　　] － 問

(110) 至 － [　　]　　(111) [　　] － 淨

(112) [　　] － 勵　　(113) [　　] － 悟

(114) [　　] － 寂　　(115) [　　] － 遣

(116) [　　] － 須　　(117) [　　] － 露

---

6. 【問118~127】 다음 빈 곳에 알맞은 漢字를 써 넣어 四字成語를 完成하시오.

(118) 梁上 [　　] 子　　(119) 錦上添 [　　]

(120) [　　] 顏無恥　　(121) [　　] 枯盛衰

(122) [　　] 柔內剛　　(123) 傲霜 [　　] 節

(124) 莫無 [　　] 奈　　(125) 搖之不 [　　]

(126) 紅爐 [　　] 雪　　(127) 博而不 [　　]

---

7. 【問128~132】 다음 漢字語의 同音異義語를 쓰시오. (長短음 관계없이)

(128) 弔喪 － [　　]

(129) 公布 － [　　]

(130) 散星 － [　　]

(131) 恒久 － [　　]

(132) 拒否 － [　　]

---

8. 【問133~137】 다음 漢字語 중 첫 소리가 長音인 것을 골라 그 번호를 쓰시오.

(133) [　　] : ①樂器 ②落島 ③有感 ④液體

(134) [　　] : ①燈火 ②造成 ③宣布 ④歌謠

(135) [　　] : ①飛行 ②孫女 ③願書 ④牧場

(136) [　　] : ①順序 ②傳門 ③景致 ④防火

(137) [　　] : ①喜劇 ②史學 ③穀食 ④核心

---

9. 【問138~14】2 다음 漢字語의 뜻을 쓰시오.

(138) 碑銘 －

(139) 喪家 －

(140) 宿怨 －

(141) 拘束 －

(142) 完備 －

---

10. 【問143~147】 다음 漢字의 部首를 쓰시오.

(143) 興　　　　(144) 韋

(145) 師　　　　(146) 解

(147) 閉

---

11. 【問148~150】 다음 漢字의 略字를 쓰시오.

(148) 當　　　　(149) 佛

(150) 暇

1.【問1~45】다음 漢字語의 讀音을 쓰시오.

(1) 辨證		(2) 鎭壓	
(3) 冒險		(4) 拙作	
(5) 煩惱		(6) 自慢	
(7) 逢着		(8) 綱領	
(9) 傾斜		(10) 腰痛	
(11) 娛樂		(12) 亨通	
(13) 交替		(14) 城郭	
(15) 刻銘		(16) 禁煙	
(17) 昭明		(18) 庶務	
(19) 墨香		(20) 隣近	
(21) 叛旗		(22) 乾杯	
(23) 凍結		(24) 漆器	
(25) 透視		(26) 貸與	
(27) 荒涼		(28) 諒知	
(29) 濫發		(30) 販路	
(31) 壬辰		(32) 解析	
(33) 生辰		(34) 某處	
(35) 謹身		(36) 退却	
(37) 慘劇		(38) 詐稱	
(39) 捕獲		(40) 運賃	
(41) 餘罪		(42) 欺罔	
(43) 淸廉		(44) 皆濁	
(45) 麥酒			

2.【問46~72】다음 漢字의 訓과 音을 쓰시오.

(46) 佐		(47) 辯	
(48) 卜		(49) 苟	
(50) 濁		(51) 播	
(52) 詐		(53) 畜	
(54) 冊		(55) 鴻	
(56) 賴		(57) 柔	
(58) 怪		(59) 還	
(60) 猶		(61) 把	

(62) 鹽		(63) 軟	
(64) 隔		(65) 擴	
(66) 暑		(67) 乳	
(68) 靈		(69) 渴	
(70) 畢		(71) 惱	
(72) 暢			

3.【問73~97】밑줄 그은 漢字語를 漢字로 쓰시오.

(73) 시청 앞 광장에서 대집회가 열렸다.

(74) 2002년 월드컵 개최로 우리나라가 국제적으로
한층 더 알려졌다.

(75) 남의 돈을 자꾸 빌려쓰면 나중에는 채무자 신
세가 될지도 모른다.

(76) 지난번 도와주신 은혜에 사례하고자 들렸습니
다.

(77) 우리나라에도 노벨상 수여받은 사람이 있고 앞으로
도 많을 것이다.

(78) 반상회의에 자주 참여하면 이웃사람과 친해진다.

(79) 우리의 문화유적지를 고찰하고 더욱 보호해야 한
다.

(80) 게으르지 않고 근면한 사람은 성공한다.

(81) 열차가 운행되는 선로 위에 장애물이 있으면 큰
사고의 위험이 된다.

(82) 무술을 익히는 것은 위험한 일에 자신을 보호
하기 위해서다.

(83) 여기서 저끝까지 누가 빨리 달리나 경주해 보자.

(84) 나는 취미 생활로 테니스를 즐긴다.

(85) 모든 주민들이 협조하여 노숙자를 도왔다.

(86) 예식장에서 신랑신부는 결혼서약을 한다.

(87) 쾌속정을 타고 파도를 가르며 전진했다.

(88) 불행한 과거를 한탄만 하지 않고 열심히 노력
하였다.

(89) 남녀는 성차별을 받지 않고 균등한 대우를 받
는다.

(90) 그 회사는 **경영**난으로 폐업하게 되었다.

(91) **직업**에는 귀천이 없고 근면이 제일이다.

(92) 지구 **온난化** 현상으로 극지방의 얼음이 녹아 내리고 있다.

(93) 연어는 반드시 산란지대를 찾아오는 **회귀성** 어류이다.

(94) 남편의 사고소식을 듣고 그녀는 **비통**해 했다.

(95) 국군은 국토 **방위**의 임무를 수행한다.

(96) 운동 경기에서는 **공격**과 수비를 모두 잘 해야 한다.

(97) 중동 어느 지역은 내전으로 **전투**가 한창이다.

4.【問 98~102】다음 漢字와 뜻이 反對 또는 相對되는 漢字를 써넣어 單語를 完成하시오.

(98) [　] ↔ 陽　　　　(99) [　] ↔ 裏

(100) [　] ↔ 吸　　　(101) [　] ↔ 鄕

(102) 晴 ↔ [　]

5.【問 103~107】다음 漢字語의 反對語 또는 相對語를 쓰시오.

(103) 遵法 ↔ [　]　　　(104) 抽象 ↔ [　]

(105) 恒星 ↔ [　]　　　(106) 傍系 ↔ [　]

(107) 肯定 ↔ [　]

6.【問 108~117】다음 빈 칸에 訓이 같은 漢字를 써넣어 單語를 完成하시오.

(108) [　] － 濯　　　(109) 誕 － [　]

(110) [　] － 悅　　　(111) 朋 － [　]

(112) 販 － [　]　　　(113) 樹 － [　]

(114) 境 － [　]　　　(115) 側 － [　]

(116) 聰 － [　]　　　(117) 神 － [　]

7.【問 118~127】다음 빈 곳에 알맞은 漢字를 넣어 四字成語를 完成하시오.

(118) 傷弓之[　]　　　(119) 大義滅[　]

(120) [　]林豪傑　　　(121) 同[　]連枝

(122) 敬而[　]之　　　(123) [　]禍召福

(124) 不孝有[　]　　　(125) [　]餘之策

(126) [　]夢似夢　　　(127) 口尙[　]臭

8.【問 128~132】다음 漢字語의 同音異義語를 쓰시오. (長短音 관계없이)

(128) 相互－[　]　　　(129) 司會－[　]

(130) 景氣－[　]　　　(131) 家名－[　]

(132) 利害－[　]

9.【問 133~137】다음 漢字語 중 첫 소리가 長音인 것을 골라 그 번호를 쓰시오.

(133) [　] : ①復興 ②指導 ③探險 ④試寫

(134) [　] : ①功績 ②勉學 ③業種 ④增産

(135) [　] : ①叛逆 ②關係 ③通過 ④侵入

(136) [　] : ①嚴肅 ②詩人 ③空白 ④兩親

(137) [　] : ①構成 ②急速 ③歡迎 ④到達

10.【問 138~142】다음 漢字의 部首를 쓰시오.

(138) 準　　　　(139) 劇

(140) 黑　　　　(141) 限

(142) 囚

11.【問 148~147】다음 漢字語의 뜻을 쓰시오.

(143) 首都 －

(144) 虛構 －

(145) 課稅 －

(146) 範圍 －

(147) 負擔 －

12.【問 148~150】다음 略字를 正字(기본자)로 바꾸어 쓰시오.

(148) 盡　　　　(149) 兴

(150) 囲

국가공인
제12회 한자능력검정시험 3급 예상문제

1.【問 1~45】다음 漢字語의 讀音을 쓰시오. (1~45)

(1)	僅少	(2)	比較
(3)	距離	(4)	謙讓
(5)	痛哭	(6)	宇宙
(7)	發芽	(8)	突破
(9)	幾微	(10)	安寧
(11)	肺病	(12)	封印
(13)	崇尙	(14)	隆盛
(15)	猛犬	(16)	貞淑
(17)	罷業	(18)	熟眠
(19)	火爐	(20)	剛直
(21)	左翼	(22)	鑑定
(23)	溪谷	(24)	通達
(25)	販促	(26)	糾妨
(27)	削髮	(28)	埋沒
(29)	奪還	(30)	廉恥
(31)	刺客	(32)	毒蛇
(33)	刺殺	(34)	配匹
(35)	肖像	(36)	懇談
(37)	孟浪	(38)	草稿
(39)	莫大	(40)	館長
(41)	逢着	(42)	慣習
(43)	農耕	(44)	踏査
(45)	哲學		

2.【問 46~72】다음 漢字의 訓과 音을 쓰시오.

(46)	此	(47)	宜
(48)	竝	(49)	陶
(50)	托	(51)	隆
(52)	響	(53)	粧
(54)	驚	(55)	盟
(56)	抑	(57)	但
(58)	裳	(59)	姑
(60)	廷	(61)	演
(62)	影	(63)	蘭
(64)	忽	(65)	沿
(66)	翼	(67)	謙
(68)	彼	(69)	宙
(70)	衝	(71)	依
(72)	越		

3.【問 73~97】밑줄 그은 漢字語를 漢字로 쓰시오.

(73) 태양에너지는 상상할 수 없을만큼 **풍부**하다.

(74) 태풍이 휩쓸고 지나간 뒤 **복구**작업이 한창이다.

(75) 상대편 말을 **존중**하면서 나의 의사를 표현한다.

(76) 비록 부유할지라도 검소한 생활을 하면 이웃 사람들의 **호평**을 받는다.

(77) 비행기에 **연료**가 떨어져서 비상착륙했다.

(78) 국민의 복지향상을 위해 **정부**는 노력해야 한다.

(79) 음식을 많이 먹게 되면 각종 질병을 **초래**하게 된다.

(80) 그는 불행한 사람들을 **구원**하기 위해 자기 재산을 아낌없이 썼다.

(81) 사업을 하는데는 첫째 **자본**이 있어야 한다.

(82) 그 자동차는 21세기에 들어서 **최근**에 만들어진 것이다.

(83) 뉴스의 신속 정확한 **보도**는 곧 국민의 눈과 귀가 된다.

(84) 요즘 시골 초가집 굴뚝에서도 **연기**가 나지 않는다.

(85) 백화점의 **점원**들은 매우 친절했었다.

(86) 얼음은 고체이지만 녹으면 **액체**가 된다.

(87) 간밤에 내린 폭우로 이 지역이 한때 **정전**되는 소동이 났다.

(88) 공장설립을 쉽게 할 수 있도록 **제도**상의 문제점을 고친다.

(89) 훌륭한 **인재**를 많이 배출함으로써 나라가 부강해진다.

(90) 이 화초를 **손상**하지 않게 잘 배달해 주시오.

(91) 그 사람은 **연고**가 없는 타 지역의 국회의원 선거에서 당선되었다.

(92) 잘 살고 강한 군사력을 가진 나라를 **부강**한 나라라고 한다.

(93) 관용은 남의 행동을 **시비**하는 것이 아니라 사랑을 베푸는 것이다.

(94) 농아자는 대부분 잘 듣지 못하는 **청각** 장애인이다.

(95) 사람은 자신의 **결점**을 잘 알지 못한다.

(96) 그는 친절하여 영업사원으로 **적격**이다.

(97) 강원도 깊은 산골에 **원시림**들이 즐비하다.

4.【問 98~107】 다음 각 글자와 뜻이 對立되는 漢字와 漢字語를 쓰시오.

(98) [   ] ↔ 憎   (99) 靈 ↔ [   ]

(100) [   ] ↔ 捨   (101) 需 ↔ [   ]

(102) 是 ↔ [   ]   (103) 郊外 ↔ [   ]

(104) 延長 ↔ [   ]   (105) 偶然 ↔ [   ]

(106) 裏面 ↔ [   ]   (107) 騰貴 ↔ [   ]

5.【問 108~117】 다음 빈 칸에 訓이 같은 漢字를 써 넣어 單語를 完成하시오.

(108) 申 − [   ]   (109) 段 − [   ]

(110) 倉 − [   ]   (111) 組 − [   ]

(112) 帥 − [   ]   (113) 要 − [   ]

(114) 釋 − [   ]   (115) 滯 − [   ]

(116) [   ] − 賴   (117) [   ] − 蔽

6.【問 118~127】 다음 빈 곳에 알맞은 漢字를 써 넣어 四字成語를 完成하시오.

(118) [   ]出鬼沒   (119) 螢[   ]之功

(120) 泥田[   ]狗   (121) 吟[   ]弄月

(122) [   ]軍奮鬪   (123) 晩食[   ]肉

(124) [   ]中樓閣   (125) 一蓮托[   ]

(126) 七顚八[   ]   (127) 薄利多[   ]

7.【問 128~132】 다음 漢字語의 同音異義語를 쓰시오.(長短音 관계없이)

(128) 可恐 − [   ]

(129) 享壽 − [   ]

(130) 消化 − [   ]

(131) 家務 − [   ]

(132) 事故 − [   ]

8.【問 133~137】 다음 漢字語 중 첫 소리가 長音인 것을 골라 그 번호를 쓰시오.

(133) [   ] : ①盜難 ②養成 ③放送 ④居住

(134) [   ] : ①患亂 ②得男 ③愼重 ④國家

(135) [   ] : ①切斷 ②慶事 ③儒生 ④觀光

(136) [   ] : ①輕量 ②廟堂 ③證據 ④河川

(137) [   ] : ①童話 ②勇氣 ③讀書 ④射殺

9.【問 138~142】 다음 漢字의 部首를 쓰시오.

(138) 弓   (139) 屯

(140) 殘   (141) 陷

(142) 而

10.【問 143~147】 다음 漢字語의 뜻을 쓰시오.

(143) 廢水 −

(144) 廉價 −

(145) 罷業 −

(146) 旱害 −

(147) 火災 −

11.【問 148~150】 다음 漢字의 略字를 쓰시오.

(148) 亂   (149) 擇

(150) 條

국가공인
제13회 한자능력검정시험 3급 예상문제

1. 【問1~45】 다음 漢字語의 讀音을 쓰시오. (1~45)

(1) 逐出		(2) 卿相	
(3) 追更		(4) 軌跡	
(5) 畏懼		(6) 燒酒	
(7) 破裂		(8) 鼓吹	
(9) 壓迫		(10) 傲慢	
(11) 羽翼		(12) 陳腐	
(13) 吟味		(14) 修訂	
(15) 昏睡		(16) 賦課	
(17) 國賓		(18) 農道	
(19) 越墻		(20) 大怒	
(21) 肩章		(22) 沈潛	
(23) 銳角		(24) 播多	
(25) 削減		(26) 豚舍	
(27) 搜索		(28) 挑戰	
(29) 引渡		(30) 善隣	
(31) 切斷		(32) 刺客	
(33) 一切		(34) 濁流	
(35) 餓鬼		(36) 丘陵	
(37) 需給		(38) 讓渡	
(39) 鹽田		(40) 架空	
(41) 淡墨		(42) 暗誦	
(43) 謹身		(44) 發刊	
(45) 絶叫			

2. 【問46~72】 다음 漢字의 訓과 音을 쓰시오.

(46) 障		(47) 銳	
(48) 背		(49) 墨	
(50) 眉		(51) 聰	
(52) 拳		(53) 樓	
(54) 貞		(55) 零	
(56) 管		(57) 籍	
(58) 史		(59) 泊	
(60) 葬		(61) 伸	
(62) 碧		(63) 洪	
(64) 陷		(65) 毫	
(66) 鷄		(67) 娘	
(68) 謁		(69) 勸	
(70) 亦		(71) 也	
(72) 佳			

3. 【問73~90】 다음 訓과 音을 지닌 漢字를 쓰시오

(73) 들을 청 [ ]	(74) 샘 천 [ ]
(75) 터럭 모 [ ]	(76) 맡길 위 [ ]
(77) 기쁠 환 [ ]	(78) 넓을 보 [ ]
(79) 양식 량 [ ]	(80) 패할 패 [ ]
(81) 며느리 부[ ]	(82) 더할 증 [ ]
(83) 다칠 상 [ ]	(84) 곳집 고 [ ]
(85) 풍년 풍 [ ]	

4. 【問86~97】 밑줄 그은 漢字語를 漢字로 쓰시오.

(86) 이혼한 그 여자는 자녀들을 생각해서 **재혼**하지 않고 살고 있다.

(87) 개구리의 **천적**은 뱀이다.

(88) 단체생활에서 너무나 강한 **개성**을 드러내면 화합이 잘 되지 않을 수도 있다.

(89) 모든 국민은 **납세**의 의무를 다해야 한다.

(90) 올림픽 성화가 강화도 마니산 **제단** 앞에서 발화되었다.

(91) 칠판에 **분필**가루를 청소해야겠다.

(92) 동사무소에서 전입신고를 할 때는 주민등록증을 **제시**한다.

(93) 정월대보름 연날리기는 우리 고유의 **전통**이다.

(94) 그는 위장암으로 **수술**을 받았다.

(95) 인천공항에 내리자 사람들이 매우 친절히 대해주어 매우 **인상**적이었다.

(96) 장애인의 몸으로 올림픽코스를 <u>완주</u>하다니
참으로 감탄하지 않을 수 없다.

(97) 심한 가뭄으로 벼<u>생산</u>량이 감소하였다.

5.【問 98~107】 다음 한자와 뜻이 反對 또는 相對되는 漢字와 漢字語를 쓰시오.

(98) 淸 ↔ [　　] 　 (99) 攻 ↔ [　　]

(100) 順 ↔ [　　] 　 (101) [　　] ↔ 姪

(102) [　　] ↔ 復 　 (103) [　　] ↔ 劣

(104) [　　] ↔ 外延 　 (105) [　　] ↔ 漸進

(106) [　　] ↔ 虛僞 　 (107) [　　] ↔ 稱讚

6.【問 108~117】 빈칸에 訓이 같은 漢字를 써 넣어 單語를 完成하시오.

(108) 巡 － [　　] 　 (109) 譽 － [　　]

(110) 審 － [　　] 　 (111) 堤 － [　　]

(112) 錯 － [　　] 　 (113) 稱 － [　　]

(114) 崇 － [　　] 　 (115) [　　] － 伐

(116) 進 － [　　] 　 (117) [　　] － 侯

7.【問 118~127】 다음 빈 곳에 알맞은 漢字를 써 넣어 四字成語를 完成하시오.

(118) [　　]强附會

(119) [　　]談巷說

(120) 斯文[　　]賊

(121) 畵[　　]類狗

(122) 龍蛇[　　]騰

(123) 一脈相[　　]

(124) 同病[　　]憐

(125) 貪[　　]汚吏

(126) 優柔[　　]斷

(127) 烏[　　]梨落

8.【問 128~132】 다음 漢字語의 同音異義를 쓰되 제시된 뜻에 맞게 쓰시오.

(128) 單式－[　　] : 음식을 먹지 아니함

(129) 强盜－[　　] : 강한 정도

(130) 通貨－[　　] : 전화로 말을 주고 받음

(131) 初代－[　　] : 남을 청하여 대접함

(132) 實業－[　　] : 생업을 잃음

9.【問 133~137】 다음 漢字語 중 첫 소리가 長音인 것을 골라 그 번호를 쓰시오.

(133) [　　　] : ①侍女 ②記錄 ③重量 ④職場

(134) [　　　] : ①洗濯 ②苦生 ③酒店 ④衆論

(135) [　　　] : ①底意 ②收金 ③價格 ④美談

(136) [　　　] : ①燃燒 ②處世 ③良心 ④鉛筆

(137) [　　　] : ①産母 ②志望 ③星座 ④器具

10.【問 138~142】 다음 漢字의 部首를 쓰시오.

(138) 更 　　　　 (139) 距

(140) 丙 　　　　 (141) 旬

(142) 弱

11.【問 143~147】 다음 漢字語의 뜻을 쓰시오.

(143) 播種 －

(144) 賃貸 －

(145) 衆論 －

(146) 殺菌 －

(147) 招聘 －

12.【問 148~150】 다음 漢字의 略字를 쓰시오.

(148) 業 　　　　 (149) 農

(150) 顯

한자능력 검정시험 3급
기출·예상문제(1회~9회)

본 기출·예상문제는 한자능력검정시험에
출제되었던 문제를 수험생들에 의해
모아 만든 것입니다.
때문에 실제문제의 번호가
다소 다를 수 있지만
내용은 똑같습니다.
그러므로 자신의 실제점수대를 예측하는데
큰 도움이될 것입니다.

정답은 151쪽부터 있습니다.

국가공인
제1회 한자능력검정시험 3급 기출·예상문제

(社) 한국어문회 시행　　　　　　　　　　　　　　※ 수험생들에 의해 재생되었습니다.

---

1. 다음 漢字語의 讀音을 쓰시오. (1~45)

(1) 妥結　　　　　(2) 搖動
(3) 況且　　　　　(4) 嫌疑
(5) 迷惑　　　　　(6) 檢閱
(7) 循環　　　　　(8) 凝固
(9) 富裕　　　　　(10) 爐邊
(11) 菌絲　　　　　(12) 忘却
(13) 鹽味　　　　　(14) 懇切
(15) 鑛物　　　　　(16) 嚴肅
(17) 攝政　　　　　(18) 幽默
(19) 稀宴　　　　　(20) 蜂蝶
(21) 飢餓　　　　　(22) 慰勞
(23) 誘致　　　　　(24) 災殃
(25) 遲刻　　　　　(26) 躍進
(27) 遵守　　　　　(28) 逸話
(29) 催促　　　　　(30) 驅逐
(31) 停滯　　　　　(32) 追憶
(33) 觸感　　　　　(34) 測量
(35) 腸液　　　　　(36) 削髮
(37) 渴症　　　　　(38) 傲慢
(39) 踏步　　　　　(40) 釋尊
(41) 相殺　　　　　(42) 罪囚
(43) 因緣　　　　　(44) 搜查
(45) 爵位

2. 다음 漢字의 訓과 音을 쓰시오. (46~72)

(46) 冥　　　　　(47) 誌
(48) 損　　　　　(49) 誦
(50) 鐵　　　　　(51) 譜
(52) 飜　　　　　(53) 換
(54) 造　　　　　(55) 憎
(56) 樓　　　　　(57) 昭
(58) 晚　　　　　(59) 返
(60) 穫　　　　　(61) 婦

(62) 享　　　　　(63) 栗
(64) 傍　　　　　(65) 橫
(66) 浮　　　　　(67) 燭
(68) 枝　　　　　(69) 悔
(70) 憲　　　　　(71) 澤
(72) 織

3. 다음 訓과 音을 지닌 漢字를 쓰시오. (73~87)

(73) 섞을 혼 [　　]　(74) 갈 연　　[　　]
(75) 비롯할 창[　　]　(76) 질 부　　[　　]
(77) 무리 중 [　　]　(78) 칠 목　　[　　]
(79) 볼 람　 [　　]　(80) 영화 영　[　　]
(81) 칠 토　 [　　]　(82) 빽빽할 밀[　　]
(83) 떠날 리 [　　]　(84) 잘 침　　[　　]
(85) 부를 초 [　　]　(86) 칭송할 송[　　]
(87) 가질 지 [　　]

4. 밑줄 그은 漢字語를 漢字로 쓰시오. (88~97)

(88) <u>전투</u>가 멈추어야 평화시대가 온다.
(89) 남쪽의 <u>한려</u>수도는 국립공원이다.
(90) 나무는 <u>연료</u>로도 쓰인다.
(91) 새 학기에 신입생을 <u>환영</u>했다.
(92) 삶을 아름답게 보는 데서 내일의 <u>희망</u>이 있다.
(93) 이 지도는 100분의 1로 <u>축소</u>시킨 것이다.
(94) 누나의 음식 솜씨를 예술이라고 <u>칭찬</u>하였다.
(95) 새 학년에 <u>담임</u>선생님이 바뀌었다.
(96) 폭격기는 <u>폭격</u>을 하는 것이 주 임무이다.
(97) 세금은 제때 내도록 <u>권고</u>하여야 한다.

5. 빈칸에 訓이 같은 漢字를 써 넣어 單語를 完成하시오. (98~106)

(98) 恭 - [　　]　　　(99) [　　] - 慮

(100) 尋 - [　　]　　　(101) 皇 - [　　]

(102) [　　] - 慈　　　(103) [　　] - 泊

(104) 尺 - [　　]　　　(105) 養 - [　　]

(106) 扶 - [　　]

6. 다음 漢字와 뜻이 反對 또는 相對되는 漢字를 써 넣어 單語를 完成하시오. (107~116)

(107) 明 ↔ [　　　　]

(108) 始 ↔ [　　　　]

(109) 昇 ↔ [　　　　]

(110) 强 ↔ [　　　　]

(111) 輕 ↔ [　　　　]

(112) 弔 ↔ [　　　　]

(113) [　　　　] ↔ 愚

(114) [　　　　] ↔ 淺

(115) [　　　　] ↔ 敗

(116) 高 ↔ [　　　　]

7. 다음 빈칸에 알맞는 漢字를 써 넣어 成語를 完成하시오. (117~126)

(117) 興亡 [　　] 衰

(118) [　　] 禍爲福

(119) 燈下不 [　　]

(120) 識字憂 [　　]

(121) 龍 [　　] 蛇尾

(122) 我田 [　　] 水

(123) 鶴首 [　　] 待

(124) 貪 [　　] 汚吏

(125) 孟母 [　　] 機

(126) [　　] 蜜腹劍

8. 다음 漢字語 중 첫 소리가 長音인 것을 골라 그 번호를 쓰시오. (127~131)

(127) [　　　] : ①放課 ②方丈 ③防音 ④房外

(128) [　　　] : ①司會 ②師宗 ③賜田 ④私田

(129) [　　　] : ①園池 ②圓柱 ③元朝 ④遠足

(130) [　　　] : ①盜賊 ②導出 ③逃避 ④圖表

(131) [　　　] : ①巡査 ②順産 ③旬報 ④晨聲

9. 다음 漢字의 部首를 쓰시오. (132~137)

(132) 夢　　　　　(133) 乳

(134) 奪　　　　　(135) 免

(136) 承　　　　　(137) 較

10. 다음 漢字語의 同音異義語를 제시된 뜻에 맞게 쓰시오. (138~142)

(138) 功利 [　　] : 일반에 공통되는 도리

(139) 樣式 [　　] : 서양 음식

(140) 對備 [　　] : 부처의 큰 자비

(141) 腹背 [　　] : 땅에 엎드려 절을 함

(142) 警戒 [　　] : 지역이 갈라지는 한계

11. 다음 漢字語를 순 우리말로 쓰시오. (143~147)

(143) 梨花 -

(144) 日氣 -

(145) 盤石 -

(146) 水泳 -

(147) 陰地 -

12. 다음 漢字의 略字를 쓰시오. (148~150)

(148) 團

(149) 氣

(150) 寶

국가공인
제2회 한자능력검정시험 3급 기출·예상문제

(社)한국어문회 시행　　　　　　　　　　　　　　　　　　※ 수험생들에 의해 재생되었습니다.

1. 다음 漢字語의 讀音을 쓰시오. (1~45)

(1)	該博	(2)	敍述
(3)	隷屬	(4)	携帶
(5)	姦淫	(6)	龜鑑
(7)	麥芽	(8)	媒介
(9)	隱蔽	(10)	烏竹軒
(11)	遲延	(12)	嫌忌
(13)	抱擁	(14)	慙愧
(15)	飢渴	(16)	微賤
(17)	疏漏	(18)	腦裏
(19)	聯邦	(20)	吹奏
(21)	誕辰	(22)	畏懼
(23)	逐邪	(24)	耐寒
(25)	滅菌	(26)	蔬菜
(27)	頻繁	(28)	戲弄
(29)	奚琴	(30)	憐憫
(31)	崩御	(32)	廉恥
(33)	妥協	(34)	埋沒
(35)	掠奪	(36)	突厥
(37)	癸丑	(38)	侯爵
(39)	誓願	(40)	尖銳
(41)	栗谷	(42)	庸拙
(43)	尤甚	(44)	排斥
(45)	誇張		

2. 다음 漢字의 訓과 音을 쓰시오. (46~72)

(46)	雁	(47)	畓
(48)	禽	(49)	屯
(50)	孰	(51)	稻
(52)	粟	(53)	毁
(54)	燕	(55)	絹
(56)	竊	(57)	衝
(58)	騷	(59)	祈
(60)	朔	(61)	輝
(62)	夷	(63)	矣
(64)	詐	(65)	須
(66)	那	(67)	弔
(68)	朋	(69)	鴻
(70)	臥	(71)	賜
(72)	漆		

3. 밑줄 그은 漢字語를 漢字로 쓰시오. (73~97)

(73) 모든 국민은 **납세**의 의무를 다한다.

(74) 中國 대학생들은 거의 모두가 **기숙사** 생활을 한다.

(75) 어휘력 향상을 위해 **사전**을 늘 가까이 할 필요가 있다.

(76) 좋은 **비평**은 좋은 작품의 밑거름이 된다.

(77) 요즈음 일기 **예보**가 상당히 잘 맞는 편이다.

(78) 혈관 주사는 대개 **정맥**에 놓는다.

(79) **총점** 1점 차이로 금메달을 땄다.

(80) **이혼**을 너무 쉽게 생각하는 풍조가 걱정스럽다.

(81) 날씨 때문에 여행 계획을 **변경**하였다.

(82) 죄짓고 해외로 **도피**하는 자들이 있다.

(83) 예전에는 자연을 **숭배**하는 풍습이 성했다.

(84) 마라톤 선수들은 **탈진**한 상태에서도 정신력으로 버틴다.

(85) 환자를 **간호**하는 일은 참으로 힘들다.

(86) 週 5日 근무제로 **여가** 시간이 많이 늘어났다.

(87) 정부는 비상시에 대비하여 일정량의 **양곡**을 항상 비축한다.

(88) 노약자들은 **계단** 오르내리기가 힘들다.

(89) 야생돌물들은 **청각**이 매우 발달되어 있다.

(90) 종교적인 이유로 군복무를 **거부**하는 이들이 꽤 많다.

(91) **취직**의 문을 넓히는 시책이 많이 좀 나와야겠다.

(92) 오페라는 우리네 **창극**과 매우 비슷하다.

(93) 스키를 타다가 <u>골절상</u>을 당했다.

(94) 10원짜리 <u>동전</u>은 줍는 사람도 별로 없다.

(95) 전철 안에서는 <u>금연</u>이 잘 지켜지는 편이다.

(96) 記者는 <u>추측</u>만으로 기사를 쓰지는 않는다.

(97) 漢江 <u>유람선</u>을 타고 출퇴근하면 좋은 점이 많을 것 같다.

4. 다음 漢字와 뜻이 反對 또는 相對되는 漢字를 써 넣어 單語를 完成하시오. (98~107)

(98) [　　　] ↔ 薄

(99) 伸 ↔ [　　　]

(100) [　　　] ↔ 姪

(101) 哀 ↔ [　　　]

(102) [　　　] ↔ 怠

(103) [　　　] ↔ 劣

(104) [　　　] ↔ 僞

(105) 起 ↔ [　　　]

(106) 難 ↔ [　　　]

(107) [　　　] ↔ 益

5. 빈칸에 訓이 같은 漢字를 써 넣어 單語를 完成하시오.. (108~117)

(108) [　　] － 托　　(109) 牽 － [　　]

(110) [　　] － 綱　　(111) 尋 － [　　]

(112) 墳 － [　　]　　(113) [　　] － 聘

(114) 皇 － [　　]　　(115) [　　] － 殃

(116) 攻 － [　　]　　(117) [　　] － 織

6. 다음 빈칸에 알맞는 漢字를 써 넣어 成語를 完成하시오. (118~127)

(118) [　]舟求劍　　(119) 傲霜[　]節

(120) 取捨選[　]　　(121) 矯角[　]牛

(122) 背[　]忘德　　(123) 拔本塞[　]

(124) 貪[　]汚吏　　(125) 附[　]雷同

(126) [　]頭蛇尾　　(127) [　]善懲惡

7. 다음 漢字語 중 첫 소리가 長音인 것을 가려 그 번호를 쓰시오. (128~132)

[例] ㉮興望　㉯娘子　㉰銷足　㉱幼稚　㉲詳細
　　　㉳迷信　㉴蒼白　㉵諒知　㉶瓦當　㉷容恕
　　　㉸臨終　㉹邊方　㉺莊重　㉻鳳仙花

(128) [　　　]　　　　(129) [　　　]

(130) [　　　]　　　　(131) [　　　]

(132) [　　　]

8. 다음 漢字의 약자를 쓰시오. (133~135)

(133) 廳　　　(134) 雜

(135) 據

9. 다음 漢字의 部首를 쓰시오. (136~140)

(136) 條　　　(137) 辨

(138) 衡　　　(139) 賓

(140) 敦

10. 다음 漢字語의 同音異義를 쓰시오. (141~145)

(141) 聰氣 [　　] (142) 傾注 [　　]

(143) 間斷 [　　] (144) 恒久 [　　]

(145) 透寫 [　　]

11. 다음 漢字語의 뜻을 쓰시오. (146~150)

(146) 遷都

(147) 防波堤

(148) 凝血

(149) 泣訴

(150) 越墻

(社)한국어문회 시행　　　　　　　　　　　　　　　　　　　　　※ 수험생들에 의해 재생되었습니다.

1. 다음 漢字語의 讀音을 쓰시오. (1~45)

(1) 廉探	(2) 斥邪
(3) 尤甚	(4) 彈奏
(5) 毁節	(6) 覆蓋
(7) 謁見	(8) 便易
(9) 苟且	(10) 拙劣
(11) 疑懼	(12) 慙愧
(13) 攝取	(14) 菜蔬
(15) 突厥	(16) 暢達
(17) 更新	(18) 秒針
(19) 奚琴	(20) 迷惑
(21) 惡寒	(22) 崩壞
(23) 軌跡	(24) 燕巖
(25) 龜裂	(26) 掠奪
(27) 押韻	(28) 携帶
(29) 災殃	(30) 涉獵
(31) 遲參	(32) 但只
(33) 逝去	(34) 尖銳
(35) 癸丑	(36) 濕潤
(37) 埋沒	(38) 延滯
(39) 抱擁	(40) 錯誤
(41) 畏敬	(42) 陷害
(43) 棄却	(44) 誕辰
(45) 庚戌	

2. 다음 漢字의 訓과 音을 쓰시오. (46~72)

(46) 那	(47) 鳴
(48) 嫌	(49) 屛
(50) 豈	(51) 予
(52) 傲	(53) 粟
(54) 誰	(55) 涯
(56) 斯	(57) 瓦
(58) 朔	(59) 竊
(60) 爵	(61) 稻
(62) 厄	(63) 獵
(64) 敏	(65) 析
(66) 昔	(67) 匹
(68) 肯	(69) 叫
(70) 矢	(71) 罔
(72) 雛	

3. 밑줄친 漢字語를 漢字로 쓰시오.(73~97)

(73) 물 담긴 투명 그릇을 통해 빛의 <u>굴절</u>을 관찰할 수 있다.

(74) 몽골인들의 말타기 곡예가 사람들의 <u>경탄</u>을 자아냈다.

(75) 문장을 <u>간결</u>하게 쓰는 일은 쉽지 않다.

(76) 정신없이 바쁘다가 모처럼 <u>한가</u>한 시간을 가진다.

(77) 상담자는 무엇보다도 내담자의 이야기를 <u>경청</u>한다.

(78) 집을 튼튼히 지으려면 <u>철근</u>을 제대로 써야 한다.

(79) 우리나라의 對日 무역 <u>역조</u>는 여전히 심각하다.

(80) 어떤 이들은 죄 짓고 海外로 <u>도피</u>하여 버젓이 산다.

(81) 어린 學生의 인상적인 연주에 평론가들의 <u>격찬</u>이 이어졌다.

(82) 공작새가 날개를 펴고 아른다운 <u>자태</u>를 뽐낸다.

(83) 밀, 콩 등 많은 <u>양곡</u>을 수입에 의존한다.

(84) 4.19 때 젊은이들은 불의에 <u>항거</u>하여 싸웠다.

(85) 군에서 <u>제대</u>하고 곧바로 복학하면 한동안 적응하느라 힘들다.

(86) 몸이 <u>피곤</u>하면 모든 일이 귀찮다.

(87) <u>위기</u>가 곧 기회라는 말도 있다.

(88) 여름이면 온 산에 <u>녹음</u>이 짙다.

(89) 우주선의 외벽이 일부 <u>파손</u>되었지만 무사히 귀환하였다.

(90) 여유 자금을 은행에 <u>저축</u>하였다.

(91) 외진 길의 <u>방범</u> 카메라가 시민들의 안전에 도움이 된다.

(92) 가까운 친구 사이에도 <u>비밀</u>은 있다.

(93) 별들이 제 궤도를 <u>이탈</u>하는 일은 거의 없다.

(94) 쿠데타가 발생하면 으레 <u>계엄령</u>이 선포된다.

(95) 山의 나무를 <u>도벌</u>하면 벌 받는다.

(96) 어른들은 언제나 어린이를 <u>보호</u>해야 한다.

(97) 학교를 졸업해도 <u>취직</u>을 못해 어려움 당하는 이들이 많다.

4. 빈 칸에 訓이 같은 漢字를 써넣어 單語를 完成하시오.(98~107)

(98) 毫(   )   (99) 牽(   )

(100) (   )悅   (101) 皮(   )

(102) 閱(   )   (103) (   )著

(104) (   )聘   (105) (   )飾

(106) 贈(   )   (107) (   )寂

5. 다음 漢字와 뜻이 反對 또는 相對되는 漢字를 써넣어 單語를 完成하시오.(108~117)

(108) (   ) ↔ 緯   (109) (   ) ↔ 卑

(110) 哀 ↔ (   )   (111) 伸 ↔ (   )

(112) 起 ↔ (   )   (113) (   ) ↔ 廢

(114) (   ) ↔ 薄   (115) (   ) ↔ 送

(116) 緩 ↔ (   )   (117) (   ) ↔ 怠

6. 다음 漢字語와 音이 같고 뜻이 다른 漢字語를 한 가지씩 쓰시오.(長短音 관계없이)(118~122)

(118) 極端 ―

(119) 恒久 ―

(120) 勇氣 ―

(121) 漸騰 ―

(122) 享受 ―

7. 다음 漢字語 중 첫소리가 長音인 것을 가려 그 번호를 쓰시오.(123~127)

(123) (   ):①沈默 ②宇宙 ③僞善 ④輪番

(124) (   ):①付書 ②傳說 ③園藝 ④銅錢

(125) (   ):①打線 ②慣性 ③芳年 ④樓閣

(126) (   ):①娘子 ②墳墓 ③狂奔 ④準行

(127) (   ):①使臣 ②加算 ③曾孫 ④昏絶

8. 다음 빈곳에 알맞은 漢字를 써 넣어 四字成語를 完成하시오..(128~137)

(128) (   )寡不敵   (129) 事必(   )正

(130) 千載一(   )   (131) 姊妹結(   )

(132) 貪(   )汚吏   (133) 焉(   )生心

(134) 烏(   )梨落   (135) 克己(   )禮

(136) 拔本塞(   )   (137) (   )恩忘德

9. 다음 漢字의 部首를 쓰시오.(138~142)

(138) 當   (139) 鴻

(140) 坐   (141) 臺

(142) 照

10. 다음 漢字語의 뜻을 쓰시오.(143~147)

(143) 候鳥   (144) 互讓

(145) 飢渴   (146) 泣訴

(147) 掛念

11 다음 漢字의 略字는 正字로, 正字는 略字로 쓰시오.(148~150)

(148) 圍

(149) 屬

(150) 称

1. [問 1~45] 다음 漢字語의 讀音을 쓰시오.

(1) 吟誦		(2) 踏橋	
(3) 掛念		(4) 疏遠	
(5) 妥協		(6) 慙愧	
(7) 排斥		(8) 肯諾	
(9) 丙戌		(10) 提携	
(11) 覆蓋		(12) 互換	
(13) 泣訴		(14) 竝列	
(15) 該博		(16) 謁見	
(17) 頻繁		(18) 詐欺	
(19) 漏電		(20) 睡眠	
(21) 誇張		(22) 畏懼	
(23) 癸丑		(24) 弔喪	
(25) 拓本		(26) 崩御	
(27) 嫌疑		(28) 姦淫	
(29) 墮獄		(30) 聘丈	
(31) 奚琴		(32) 毁慕	
(33) 透徹		(34) 赴任	
(35) 巧妙		(36) 龜鑑	
(37) 督促		(38) 尖銳	
(39) 桂皮		(40) 參酌	
(41) 揮毫		(42) 錯覺	
(43) 狀啓		(44) 廢棄	
(45) 涉獵			

2. [問 46~72] 다음 漢字의 訓과 音을 쓰시오.

(46) 遣		(47) 翼	
(48) 遵		(49) 庶	
(50) 蔽		(51) 祥	
(52) 竊		(53) 忌	
(54) 循		(55) 乃	
(56) 且		(57) 旱	
(58) 殉		(59) 債	
(60) 叫		(61) 嗚	
(62) 誰		(63) 宰	
(64) 孰		(65) 析	
(66) 墻		(67) 屛	
(68) 冥		(69) 稻	
(70) 瓦		(71) 鴻	
(72) 須			

3. [問 73~97] 다음 밑줄친 漢字語를 漢字로 쓰시오.

(73) 요즘은 인터넷 덕분에 <u>이역</u> 땅에서도 덜 외롭다.

(74) 빙판길에서는 <u>부상</u>하지 않도록 조심해야 한다.

(75) 승리 팀 응원석에서는 <u>환희</u>의 노래가 터져 나왔다.

(76) <u>납세</u>는 國民의 3대 義務 중 하나다.

(77) 한창 일할 나이에 <u>은퇴</u>하는 이들을 社會가 잘 활용해야 한다.

(78) 부정과 不法이 <u>난무</u>하는 社會는 희망이 없다.

(79) 나라 살림에는 항상 <u>예산</u>이 부족하다.

(80) 6월 6일은 <u>현충일</u>이다.

(81) 우상을 <u>숭배</u>하는 것은 어리석은 일이다.

(82) 전쟁이 일어나면 대개 계엄령을 <u>선포</u>한다.

(83) 요즘 젊은 세대는 대체로 <u>취침</u> 시간이 子正 이후다.

(84) 여론 조사에는 통계상의 <u>오차</u>가 있게 마련이다.

(85) <u>계란</u>은 값싸고 영양 많은 食品이다.

(86) 사람은 누구나 <u>쾌적</u>한 환경에서 실기를 바란다.

(87) <u>경주</u>는 新羅의 古都다.

(88) <u>곤경</u>에 처했을 때 함께하는 친구가 진정한 친구다.

(89) 벼랑끝에 몰렸을 때 <u>배수진</u>을 친다.

(90) 요즘 銀行 거래는 <u>통장</u>이 거의 필요 없다.

(91) 靑山別曲은 <u>고려</u> 時代의 作品이다.

(92) 요즘 세대 사람들은 일제의 언론 <u>탄압</u>을 겪지

않아 잘 모른다.

(93) 이른바 줄기 <u>세포</u> 문제로 나라가 온통 시끄러웠다.

(94) 출산율은 떨어지고 <u>이혼</u>은 늘어 간다.

(95) <u>우표</u> 모으기는 여전히 좋은 취미다.

(96) 자고로 존경 받는 富者는 생활이 <u>검소</u>하다.

(97) 독감 때문에 <u>결석</u>하는 학생들이 많다.

4. [問 98~107] 빈 칸에 訓이 같은 漢字를 써넣어 單語를 完成하시오.

(98) (　)穡　　　(99) 尋(　)

(100) (　)織　　(101) 憂(　)

(102) (　)綱　　(103) 皇(　)

(104) (　)償　　(105) 慎(　)

(106) (　)黨　　(107) 販(　)

5. [問 108~117] 다음 漢字와 뜻이 反對 또는 相對되는 漢字를 써 넣어 單語를 完成하시오.

(108) (　) ↔ 賤　　(109) (　) ↔ 寡

(110) (　) ↔ 晩　　(111) (　) ↔ 辱

(112) (　) ↔ 衰　　(113) 吉 ↔ (　)

(114) (　) ↔ 醜　　(115) 昇 ↔ (　)

(116) (　) ↔ 濁　　(117) 損 ↔ (　)

6. [問 118~122] 다음 漢字語와 음은 같으나 뜻은 다른 漢字語를 한 가지씩 쓰시오. (長短音 관계없이)

(118) 訟事 ―

(119) 抄錄 ―

(120) 保釋 ―

(121) 關係 ―

(122) 遲延 ―

7. [問 123~127] 다음 漢字語 중 첫소리가 長音인 것을 가려 그 번호를 쓰시오.

(123) (　　　)：①傾注 ②班常 ③槪要 ④沙器

(124) (　　　)：①兒童 ②波及 ③鈍感 ④聲援

(125) (　　　)：①安靜 ②謀議 ③否決 ④巡察

(126) (　　　)：①普遍 ②壽命 ③倫理 ④防衛

(127) (　　　)：①愚民 ②鉛筆 ③整備 ④聰明

8. [問 128~137] 다음 빈 곳에 알맞은 漢字를 써 넣어 四字成語를 完成하시오.

(128) 拍掌大(　)　　(129) 刻舟(　)劍

(130) 武陵桃(　)　　(131) 附(　)雷同

(132) 群雄割(　)　　(133) 桑(　)碧海

(134) 傲霜孤(　)　　(135) (　)善懲惡

(136) 抱腹(　)倒　　(137) (　)餘之策

9. [問 138~142] 다음 漢字의 部首를 쓰시오.

(138) 歲　　　　(139) 肩

(140) 嘗　　　　(141) 炭

(142) 辯

10. [問 143~147] 다음 漢字語의 뜻을 쓰시오.

(143) 渡河 ―

(144) 偶數 ―

(145) 貢獻 ―

(146) 燒却 ―

(147) 曉星 ―

11. 다음 漢字의 略字는 正字로, 正字는 略字로 쓰시오.(148~150)

(148) 証　　　(149) 廳

(150) 点

국가공인
제5회 한자능력검정시험 3급 기출·예상문제

(社) 한국어문회 시행 　　　　　　　　　　　　　　　　　※ 수험생들에 의해 재생되었습니다.

---

1. [問 1~45] 다음 漢字語의 讀音을 쓰시오.

(1) 釋誕　　　　　(2) 逐出

(3) 旱害　　　　　(4) 兼備

(5) 直播　　　　　(6) 劣敗

(7) 癸亥　　　　　(8) 猛襲

(9) 間隔　　　　　(10) 銳利

(11) 停滯　　　　　(12) 泣訴

(13) 涉獵　　　　　(14) 提携

(15) 榮譽　　　　　(16) 軌跡

(17) 鑄造　　　　　(18) 輕率

(19) 削奪　　　　　(20) 霧散

(21) 濯足　　　　　(22) 泥丘

(23) 寡守　　　　　(24) 濫獲

(25) 下賜　　　　　(26) 盟邦

(27) 懲治　　　　　(28) 誇示

(29) 健脚　　　　　(30) 暗誦

(31) 龜鑑　　　　　(32) 享年

(33) 幕僚　　　　　(34) 嫌惡

(35) 愚鈍　　　　　(36) 絃樂

(37) 依賴　　　　　(38) 乾隆

(39) 牽聯　　　　　(40) 廢輪

(41) 熟慮　　　　　(42) 弊端

(43) 刺殺　　　　　(44) 陷沒

(45) 奇怪

2. [問 46~72] 다음 漢字의 訓과 音을 쓰시오.

(46) 冥　　　　　(47) 辨

(48) 栗　　　　　(49) 崩

(50) 汝　　　　　(51) 枯

(52) 腰　　　　　(53) 侮

(54) 屯　　　　　(55) 岳

(56) 跳　　　　　(57) 那

(58) 遣　　　　　(59) 似

(60) 伸　　　　　(61) 憐

(62) 屛　　　　　(63) 舟

(64) 軒　　　　　(65) 枕

(66) 臭　　　　　(67) 罷

(68) 姪　　　　　(69) 忘

(70) 誓　　　　　(71) 翁

(72) 頻

3. [問 73~82] 다음의 訓과 音으로 연결된 單語를 漢字(正字)로 쓰시오.

【보기】 한수 한 - 글자 자　[漢字]

(73) 벗을 탈 - 곡식 곡　[　　]

(74) 나아갈 진 - 길 로　[　　]

(75) 눈 안 - 거울 경　[　　]

(76) 막을 방 - 범할 범　[　　]

(77) 법 범 - 에워쌀 위　[　　]

(78) 층계 단 - 섬돌 계　[　　]

(79) 무덤 묘 - 비석 비　[　　]

(80) 구를 전 - 옮길 이　[　　]

(81) 거짓 가 - 터럭 발　[　　]

(82) 기릴 찬 - 말씀 사　[　　]

4. [問 83~97] 다음 밑줄 친 漢字語를 漢字로 쓰시오.

(83) 올해는 대통령 **선거**가 있다.

(84) 창업을 하려면 우선 **재원**을 확보해야 한다.

(85) 질문 있는 학생들은 **교수** 연구실로 오세요.

(86) 올해 **강설량**이 역대 최고이다.

(87) 철수의 **취미**는 등산이다.

(88) 가까운 친구 사이에도 **비밀**은 있다.

(89) 미래 **지향적**인 삶을 살기 바란다.

(90) 선생님은 학생들을 바른 길로 **인도**하기 위해 애쓰셨다.

(91) 임원을 대폭 **감축**하기로 결정했다.

(92) 나는 **계절**이 바뀔 때마다 감기에 걸린다.

(93) 오빠는 수학 공식을 **명쾌**하게 설명해 주셨다.

(94) 노조는 임금 인상을 위한 **투쟁**을 벌였다.

(95) 담배를 팔 때에는 **신분증**을 확인해야 한다.

(96) 자녀는 어마어마한 **유산**을 상속받게 되었다.

(97) 통장에 **잔액**이 별로 남지 않았다.

---

5. **[問98~107]** 빈 칸에 訓이 같은 漢字를 써 넣어 單語를 完成하시오.

(98) 戀(　　)   (99) 扶(　　)

(100) 壽(　　)   (101) 審(　　)

(102) 販(　　)   (103) 顯(　　)

(104) 尊(　　)   (105) (　　)蓄

(106) (　　)察   (107) (　　)梁

---

6. **[問108~117]** 다음 漢字와 뜻이 反對 또는 相對되는 漢字를 써 넣어 單語를 完成하시오.

(108) (　　) ↔ 僞   (109) (　　) ↔ 暖

(110) 胸 ↔ (　　)   (111) (　　) ↔ 濁

(112) 送 ↔ (　　)   (113) (　　) ↔ 益

(114) (　　) ↔ 悲   (115) (　　) ↔ 富

(116) (　　) ↔ 番   (117) (　　) ↔ 卒

---

7. **[問118~127]** 다음 빈곳에 알맞은 漢字를 써 넣어 四字(故事)成語를 完成하시오.

(118) 告[　　]聖事   (119) [　　]靑沙器

(120) 森羅萬[　　]   (121) 如履薄[　　]

(122) 絶海[　　]島   (123) 千載一[　　]

(124) 橫斷[　　]道   (125) 斯文亂[　　]

(126) 騷人墨[　　]   (127) [　　]竹之勢

---

8. **[問128~132]** 다음 漢字語 中 첫소리가 長音인 것을 5개 가려 그 기호(가~하)를 쓰시오

(가) 隊長   (나) 附記   (다) 簡便

(라) 私食   (마) 潛水   (바) 貸付

(사) 包裝   (아) 從屬   (자) 姦淫

(차) 合心   (카) 喪家   (타) 恐龍

(파) 報答   (하) 操作

(128) [　　　]

(129) [　　　]

(130) [　　　]

(131) [　　　]

(132) [　　　]

---

9. **[問133~137]** 다음 漢字語와 音은 같으나 뜻이 다른 漢字語를 풀이한 말에 맞게 쓰시오.

(133) 工具 － [　　] : 공중의 휴양을 위해 만든 정원, 유원지, 동산 등의 시설

(134) 誘致 － [　　] : 젖니

(135) 直腸 － [　　] : 맡은 일을 하는 일터

(136) 私議 － [　　] : 감사하게 여기는 뜻

(137) 醫師 － [　　] : 의로운 지사

---

10. **[問138~142]** 다음 漢字語의 뜻을 쓰시오.

(138) 古稀

(139) 午睡

(140) 被檢

(141) 編著

(142) 旬葬

---

11. **[問143~147]** 다음 漢字의 部首를 쓰시오.

(143) 孰   (144) 須   (145) 嘗

(146) 舞   (147) 騰

---

12. **[問148~150]** 다음 漢字의 略字는 正字로, 正字는 略字로 쓰시오.

(148) 伝   (149) 廳

(150) 條

1. [問1~45] 다음 漢字語의 讀音을 쓰시오.

(1) 誕辰　　　　　(2) 飢渴
(3) 遞增　　　　　(4) 幽趣
(5) 泣訴　　　　　(6) 癸丑
(7) 捕捉　　　　　(8) 胡蝶
(9) 悠久　　　　　(10) 羽翼
(11) 栗谷　　　　　(12) 肩章
(13) 誓願　　　　　(14) 播遷
(15) 賜謁　　　　　(16) 恕諒
(17) 拙劣　　　　　(18) 洞燭
(19) 廉恥　　　　　(20) 凝滯
(21) 尤甚　　　　　(22) 突厥
(23) 干拓　　　　　(24) 寬忍
(25) 懇祈　　　　　(26) 遲鈍
(27) 移替　　　　　(28) 淚誦
(29) 刺殺　　　　　(30) 蔬菜
(31) 汗蒸　　　　　(32) 隣邦
(33) 被逮　　　　　(34) 但只
(35) 嫌惡　　　　　(36) 耐旱
(37) 煩惱　　　　　(38) 龜鑑
(39) 畏懼　　　　　(40) 埋沒
(41) 汚染　　　　　(42) 暢達
(43) 慙愧　　　　　(44) 便宜
(45) 搜索

2. [問46~72] 다음 漢字의 訓과 音을 쓰시오.

(46) 肯　　　　　(47) 軒
(48) 紋　　　　　(49) 郭
(50) 雛　　　　　(51) 匹
(52) 矣　　　　　(53) 宰
(54) 冥　　　　　(55) 糾
(56) 杯　　　　　(57) 塗
(58) 廟　　　　　(59) 曉
(60) 茫　　　　　(61) 妥
(62) 僅　　　　　(63) 豈
(64) 卯　　　　　(65) 卜
(66) 掠　　　　　(67) 遙
(68) 失　　　　　(69) 爵
(70) 亨　　　　　(71) 滴
(72) 庸

3. [問73~92] 다음 밑줄 친 漢字語를 漢字로 쓰시오.

(73) 의도한 일을 이루었을 때 우리는 환희를 느낀다.
(74) 지구 이외의 별에도 생명체가 존재한다는 것은 추측에 불과하다.
(75) 自古로 인륜에 거스르는 범죄는 극형으로 다스린다.
(76) 아프리카 몇몇 곳의 內戰은 그 상황이 매우 심각하다.
(77) 우리나라도 점차 老年 이혼이 늘어나고 있다.
(78) 이라크에서는 여전히 자살 폭탄 테러가 잦다.
(79) 위압에 못 이겨 거짓 자백을 하였다.
(80) 군대에서는 취침 시간이 매우 엄격하다.
(81) 토의의 목적은 중지를 모으는 데 있다.
(82) 國力이 약해지면 주변 강국에 종속될 수 있다.
(83) 마약류는 언제나 은밀하게 거래된다.
(84) 지원 서류를 봉투에 넣어 대학으로 우송하였다.
(85) 군인은 탈영하면 큰 벌을 받는다.
(86) 옥수수에서 뽑아낸 알코올이 자동차 등의 연료가 된다.
(87) 주역은 사서삼경의 하나이다.
(88) 油價가 급등하면서 會社 재정의 결손이 늘어났다.
(89) 지구상에는 아직도 탐험대의 발길이 닿지 않은 곳들이 있다.
(90) 심판의 판정에 지나치게 항의하면 경고를 받을 수 있다.

(91) 心身의 <u>피곤</u>은 쌓이기 전에 풀어 주는 것이 좋다.

(92) 각종 교통 <u>표지판</u>에 漢字도 병기할 필요가 있다.

4. [問 93~97] 다음 單語의 反義語를 漢字로 쓰시오.

(93) 卑賤 ↔ (   )　　　(94) 偶數 ↔ (   )

(95) 閉鎖 ↔ (   )　　　(96) 必須 ↔ (   )

(97) 承諾 ↔ (   )

5. [問 98~107] 다음 漢字와 뜻이 反對 또는 相對되는 漢字를 써 넣어 單語를 完成하시오.

(98) 姑 ↔ (   )　　　(99) 起 ↔ (   )

(100) 伸 ↔ (   )　　　(101) 賞 ↔ (   )

(102) (   ) ↔ 姪　　　(103) 朔 ↔ (   )

(104) (   ) ↔ 怠　　　(105) (   ) ↔ 衰

(106) (   ) ↔ 薄　　　(107) (   ) ↔ 緯

6. [問 108~117] 빈 칸에 訓이 같은 漢字를 써넣어 單語를 完成하시오.

(108) 賓(   )　　　(109) 閱(   )

(110) (   )倣　　　(111) 贊(   )

(112) (   )殊　　　(113) (   )織

(114) (   )固　　　(115) 牽(   )

(116) (   )穫　　　(117) 皮(   )

7. [問 118~127] 다음 빈칸에 알맞은 漢字를 써 넣어 四字成語를 完成하시오.

(118) 錦衣還[   ]　　　(119) 孤掌難[   ]

(120) 破邪[   ]正　　　(121) 萬頃蒼[   ]

(122) 弘[   ]人間　　　(123) 甲午[   ]張

(124) [   ]木求魚　　　(125) 切[   ]腐心

(126) [   ]恩忘德　　　(127) [   ]機一髮

8. [問 128~132] 다음 漢字語 중 첫소리가 長音인 것을 가려 그 기호(㋐~㋐)를 쓰시오.

(128) (   ) : ㋐妄想　㋑腸炎　㋒流速　㋓加算

(129) (   ) : ㋐幼稚園　㋑尋訪　㋒防除　㋓鳳仙花

(130) (   ) : ㋐樓閣　㋑蛇足　㋒仰祝　㋓浮刻

(131) (   ) : ㋐岩壁　㋑盤石　㋒勵行　㋓飯店

(132) (   ) : ㋐丸藥　㋑閏年　㋒莊重　㋓偉大

9. [問 133~137] 다음 漢字와 音이 같고 뜻이 다른 漢字語를 한 가지씩 漢字로 쓰시오.〈硬軟音, 長短音의 차이는 무시함〉

(133) (報告) : 중요한 물건을 보관해 두는 곳집

(134) (毒酒) : 홀로 뜀

(135) (絕世) : 세금을 덜 냄

(136) (依例) : 행사를 치르는 일정한 법식

(137) (錄音) : 푸른 잎 우거진 나무 또는 그 나무의 그늘

10. [問 138~142] 다음 漢字語의 뜻을 쓰시오.

(138) 詐降

(139) 赴任

(140) 崩御

(141) 濫獲

(142) 掛念

11. [問 143~147] 다음 漢字의 部首를 쓰시오.

(143) 罔　　　(144) 雁　　　(145) 執

(146) 蓋　　　(147) 棄

12. [問 148~150] 다음 漢字의 略字는 正字로, 正字는 略字로 쓰시오.

(148) 與　　　(149) 龍

(150) 珎

1. [問1~45] 다음 漢字語의 讀音을 쓰시오.

(1) 硬直　　　　(2) 暢達
(3) 果糖　　　　(4) 潛行
(5) 渴症　　　　(6) 瞬間
(7) 腦裏　　　　(8) 獻花
(9) 諒解　　　　(10) 踏査
(11) 跳躍　　　　(12) 均衡
(13) 彈丸　　　　(14) 騷動
(15) 暴騰　　　　(16) 川獵
(17) 竊盜　　　　(18) 觀覽
(19) 傳播　　　　(20) 殿堂
(21) 柔軟　　　　(22) 謙虛
(23) 指摘　　　　(24) 桂樹
(25) 塗料　　　　(26) 回顧
(27) 帳籍　　　　(28) 豪傑
(29) 先輩　　　　(30) 曉星
(31) 遵守　　　　(32) 驅使
(33) 疏遠　　　　(34) 輸出
(35) 殉葬　　　　(36) 障壁
(37) 別刷　　　　(38) 墮落
(39) 逝去　　　　(40) 催促
(41) 飜覆　　　　(42) 敦篤
(43) 朝廷　　　　(44) 停滯
(45) 奔走

2. [問46~72] 다음 漢字의 訓과 音을 쓰시오.

(46) 夷　　　　(47) 甚
(48) 伐　　　　(49) 搜
(50) 唯　　　　(51) 且
(52) 蝶　　　　(53) 汝
(54) 被　　　　(55) 旱
(56) 頗　　　　(57) 陷
(58) 徑　　　　(59) 稚
(60) 羽　　　　(61) 亭
(62) 渡　　　　(63) 産
(64) 屢　　　　(65) 睦
(66) 嗚　　　　(67) 奈
(68) 棄　　　　(69) 擧
(70) 拾　　　　(71) 震
(72) 妥

3. [問73~87] 다음 제시문에서 밑줄 친 漢字語를 漢字 正字로 쓰시오.

　　국어는 어느 나라에도 있다. 대개 자기(73) 민족의 고유(74)어를 국어로 삼는 것이 일반적이나 그렇지 못한 나라도 있다. 지구(75)상에는 많은 종족(76), 많은 언어들이 분포(77)하고 있지만 실제(78)로 자기 민족 고유의 말과 글을 가진 나라는 많지 않다. 말은 있어도 글이 없는 나라가 대부분이다. 세계(79)는 약 5,000종의 언어가 있다고 하며 그 중 문자를 가진 언어는 불과(80) 100여종에 지나지 않는다. 말과 글이 없는 민족이나 국가는 다른 민족의 말과 글을 차용해 쓴다. 고유어가 있었지만 외세(81)의 힘에 눌려 자신들의 고유어를 쓰지 못하고 지배(82) 세력의 언어를 국어로 삼는 나라도 있다. 여러 민족의 집단(83)으로 이루어진 국가는 여러 민족 구성(84)원 가운데 다수(85) 민족 집단의 언어를 국어로 삼는 것이 보통(86)이다. 소수 민족 집단의 언어는 그 집단 내에서만 통용된다. 우리나라는 세계에서 몇 안 되는 민족 고유의 말과 글을 동시(87)에 가지고 있는 나라이다.

(73) 자기　　　　(74) 고유
(75) 지구　　　　(76) 종족
(77) 분포　　　　(78) 실제
(79) 세계　　　　(80) 불과
(81) 외세　　　　(82) 지배
(83) 집단　　　　(84) 구성
(85) 다수　　　　(86) 보통
(87) 동시

4. [問88~97] 다음 밑줄 친 漢字語를 漢字로 쓰시오.

(88) 8월은 <u>휴가</u>철이다.

(89) 21세기는 <u>지식</u> 정보화 사회다.

(90) 집집마다 돼지 <u>저금</u>통이 있다.

(91) 살림살이가 <u>검소</u>하다.

(92) 이 <u>상장</u>은 값으로 따질 수 없다.

(93) 그 학생이 몸이 아파 <u>결석</u>을 했다.

(94) 도서관에서는 항상 <u>정숙</u>해야 한다.

(95) 우리 <u>주위</u>에는 정의로운 사람이 많다.

(96) 베이징 올림픽에서 <u>승리</u>의 기쁨을 맛보았다.

(97) 단 것을 즐겨 먹으면 <u>충치</u>가 생긴다.

5. [問98~107] 다음 빈칸에 뜻이 비슷한 漢字를 써 넣어 單語를 완성하시오.

(98) 層(　　) 　　(99) 滅(　　)

(100) 釋(　　) 　　(101) 恒(　　)

(102) 扶(　　) 　　(103) 牽(　　)

(104) 慈(　　) 　　(105) 削(　　)

(106) 附(　　) 　　(107) 茂(　　)

6. [問108~112] 다음 漢字語 중 첫소리가 長音인 것을 5개 가려 그 기호(㉠~㉺)를 쓰시오.

(답란에 순서대로)

㉠ 泰山	㉡ 斷絕	㉢ 探取
㉣ 商業	㉤ 態度	㉥ 寢室
㉦ 春秋	㉧ 比較	㉨ 起床

(108) (　　　) 　　(109) (　　　)

(110) (　　　) 　　(111) (　　　)

(112) (　　　)

7. [問113~122] 다음 漢字語와 뜻이 反對 또는 相對되는 漢字語를 써 넣으시오.

(113) 快樂 ↔ (　　) 　　(114) 擴大 ↔ (　　)

(115) 形式 ↔ (　　) 　　(116) 質疑 ↔ (　　)

(117) 所得 ↔ (　　) 　　(118) 上昇 ↔ (　　)

(119) 死後 ↔ (　　) 　　(120) 敵對 ↔ (　　)

(121) 異端 ↔ (　　) 　　(122) 悲哀 ↔ (　　)

8. [問123~132] 다음 빈 곳에 알맞은 漢字를 써넣어 四字成語를 완성하시오.

(123) 一石二[　] 　　(124) [　]墨者黑

(125) 刻舟[　]劍 　　(126) 巧言[　]色

(127) 日就月[　] 　　(128) 口尙[　]臭

(129) 明[　]止水 　　(130) 百年河[　]

(131) 犬馬之[　] 　　(132) 佳人薄[　]

9. [問133~137] 다음 漢字의 部首를 쓰시오.

(133) 農 　　　　(134) 企

(135) 垂 　　　　(136) 井

(137) 肯

10. [問138~142] 다음 漢字語와 音은 같으나 뜻이 다른 漢字語를 풀이한 말에 맞게 쓰시오.

(音의 長短은 무시할 것)

(138) 傾斜 - (　　) : 매우 즐겁고 기쁜 일

(139) 伸張 - (　　) : 사람의 키

(140) 考慮 - (　　) : 우리나라 중세 때 나라 이름

(141) 延期 - (　　) : 물건이 탈 때 생기는 기체

(142) 憂愁 - (　　) : 특별히 뛰어남

11. [問143~147] 다음 漢字語의 뜻을 쓰시오.

(143) 愼重

(144) 選良

(145) 鑄貨

(146) 遊說

(147) 歲暮

12. [問148~150] 다음 漢字를 略字로 쓰시오.

(148) 舊 　　(149) 價 　　(150) 當

국가공인
제8회 한자능력검정시험 3급 기출·예상문제

(社)한국어문회 시행 　　　　　　　　　　　　　　　　　　　※ 수험생들에 의해 재생되었습니다.

1. [問1~45] 다음 漢字語의 讀音을 쓰시오.

(1) 銳利　　　　(2) 互讓
(3) 奇拔　　　　(4) 閏秒
(5) 賜姓　　　　(6) 緩衝
(7) 漸騰　　　　(8) 麥芽
(9) 遲滯　　　　(10) 包攝
(11) 尤甚　　　　(12) 畏懼
(13) 殃禍　　　　(14) 割賦
(15) 崩壞　　　　(16) 妥協
(17) 掠奪　　　　(18) 糾彈
(19) 排斥　　　　(20) 追敍
(21) 豚舍　　　　(22) 押韻
(23) 微賤　　　　(24) 鐵尖
(25) 涉獵　　　　(26) 耐震
(27) 降誕　　　　(28) 狂奔
(29) 橫厄　　　　(30) 埋沒
(31) 興隆　　　　(32) 疫疾
(33) 軌跡　　　　(34) 汗蒸
(35) 廷吏　　　　(36) 覆蓋
(37) 廉恥　　　　(38) 嫌惡
(39) 敦篤　　　　(40) 龜裂
(41) 遞增　　　　(42) 該博
(43) 癸丑　　　　(44) 搜索
(45) 奚琴

2. [問46~72] 다음 漢字의 訓과 音을 쓰시오.

(46) 肩　　　　(47) 携
(48) 焉　　　　(49) 奈
(50) 透　　　　(51) 祿
(52) 羽　　　　(53) 遂
(54) 鴻　　　　(55) 宰
(56) 冥　　　　(57) 墳
(58) 軒　　　　(59) 奏
(60) 罔　　　　(61) 燕
(62) 騷　　　　(63) 厥

(64) 屛　　　　(65) 尋
(66) 夷　　　　(67) 丸
(68) 稻　　　　(69) 丘
(70) 遣　　　　(71) 却
(72) 臭

3. [問73~87] 다음 밑줄 친 漢字語를 漢字로 쓰시오.

(73) 서로 만나 담판을 벌였으나 結末을 못냈다.
(74) 아버지의 四寸 兄弟를 당숙이라 칭한다.
(75) 그는 公式會議에서도 相對에게 독설을 퍼부었다.
(76) 世上에 完全 범죄란 없다.
(77) 비보이들의 몸동작은 참으로 격렬하다.
(78) .어릴 때는 누구나 어른들의 염려가 지나치다고 생각한다.
(79) 美國같은 나라에는 기여 入學制度가 一般化되어 있다.
(80) 映畫나 방송 쪽에 눈길을 안 돌리고 연극에만 전념하는 연기자들도 있다.
(81) 요즘은 汽車가 연착하는 일이 별로 없다.
(82) 연필심의 材料는 흑연이다.
(83) 外國人 근로자들에 대한 처우가 아직은 미흡하다.
(84) 흡연은 건강에 안 좋다.
(85) 잡곡밥이 건강에 좋고 맛도 좋다.
(86) 우리의 추측대로 범인은 내부에 있었다.
(87) 現場에 가서 보니 피해 상황이 심각했다.

4. [問88~92] 다음 뜻풀이에 맞는 2音節 單語를 漢字로 쓰시오.

(88) (　　　) : 양의 젖
(89) (　　　) : 세금을 납부함
(90) (　　　) : 절반 값

(91) (   ) : 고향으로 돌아감

(92) (   ) : 헛된 일에 힘씀/쓸데없는 수고

5. [問93~97] 다음 單語의 反意語를 漢字로 쓰시오.

(93) 閉鎖 ↔ (   )   (94) 寬待 ↔ (   )

(95) 承諾 ↔ (   )   (96) 進步的↔ (   )

(97) 外形律 ↔ (   )

6. [問98~107] 빈 칸에 訓이 같은 漢字를 써넣어 單語를 완성하시오.

(98) 皮(   )   (99) 楊(   )

(100) 閱(   )   (101) 毫(   )

(102) 浪(   )   (103) (   )紅

(104) (   )聘   (105) (   )任

(106) (   )齊   (107) (   )帥

7. [問108~112] 다음 漢字語 중 첫소리가 長音인 것을 가려 그 기호(㉮~㉭)를 쓰시오.

(108) (   ):㉮封印 ㉯輿論 ㉰探求 ㉱裁量

(109) (   ):㉮鳳蝶 ㉯瞬間 ㉰慣習 ㉱鑑識

(110) (   ):㉮酉時 ㉯衰弱 ㉰淚液 ㉱拘束

(111) (   ):㉮乃至 ㉯陶藝 ㉰搖動 ㉱煩惱

(112) (   ):㉮玄關 ㉯倫理 ㉰昏迷 ㉱薦擧

8. [問113~122] 다음 漢字와 뜻이 反對 또는 相對되는 漢字를 써넣어 單語를 완성하시오.

(113) 送(   )   (114) 姑(   )

(115) 賞(   )   (116) 收(   )

(117) 起(   )   (118) (   )怠

(119) (   )伸   (120) (   )緯

(121) (   )晩   (122) (   )益

9. [問123~132] 다음 빈칸에 알맞은 漢字를 써 넣어 四字成語를 完成하시오.

(123) 千態萬[   ]   (124) 誇大妄[   ]

(125) 姉妹結[   ]   (126) 冠婚喪[   ]

(127) 山海[   ]味   (128) 取捨選[   ]

(129) 烏[   ]梨落   (130) 國[   ]宣揚

(131) [   ]頭蛇尾   (132) [   ]柔不斷

10. [問133~137] 다음 漢字의 部首를 쓰시오.

(133) 梁   (134) 募

(135) 衡   (136) 賓

(137) 亨

11. [問138~142] 다음 漢字語의 同義語를 쓰되 주어진 뜻풀이에 맞는 것을 漢字로 쓰시오.

(138) 器具 － (   ) : 조직을 이루는 틀이나 체계

(139) 碑銘 － (   ) : 놀람이나 고통 때문에 지르는 소리

(140) 乾燥 － (   ) : 건물이나 선박을 세워 만듦

(141) 告祀 － (   ) : 굳이 사양함

(142) 謀士 － (   ) : 그대로 베낌

12. [問143~147] 다음 漢字語의 뜻을 각각 6음절 이내로 쓰시오.

(143) 祈福

(144) 違約

(145) 吾等

(146) 應召

(147) 祥雲

13. [問148~150] 다음 漢字의 略字는 正字로, 正字는 略字로 쓰시오.

(148) 盡   (149) 爲

(150) 欢

국가공인
제9회 한자능력검정시험 3급 기출·예상문제

(社)한국어문회 시행   ※ 수험생들에 의해 재생되었습니다.

---

1. [問1~23] 다음 밑줄 친 漢字語의 讀音을 쓰시오.

○ 사막 랠리에 참가한 그는 暴暑(1)로 인해 심한 渴症(2)에 시달렸지만, 포기하지 않고 無사히 歸還(3)했다.

○ 공공기관을 詐稱(4)한 보이스피싱 범죄에 대하여 법원은 懲役刑(5)을 선고하였다.

○ 임금은 坤殿(6)의 권력에 기대 민생을 塗炭(7)에 빠지게 한 관료들에게 削奪(8)관직의 명을 내렸다.

○ 석림이는 그때 상옷을 입고 상장을 짚고 홀로 모친의 喪輿(9) 뒤를 따라갔다.

○ 이 책에 대한 飜譯(10)이 別刷本(11)으로 출간되었다.

○ 茫漠(12)한 산 속에서 稀微(13)한 암자의 불빛을 따라가 보니 그곳에 禪僧(14)이 있었다.

○ 약탈을 일삼던 소말리아 해적이 삼호 주얼리호를 繫留(15)하였지만, 석선장의 透徹(16)한 사명감과 정부의 柔軟(17)한 대처로 무사히 풀려날 수 있었다.

○ 산림의 均衡(18)있는 발전을 顧慮(19)하여 목재 濫伐(20)을 철저히 감독해야 한다.

○ 산업현장을 廉探(21)하여 기술을 빼내는 것은, 지식을 竊盜(22)하는 稚拙(23)한 행위이다.

2. [問24~45] 다음 漢字語의 讀音을 쓰시오.

(24) 耐震	(25) 履修	(26) 殉葬
(27) 凝滯	(28) 鈍濁	(29) 恕諒
(30) 糾彈	(31) 寂滅	(32) 擴散
(33) 癸亥	(34) 寡僚	(35) 賜謁
(36) 播遷	(37) 悔悟	(38) 危篤
(39) 妥協	(40) 絃樂	(41) 突厥
(42) 胡蝶	(43) 督促	(44) 弊端
(45) 卜債		

3. [問46~72] 다음 漢字의 訓과 音을 쓰시오.

(46) 頗	(47) 惱	(48) 墮
(49) 攝	(50) 兮	(51) 叛
(52) 埋	(53) 掠	(54) 軒
(55) 愧	(56) 騷	(57) 滴
(58) 敦	(59) 慢	(60) 逮
(61) 蔽	(62) 頻	(63) 庸
(64) 敏	(65) 遵	(66) 醜
(67) 慨	(68) 餓	(69) 毫
(70) 燥	(71) 閏	(72) 咸

4. [問73~102] 다음 문장에서 밑줄 친 漢字語의 漢字를 正字로 쓰시오.

○ 빛의 굴절(73)을 이용한 마술쇼의 티켓이 순식간에 매진(74)되었다.

○ 평창 동계올림픽 유치단의 간결(75)하면서도 위엄(76)있는 프레젠테이션을 경청(77)한 IOC위원들의 격찬(78)이 끊이지 않았다.

○ 시청자의 시선(79)으로 프로그램을 비평(80)하는 것은 방송의 질을 높일 수 있다.

○ 야구 대표팀의 전력이 간파(81)되고, 부상(82)을 입은 선수도 있었지만, 결국 우리는 역전승(83)을 거두었다.

○ 협의이혼을 하기 전에 유예기간을 두는 '이혼숙려제'의 채택(84)으로 홧김 이혼(85)을 결심하는 부부들이 줄어들었다.

○ 동절기(86) 화재 예방(87)을 위한 웅변(88)대회가 열렸다.

○ 그는 모처럼 한가(89)해진 토요일에 비닐하우스의 철근(90) 구조를 정비(91)하였다.

○ 해외에서 여권(92)은 신분증(93)으로 쓰인다.

○ 새로운 IT기기가 출시될 때마다 각종 추측(94)성 기사가 난무(95)하고 있다.

○ 음식물쓰레기 줄이기에 기여(96)할 수 있는 묘안(97)으로 정책적으로 도입(98)된 음식물쓰레기 종량제(99)는 음식물쓰레기가 기존보다 10%이상 줄어드는 탁월한 효과가 있는 것으로 나타나고 있다.

○ 회사 대표의 납득(100)할 수 없는 해고 조치에 노조는 분통(101)을 터트리며 투쟁(102)을 이어나갔다.

5. [問103~107] 다음 漢字語 중 첫음절이 長音인 것을 5개 가려 그 기호(㉠~㉢)를 쓰시오.

㉠ 盲信 ㉡ 遠隔 ㉢ 符籍 ㉣ 豪華
㉤ 妄動 ㉥ 返送 ㉦ 燒却 ㉧ 佾州
㉨ 尺度 ㉩ 奮發

(103) (　　) (104) (　　) (105) (　　)
(106) (　　) (107) (　　)

6. [問108~112] 다음 밑줄 친 漢字語의 제시된 漢字와 뜻이 對立되는 漢字를 (　　)안에 넣어 漢字語를 완성하시오. (반드시 正字로 쓸 것)

(108) 노사의 화합 여부에 따라 기업의 (　　)衰가 좌우된다.

(109) 이곳까지 오게 된 (　　)緯를 말해보시오.

(110) 적절한 賞(　　)은 학습 동기부여에 큰 역할을 한다.

(111) 사형제도의 (　　)廢여부에 대한 논란이 끊이지 않고 있다.

(112) 접촉사고로 운전자들 사이에 昇(　　)이가 벌어졌다.

7. [問113~117] 다음 漢字語의 反義語를 漢字 正字로 쓰시오.

(113) 閉鎖 ↔ (　　)(　　) (114) 抽象 ↔ (　　)(　　)
(115) 容易 ↔ (　　)(　　) (116) 嫌惡 ↔ (　　)(　　)
(117) 物質 ↔ (　　)(　　)

8. [問118~127] 다음 (　　)안에 알맞은 漢字 正字를 넣어 뜻에 맞는 四字(故事)成語를 완성하시오.

(118) 牽(　　)附會 : 이치에 맞지 않는 말을 억지로 끌어 붙여 자기에게 유리하게 함.

(119) 朝(　　)暮(　　) : 아침에 명령을 내렸다가 저녁에 다시 고친다는 뜻으로, 법령을 자꾸 고쳐서 갈피를 잡기가 어려움을 이르는 말.

(120) 斷(　　)之敎 : 학업을 중도에 그만두는 것은 짜던 베의 날을 끊는 것과 같다는 가르침.

(121) (　　)忍自重 : 마음속에 감추어 참고 견디면서 몸가짐을 신중하게 행동함.

(122) (　　)頭狗(　　) : 양의 머리를 걸어 놓고 개고기를 판다는 뜻으로, 겉보기만 그럴듯하게 보이고 속은 변변치 아니함을 이르는 말.

(123) (　　)鹿(　　)馬 : 윗사람을 농락하여 권세를 마음대로 함을 이르는 말.

(124) 天壤之(　　) : 하늘과 땅 사이와 같이 엄청난 차이.

(125) (　　)蛇添(　　) : 뱀을 다 그리고 나서 있지도 아니한 발을 덧붙여 그려 넣는다는 뜻으로, 쓸데없는 군짓을 하여 도리어 잘못되게 함을 이르는 말.

(126) 拔本塞(　　) : 폐단의 근본 원인을 아주 없앰.

(127) (　　)株待兎 : 얽매여 발전을 모르는 어리석은 사람을 비유적으로 이르는 말.

9. [問128~132] 다음 밑줄 친 漢字語의 제시된 漢字와 비슷한 뜻을 가진 漢字를 (　　)안에 넣어 漢字語를 완성하시오. (반드시 正字로 쓸 것)

(128) 소대의 지휘 (　　)率은 자네가 맡게.

(129) 오늘은 재량학습으로 공연을 觀(　　)하였다.

(130) 攻(　　)으로 상대방을 꼼짝 못하게 했다.

(131) 작은 습관 하나로 연료 (　　)失을 줄일 수 있다.

(132) 늘 신세를 지면서 큰일 때마다 扶(　　)는커녕 삯을 받고 있으니 자네 볼 낯이 없네.

10. [問133~137] 다음 漢字語의 同音異義語를 제시된 뜻에 맞추어 漢字 正字로 쓰시오.

(133) 驅逐 − (　　)(　　) : 어떤 시설물을 쌓아 올려 만듦
(134) 漸騰 − (　　)(　　) : 등에 불을 켬
(135) 誇飾 − (　　)(　　) : 지나치게 많이 먹음
(136) 憂愁 − (　　)(　　) : 여럿 가운데 뛰어남
(137) 遲延 − (　　)(　　) : 출신 지역에 따라 연결된 인연

11. [問138~142] 다음 漢字語의 뜻을 10자 이내의 고유어로 쓰시오.

(138) 脫出 −　　　　 (139) 曉星 −
(140) 麥飯 −　　　　 (141) 渡河 −
(142) 姪婦 −

12. [問143~145] 다음 漢字중 略字는 正字로, 正字는 略字로 쓰시오.

(143) 傑 (144) 囲 (145) 濟

13. [問146~150] 다음 漢字의 部首를 쓰시오.

(146) 幽 (147) 卯 (148) 龜
(149) 劣 (150) 壓

3급 제1회 예상문제

1.담수 2.연민 3.구릉 4.분개 5.경성 6.초월 7.매몰 8.속곡 9.참작 10.추천 11.수요 12.계수 13.첨부 14.묵계 15.위반 16.소란 17.색출 18.흡수 19.삭막 20.엽차 21.서정 22.다방 23.서기 24.포획 25.열등 26.배치 27.분석 28.침투 29.간척 30.중매 31.예리 32.검역 33.폭리 34.가경 35.포악 36.열락 37.창고 38.조세 39.귀감 40.필수 41.균열 42.투숙 43.매복 44.성수 45.근방 46.곁측 47.쇠약할 쇠 48.떠다닐 표 49.손님 빈 50.주춧돌 초 51.어조사 호 52.미칠 광 53.보리 맥 54.이를 위 55.찢을 렬 56.푸를 창 57.어조사 야 58.부를 빙 59.누를 압 60.논 답 61.뽕나무 상 62.억조 조 63.매울 신 64.비율 률 65.꽃다울 방 66.맛볼 상 67.머무를 체 68.멜 하, 연꽃 하 69.깨어날 소 70.엄습할 습 71.밝을 철 72.저 피 73.連繫 74.辭讓 75.煙氣 76.標識板 77.延期 78.旅券 79.鉛筆 80.黨費 81.祝福 82.元首 83.姓氏 84.簡單 85.粉紅 86.刑罰 87.逆轉 88.燈火 89.極盡 90.爆發 91.從事 92.經濟 93.省墓 94.回轉 95.成敗 96.暗殺 97.意識 98.警戒 99.考慮 100.續, 接 101.反 102.速 103.歡, 樂 104.迎 105.榮 106.經 107.明 108.任 109.貴 110.課 111.願 112.求 113.家, 屋, 宅 114.康 115.訪 116.神 117.顯 118.攻, 打 119.淸, 淨 120.一 121.先 122.從 123.暖 124.夫 125.差 126.移 127.益 128.晝 129.親 130.① 131.③ 132.④ 133.① 134.③ 135.家計 136.大腸 137.東窓 138.水位 139.商號 140.辶(辵) 141.水 142.歹 143.儿 144.糸 145.战 146.済 147.帰 148.발음되지 아니하는 소리 149.제삿날 150.물리쳐 버림

3급 제2회 예상문제

1.편리 2.완충 3.변소 4.창과 5.자태 6.부흥 7.수양 8.복구 9.추상 10.과순 11.졸렬 12.유도 13.강등 14.파종 15.억류 16.표류 17.낭설 18.구보 19.완만 20.비결 21.폐광 22.통곡 23.통철 24.이면 25.승낙 26.묘목 27.비료 28.조세 29.묵인 30.하중 31.우열 32.조객 33.아사 34.남용 35.호적 36.백구 37.채무 38.탁류 39.각박 40.훼손 41.필경 42.변상 43.운치 44.계몽 45.겸비 46.부를 소 47.비단 견 48.개 구 49.원고 고 50.뽑을 발 51.머리골 뇌 52.울 읍 53.쪼갤 석 54.바위 암 55.두루 편 56.짐승 수 57.딸 적 58.다리 각 59.두루미 학 60.어지러울 란 61.붙을 속 62.부릴 역 63.실을 재 64.읊을 영 65.우뢰 뢰 66.빼앗을 탈 67.밥을 리 68.도울 찬 69.막을 저 70.닭을 초 71.북돋을 배 72.얕을 천 73.豊作 74.逆轉 75.趣向 76.往來 77.主治醫 78.射擊 79.閉會 80.飛行機 81.遊說 82.專攻 83.依存 84.周圍 85.休暇 86.歸國 87.迎接 88.觀光客 89.逃亡 90.解決 91.遺産 92.飮酒 93.間食 94.港口 95.應急 96.環境 97.賢明 98.閑 99.益 100.誤 101.閉 102.喜 103.榮 104.尊 105.盛 106.賢 107.主 108.客 109.積 110.數 111.斷 112.墓 113.次 114.財 115.招 116.模 117.帳 118.閣 119.精 120.谷 121.揮 122.坐 123.據 124.卷 125.賞 126.離 127.鳥 128.副賞 129.監査 130.事前 131.映畫 132.大使, 大事 133.㉯ 134.㉤ 135.㉰ 136.㉴ 137.㉵ 138.牙 139.巾 140.糸 141.(阜), 阝 142.革 143.책임을 지고 맡음 144.맡긴 물건을 잘 관리함 145.늘이고 넓게 폄 146.거두어 들임 147.남자 나이 20세를 뜻함 148.鑛 149.輕 150.予

3급 제3회 예상문제

1.공란 2.삼림 3.미로 4.번영 5.파종 6.과남(람) 7.희로 8. 철저 9.임종 10.몽고 11.배알 12.유랑 13.윤번 14.박복 15.쌍교 16.허락 17.요란 18.살생 19.간선 20.상쇄 21.타협 22.취미 23.사취 24.준법 25.탁수 26.만담 27.돈독 28.지폐 29.방관 30.강관 31.새옹 32.간곡 33.폐색 34.맹장 35.파견 36.관중 37.첨부 38.피폐 39.휴대 40.긴밀 41.낙루 42.천도 43.부패 44.확대 45.세탁 46.졸할 졸 47.나비 접 48.잠잘 수 49.누를 압 50.벽 벽 51.닭 유 52.잠길 잠 53.익을 숙 54.가루 분 55.준걸 준 56.사랑할 자 57.표 표 58.망녕될

망 59.문을 매 60.도타울 독 61.새길 명 62.버리 유 63.넋 혼 64. 배 선 65.눈깜짝할 순 66.우러를 앙 67.서로 호 68.언덕 안 69.원고 고 70.물방울 적 71.쇠불릴 련 72.마을 서 73.航海 74.降雪 75.才致 76.毒感 77.簡素 78.健康 79.屈曲 80.防犯 81.實感 82.歷史 83.資料 84.堅固 85.碑石 86.狀態 87.崇拜 88.飮酒 89.避身 90.奇異 91.休息 92.副統領 93.繼承 94.寢具 95.停留場 96.檢事 97.缺席 98.廢, 亡 99.今 100.惡 101.親 102.早 103.苦痛 104.放任 105.退去 106.開場 107.急激 108.終 109.價 110.整 111.交, 代 112.亡 113.材, 質 114.滿, 足 115.告 116.盛 117.避, 亡 118.科 119.絶 120.感 121.床 122.天 123.安 124.海 125.勢 126.始 127.卵 128.放火 129.身長 130.童心 131.私說 132.家長 133.① 134.② 135.③ 136.② 137.② 138.士 139.卄(艸) 140.牛 141.疒 142.匸 143.마음이 쏠리는 흥미 144.홀몸, 자기 혼자 145.방학으로 쉬었던 수업을 다시 시작함 146.몰래 엿들음 147.벌레먹어 상한 이 148.繼 149.辭 150.燈

3급 제4회 예상문제

1.난이 2.운임 3.사취 4.하객 5.세탁 6.아악 7.수면 8.시월 9.구현 10.총혜 11.선열 12.습득 13.피란 14.진폭 15.호접 16.노련 17.환전 18.공로 19.제방 20.파다 21.개근 22.면세 23.파면 24.채소 25.황야 26.참회 27.동장 28.종료 29.통찰 30.내열 31.고뇌 32.담수 33.탄환 34.부속 35.수습 36.성쇠 37.현감 38.이수 39.촉매 40.탁본 41.협박 42.은폐 43.사막 44.길몽 45.괴이 46.봉새 봉 47.일찍 증 48.어조사 의 49.재앙 화 50.이별할 결 51.조카 질 52.부끄러울 참 53.시내 계 54.봉할 봉 55.모래 사 56. 옮길 천 57.절제할 제 58.집 우 59.가운데 앙 60.물리칠 각 61.거의 태 62.머금을 함 63.잡을 포 64.오랑캐 이 65.잠잘 면 66.시렁 가 67.거리 가 68.사슴 록 69.잃을 상 70.떨어질 타 71.밥통 위 72.주을 습, 열 십 73.儒敎 74.優秀 75.雜念 76.權力 77.念慮 78.登場 79.貯蓄 80.水準 81.賤待 82.選定 83.就任 84.眼鏡 85.感激 86.險難 87.映畫 88.義人 89.陳列 90.引導 91.靜肅 92.或時 93.認識 94.創始 95.遊園地 96.偶然 97.居住 98.溫, 熱 99.降 100.僞 101.揚 102.損 103.恩 104.收 105.勤 106.存 107.淸 108.論 109.傾 110.當 111.厚, 篤 112.官 113.暴 114.退 115.澤 116.英 117.衛 118.食 119.發 120.藏 121.絶 122.成 123.然 124.花 125.同 126.善 127.省 128.造花, 調和 129.大成, 大城 130.最古, 最高 131.悲報 132.失明 133.③ 134.① 135.② 136.① 137.③ 138.黑 139.山 140.竹 141.卩 142.酉 143.가루로 된 우유 144. 마침내 145.여러 사람이 의견을 내세워 논함 146.일을 해서 얻는 소득으로 생활하는 사람 147.한 나라의 통치권이 미치는 지역 148.栄 149.応 150.処

3급 제5회 예상문제

1.감흥 2.미량 3.경외 4.준령 5.염탐 6.돈독 7.차제 8.귀곡 9.준걸 10.침입 11.수락 12.배우 13.고식 14.절도 15.궁색 16.낙원 17.계원 18.편주 19.백구 20.호환 21.반품 22.추태 23.고목 24.완급 25.도출 26.봉쇄 27.반성 28.첨예 29.생략 30.구박 31.장부 32.근검 33.편승 34.신령 35.나라 36.겸허 37.기혼 38.호화 39.열등 40.분주 41.도기 42.금관 43.모집 44.향락 45.저축 46.사양할 양 47.날릴 양 48.높을 륭 49.만 맹 50.가지런할 정 51.그리워할 련 52.바꿀 체 53.공손할 공 54.빗질 채 55.폐단 폐 56.뽑을 초 57.사내 랑 58.가득할 만 59.그릇할 착 60.실을 재 61.임할 림 62.슬플 비 63.고을 현 64.어조사 혜 65.미워할 증 66.거울 감 67.기와 와 68.새벽 효 69.전염병 역 70.외로울 고 71.겸할 겸 72.새벽 신 73.雜誌 74.苦痛 75.秀麗 76.協商 77.暖(煖)房 78.價格 79.解散 80.辭任 81.誤解 82.侵犯 83.指針書 84.鳥類 85.純情 86.發展 87.銅錢 88.繼續 89.減額 90.標準 91.圖面 92.金屬 93.誤差 94.姿態 95.所持品 96.收支 97.英雄 98.田 99.盛 100.功 101.彼 102.多 103.戈, 滿 104.貧困 105.親密, 親近 106.確然 107.眞談 108.寄 109.還 110.逆 111.

援, 助 112.秀, 傑 113.屬 114.査 115.引 116.病, 患 117.敬 118.同氣, 同期 119.未收 120.貴重 121.報道 122.最高 123.危, 勢 124.計 125.重 126.榮 127.水 128.盜 129.風 130.馬 131.獨 132.禮 133.㉮ 134.㉯ 135.㉰ 136.㉱ 137.㉲ 138.弓 139.矢 140.(犬)犭 141.聿 142.(肉)月 143.미리 약속함 144.몹시 화를 냄 145.요청에 응하여 후원함 146.남자 나이 70세를 뜻함 147.한탄하는 소리 148.庁 149.圧 150.険

3급 제6회 예상문제

1.포식 2.곤란 3.봉분 4.연소 5.보좌 6.수인 7.오락 8.근소 9.해욕 10.구박 11.유영 12.확산 13.소홀 14.참상 15.폐단 16.소환 17.투명 18.단지 19.생애 20.양봉 21.부임 22.위벽 23.망각 24.의논 25.효성 26.포고 27.온랭 28.보시 29.포착 30.남용 31.와병 32.맥락 33.차입 34.함축 35.답곡 36.부역 37.착오 38.오기 39.훼손 40.방향 41.배격 42.편력 43.분망 44.반송 45.첨예 46.나여 47.냄새 취 48.빌 걸 49.입을 피 50.배 리 51.밟을 천 52.어조사 이 53.시험할 시 54.실마리 서 55.잠길 침, 성 심 56.큰산 악 57.제비 연 58.생각할 억 59.품삯 임 60.진칠 둔 61.점점 점 62.귀신 귀 63.연꽃 련 64.문서 부 65.찾을 색 66.연고 고 67.지킬 보 68.잡을 체 69.형통할 형 70.조개 패 71.거둘 확 72.넘칠 람 73.判斷 74.機會 75.伐木 76.政權 77.確固 78.到達 79.豫買 80.反復 81.筋肉 82.精誠 83.自招 84.純眞 85.豊富 86.蓄積 87.田園 88.五輪 89.藝術 90.毒藥 91.毛絲 92.灰色 93.朝 94.打 95.表 96.揚 97.雨 98.暖 99.靜 100.美 101.罰 102.急 103.創造 104.不況 105.厚待 106.公平 107.服從, 降伏 108.治 109.基 110.取 111.繼, 續 112.避, 亡 113.去 114.神 115.常 116.報 117.庫 118.極 119.宿 120.退 121.離 122.君 123.亡 124.然 125.發 126.無 127.難 128.水上 129.境界 130.公使 131.使用 131.家産 133.② 134.① 135.③ 136.③ 137.② 138.(肉)月 139.肉 140.(老)耂 141.田 142.力 143.새로운 것을 만듦 144.이익을 잃음 145.불행이나 재해를 만난 사람을 도와줌 146.남의 일에 해를 끼침 147.부모를 뵙기 위해 고향으로 돌아감 148.価 149.边, 邊 150.珎

3급 제7회 예상문제

1.빈번 2.기망 3.징빙 4.광분 5.현상 6.둔탁 7.성진 8.조도 9.관작 10.만추 11.공직 12.도약 13.마멸 14.하역 15.파수 16.독실 17.파견 18.피안 19.어뢰 20.연지 21.태반 22.용서 23.독서 24.모방 25.구두 26.준수 27.고객 28.소각 29.섭렵 30.징계 31.휴대 32.낭송 33.조항 34.단호 35.기간 36.토로 37.위도 38.투철 39.계류 40.남색 41.창달 42.재배 43.계수 44.수궁 45.탕약 46.사나울 맹 47.추할 추 48.방자할 자 49.부끄러울 괴 50.재상 재 51.친간 경 52.무릇 범 53.단 단 54.미혹할 미 55.하례할 하 56.심을 재 57. 무릎쓸 모 58.우물 정 59.구멍 혈 60.따를 작 61.모름지기 수 62.굶주릴 아 63.수레바퀴 궤 64.본뜰 모 65.배 주 66.잔 배 67.간절할 간 68.조상할 조 69.역 역 70.집 관 71.힘쓸 려 72.젖을 습 73.證據 74.慰勞 75.警戒 76.停留場 77.水路 78.論語 79.公布 80.歡迎 81.奇妙 82.災難 83.痛歎 84.拒絕 85.複寫 86.群落 87.虛空 88.征伐 89.批評 90.程度 91.文武 92.優秀 93.豫知力 94.銅錢 95.整理 96.擊破 97.差異 98.眞 99.案 100.柳 101.彈 102.曲 103.器 104.朝 105.賣 106.雲 107.百 108.卒, 兵 109.縮 110.問 111.笑 112.背 113.深 114.慶 115.眞 116.貴 117.厚 118.批 119.散, 120.督, 視, 察 121.動 122.步, 黨 123.繼 124.遠 125.約 126.見 127.宿 128.受賞 129.方位 130.童詩 131.國歌 132.好戰 133.② 134.④ 135.② 136.① 137.③ 138.豕 139.阜(阝) 140.巾 141.車 142.貝 143.낮 동안 144.관계하고 있던 일, 단체 등에 관계를 끊고 물러남 145.죽었다 다시 살아남 146.허락하여 용납함 147.사물의 가장 중심이 되는 부분 148.擔 149.證 150.聲

3급 제8회 예상문제

1.절정 2.두서 3.미필 4.아부 5.징조 6.조광 7.관련 8.지리산 9.후배 10.둔

탁 11.방증 12.참사 13.서가 14.추심 15.오수 16.쾌도 17.전담 18.징벌 19.소란 20.파견 21.모병 22.폐쇄 23.한란 24.복면 25.혁파 26.만삭 27.귀빈 28.중재 29.방관 30.삭제 31.수면 32.승선 33.설명 34.부표 35.유세 36. 인접 37.숙질 38.후사 39.묘안 40.무산 41.강간 42.단전 43.천거 44.곡창 45.막론 46.맹세할 서 47.친척 척 48.우편 우 49.더욱 우 50.미칠 급 51.버릴 사 52.비낄 사 53.임금 황 54.다 함 55.병 질 56.재 회 57.매화 매 58.무리 대 59.말 물 60.무역할 무 61.이미 기 62.들보 량 63.목숨 수 64.입술 순 65.매울 렬 66.삼가할 근 67.자세할 상 68.품을 회 69.장님 맹 70.너 여 71.심할 심 72.긴할 긴 73.潔白 74.宣傳 75.保護 76.陳列 77.姿勢 78.優等生 79.歸家 80.功績 81.傾斜 82.救助 83.數學 84.外侵 85.限界 86.分布 87.壁報 88.宗教 89.賞金 90.性質 91.興味 92.屬性 93.條件 94.細密 95.喜, 歡 96.決 97.俗 98.落 99.呼 100.吸氣 101.節約 102.受理 103.洗練 104.直列 105.合理 106.外畫 107.平地 108.疑, 惡 109.息 110.郵 111.智 112.收 113.帳 114.災 115.略 116.委, 寄 117.盜 118.分 119.待 120.量 121.斷 122.馬 123.想 124.客 125.曲 126.心 127.大 128.原告 129.正當 130.家口 131.過失 132.球速 133.④ 134.③ 135.② 136.① 137.① 138.(手)扌 139.彳 140.广 141.見 142.龍 143.수고를 치사하여 마음을 풀어줌 144.폭행이나 협박으로 남의 재물을 빼앗는 행위 145. 육체적 또는 정신적인 아픔과 괴로움 146. 인정하지 아니함 147.업신여기고 푸대접함 148.欢, 欢 149.宝 150.属

3급 제9회 예상문제

1.초침 2.위배 3.교도 4.절규 5.오염 6.소송 7.희박 8.침략 9.요대 10.초본 11.항간 12.졸속 13.소동 14.호칭 15.타락 16.인솔 17.선율 18.능률 19.희롱 20.만담 21.사족 22.금배 23.타도 24.와룡 25.편재 26.남용 27.착각 28.갈망 29.간염 30.완만 31.필적 32.계루 33.봉기 34.소집 35.귀곡 36.완수 37.목축 38.운무 39.자운 40.완불 41.쾌청 42.삭풍 43.편성 44.선배 45.만화 46.나타날 저 47.화목할 목 48.등 배 49.없을 막 50.물가 주 51.감독할 독 52.중매 매 53.잠잠할 묵 54.줄 증 55.역 역 56.제사 사 57.짐승 수 58.마칠 경 59.배 복 60.엷을 박 61.작을 미 62.바로잡을 교 63.사당 묘 64.드디어 수 65.세금 조 66.나을 유 67.몇 기 68.훔칠 절 69.둑 제 70.나 여 71.이지러질 결 72.어릴 유 73.適當 74.省察 75.資料 76.短篇 77.蟲齒 78.眞價 79.眼鏡 80.單獨 81.圓滿 82.迎接 83.胃腸 84.樹液 85.喜劇 86.選擇 87.禮儀 88.設備 89.悲鳴 90.孤立 91.負傷 92.氣象 93.繼承 94.守備 95.關心 96.藝術 97.寒波 98.單 99.首 100.始 101.降 102.婦 103.常 104.悲 105.落 106.散 107.背, 後 108.曲 109.農 110.劇, 極 111.侵 112.裝 113.恨 114.與 115.損 116.收 117.婚 118.雲 119.口 120.修 121.勝 122.福 123.暴 124.齒 125.頭 126.患 127.福 128.水面 129.史記 130.人情 131.高度 132.天才 133.① 134.① 135.② 136.① 137.② 138.尸 139.食 140.斤 141.(肉)月 142.(玉)王 143.의지하고 있음 144.매우 비참한 사건 145.잘 설명하여 널리 알림 146.제대로 작용하도록 손질함 147.일의 순차적인 과정 148.仮 149.歯 150.転

3급 제10회 예상문제

1.참여 2.은괴 3.삼조 4.입도 5.징벌 6.십억 7.소각 8.습득 9.겸허 10.간통 11.강설 12.체포 13.항복 14.행동 15.표류 16.행려 17.동계 18.확장 19.탁지 20.봉밀 21.정도 22.마의 23.노쇠 24.북두 25.생애 26.만약 27.나침반 28.고집 29.당분 30.제사 31.설탕 32.침몰 33.담백 34.심씨 35.격식 36.잔상 37.희미 38.망언 39.정원 40.건조 41.현상 42.불사 43.상장 44.내시 45.피뢰 46.떠들 소 47.본뜰 방 48.번거로울 번 49.베개 침 50.도타울 돈 51.깨뜨릴 파 52.조 속 53.저울대 형 54.조정 정 55.어릴 몽 56.난간란 57.연못 지 58.매달 현 59.가둘 수 60.찾을 수 61.행랑 랑 62.곧 즉 63.거느릴 어 64.클 태 65.권할 권 66.훔칠 도 67.길 옹 68.호걸 호 69.꾀할 모 70.돌 순 71.참을 인 72.뛰어넘을 초 73.夜勤 74.暴落 75.修理 76.混戰 77.藥房 78.說得 79.優勝 80.檀君 81.轉入 82.油田 83.擔當 84.可決 85.選擇 86.豫想 87.終點 88.獎學金 89.盜難 90.犯人 91.結論 92.講義 93.種類 94.尊敬 95.北極

96.傾向 97.儉素 98.動 99.福 100.淸 101.靑 102.賢 103.別 104.反 105.敗, 負 106.密 107.非 108.虛 109.質 110.極 111.淸 112.獎,勉 113.覺 114.靜 115.派 116.必 117.暴 118.君 119.花 120.厚 121.榮 122.外 123.孤 124.可 125.動 126.點 127.精 128.祖上 129.空砲 130.山城 131.港口 132.巨富 133.③ 134.② 135.③ 136.① 137.② 138.비면에 새긴 글 139.초상집 140.오래 묵은 원한 141.행동이나 의사의 자유를 제한함 142.완전히 갖춤 143.臼 144.韋 145.巾 146.角 147.門 148.当 149.仏 150.販

3급 제11회 예상문제

1.변증 2.진압 3.모험 4.졸작 5.번뇌 6.자만 7.봉착 8.강령 9.경사 10.요통 11.오락 12.형통 13.교체 14.성곽 15.각명 16.금연 17.소명 18.서무 19.묵향 20.인근 21.반기 22.건배 23.동결 24.칠기 25.투시 26.대여 27.황량 28.양지 29.남발 30.판로 31.임진 32.해석 33.생신 34.모처 35.근신 36.퇴각 37.참극 38.사칭 39.포획 40.운임 41.여죄 42.기망 43.청렴 44.개탁 45.맥주 46.도울 좌 47.말씀 변 48.점 복 49.구차할 구 50.흐릴 탁 51.뿌릴 파 52.속일 사 53.짐승 축 54.책 책 55.기러기 홍 56.의뢰할 뢰 57.부드러울 유 58.괴이할 괴 59.돌아올 환 60.오히려 유 61.잡을 파 62.소금 염 63.부드러울 연 64.막을 격 65.넓힐 확 66.더울 서 67.젖 유 68.신령 령 69.목마를 갈 70.마칠 필 71.번뇌할 뇌 72.화창할 창 73.廣場 74.國際 75.債務者 76.謝禮 77.授與 78.參與 79.考察 80.勤勉 81.線路 82.危險 83.競走 84.趣味 85.協助 86.結婚 87.快速 88.恨歎 89.均等 90.經營 91.職業 92.溫暖 93.回歸性 94.悲痛 95.防衛 96.攻擊 97.戰鬪 98.陰 99.表 100.呼 101.京 102.雨 103.犯法 104.具體 105.流星 106.直系 107.否定 108.洗 109.生 110.喜 111.友 112.賣 113.木, 林 114.界 115.近 116.明 117.仙 118.鳥 119.親 120.綠 121.根 122.遠 123.遠 124.三 125.窮 126.非 127.乳 128.商號 129.社會 130.競技 131.假名 132.理解 133.① 134.② 135.① 136.④ 137.④ 138.水 139.(刀)刂 140.黑 141.(阜)阝 142.口 143.한 나라의 중앙정부가 있는 대도시 144.사실이 없는 일을 꾸며서 만듦 145.세금을 매김 146.어떤 것이 미치는 한계 147.어떤 의무나 책임을 짐 148.盡 149.興 150.圍

3급 제12회 예상문제

1.근소 2.비교 3.거리 4.겸양 5.통곡 6.우주 7.발아 8.돌파 9.기미 10.안녕 11.폐병 12.봉인 13.숭상 14.늑성 15.맹견 16.정숙 17.파업 18.숙면 19.화로 20.강직 21.좌익 22.감정 23.계곡 24.통달 25.판촉 26.규방 27.삭발 28.매몰 29.탈환 30.염치 31.자객 32.독사 33.척살 34.배필 35.초상 36.간담 37.맹랑 38.초고 39.막대 40.관장 41.봉착 42.관습 43.농경 44.답사 45.철학 46.이차 47.마땅할 의 48.나란히 병 49.질그릇 도 50.맡길 탁 51.높을 륭 52.울릴 향 53.단장할 장 54.놀랄 경 55.맹세할 맹 56.누를 억 57.다만 단 58.치마 상 59.시어미 고 60.조정 정 61.펼 연 62.그림자 영 63.난초 란 64.문득 홀 65.물따라갈 연 66.날개 익 67.겸손할 겸 68.저 피 69.집 주 70.찌를 충 71.의지할 의 72.님을 월 73.豊富 74.復舊 75.尊重 76.好評 77.燃料 78.政府 79.招來 80.救援 81.資本 82.最近 83.報道 84.煙氣 85.店員 86.液體 87.停電 88.制度 89.人才 90.損傷 91.緣故 92.富强 93.是非 94.聽覺 95.缺點 96.適格 97.原始林 98.愛 99.肉 100.取 101.給 102.非 103.都心 104.短縮 105.必然 106.表面 107.下落 108.告 109.階 110.庫 111.織 112.將 113.求 114.放 115.留 116.依 117.隱 118.神 119.雪 120.鬪 121.風 122.孤 123.當 124.空 125.生 126.起 127.賣 128.加工 129.香水 130.消火 131.歌舞 132.思考 133.② 134.③ 135.② 136.② 137.② 138.弓 139.屮 140.夕 141.(阜)阝 142.而 143.이미 사용하여 못쓰게 된 물 144.싼 값 145.하던 일을 중지함 146.가뭄으로 입은 피해 147.불로 인한 재앙 148.乱 149.択 150.条

3급 제13회 예상문제

1.축출 2.경상 3.추경 4.궤적 5.외구 6.소주 7.파열 8.고취 9.압박 10.오만

11.우익 12.진부 13.음미 14.수정 15.혼수 16.부과 17.국빈 18.농도 19.월장 20.대로 21.견장 22.침 잠 23.예각 24.파다 25.삭감 26.돈사 27.수색 28.도전 29.인도 30.선린 31.절단 32.자객 33.일체 34.탁류 35.아귀 36.구릉 37.수급 38.양도 39.염전 40.가공 41.담목 42.암송 43.근신 44.발간 45.절규 46.막을 장 47.날카로울 예 48.등 배 49.먹 묵 50.눈썹 미 51.귀밝을 총 52.주먹 권 53.다락 루 54.곧을 정 55.떨어질 령 56.대롱 관 57.문서 적 58.사기 사 59.머무를 박 60.장사지낼 장 61.펼 신 62.푸를 벽 63.넓을 홍 64.빠질 함 65.터럭 호 66.닭 계 67.계집 낭 68.빌 알 69.권할 권 70.또 역 71.어조사 야 72.아름다울 가 73.聽 74.泉 75.毛 76.委 77.歡 78.普 79.糧, 粮 80.敗 81.婦 82.增 83.傷 84.庫 85.豊 86.再婚 87.天敵 88.個性 89.納稅 90.祭壇 91.粉筆 92.提示 93.傳統 94.手術 95.印象 96.完走 97.生産 98.濁 99.守, 防 100.逆 101.叔 102.往 103.優 104.內面 105.急進 106.眞實 107.非難 108.回 109.讚 110.査 111.防 112.誤 113.頌, 讚 114.高, 尙 115.征, 討 116.就 117.帝 118.牽 119.街 120.亂 121.虎 122.飛 123.通 124.相 125.官 126.不 127.飛 128.斷食 129.强度 130.通話 131.招待 132.失業 133.① 134.① 135.① 136.② 137.① 138.日 139.足(⻊) 140.一 141.日 142.弓 143.씨앗을 뿌리는 일 144.요금을 받고 물건을 빌려줌 145.많은 사람의 의견 146.세균을 죽임 147.예를 갖추어 불러 맞아들임 148.業 149.農 150.顥

3급 제1회 기출·예상문제

1.타결 2.요동 3.황차 4.혐의 5.미혹 6.검열 7.순환 8.응고 9.부유 10.노변 11.균사 12.망각 13.염미 14.간절 15.광물 16.엄숙 17.섭정 18.유묵 19.희연 20.봉접 21.기아 22.위로 23.유치 24.재앙 25.지각 26.약진 27.준수 28.일화 29.최촉 30.구축 31.정체 32.추억 33.촉감 34.측량 35.장액 36.삭발 37.갈증 38.오만 39.답보 40.석존 41.상쇄 42.죄수 43.인연 44.수사 45.작위 46.어둘 명 47.기록할 지 48.덜 손 49.월 송 50.쇠 철 51.족보 보 52.번역할 번 53.바꿀 환 54.지을 조 55.미울 증 56.다락 루 57.밝을 소 58.늦을 만 59.돌아올 반 60.거둘 확 61.아내 부 62.누릴 향 63.밤 률 64.곁 방 65.가로 횡 66.뜰 부 67.촛불 촉 68.가지 지 69.뉘우칠 회 70.법 헌 71.못 택 72.짤 직 73.混 74.硏 75.創 76.負 77.衆 78.牧 79.覽 80.榮 81.討 82.密 83.離 84.寢 85.招 86.頌 87.持 88.戰鬪 89.閑麗 90.燃料 91.歡迎 92.希望 93.縮小 94.稱讚 95.擔任 96.爆擊 97.勸告 98.敬 99.念, 思, 考 100.訪 101.帝 102.愛, 仁 103.宿 104.度 105.育 106.助 107.暗 108.末, 終 109.降 110.弱 111.重 112.慶 113.賢 114.深 115.勝 116.低 117.盛 118.轉 119.明 120.患 121.頭 122.引 123.苦 124.官 125.斷 126.口 127.① 128.② 129.④ 130.② 131.② 132.夕 133.乙 134.大 135.儿 136.手 137.車 138.公理 139.洋食 140.大悲 141.伏拜 142.境界 143.배꽃 144.날씨 145.너럭바위, 넓고 평평한 돌 146.헤엄 147.그늘진 곳, 응달 148.団 149.気 150.宝

3급 제2회 기출·예상문제

1.해박 2.서술 3.예속 4.휴대 5.간음 6.귀감 7.맥아 8.매개 9.은폐 10.오죽헌 11.지연 12.혐기 13.포옹 14.참괴 15.기갈 16.미천 17.소루 18.뇌리 19.연방 20.취주 21.탄신 22.외구 23.축사 24.내한 25.멸균 26.소채 27.빈번 28.희롱 29.해금 30.연민 31.붕어 32.염치 33.타협 34.매몰 35.약탈 36.돌궐 37.계축 38.후작 39.서원 40.첨예 41.율곡 42.용졸 43.우심 44.배척 45.과장 46.기러기 안 47.논 답 48.새 금 49.진칠 둔 50.누구 숙 51.벽 도 52.조 속 53.혈 훼 54.제비 연 55.비단 견 56.훔칠 절 57.찌를 충 58.떠들 소 59.빌 기 60.초하루 삭 61.빛날 휘 62.오랑캐 이 63.어조사 의 64.속일 사 65.모름지기 수 66.어찌 나 67.조상할 조 68.벗 붕 69.기러기 홍 70.누울 와 71.줄 사 72.옻 칠 73.納稅 74.寄宿舍 75.辭典 76.批評 77.豫報 78.靜脈 79.總點 80.離職 81.變更 82.逃避 83.崇拜 84.脫盡 85.看護 86.餘暇 87.糧穀 88.階段 89.聽覺 90.拒否 91.就職 92.唱劇 93.骨折傷 94.銅錢 95.禁煙 96.推測 97.遊覽船 98.厚 99.縮 100.叔 101.歡, 樂 102.勤 103.優 104.眞 105.伏, 寢 106.易 107.損 108.

委, 寄 109.引 110.紀 111.訪 112.墓 113.招, 徵 114.帝 115.災 116.擊 117.組 118.刻 119.孤 120.擇 121.殺 122.恩 123.源 124.官 125.和 126.龍 127.勸 128.㉮ 129.㉲ 130.㉯ 131.㉳ 132.㉭ 133.庁 134.雜 135.抛 136.木 137.辛 138.行 139.宀 140.攵(支) 141.銃器 142.競走 143.簡單 144.港口 145.鬪士 146.도움을 옮김 147. 파도를 막기 위해 쌓은 둑 148. 피가 엉기어 뭉침 149.눈물을흘리며 간절히 하소연 함 150.담을 넘음

3급 제3회 기출·예상문제

1.염탐 2.척사 3.우심 4.탄주 5.훼절 6.복개 7.알현 8.편이 9.구차 10.졸렬 11.의구 12.참괴 13.섭취 14.채소 15.돌궐 16.창달 17.경신 18.초침 19.해금 20.미혹 21.오한 22.붕괴 23.궤적 24.연암 25.균열 26.약탈 27.암운 28.휴대 29.재앙 30.섭렵 31.지참 32.단지 33.서거 34.첨예 35.계축 36.습윤 37.매몰 38.연체 39.포옹 40.착오 41.외경 42.함해 43.기각 44.탄신 45.경술 46.어찌 나 47.탄식할 오 48.싫어할 혐 49.병풍 병 50.어찌 기 51.나 여 52.거만할 오 53.조 속 54.누구 수 55.물가 애 56.이 사 57.기와 와 58.초하루 삭 59.훔칠 절 60.벼슬 작 61.벼 도 62.재앙 액 63.사냥 렵 64.민첩할 민 65.쪼갤 석 66.옛 석 67.짝 필 68.즐길 궁 69.부르짖을규 70.화살 시 71.없을 망 72.비록 수 73.屈折 74.驚歎 75.簡潔 76.閑暇 77.傾聽 78.鐵筋 79.逆調 80.逃避 81.激讚 82.資態 83.糧穀 84.抗拒 85.除隊 86.疲困 87.危機 88.綠陰 89.破損 90.貯蓄 91.防災 92.祕密 93.離脫 94.戒嚴令 95.盜伐 96.保護 97.就職 98.毛 99.引 100.喜 101.革 102.覽 103.顯 104.招 105.裝 106.與 107.靜 108.經 109.尊 110.歡 111.縮 112.寢, 伏 113.存 114.厚 115.迎 116.急 117.勤 118.劇團 119.港口 120.容器 121.點燈 122.香水 123.② 124.① 125.① 126.④ 127.① 128.衆 129.歸 130.遇 131.緣 132.官 133.敢 134.飛 135.復 136.源 137.背 138.田 139.鳥 140.土 141.至 142.火 143.철새 144.서로 양보함 145.굶주리고 목마름 146.울며 간절히 호소함 147.마음에 두고 걱정하거나 잊지 아니함 148.囲 149.属 150.稱

3급 제4회 기출·예상문제

1.음송 2.답교 3.패념 4.소원 5.타협 6.참괴 7.배척 8.긍낙 9.병술 10.제휴 11.복개 12.호환 13.읍소 14.병렬 15.해박 16.알현 17.빈번 18.사기 19.누전 20.수면 21.과장 22.외구 23.계축 24.조상 25.탁본 26.붕어 27.협의 28.간음 29.타옥 30.빙장 31.해금 32.훼모 33.투철 34.부임 35.교묘 36.귀감 37.독촉 38.첨예 39.계피 40.참작 41.휘호 42.착각 43.장계 44.폐기 45.섭렵 46.보낼 견 47.날개 익 48.좇을 준 49.거의 서 50.덮을 폐 51.상서로울 상 52.훔칠 절 53.꺼릴 기 54.돌 순 55.이에 내 56.또 차 57.가물 한 58.따라죽을 순 59.빗질 채 60.부르짖을 규 61.탄식할 오 62.누구 수 63.재상 재 64.누구 숙 65.쪼갤 석 66.담 장 67.병풍 병 68.어둘 명 69.벼 도 70.기와 와 71.기러기 홍 72.모름지기 수 73.異域 74.負傷 75.歡喜 76.納稅 77.隱退 78.亂舞 79.豫算 80.顯忠日 81.崇拜 82.宣布 83.就寢 84.誤差 85.鷄卵 86.快適 87.慶州 88.困境 89.背水陣 90.通帳 91.高麗 92.彈壓 93.細胞 94.離婚 95.郵票 96.儉素 97.缺席 98.收 99.訪 100.組 101.患, 愁 102.紀 103.帝 104.報, 賠 105.墓 106.徒 107.賣 108.貴 109.衆 110.早 111.榮 112.盛 113.凶 114.美 115.降 116.淸 117.益 118.頌辭, 送辭 119.草綠 120.寶石 121.官界 122.地緣 123.③ 124.③ 125.③ 126.① 127.③ 128.笑 129.求 130.源 131.和 132.據 133.田 134.節 135.勸 136.絶 137.窮 138.止 139.肉 140.口 141.火 142.辛 143.강을 건넘 144.짝수 145.힘을 써 이바지함 146.태워 없앰 147.샛별, 매우 드문 존재의 비유 148.證 149.庁 150.點

3급 제5회 기출·예상문제

1.석탄 2.축출 3.한해 4.겸비 5.직파 6.열패 7.계해 8.맹습 9.간격 10.예리 11.정체 12.읍소 13.섭렵 14.제휴 15.영예 16.궤적 17.주조 18.경솔 19.삭탈

20.무산 21.탁족 22.이구 23.과수 24.남획 25.하사 26.맹방 27.징치 28.과시 29.건각 30.암송 31.귀감 32.향년 33.막료 34.혐오 35.우둔 36.현악 37.의뢰 38.건륭 39.견련 40.폐륜 41.숙려 42.폐단 43.척살 44.함몰 45.괴기 46.어두울 명 47.분별할 변 48.조 속 49.무너질 붕 50.너 여 51.마를 고 52.허리 요 53.업신여길 모 54.진칠 둔 55.큰산 악 56.떨 도 57.어찌 나 58.보낼 견 59.같을 사 60.편 신 61.불쌍히여길 련 62.병풍 병 63.배 주 64.집 헌 65.베개 침 66.냄새 취 67.마칠 파 68.조카 질 69.잊을 망 70.맹세할 서 71.늙은이 옹 72.자주 빈 73.脫穀 74.進路 75.眼鏡 76.防犯 77.範圍 78.段階 79.墓碑 80.轉移 81.假髮 82.讚辭 83.選擧 84.財源 85.敎授 86.降雪量 87.趣味 88.祕密 89.指向的 90.引導 91.減縮 92.季節 93.明快 94.鬪爭 95.身分證 96.遺産 97.殘額 98.愛, 慕 99.助 100.命 101.査 102.賣 103.著 104.敬 105.貯 106.省, 査 107.橋 108.眞 109.寒, 冷 110.背 111.淸 112.迎, 受 113.損 114.喜 115.貧 116.田 117.將 118.解 119.粉 120.象 121.氷 122.孤 123.遇 124.步 125.賊 126.客 127.破 128.나 129.다 130.바 131.타 132.파 133.公園 134.乳齒 135.職場 136.謝意 137.義士 138.70세 139.낮잠 140.범인이 경찰에 붙잡힘 141.편집하여 저술함 142.죽은 지 열흘만에 지내는 장사 143.子 144.頁 145.口 146.舛 147.馬 148.傳 149.庁 150.条

3급 제6회 기출·예상문제

1.탄신 2.기갈 3.체증 4.유취 5.읍소 6.계축 7.포착 8.호접 9.유구 10.우익 11.율곡 12.건장 13.서원 14.파천 15.사알 16.서량 17.졸렬 18.통촉 19.염치 20.응체 21.우심 22.돌궐 23.간척 24.관인 25.간기 26.지둔 27.이체 28.누송 29.척살 30.채소 31.한증 32.인방 33.피체 34.단지 35.혐오 36.내한 37.번뇌 38.귀감 39.외구 40.매몰 41.오염 42.창달 43.참괴 44.편의 45.수색 46.즐길 궁 47.집 헌 48.편 서 49.외성 곽 50.비록 수 51.짝 필 52.어조사 의 53.재상 재 54.어두울 명 55.얽힐 규 56.잔 배 57.칠할 도 58.사당 묘 59.새벽 효 60.아득할 망 61.온당할 타 62.겨우 근 63.어찌 기 64.토끼 묘 65.점 복 66.노략질할 략 67.멀 요 68.화살 시 69.벼슬 작 70.형통할 형 71.물방울 적 72.떳떳할 용 73.歡喜 74.推測 75.極刑 76.狀況 77.離婚 78.爆彈 79.威壓 80.就寢 81.衆志 82.從屬 83.隱密 84.郵送 85.脫營 86.燃料 87.周易 88.缺損 89.探險隊 90.抗意 91.疲困 92.標識板 93.尊貴 94.奇數 95.開放 96.選擇 97.拒絶 98.婦 99.寢, 伏 100.縮 101.罰 102.叔 103.望 104.勤 105.盛 106.厚 107.經 108.客 109.覽 110.模 111.助 112.災 113.組 114.堅 115.引 116.收 117.革 118.鄕 119.鳴 120.顯 121.波 122.益 123.更 124.緣 125.齒 126.背 127.危 128.㉮ 129.㉲ 130.㉯ 131.㉳ 132.㉭ 133.寶庫 134.獨走 135.節稅 136.儀禮 137.綠陰 138.거짓으로 항복함 139.임명을 받아 근무할 곳으로 감 140.임금님이 세상을 떠남 141.마구잡음 142.마음에 두고 잊지 아니함 143.网 144.隹 145.子 146.艸 147.木 148.与 149.竜 150.珍

3급 제7회 기출·예상문제

1.경직 2.창달 3.과당 4.잠행 5.갈증 6.순간 7.뇌리 8.헌화 9.양해 10.답사 11.도약 12.균형 13.탄환 14.소동 15.폭등 16.천렵 17.절도 18.관람 19.전파 20.전당 21.유연 22.검허 23.지적 24.계수 25.도료 26.회고 27.장적 28.호걸 29.선배 30.효성 31.준수 32.구사 33.소원 34.수출 35.순장 36.장벽 37.별쇄 38.타락 39.서거 40.최촉 41.번복 42.돈독 43.조정 44.정체 45.분주 46.오랑캐 이 47.심할 심 48.칠 벌 49.찾을 수 50.오직 유 51.또 차 52.나비 접 53.너 여 54.입을 피 55.가물 한 56.자못 파 57.빠질 함 58.지름길 경 59.어릴 치 60.깃 우 61.정자 정 62.건널 도 63.낳을 산 64.여러 루 65.화목할 목 66.울 명 67.어찌 내 68.버릴 기 69.들 거 70.주울 습, 열 십 71.우레 진 72.온당할 타 73.自己 74.固有 75.地球 76.種族 77.分布 78.實際 79.世界 80.不過 81.外勢 82.支配 83.集團 84.構成 85.多數 86.普通 87.同時 88.休暇 89.知識 90.貯金 91.儉素 92.賞狀 93.缺席 94.靜肅 95.周圍 96.勝利 97.蟲齒 98.階 99.亡 100.放 101.常 102.助 103.引 104.愛 105.減 106.屬 107.盛 108.㉡斷絶 109.㉠採取 110.㉤態度 111.㉥寢室 112.◎比較 113.苦痛 114.縮小 115.

內容 116.應答 117.損失 118.下降 119.生前 120.友好 121.正統 122.歡喜 123.鳥 124.近 125.求 126.令 127.將 128.乳 129.鏡 130.淸 131.勞 132.命 133.辰 134.人 135.土 136.二 137.月(肉) 138.慶事 139.身長 140.高麗 141.煙氣 142.優秀 143.생각이 깊고 조심스러움 144.국회의원을 이르는 말 145.쇠붙이로 만든 돈 146.선거에서 후보자가 연설하는 것 147.한해가 끝나는 무렵 148.旧 149.価 150.当

3급 제8회 기출·예상문제

1.예리 2.호양 3.기발 4.윤초 5.사성 6.완충 7.점등 8.맥아 9.지체 10.포섭 11.우심 12.외구 13.앙화 14.할부 15.붕괴 16.타협 17.약탈 18.규탄 19.배척 20.추서 21.돈사 22.압운 23.미천 24.철첨 25.섭렵 26.내진 27.강탄 28.광분 29.횡액 30.매몰 31.홍롱 32.역질 33.궤적 34.한증 35.정리 36.복개 37.염치 38.혐오 39.돈독 40.균열 41.체증 42.해박 43.계축 44.수색 45.해금 46.어깨 견 47.이끌 휴 48.어찌 언 49.어찌 내 50.사무칠 투 51.녹 록 52.깃 우 53.드디어 수 54.기러기 홍 55.재상 재 56.어두울 명 57.무덤 분 58.집 헌 59.아뢸 주 60.없을 망 61.제비 연 62.떠들 소 63.그 궐 64.병풍 병 65.찾을 심 66.오랑캐 이 67.둥글 환 68.벼도 69.언덕 구 70.보낼 견 71.물리칠 각 72.냄새 취 73.談判 74.堂叔 75.毒舌 76.犯罪 77.激烈 78.念慮 79.寄與 80.演劇 81.延着 82.黑鉛 83.處遇 84.吸煙 85.雜穀 86.推測 87.狀況 88.羊乳 89.納稅 90.半額/半價 91.歸鄕/(還鄕) 92.徒勞 93.開放 94.嚴格 95.拒否/拒絶 96.保守的 97.內在律 98.革 99.柳 100.覽 101.髮 102.波 103.朱 104.招 105.委 106.整 107.將 108.ⓛ輿論 109.㉠鳳蝶 110.ⓓ淚液 111.㉦乃至 112.ⓔ薦擧 113.迎 114.婦 115.罰 116.支 117.伏 118.勤 119.屈 120.經 121.早 122.損 123.象 124.想 125.緣 126.祭 127.珍 128.擇 129.飛 130.威 131.龍 132.優 133.木 134.力 135.行 136.貝 137.亠 138.機構 139.悲鳴 140.建造 141.固辭 142.模寫 143.복을 빎 144.약속(계약)을 어김 145.우리 146.소집(부름)에 응함 147.상서로운 구름 148.尽 149.為 150.歡

3급 제9회 기출·예상문제

1.폭서 2.갈증 3.귀환 4.사칭 5.징역형 6.곤전 7.도탄 8.삭탈 9.상여 10.번역 11.별쇄본 12.망막 13.희미 14.선승 15.계류 16.투철 17.유연 18.균형 19.고려 20.남벌 21.염탐 22.절도 23.치졸 24.내진 25.이수 26.순장 27.응체 28.둔탁 29.서량 30.규탄 31.적멸 32.확산 33.계해 34.막료 35.사살 36.파천 37.회오 38.위독 39.타협 40.현악 41.돌궐 42.호접 43.독촉 44.폐단 45.복채 46.자못 파 47.번뇌할 뇌 48.떨어질 타 49.다스릴/잡을 섭 50.어조사 혜 51.배반할 반 52.묻을 매 53.노략질할 략 54.집 헌 55.부끄러울 괴 56.떠들 소 57.물방울 적 58.도타울 돈 59.거만할 만 60.잡을 체 61.가릴 폐 62.자주 빈 63.떳떳할 용 64.민첩할 민 65.좇을 준 66.더러울 추 67.슬퍼할 개 68.주릴 아 69.터럭 호 70.마를 조 71.윤달 윤 72.다 함 73.屈折 74.賣盡 75.簡潔 76.威嚴 77.傾聽 78.激讚 79.視線 80.批評 81.看破 82.負傷 83.逆轉勝 84.採擇 85.離婚 86.冬節期 87.豫防 88.雄辯 89.閑暇 90.鐵筋 91.整備 92.旅券 93.身分證 94.推測 95.亂舞 96.寄與 97.妙案 98.導入 99.從量制 100.納得 101.慎痛 102.鬪爭 103.ⓛ 104.ⓒ 105.ⓓ 106.ⓗ 107.㉥奮發 108.盛 109.經 110.罰 111.存 112.降 113.開放 114.具體 115.難解 116.愛好 117.精神 118.強(强) 119.令,改 120.機 121.隱 122.羊,肉 123.指,爲 124.差. 125.畫,足 126.源 127.守 128.統 129.覽 130.擊 131.損 132.助 133.構築 134.點燈 135.過食 136.優秀 137地緣. 138.벗어남/빠져나옴 139.샛별 140.보리밥 141.물을 건넘 142.조카며느리 143.杰 144.圍 145.濟 146.幺 147.卩 148.龜 149.力 150.土

【제1회】 ※ 다음 □속에 알맞은 漢字를 쓰고, 밑줄친 單語를 漢字로 바꾸어 ( )속에 차례대로 쓰시오. ※ 정답은 161쪽

◆ 틀린 문제는 여러차례 써본 후에 쓰기검사를 하세요. ◆ 쓰시검사방법 : 틀린漢字語의 讀音을 적당히 써놓고 그밑에 漢字로 틀리지 않게 써야 함.

1. 거 리 가 □ ─신작로에 벚꽃이 **가로수**가 되어 활짝피었다. **가로등**이 밤길을 훤하게 밝혔다.( )( )

2. 거 짓 가 □ ─그는 옷차림을 꾸미고 **가면**을 쓰고 **가명**까지 써가며 **가장** 무도회에 참여했다.( )( )( )

3. 틈 가 □ ─여름철 **휴가**때 제주도에 갔었다. 일과를 마치고 남은 **여가**를 이용해 수영장에 다닌다.( )( )

4. 새 길 각 □ 시 각 각 ─공부를 열심히 하기로 **각심**하였다. 지금 **시각**은 오후 2시이다.( )( )

5. 깨달을각 □ ─마취상태에서는 **감각**을 느끼지 못한다. 자신의 부족함을 **자각**하다.( )( )

6. 볼 간 □ ─환자를 보살피는 **간호원**이 되었다. 강풍에 **간판**이 날아갔다.( )( )

7. 간략할간 □ ─전화는 **간단**히 사용하고, 옷차림은 **간소**하게 입고 경축 행사는 **간략**하게 치른다.( )( )( )

8. 덜 감 □ ─판매량이 **감소**하여 값을 **감액**해서 팔았다.( )( )

9. 달 감 □ ─한약방의 **감초**는 모든 藥속에 들어간다. 금메달의 꿈을 이루기 위해 험난한 훈련을 **감수**해야만 했다.( )( )

10. 구태여감 □ ─사나이는 **용감**해야 하지만 무모한 일을 **감행**해선 안된다.( )( )

11. 볼 감 □ ─나는 영화**감독**이 되고 싶다. 공항근무지는 출입국자의 소지품을 **감시**한다.( )( )

12. 갑 옷 갑 □ ─나는 내친구와 **동갑**이다. 빌게이츠는 세계에서 돈이 제일 많은 **갑부**이다.( )( )

13. 편안할강 □ ─몸이 **건강**해야 공부도 잘한다. 간밤에 많은비가 왔는데 지금은 **소강**상태에 있다.( )( )

14. 내 릴 강 □ 항복할항 ─눈이 내리는 것은 **강설**, 계급이 떨어지면 **강등**, 적에게 굴복하면 **투항**이다.( )( )( )

15. 욀 강 □ ─학원 **강의** 시간에 **강사**의 설명을 열심히 들었다.( )( )

16. 낱 개 □ ─한사람 **개인**이 갖고 있는 **개성**은 사람마다 **개별**적이다.( )( )( )

17. 다 시 갱 □ 고 칠 경 ─마약중독을 끊고 **갱생**의 삶을 시작하였다. 재해로 인해 사업계획을 **변경**해야만 했다.( )( )

18. 살 거 □ ─**독거** 노인들을 돕기 위해 **거주지**를 확인했다.( )( )

19. 클 거 □ ─그는 키가 2m가 넘는 **거인**이면서 **거물** 정치인이다.( )( )

20. 막 을 거 □ ─자유를 **거역**하는 자들은 인권과 민주주의를 **거부** 또는 **거절**한다.( )( )( )

21. 근 거 거 □ ─남에 대한 비판은 확실한 **근거**와 충분한 **증거**를 가지고 해야한다.( )( )

22. 검소할검 □ ─사치하지 않는 **검소**한 마음과 물자를 아껴쓰는 **검약** 정신이 필요하다.( )( )

23. 검사할검 □ ─검찰청의 **검사**가 범인의 죄상을 자세히 **검토**했다.( )( )

24. 격 할 격 □ ─경기장에서 **격렬**한 몸싸움 끝에 승리의 **감격**을 만끽했다.( )( )

25. 칠 격 □ ─적군에 **공격**하여 큰 **타격**을 입혔다.( )( )

26. 굳 을 견 □ ─적을 막기 위해 **견고**한 성을 쌓았다.( )

27. 이지러질결 □ ─학교에 **결석**했다. 경제가 나빠 회사에 **결손**이 생겼다.( )( )

28. 깨끗할결 □ ─옷은 깨끗하고 **간결**하게 입고 마음은 **청결**하게 하고 죄를 짓지 않는 **결백**한 마음으로 살아간다.( )( )( )

29. 기 울 경 □ ─요즈음 젊은 세대들은 운동을 하지 않는 **경향**이 있는데 어른들의 충고를 **경청**해야 한다.( )( )

30. 깨우칠경 □ ─경찰관들은 범죄 예방을 위해 항상 **경계**심을 늦추지 않는다.( )( )

31. 놀 랄 경 □ ─대자연의 경치가 **경이**롭고 아름다워 경기가 날 지경이었다.( )( )

32. 지 경 경 □ ─국경선은 각 나라 끼리의 **경계**이다. 성공을 위해 어떤 **역경**도 이겨냈다.( )( )

33. 거 울 경 □ ─**안경**을 벗고 땀을 씻었다. 부부끼리 이혼하는 것을 **파경**이라고 한다.( )( )

34. 지 날 경 □ ─대전을 **경유**하여 서울에 갔다. 사업에 대한 오랜 **경력** 때문에 회사설립 **경비**를 줄일 수 있었다.( )( )( )

35. 경 사 경 □ ─누나가 결혼하는 **경사**를 맞아 많은 **경축**객들이 모였다.( )( )

36. 맬 계 □ ─아버지회사의 경리**계장**은 나와는 삼촌 **관계**이다.( )( )

37. 이어맬계 □ ─K자동차 회사와 H자동차 회사는 같은 **계통**에 같은 **계열**이면서 **체계**있게 운영되고 있다.( )( )( )

38. 섬 돌 계 □ ─학문은 **단계**별로 되어있어 한 **계단**씩 올라가고 **계급**이 높으면 부하가 많다.( )( )( )

39. 경계할계 □ ─자식은 부모의 **훈계**에 잘 따라야 한다. 이라크는 국민 소요사태로 인해 **계엄령**이 선포되었다.( )( )

40. 이 을 계 □ ─**계주**(이어서 달리다). 판소리 무형문화재를 **계승**하기 위해 국악을 **계속** 공부했다.( )( )( )

41. 연 고 고 □ ─일부러 죄를 지으면 **고의**범이고 실수로 사고를 저지르면 過失범이다.( )( )

42. 외로울고 □ ─폭설로 인해 마을이 **고립**되어 당분간 **고독**한 생활이 이어졌다.( )( )

43. 곳 집 고 □ ─갯벌은 도자기가 묻힌 **보고**가 되어 장차 국고에 큰 도움이 될 것이다.( )( )

44. 곡 식 곡 □ ─**오곡**이 무르익은 가을들판에 계속된 풍년으로 **곡식**이 풍성하였다.( )( )

45. 곤 할 곤 □ ─환경조건이 **곤란**하고 과다한 업무로 인해 늘 피곤할 수 밖에 없었다.( )( )

46. 뼈 골 □ ─노인은 **골격**이 약해지면서 **골절**상을 입기 쉬우므로 빙판길을 조심하세요.( )( )

47. 칠　공□ － 운동경기에서 상대팀을 이기기 위해서는 <u>공격</u>과 수비를 모두 잘 하는 <u>공수</u> 전략을 짜야 한다.（　）（　）

48. 구 멍 공□ － 공자님은 유고의 창시자. <u>모공</u>(땀구멍)이 잘 열려야 노폐물이 잘 분비된다.（　）（　）

49. 대 롱 관□
　　주관할관 － 몸속에 <u>혈관</u>이 막히면 병이나기 쉬우므로 항상 몸<u>관</u>리를 잘 하고 맑은 피를 <u>보관</u>할 수 있어야 한다.
（　）（　）（　）（　）

50. 쇳 돌 광□ － 지하에는 많은 <u>광석</u>이 묻혀 있는데 <u>탄광</u>에서는 석탄을 캐낸다.（　）（　）

51. 연구할구□ － 에너지 대책을 <u>강구</u>하고 오랜 <u>연구</u> 끝에 제3에너지를 발명하였다.（　）（　）

52. 글 귀 구□ － 격언은 <u>구절</u>마다 생활에 도움이 되는 <u>명구</u>로 되어 있다.（　）（　）

53. 구 할 구□ － 사랑하는 사람에게 <u>구혼</u>하는 것은 지나친 <u>요구</u>가 아니다.（　）（　）

54. 얽 을 구□ － 어느 회사이든 새로운 <u>구상</u>을 가지고 항상 노력하는 <u>구성원</u>으로 인적<u>구조</u>가 되어 있다면 성공하지 않을 수 없다.（　）（　）（　）

55. 임 금 군□ － <u>군주</u>는 위엄이 있어야 하고 <u>군신</u> 관계는 忠義가 있어야 한다.（　）（　）

56. 무 리 군□ － 산수유 <u>군락</u>이 온 마을을 물들인 가운데 축제는 민속춤의 <u>군무</u>로 펼쳐졌다.（　）（　）

57. 굽 힐 굴□ － 우리 민족은 수 많은 고통과 <u>굴곡</u>을 겪으면서도 끝내 <u>굴복</u>하지 않았다.（　）（　）

58. 다 할 궁□
　　궁구할궁 － <u>궁지</u>에 몰린쥐가 고양이를 문 것은 <u>궁리</u>끝에 하는 짓이 아니다.（　）（　）

59. 문 서 권□ － 극장에서는 <u>입장권</u>, 공항에서는 <u>여권</u>（　）（　）

60. 책　권□ － 수천권의 책을 읽는 사람이기에 집필한 <u>권수</u>도 많았다.（　）

61. 권 할 권□ － 두 자녀 이상 갖자고 <u>권장</u>하는 것은 국가이익을 위한 <u>권고</u> 사항이다.（　）（　）

62. 권 세 권□ － 의무를 다함으로써 <u>권리</u>가 주어지지만 지나친 <u>권위</u>와 <u>권세</u>는 오래가지 못한다.（　）（　）（　）

63. 돌아갈귀□ － 명절을 맞아 비행기로 <u>귀국</u>하여 다시 고속버스를 타고 <u>귀성</u>길에 올랐다.（　）（　）

64. 고 를 균□ － 많은 학생들이 <u>균등</u>한 조건에서 시험을 치룬 결과 각자의 <u>평균</u> 점수를 계산하기에 바빴다.（　）（　）

65. 심 할 극□
　　연 극 극 － <u>극심</u>한 추위에도 연극을 보기 위해 <u>극장</u>에 갔는데 역시 싸늘한 <u>비극</u>이었다.（　）（　）

66. 다 할 극□
　　극진할극 － 우리나라는 <u>남극</u> 개발에 <u>적극</u>적이다. 부모님은 나를 <u>극진</u>히 사랑하신다.（　）（　）（　）

67.부지런할근□ － 직장에 <u>결근</u>하면 사장이 꾸중하고 가정에서 <u>근검</u> 절약하면 부모님이 칭찬한다.（　）（　）

68. 힘 줄 근□ － 팔의 <u>근육</u>이 튼튼한 인부가 공사장에서 <u>철근</u>을 자르고 있다.（　）（　）

69. 금 할 금□ － 마약은 복용이 <u>금지</u>되어 있고, 대중이 모인 실내장소 또한 <u>금연</u> 구역이다.（　）（　）

70. 기이할기□ － 동생은 심부름을 잘하니 <u>기특</u>하고 모든 일에 <u>호기심</u>이 높다.（　）（　）

71. 부 칠 기□ － 형은 <u>기숙사</u>에서 생활하며 대학교에 다닌다. 영양분을 뺏어가는 <u>기생충</u>을 제거하는 약을 먹었다.（　）（　）

72. 그 릇 기□ － 나는 많은 <u>악기</u> 중에서 기타를 다룰 줄 안다. 환자를 치료하는 각종 <u>의료기구</u>를 팔았다.（　）（　）

73. 벼 리 기□
　　해　리 기 － 예수탄생일이 <u>기원</u> 1년이고 한세기는 100년이다.국가의 모든 조직에서 <u>기강</u> 확립이 필요하다.
（　）（　）（　）（　）

74. 일어날기□ － 아침 <u>기상</u>시간이 6시이다. 일생을 살아가는 도중에 좋을 때와 어려울 때의 <u>기복</u>이 있기 마련이다.
（　）（　）

75. 틀　기□
　　때　기 － 국가의 행정 <u>기구</u>는 개혁이 필요하고 그 <u>기능</u>은 국민의 복리를 위해서 쓰며 공무원은 공무상의 <u>기밀</u>을 지켜야 하고 국민 누구나 선의의 경쟁에서 혜택을 누릴 수 있는 <u>기회</u>가 주어져 있다.（　）（　）（　）（　）

76. 따뜻할난□ － 우리나라 해안에 <u>난류</u>가 밀려오는 까닭에 기온상승으로 난대성 식물재배가 북상되고 겨울철 <u>난방</u>에도 변화가 생겼다.（　）（　）

77. 어려울난□ － 기술협력을 통해 <u>난관</u>을 겨우 극복했으나 여전히 곤란 속에서 운영되고 있다.（　）（　）

78. 들 입 납□ － 선량한 국민은 <u>납세</u>의 의무를 다하지만 상습적으로 <u>미납</u>하는 사람도 있다.（　）（　）

79. 힘 쓸 노□ － 노력하지 않으면 성공할 수 없다.（　）

80. 성 낼 노□ － 살인범에 대한 국민의 <u>분노</u>는 극에 달했다. 불효한 아들을 대하는 아버지는 <u>노기</u>가 가득했다.
（　）（　）

81. 홑　단□ － 한국은 배드민턴 <u>단식</u>과 복식 경기에서 모두 승리했다. 장군은 말을 타고 <u>단독</u>으로 적진에 쳐들어 갔다.
（　）（　）

82.박달나무단□ － 우리 민족의 시조는 <u>단군</u> 왕이시다.（　）

83. 끝　단□
　　바 를 단 － 짧은치마를 입었다고 퇴학시키는 <u>극단</u>적인 조치보다는 옷을 <u>단정</u>하게 입도록 경고하였다.（　）（　）

84. 끊 을 단□ － 차도를 <u>무단</u>으로 건너는 습관을 <u>단절</u>해야 교통사고를 줄일 수 있다.（　）（　）

85. 층 계 단□ － 나의 형은 태권도 <u>이단</u>인데 사람을 사귀는 <u>수단</u>이 좋고 매일 아파트<u>계단</u>을 오르내리는 운동을 한다.
（　）（　）（　）

86. 통달할달□
　　이 를 달 － 소식을 <u>전달</u>하는 집배원, 물건을 <u>배달</u>하는 택배아저씨 모두가 자기의 목적을 <u>달성</u>하기 위해 뛴다.
（　）（　）（　）

87. 멜　담□
　　맡 을 담 － 고교진학반 <u>담임</u> 선생님은 학생들의 실력을 높이기 위해 큰 <u>부담</u>을 안고 지도하신다.（　）（　）

88. 무 리 당□ － 미국의 <u>정당</u>은 공화당과 민주당이 있다. 우리나라 역사를 더듬어 볼 때 <u>당파</u> 싸움이 치열하였다.
（　）（　）

89. 띠　대□ － 바지를 입을 때는 <u>혁대</u>를 눈이 아프면 <u>안대</u>를 찬다.
（　）（　）

90. 무 리 대□ － 오빠가 <u>군대</u>에 갔는데 <u>제대</u>할 시기가 닥아오고 있다.
（　）（　）

91. 인도할도□ － 우주개발 기술을 <u>도입</u>하려고 해도 우주강국들은 그것을 싫어하고 <u>인도</u>하려 들지 않는다. 그러나 반도체 기술은 우리가 세계시장을 <u>주도</u>하고 있어서 다행이다.（　）（　）（　）

92. 무 리 도□
　　걸어다닐도 － 육군사관학교 <u>생도</u>들이 서울에서 강릉까지 <u>도보</u>행렬을 했다.（　）（　）

◆ 틀린 문제는 여러차례 써본 후에 쓰기검사를 하세요. ◆ 쓰시검사방법 : 틀린漢字語의 讀音을 적당히 써놓고 그밑에 漢字로 틀리지 않게 써야 함.

1. **도망할도** □ – '달아나다'의 뜻으로 쓰인 단어는 <u>도망</u>, <u>도주</u>, <u>도피</u>가 있다.( )( )( )

2. **도 둑 도** □ – 여름휴가철에 <u>도적</u>들이 많아 경찰에 <u>강도</u>와 <u>도난</u> 신고가 많아졌다.( )( )( )

3. **독 독** □ – 좋은 약도 많이 먹으면 <u>독약</u>이 된다. 의료기구는 <u>소독</u>을 자주해야 한다.( )( )

4. **감독할독** □ – 영화, 스포츠 <u>감독</u>( )

5. **구 리 동** □ – 공중전화를 걸려고 <u>동전</u>을 준비했다.( )

6. **얻 을 득** □ – 그를 납득시킬만한 대안이 없어 <u>설득</u>시키지는 못했지만 그가 원하는 것을 알아내는 <u>소득</u>은 있었다.
( )( )( )

7. **등 등** □ – 촛불, 등잔, <u>전등</u>은 모두가 어둠을 밝히는 시대적 산물이다.( )

8. **어지러울란** □ – 반군의 <u>반란</u>으로 인하여 전국토가 <u>전란</u>에 휩싸이고 불법과 살인이 <u>난무</u>하였다.( )( )( )

9. **알 란** □ – 봄이 되면 모든 새들이 <u>산란</u>기를 맞게된다. <u>계란</u> 한 바구니에 일만원을 주고 샀다.( )( )

10. **볼 람** □ – 명승지를 찾아 전국을 <u>유람</u>하는 도중 비오는날에는 영화를 <u>관람</u>하였다.( )( )

11. **간략할략** □ – 결혼식은 거창한 의식이 <u>생략</u>되고 간단한 <u>약식</u>으로 치뤄졌다.( )( )

12. **두 량** □ – 아버지와 어머니는 <u>양친</u>이시고 북극과 남극은 <u>양극</u>이다.( )( )

13. **양 식 량** □ – 국민의 <u>식량</u>을 위해 저장해둔 곡식이 <u>양곡</u>이고 전쟁을 대비해서 모아둔 곡식이 <u>군량</u>미이다.( )( )( )

14. **생각할려** □ – 부모님은 자식에 대해 <u>염려</u>하시고 필요한 것들을 위해 <u>배려</u>를 아끼지 않는다.( )( )

15. **빛 날 려** □ – 여수해양박람회는 다도해의 <u>수려</u>한 경관과 아울러 <u>화려</u>한 축제가 될 것이다.( )( )

16. **이 을 련** □ – 황금 <u>연휴</u>를 맞아 고속도로에 차량들이 <u>연속</u>으로 줄을 지었다.( )( )

17. **벌 일 렬** □ – 농촌봉사활동의 <u>대열</u>에 합류하여 <u>열차</u>를 타고 남쪽으로 떠났다.( )( )

18. **매 울 렬** □ – 헤이그에 도착한 이준 <u>열사</u>는 일본이 무력 침략으로 한국을 강탈한 사실을 만방에 알린후 할복자살로 <u>장렬</u>한 최후를 마쳤다.( )( )

19. **기록할록** □ 자동차 <u>등록</u>증, 증거로 제시된 <u>녹음</u>테이프, 중요한 <u>기록</u> 문서 보관소( )( )( )

20. **논 할 론** □ – 중대한 문제를 <u>의논</u>하기 위해 모인 간부회의가 치열한 <u>논쟁</u> 끝에 타협을 보았다.( )( )

21. **용 룡** □ – <u>용궁</u>에 사는 용왕께서 토끼의 간을 놓치고 나서 <u>용안</u>이 매우 수척해졌습니다.( )( )

22. **머무를류** □ – 약을 먹을때 <u>유의</u>사항 참조하세요. 버스정류장에서 기다리세요.( )( )

23. **바 퀴 륜** □ – 인삼은 해마다 심어서는 잘 크지 않으므로 <u>윤작</u>으로 심어야 한다. 올림픽을 상징하는 <u>오륜</u>마크
( )( )

24. **법 칙 률** □ – 법률에 의한 강제적 행위보다는 스스로 지키는 <u>자율</u>적 행동이 <u>규율</u>을 지키는 원동력이 된다.( )( )

25. **떠 날 리** □ – 헤어지다. 떼놓다의 말로 <u>이별</u>, <u>분리</u>, <u>이산</u> 등의 단어가 있다.( )( )( )

26. **가득할만** □ – 극장 안에 손님이 <u>만원</u>인 까닭은 영화내용이 <u>만족</u>할 만큼 재미있었기 때문이었다.( )( )

27. **누 이 매** □ – 여자형제는 <u>자매</u>, 남자와 여자 형제는 <u>남매</u>, 누이의 남편은 <u>매부</u>라고 부른다.( )( )( )

28. **줄 기 맥** □ – 한반도에는 백두와 <u>태백산맥</u>이 있고 우리의 몸에는 <u>동맥</u>과 <u>정맥</u>이 있다.( )( )( )

29. **힘 쓸 면** □ – <u>근면</u>하면 부자가 된다.( )

30. **울 명** □ – 대지진 참사의 <u>비명</u> 소리에 세계가 함께 돕자는 <u>공명</u>감을 일으켰다.( )( )

31. **본 뜰 모** □ – 남의 상품을 <u>모조</u>, <u>모사</u>하는 불법행위의 <u>규모</u>가 해마다 증가하고 있다.( )( )( )

32. **칠 목** □ – <u>목동</u>은 목장에서 양을 치고, <u>목사</u>는 교회에서 양(신도)을 친다.( )( )

33. **무 덤 묘** □ – 명절때는 <u>성묘</u>하기 위해 <u>묘지</u>에 많은 사람들이 모인다.( )( )

34. **묘 할 묘** □ – 어려움을 이겨내기 위해 <u>묘안</u>이 필요했었다. 빙상에서 펼쳐지는 경기가 <u>묘기</u>에 가까웠다.( )( )

35. **힘 쓸 무** □ – 병역<u>의무</u>를 지키기 위해 2년 넘게 <u>임무</u>를 마치고 돌아와 다시 회사 <u>사무</u>실에서 <u>근무</u>하고 있다.
( )( )( )( )

36. **호 반 무** □ – 옛날에는 <u>무예</u>와 <u>무술</u>이 뛰어난 자를 뽑기위해 <u>무과</u> 시험이 있었다.( )( )( )

37. **춤 출 무** □ – <u>무도회</u>에서 가면을 쓰고 <u>가무</u>를 즐겼다.( )

38. **맛 미** □ – 음식에 <u>조미료</u>를 타서 <u>미각</u>을 좋게하지만 영양에는 큰 <u>의미</u>가 없다.( )( )

39. **빽빽할밀**
    숨 길 밀 □ – 아프리카 밀림 속에는 수많은 동물들이 사는데 <u>밀렵</u>꾼들이 <u>비밀</u>리에 사냥을 해간다.( )( )

40. **넓 을 박** □ – 그 <u>박사</u>님은 지식이 <u>박식</u>할 뿐만 아니라 인류사랑에 헌신하는 <u>박애</u>주의자이시다.( )( )( )

41. **칠 박** □ – 신나는 일에는 더욱 <u>박차</u>를 가하고 즐거운 일에는 <u>박수</u>를 친다.( )( )

42. **터 럭 발** □ – 머리에 <u>모발</u>이 없어져 <u>가발</u>을 쓰지 않을 수 없으니 <u>장발</u>이 부럽다.( )( )

43. **방해할방** □ – 수업에 <u>방해</u>되지 않도록 조용히 하세요.( )

44. **막 을 방** □ – 화재를 <u>방지</u>하기 위해 <u>소방</u> 장비를 갖추어야 한다.
( )( )

45. **방 방** □ – 겨울엔 불을 때면 <u>난방</u>이 되고 안때면 <u>냉방</u>이 된다.
( )( )

46. **찾 을 방** □ – 양로원을 <u>방문</u>하여 위로금을 전달했다. 자연을 <u>탐방</u>하여 생태계를 연구하였다.( )( )

47. **절 배** □ – 어른을 공경하여 <u>세배</u>를 하고 호국선열을 기리기 위해 <u>참배</u>를 했다.( )( )

48. **등 배** □ – 바위를 <u>배경</u>삼아 사진을 찍었다. 그녀의 <u>배후</u>에는 흑

룡한 후원자가 있다.(　　　)(　　　)

49. 칠 벌 ☐ ─ 적군의 잔당을 토벌하였다. 산림을 벌목하면 처벌 받
는다.(　　　)(　　　)

50. 벌 할 벌 ☐ ─ 형벌 중에는 구속되는 경우와 벌금만을 내는 경우가
있다.(　　　)(　　　)

51. 범 할 범 ☐ ─ 죄지은 범인을 잡는곳은 경찰서이고 범죄에 대한 형
벌은 법원이 내린다.(　　　)(　　　)

52. 법 범 ☐ ─ 학문은 갈래가 많고 범위도 넓다. 사람은 정해진 규
범 속에서 살아간다.(　　　)(　　　)

53. 벽 벽 ☐ ─ 독일은 동서의 장벽을 뚫고 통일되었다. 아파트 벽화
가 친근감을 갖게 한다.(　　　)(　　　)

54. 가 변 ☐ ─ 전망이 좋은 강변아파트, 노변에 설치된 교통표지판
(　　　)(　　　)

55. 말 씀 변 ☐ ─ 재판정에서 변호사가 피고의 변론을 하였다.
(　　　)(　　　)

56. 지 킬 보 ☐ ─ 노약자를 보호하자, 재난에 대비하여 보험에 가입하
였다. 유적지를 영원히 보존하자.(　　)(　　)(　　)

57. 갚 을 보 ☐ ─ 언론 보도를 정확히 하라. 부모님의 은혜에 보답하기
위해 항상 순종하라.(　　　)(　　　)

58. 보 배 보 ☐ ─ 남대문은 국보 제1호이고 동대문은 보물 제1호이다.
(　　　)(　　　)

59. 넓 을 보 ☐ ─ 하루에 보통 3시간 동안 각 가정에 우유를 보급하고
있다.(　　　)(　　　)

60. 걸 을 보 ☐ ─ 자전거를 보도에서 타면 보행자가 위험하다. 뒷산이
산보하기에 매우 좋다.(　　)(　　)(　　)

61. 엎드릴복 ☐ ─ 적군이 추격해 왔으나 숨어있던 아군의 복병의 기습
을 받아 항복하고 말았다.(　　　)(　　　)

62. 회복할복 ☐ ─ 지진 발생후에 복구가 한창이지만 회복하기까지 시
　　다 시 부 　 간이 많이 걸릴 것이다.(　　　)(　　　)

63. 겹 칠 복 ☐ ─ 타인의 저작품을 복사, 복제하면 안된다. 테니스의
단식과 복식경기에서 모두 우승하였다.
(　　)(　　)(　　)

64. 아 내 부 ☐ ─ 현대사회는 부부의 일이 따로 정해져 있지 않고 주부
가 할일을 남편이 할 때도 많다.(　　)(　　)

65. 질 부 ☐ ─ 그 선수는 너무 승부에 집착한 끝에 부상을 당해서도
계속 뛰었다.(　　)(　　)

66. 마 을 부 ☐ ─ 부동산 안정을 위한 정부 각료 회의가 열렸다.(　　)

67. 버 금 부 ☐ ─ 직장에 다니면서 부업으로 돈을 번다. 상장외에 부상
으로 자전거를 받았다.(　　)(　　)

68. 부 자 부 ☐ ─ 우리 사회의 빈부 격차를 줄이고 풍부한 인적자원을
모두 활용할 수 있어야 한다.(　　)(　　)

69. 가 루 분 ☐ ─ 신생아에게는 분유 보다 모유가 좋다. 시장 부근 분
식 집에서 떡볶이를 사먹었다.(　　)(　　)

70. 분 할 분 ☐ ─ 이길 수 있는 경기를 아깝게도 분패하여 관중들의 분
노를 샀다.(　　)(　　)

71. 부 처 불 ☐ ─ 절은 불교이고 절에서는 불경을 외운다.(　　)(　　)

72. 갖 출 비 ☐ ─ 기업 (회사)은 설비 투자를 많이 하면 수익도 많아진
다. 학교 갈 준비가 되었다.(　　)(　　)

73. 슬 플 비 ☐ ─ 등반대원들의 조난 비보를 듣고, 비운의 죽음을 당한
그들에게 묵념을 올렸다.(　　)(　　)

74. 아 닐 비 ☐ ─ 청소년의 비행을 비난만 할 것이 아니라 올바르게 선
도해야 한다.(　　)(　　)

75. 비 석 비 ☐ ─ 무덤앞에는 묘비가 동상 앞에는 시비가 있기 마련이
다.(　　)(　　)

76. 비평할비 ☐ ─ 사람에 대한 비판과 문학에 대한 비평은 순수성이
우선이다.(　　)(　　)

77. 숨 길 비 ☐ ─ 공부 잘하는 비법이 무엇인지 그 비밀을 가르쳐 주세
요.(　　)(　　)

78. 날 비 ☐ ─ 가족과 함께 비행기를 타고 제주도로 여행을 갔다.
(　　)

79. 가난할빈 ☐ ─ 선교사는 빈궁한 살림에도 불구하고 빈자들을 돕는
데 인색하지 않았다.(　　)(　　)

80. 쏠 사 ☐ ─ 그 병사는 사격 솜씨가 좋다. 햇빛이 유리창에서 반
사되어 눈이 부셨다.(　　)(　　)

81. 사례할사 ☐ ─ 모든 일에 항상 감사하고 남에게 잘못이 있으면 사
과해야 한다.(　　)(　　)

82. 스 승 사 ☐ ─ 학교에는 스승과 제자인 사제가 있고 병원에는 의사
와 간호사가 있다.(　　)(　　)(　　)

83. 집 사 ☐ ─ 관공서에는 청사가 있고 학교에는 기숙사가 있다.
(　　)(　　)

84. 사 사 사 ☐ ─ 남의 사생활을 간섭하지 않는다. 공립대학과 사립대
학(　　)(　　)

85. 사양할사 ☐ ─ 공부할 때는 사전을 자주찾아 본다. 아버지께서 공직
　　말 씀 사 　 을 사임하시고 회사를 설립했다.(　　)(　　)

86. 흩어질산 ☐ ─ 쓰레기가 여기저기 산재되어 있었다. 경찰은 시위대
를 향해 해산 명령을 내렸다.(　　)(　　)

87. 죽 일 살 ☐ ─ 살아있는 어떤 것도 죽이면 살생이고 사람을 죽이면
　　감 할 쇄 　 살인이다. 학원에 수강신청이 쇄도하였다.
(　　)(　　)(　　)

88. 다 칠 상 ☐ ─ 미끄러져 다리에 상처를 입었다. 교통사고로 6주간의
상해를 입었다.(　　)(　　)

89. 코끼리상 ☐ ─ 열대야 현상으로 잠못이루고, 기상악화로 교통이 마
　　조 짐 상 　 비되고……(　　)(　　)

90. 항 상 상 ☐ ─ 태풍예보로 각 직장에 비상이 걸렸다. 생활에 관한
상식이 풍부하면 늘 편안하다.(　　)(　　)

91. 상 상 ☐ ─ 병에 걸려 병상에 누운지 오래되어 아침에는 기상도
제대로 못한다.(　　)(　　)

92. 생각할상 ☐ ─ 최근 공상 영화를 보면 그런 기발한 발상이 어디서
나왔는지 상상하기 어렵다.(　　)(　　)

93. 형 상 상 ☐ ─ 형편이 안 좋은 상황에서도 열심히 공부하여 대학 졸
　　문 서 장 　 업장과 상장을 받았다.(　　)(　　)

94. 베 풀 선 ☐ ─ 종교를 널리 알리는 것은 선교이고 법령을 널리 알리
는 것은 선포이다.(　　)(　　)

95. 베 풀 설 ☐ ─ 복지사회를 건설하기 위해서는 노약자와 장애자를
위한 시설들을 많이 설립하게 된다.(　　)(　　)(　　)

96. 재 성 ☐ ─ 산중턱에 산성을 쌓고 적을 방비했었다. 불야성을 이
룬 호화찬란한 명동의 밤거리(　　)(　　)

97. 성 할 성 ☐ ─ 피겨여왕의 전성기를 맞은 김연아…… 꿈나무들에게
성행되는 피겨스케이트(　　)(　　)

98. 정 성 성 ☐ ─ 몸과 마음을 다해 '최선을 다한다'는 말로는 정성, 성
실, 열성, 성의 등이 있다.(　　)(　　)(　　)(　　)

◆ 틀린 문제는 여러차례 써본 후에 쓰기검사를 하세요.

1. 별　　성 □ ─ 금성은 샛별로 불리운다. 화성에는 생명체가 존재할지도 모른다.(　　)(　　)

2. 성 인 성 □ ─ 예수, 석가모니 등등은 성인이시고, 세종대왕, 이순신 등등은 성현이시다.(　　)(　　)

3. 소 리 성 □ ─ 음성이 좋으면 가수가 될 수 있고, 두뇌가 좋으면 명성을 얻게된다.(　　)(　　)

4. 형 세 서 □ ─ 정치적 세력이 아무리 강해도 권세는 10년을 넘기기 힘들다.(　　)(　　)

5. 세 금 세 □ ─ 세금의 종류는 국세, 관세, 지방세 등이 있다.(　　)(　　)(　　)

6. 가 늘 세 □ ─ 첨단기술 개발은 세밀하고 세분화된 연구가 필요하다.(　　)(　　)

7. 쓸　　소 □ ─ 청소를 하면 마음이 깨끗해지고 부정부패를 일소하면 나라가 깨끗해진다.(　　)(　　)

8. 웃 음 소 □ ─ 마을회관에 앉아 담소를 나누니 일소 一少가 아니겠는가?(　　)(　　)

9. 본 디 소 / 흴　　소 □ ─ 소박한 시골 초상집 사람들이 소복차림을 하고 있었다. 동생이 축구에 소질이 있어 축구부에 가입했다.(　　)(　　)

10. 풍 속 속 □ ─ 널뛰기, 연날리기는 정월대보름 풍속이다. 오는 방망이 가는 홍두께라는 속담이 있다.(　　)(　　)

11. 붙 일 속 □ ─ 자동차회사의 부속품을 만드는 공장 안으로 들어가니 금속조각이 많이 흩어져 있었다.(　　)(　　)

12. 이 을 속 □ ─ '쉬지 않고 이어지다'라는 말로 연속, 계속, 상속 등의 단어가 있다.(　　)(　　)

13. 덜　　손 □ ─ '투자한 금액이나 노력에 미치지 못한다'라는 말로 손해, 손실, 결손 등의 단어가 있다.(　　)(　　)(　　)

14. 기 릴 송 □ ─ '위대한 사람의 발자취를 기린다'라는 말로 찬송, 칭송 등의 단어가 있다.(　　)(　　)

15. 보 낼 송 □ ─ 월드컵 축구 감독을 환송하는 송별식이 전파를 통해 방송되었다.(　　)(　　)(　　)

16. 닦 을 수 □ ─ 외국과 교류하는 것은 수교, 자신을 연마하는 것은 수양, 물건을 고치는 것은 수리이다.(　　)(　　)(　　)

17. 받 을 수 □ ─ 회사에 취직원서를 접수하였다. 노벨평화상을 수상하였다.(　　)(　　)

18. 줄　　수 □ ─ 모대학 교수 회의에서 그에게공로상을 수여했다. 도자기 만드는 비법을 제자에게 전수하였다.(　　)(　　)

19. 지 킬 수 □ ─ 중요 요새를 수비하기 위해 항상 수위가 보초를 선다.(　　)(　　)

20. 거 둘 수 □ ─ 수금을 한 결과 지출보다 수입이 더 많아 수지가 맞았다.(　　)(　　)(　　)

21. 빼어날수 □ ─ 두뇌가 빼어나면 수재, 경치가 빼어나면 수려, 성적이 빼어나면 우수하다고 한다.(　　)(　　)(　　)

22. 아재비숙 □ ─ 아버지의 형은 백부, 동생은 숙부, 고모의 남편은 당숙이 된다.(　　)(　　)

23. 엄숙할숙 □ ─ 큰 잘못을 저질러 山寺에서 숙연한 자세로 참선하고 엄숙히 지내고 있다.(　　)(　　)

24. 순수할순 □ ─ 마음이 청순한 10대들은 행동이 단순하고 순결하다.(　　)(　　)(　　)

25. 높 힐 숭 □ ─ 숭고한 정신으로 호국 선열들을 숭배하는 정신을 갖자.(　　)(　　)

26. 이 을 승 □ ─ 조상대대로 전승되어온 세시풍속이 무형문화재로 승인되었다.(　　)(　　)

27. 시　　시 □ ─ 유명작가의 시집에는 한문으로 된 한시와 아이들을 위한 동시등이 수록되었다.(　　)(　　)(　　)

28. 베 풀 시 □ ─ 노숙자의 숙박시설을 짓기위해 오늘 시공하였다.(　　)(　　)

29. 이 옳을 시 □ ─ 결과에 대한 시비가 확실하게 드러나자 그들은 잘못을 시인하였다.(　　)(　　)

30. 볼　　시 □ ─ 새들의 시각은 매우 발달되었다. 백인들은 흑인들을 경시하는 풍조가 있다.(　　)(　　)

31. 시험할시 □ ─ 판사가 되기 위해서 어려운 시험인 사법고시에 3번 시도하여 드디어 합격하였다.(　　)(　　)

32. 쉴　　식 □ ─ 브라질은 월드컵 승리의 소식을 듣고 축제분위기에서 그날 하루를 휴식일로 정했다.(　　)(　　)

33. 납 신 / 아 뢸 신 □ ─ 동사무소에 전입신고를 하고 주민등록 발급 신청을 하였다.(　　)(　　)

34. 깊 을 심 □ ─ 심야에 펼쳐지는 오토바이 질주는 시민들에게 심각한 피해를 주었다.(　　)(　　)

35. 눈　　안 □ ─ 안과 병원에서 수술을 받고 이제는 안경을 쓸일이 없어졌다.(　　)(　　)

36. 어 둘 암 □ ─ 암흑 같이 어두운 밤에 암호를 물어서 자기팀을 식별하였다.(　　)(　　)

37. 누 를 압 □ ─ 몸의 통증을 치료하는 지압은 근육에 압력을 가해 피의 순환을 돕는 것이다.(　　)(　　)

38. 진　　액 □ ─ 얼음은 고체이지만 녹으면 액체가 된다. 밀림 속에서는 갈증해소를 위해 나무를 잘라 수액을 마시기도 한다.(　　)(　　)

39. 이 마 액 □ ─ 수표 앞면에 적힌 돈의 양을 액수, 또면 액면이라고 한다.(　　)(　　)

40. 모 양 양 □ ─ 첨단기술의 발달로 상품의 모양과 양식이 많이 변화되었다.(　　)(　　)

41. 엄 할 엄 □ ─ 학생지도는 엄격하게 하고 선수 선발은 엄중하게 한다.(　　)(　　)

42. 남 을 여 □ ─ 시험준비에 여념이 없었으나 이제는 여유가 있으므로 잔여 일들을 처리해야겠다.(　　)(　　)(　　)

43. 같 을 여 □ ─ 운전중에 전화사용은 여하를 막론하고 금지사항이지만 아직도 여전히 사용하는 사람들이 있다.(　　)(　　)

44. 줄 여 / 더 불 여 □ ─ 교장선생님이 상장을 수여했다. 여당은 정권을 잡고 있는 당이다.(　　)(　　)

45. 지 경 역 □ ─ 인구 증가는 지역에 따라 다르고, 교통량도 구역에 따라 다르다.(　　)(　　)

46. 쉬 울 이 / 바 꿀 역 □ ─ 국가가 널리 알려짐으로 교역량도 늘어난다. 어문회 漢字급수시험은 난이도가 매우 높다.(　　)(　　)

47. 거스릴 역 ☐ – 전반전에서 지고있던 축구대표팀이 후반전에서 <u>역공</u>을 펼쳐 <u>역전</u>의 승리를 거두었다.(　　　)(　　　)

48. 갈 연 ☐ – 담배를 피우면 태아에게 해롭다는 <u>연구</u> 결과가 의료 <u>연수</u>기간에 주제가 되었다.(　　　)(　　　)

49. 늘일 연 ☐ – 하루 한끼로 목숨을 <u>연명</u>해가는 피난민들의 목숨을 <u>연장</u>하기 위해 긴급지원이 필요했었다.(　　　)(　　　)

50. 납 연 ☐ – <u>연필</u>로 글씨를 썼다.(　　　)

51. 펼 연 ☐ – 정치가는 대중 앞에서 <u>연설</u>을 하고 배우는 관람객 앞에서 <u>연극</u>을 한다.(　　　)(　　　)

52. 연기 연 ☐ – 담배 <u>연기</u>가 몸에 해로우므로 <u>흡연</u>하지 맙시다.(　　　)(　　　)

53. 탈 연 ☐ – 기름, 연탄, 폐목 등은 모두 <u>연료</u>로 쓰인다.(　　　)

54. 인연 연 ☐ – 남녀사랑은 <u>인연</u>이 있기 때문이요 고향사랑은 <u>연고</u>가 있기 때문이다.(　　　)(　　　)

55. 비칠 영 ☐ – 극장에서 <u>영화</u>를 보았다.(　　　)

56. 영화 영 ☐ – 갖은 고생끝에 합격의 <u>영광</u>을 얻었다. 누구나 풍요롭고 <u>영화</u>로운 삶을 바란다.(　　　)(　　　)

57. 경영할 영 ☐ – 회사를 <u>경영</u>하는 것이나 가게에서 <u>영업</u>을 하는 것이나 모두 같은 원리이다.(　　　)(　　　)

58. 맞을 영 ☐ – 귀국 선수들을 <u>영접</u>하기 위해 공항에는 <u>환영</u>인파가 들끓었다.(　　　)(　　　)

59. 재주 예 ☐ – 미술, 음악, 영화 등의 <u>예술</u>분야의 인사들과 배우, 텔런트 등의 <u>연예</u>인들이 함께 공연하였다.(　　　)(　　　)

60. 미리 예 ☐ – 전염병 <u>예방</u> 대책을 세웠다. 재난을 <u>예상</u>하여 미리 대비하였다.(　　　)(　　　)

61. 그르칠 오 ☐ – 신문에는 가끔 사실과 다른 <u>오보</u>가 있을 수 있다. 서로 살면서 사실과 다른 <u>오해</u>를 할 수도 있다.(　　　)(　　　)

62. 구슬 옥 ☐ – 임금이 <u>옥좌</u>에 앉았다. 인재를 선발할 때는 <u>옥석</u>을 잘 가려서 해야 한다.(　　　)(　　　)

63. 갈 왕 ☐ – 한국에 외국인의 <u>왕래</u>가 활발해지고 있다. 서울 대전 간을 <u>왕복</u>하는데 4시간이 걸렸다.(　　　)(　　　)

64. 노래 요 ☐ – 유행가, 민요의 <u>가요</u> 축제가 열렸다.(　　　)(　　　)

65. 얼굴 용
받아들일 용 ☐ – 그녀는 <u>용모</u>는 예쁘지만 <u>용납</u>할 수 없는 죄를 짓고 <u>용의</u>자로 체포되었다.(　　　)(　　　)(　　　)

66. 넉넉할 우 ☐ – 빙상경기에 <u>우수</u>한 성적으로 <u>우승</u>하여 뭇사람들로부터 환영을 받았다.(　　　)(　　　)

67. 만날 우
대접할 우 ☐ – 어려운 환경에 처한 <u>경우</u>에는 사람들로부터 <u>대우</u>받지 못할 때가 있다.(　　　)(　　　)

68. 우편 우 ☐ – 편지봉투에 <u>우표</u>를 붙이고 <u>우송</u>하기 위해 우체국으로 갔다.(　　　)(　　　)

69. 근원 원 ☐ – 지하에서 나오는 <u>원천</u>수는 뜨거웠다. 과음이 모든 병의 <u>근원</u>이다.(　　　)(　　　)

70. 인원 원 ☐ – 회사에는 <u>사원</u>들이 있고 국회에는 <u>의원</u>들이 있다.(　　　)(　　　)

71. 원망할 원 ☐ – 원한에 가득찬 난민들은 적군을 <u>원망</u>하면서 흐느꼈다.(　　　)

72. 도울 원 ☐ – 국제사회의 <u>원조</u> 때문에 재난지역의 많은 인명이 <u>구원</u>을 받았다.(　　　)(　　　)

73. 둥글 원 ☐ – 대원들은 휴게실 <u>원탁</u> 테이블에 앉아 <u>원형</u>을 이루며 차를 마셨다.(　　　)(　　　)

74. 지킬 위 ☐ – 국토는 국군이 <u>방위</u>하고 건물은 <u>수위</u>가 지키고 건강은 <u>위생</u>이 지킨다.(　　　)(　　　)(　　　)

75. 위태할 위 ☐ – 편하다고 <u>안위</u>한 생각만 가지고 어려울 때를 대비하지 않으면 <u>위기</u>가 올때는 무너진다.(　　　)(　　　)

76. 맡길 위 ☐ – 市長이 시민들의 민원처리를 市위원회에 <u>위임</u>하였다.(　　　)(　　　)

77. 위엄 위 ☐ – 강대국들은 침략국에 대하여 <u>위엄</u>과 <u>위력</u>을 발휘하였다.(　　　)(　　　)

78. 위로할 위 ☐ – 국군장병을 <u>위문</u>하고, 슬픈 사람을 <u>위로</u>하고, 못난대신 건강한 것으로 <u>위안</u>을 삼았다.(　　　)(　　　)(　　　)

79. 젖 유 ☐ – <u>모유</u>는 <u>우유</u>보다 영양가가 높다.(　　　)(　　　)

80. 선비 유 ☐ – <u>유교</u>의 창시자인 공자님의 사상을 배우려고 <u>유학</u>에 전념하였다.(　　　)(　　　)

81. 놀 유 ☐ – 시골에서 상경하여 <u>유학</u>하고 있다. 지방선거를 맞아 <u>유세</u>가 한창이다.(　　　)(　　　)

82. 남길 유 ☐ – 아버지는 <u>유언</u>을 남기고 <u>유산</u>을 자식들에게 분배하여 주었다.(　　　)(　　　)

83. 고기 육 ☐ – 가족은 같은 <u>혈육</u>으로 이루어진 집단이다. 건전한 마음은 건강한 <u>육체</u>에서 나온다.(　　　)(　　　)

84. 숨을 은 ☐ – 마약중독자들은 <u>은거</u> 생활을 하면서 마약을 <u>은밀</u>히 거래한다.(　　　)(　　　)

85. 은혜 은 ☐ – 부모님의 <u>은혜</u>와 스승의 <u>은덕</u>에 감사해야 한다.(　　　)(　　　)

86. 그늘 음 ☐ – 불우한 사람을 <u>음지</u>에서 돌보는 사람들이 많다. 유월이면 산야에 <u>녹음</u>이 우거진다.(　　　)(　　　)

87. 응할 응 ☐ – 선수는 관중의 <u>응원</u>에 힘을 얻게된다. 선생님의 질문에 학생은 제대로 <u>응답</u>하였다.(　　　)(　　　)

88. 의지할 의 ☐ – 成人이 되면 자신의 신념에 <u>의거</u>하고 남을 <u>의지</u>하지 말아야 한다.(　　　)(　　　)

89. 거동 의 ☐ – 결혼식과 장례식은 꼭 필요한 <u>의식</u>이다. <u>예의</u>가 밝은 사람은 인정받게 된다.(　　　)(　　　)

90. 옳을 의 ☐ – 세금을 내는 것은 <u>의무</u>이고, 약속을 지키는 것은 <u>의리</u>다.(　　　)(　　　)

91. 의논할 의 ☐ – 회사의 중대한 문제를 <u>의논</u>하기 위해 노사가 <u>회의</u>를 가졌다.(　　　)(　　　)

92. 의심할 의 ☐ – 까닭없이 남을 <u>의심</u>하지 않으며 <u>의문</u>되는 일은 확인하여 해결한다.(　　　)(　　　)

93. 다를 이 ☐ – 산에는 <u>특이</u>하게 생긴 약초가 많고, 세상에는 <u>이상</u>하게 생긴 동물도 많다.(　　　)(　　　)

94. 옮길 이 ☐ – 새집으로 이사하는 것은 <u>이주</u>, 사람들이 옮겨가는 것은 <u>이동</u>(　　　)(　　　)

95. 더할 익 ☐ – 상인은 팔아서 <u>이익</u>을 남기고, 국가는 수출해서 <u>수익</u>을 올린다.(　　　)(　　　)

96. 어질 인 ☐ – 그 의사는 <u>인애</u>한 마음으로 환자들에게 <u>인술</u>을 베풀어 뭇생명을 살렸다.(　　　)(　　　)

97. 알 인 ☐ – 자기 잘못을 <u>인정</u>하는 것은 교양에 대한 <u>인식</u>이 높기 때문이다.(　　　)(　　　)

98. 도장 인 ☐ – 개인 이름으로된 도장은 <u>사인</u>이고 회사이름으로된 도장은 <u>직인</u>이다.(　　　)(　　　)

제1회

1.街,街路樹,街路燈 2.假,假面,假名,假裝 3.暇,休暇,餘暇 4.刻,刻心,時刻 5.覺,感覺,自覺 6.看,看護員,看板 7.簡,簡單,簡素,簡略 8.減,減少,減額 9.甘,甘草,甘受 10.敢,勇敢,敢行 11.監,監督,監視 12.甲,同甲,甲富 13.康,健康,小康 14.降,降雪,降等,投降 15.講,講議,講師 16.個,個人,個性 17.更,更生,變更 18.居,獨居,居住地 19.巨,巨人,巨物 20.拒,拒逆,拒否,拒絶 21.據,根據,證據 22.儉,儉素,儉約 23.檢,檢事,檢討 24.激,激烈,感激 25.擊,攻擊,打擊 26.堅,堅固 27.缺,缺席,缺損 28.潔,簡潔,淸潔,潔白 29.傾,傾向,傾聽 30.警,警察官,警戒心 31.驚,驚異,驚氣 32.境,境界,逆境 33.鏡,眼鏡,破鏡 34.經,經由,經歷,經費 35.慶,慶事,慶祝客 36.係,係長,關係 37.系,系統,系列,體系 38.階,段階,階級 39.戒,訓戒,戒嚴令 40.繼,繼走,繼承,繼續 41.故,故意犯,事故 42.孤,孤立,孤獨 43.庫,寶庫,國庫 44.穀,五穀,穀食 45.困,困難,疲困 46.骨,骨格,骨折傷 47.攻,攻擊,攻守 48.孔,孔子,毛孔 49.管,血管,管理,保管 50.鑛,鑛石,炭鑛 51.究,講究,硏究 52.句,句節,名句 53.求,求婚,要求 54.構,構想,構成員,構造 55.君,君主,君臣 56.群,群落,群舞 57.屈,屈曲,屈服 58.窮,窮地,窮理 59.券,入場券,旅券 60.卷,卷數 61.勸,勸獎,勸告 62.權,權利,權威,權勢 63.歸,歸國,歸省 64.均,均等,平均 65.劇,劇場,悲劇 66.極,南極,積極,極盡 67.勤,缺勤,勤儉 68.筋,筋肉,鐵筋 69.禁,禁止,禁煙 70.奇,奇特,好奇心 71.寄,寄宿舍,寄生蟲 72.器,樂器,器具 73.紀,紀元,世紀,紀綱 74.起,起床,起伏 75.機,機構,機能,機密,機會 76.暖,暖流,暖帶性,暖房 77.難,難關,困難 78.納,納稅,未納 79.努,努力 80.怒,憤怒,怒氣 81.單,單式,單獨 82.檀,檀君 83.端,極端,端正 84.斷,無斷,斷絶 85.段,二段,手段,階段 86.達,傳達,配達,達成 87.擔,擔任,負擔 88.黨,政黨,黨派 89.帶,革帶,眼帶 90.隊,軍隊,除隊 91.導,導入,主導 92.徒,生徒,徒步

제2회

1.逃,逃亡,逃走,逃避 2.盜,盜賊,强盜,盜難 3.毒,毒藥,消毒 4.督,監督 5.銅,銅錢 6.得,納得,說得,所得 7.燈,電燈 8.亂,戰亂,亂舞 9.卵,産卵期,鷄卵 10.覽,遊覽,觀覽 11.略,省略,略式 12.兩,兩親,兩極 13.糧,食糧,糧穀,軍糧米 14.慮,念慮,配慮 15.麗,秀麗,華麗 16.連,連休,連續 17.列,隊列,列車 18.烈,烈士,壯烈 19.錄,登錄證,錄音,記錄 20.論,議論,論爭 21.龍,龍宮,龍顔 22.留,留意,停留場 23.輪,輪作,五輪 24.律,法律,自律,規律 25.離,離別,分離,離散 26.滿,滿員,滿足 27.妹,姉妹,男妹,妹夫 28.脈,山脈,動脈,靜脈 29.勤,勤勉 30.鳴,悲鳴,共鳴感 31.模,模造,模寫,規模 32.牧,牧童,牧場,牧師 33.墓,省墓,墓地 34.妙,妙案,妙技 35.務,義務,任務,事務室,勤務 36.武,武藝,武術,武科 37.舞,歌舞 38.味,調味料,味覺,意味 39.密,密林,祕密 40.博,博士,博識,博愛 41.拍,拍車,拍手 42.髮,毛髮,假髮,長髮 43.妨,妨害 44.防,防止,消防 45.房,暖房,冷房 46.訪,訪問,探訪 47.拜,歲拜,參拜 48.背,背景,背後 49.伐,討伐,伐木 50.罰,刑罰,罰金 51.犯,犯人,犯罪 52.範,範圍,規範 53.壁,障壁,壁畫 54.邊,江邊,路邊 55.辯,辯護士,辯論 56.保,保護,保險,保存 57.報,報道,報答 58.寶,國寶,寶物 59.普,普通,普及 60.步,步道,步行者,散步 61.伏,伏兵,降伏 62.復,復舊,回復 63.複,複寫,複製,複式 64.婦,夫婦,主婦 65.負,勝負,負傷 66.府,政府 67.副,副業,副賞 68.富,貧富,豊富 69.粉,粉乳,粉食 70.憤,憤敗,憤怒 71.佛,佛敎,佛經 72.備,設備,準備 73.悲,悲報,非運 74.非,非行,非難 75.碑,墓碑,詩碑 76.批,批判,批評 77.秘,秘法,秘密 78.飛,飛行機 79.貧,貧窮,貧者 80.射,射擊,反射 81.謝,感謝,謝過 82.師,師弟,醫師,看護師 83.舍,廳舍,寄宿舍 84.私,私生活,私立 85.辭,辭典,辭任 86.散,散在,解散 87.殺,殺生,殺人,殺到 88.傷,傷處,傷害 89.象,現象,氣象 90.常,非常,常識 91.床,病床,起床 92.想,空想,發想 93.狀,狀況,卒業狀,賞狀 94.宣,宣敎,宣布 95.設,建設,施設,設立 96.城,山城,不夜城 97.盛,全盛期,盛行 98.誠,精誠,誠實,熱誠,誠意

제3회

1.星,金星,火星 2.聖,聖人,聖賢 3.聲,音聲,名聲 4.勢,勢力,權勢 5.稅,稅金,國稅,關稅 6.細,細密,細分化 7.掃,淸掃,一掃 8.笑,談笑,一笑 9.素,素朴,素服,素質 10.俗,風俗,俗談 11.屬,附屬品,金屬 12.續,連續,繼續,相續 13.損,損害,損失,缺損 14.頌,讚頌,稱頌 15.送,歡送,送別式,放送 16.修,修交,修養,修理 17.受,接受,受賞 18.授,敎授,授與,傳授 19.守,守備,守衛 20.收,收金,收入,收支 21.秀,秀才,秀麗,優秀 22.叔,叔父,堂叔 23.肅,肅然,嚴肅 24.純,淸純,單純,純潔 25.崇,崇高,崇拜 26.承,傳承,承認 27.詩,詩集,漢詩,童詩 28.施,施設,施工 29.是,是非,是認 30.視,視覺,輕視 31.試,試驗,考試,試圖 32.息,消息,休息 33.申,申告,申請 34.深,深夜,深刻 35.眼,眼科,眼鏡 36.暗,暗黑,暗號 37.壓,指壓,壓力 38.液,液體,樹液 39.額,額數,額面 40.樣,模樣,樣式 41.嚴,嚴格,嚴重 42.餘,餘

念,餘有,殘餘 43.如,如何,如前 44.與,授與,與黨 45.域,地域,區域 46.易,交易,難易 47.逆,逆攻,逆轉 48.研,研究,研修 49.延,延命,延長 50.鉛,鉛筆 51.演,演說,演劇 52.煙,煙氣,吸煙 53.燃,燃料 54.緣,因緣,緣故 55.映,映畫 56.榮,榮光,榮華 57.營,經營,營業 58.迎,迎接,歡迎 59.藝,藝術,演藝人 60.豫,豫防,豫想 61.誤,誤報,誤解 62.玉,玉座,玉石 63.往,往來,往復 64.謠,民謠,歌謠 65.容,容貌,容納,容疑者 66.優,優秀,優勝 67.遇,境遇,待遇 68.郵,郵票,郵送 69.源,源泉水,根源 70.員,社員,議員 71.怨,怨恨,怨望 72.援,援助,救援 73.圓,圓卓,圓形 74.衛,防衛,守衛,衛生 75.危,安危,危機 76.委,委員會,委任 77.威,威嚴,威力 78.慰,慰問,慰勞,慰安 79.乳,母乳,牛乳 80.儒,儒教,儒學 81.遊,遊學,遊說 82.遺,遺言,遺產 83.肉,血肉,肉體 84.隱,隱居,隱密 85.恩,恩惠,恩德 86.陰,陰地,綠陰 87.應,應援,應答 88.依,依據,依支 89.儀,儀式,禮儀 90.義,義務,義理 91.議,議論,會議 92.疑,疑心,疑問 93.異,特異,異常 94.移,移住,移動 95.益,利益,收益 96.仁,仁愛,仁術 97.認,認定,認識 98.印,私印,職印

제4회

1.引,引導,引繼,引上 2.姿,姿勢,姿態 3.資,資源,資質,資料 4.殘,殘額,殘留 5.雜,複雜,雜談 6.腸,胃腸,大腸 7.壯,壯丁,壯士,壯觀 8.裝,服裝,裝備 9.獎,獎學金,勸獎 10.將,將來,將軍 11.帳,練習帳,通帳 12.障,障壁,故障 13.低,低音,低溫,低價 14.底,底邊,底力 15.敵,敵國,敵軍 16.適,適當,適性,適應力 17.積,積金,面積 18.籍,國籍,書籍 19.賊,山賊,海賊 20.專,專攻,專用,專擔 21.轉,轉學,運轉 22.錢,金錢,急錢 23.油,油田 24.折,折半,屈折 25.絕,絕斷,絕命,絕景 26.點,點數,點檢,長點 27.占,占領,占據,占有 28.接,直接,接續 29.程,程度,過程 30.政,政府,政治,財政 31.整,整然,整理,調整 32.精,精密,精誠,精神 33.靜,安靜,動靜 34.制,制度,統制 35.製,製造,製作 36.濟,經濟,救濟 37.提,提起,提案 38.除,除雪,除去 39.際,國際,交際 40.祭,祝祭,祭日 41.助,助言,助力,救助,協助 42.組,組職,組立 43.潮,潮流,史潮 44.早,早期,早速 45.條,條約,條件 46.造,創造,造物主 47.存,存在,保存 48.尊,尊敬,尊重 49.宗,宗敎,宗孫 50.從,服從,從屬 51.鍾,鍾聲,警鍾 52.座,計座,座席 53.周,周邊,周圍 54.朱,朱紅色,朱黃色 55.走,競走,完走 56.酒,酒量,藥酒 57.準,準備,水準 58.衆,聽衆,觀衆 59.增,增加,急增 60.證,證明,證據 61.持,所持,持參 62.指,指導,指目,指示 63.志,意志,志願書 64.誌,校誌,雜誌 65.支,支援,支店 66.智,機智,智略 67.至,至毒,至極 68.織,組織,織造 69.職,職業,求職,公職 70.陣,陣地,陣營 71.珍,珍味,珍風景,珍珠 72.進,增進,進步 73.盡,消盡,極盡 74.眞,眞實,寫眞 75.差,差別,差異 76.次,次官,次長 77.讚,讚頌,稱讚 78.察,省察,觀察,視察 79.創,創製,創造 80.採,採點,採擇 81.冊,冊房,書冊 82.處,居處,處理,處刑 83.泉,溫泉,源泉 84.廳,官廳,廳舍

85.聽,聽覺,視聽 86.請,要請,請求,申請 87.招,招待,招請 88.總,總人員,總額 89.銃,拳銃,小銃 90.推,推測,推進 91.蓄,貯蓄,蓄積 92.築,建築,構築 93.縮,縮小,縮圖 94.忠,忠誠,忠實忠告 95.蟲,蟲齒,害蟲 96.取,取得,取消 97.趣,趣向,趣味

제5회

1.就,進就,成就 2.測,豫測,測量 3.層,階層,層階 4.置,位置,配置,放置 5.治,治安,政治 6.齒,乳齒,齒痛 7.侵,侵入,侵略 8.寢,就寢,寢所 9.針,分針,時針 10.稱,稱讚,號稱 11.快,快速船,快樂 12.彈,銃彈,彈壓 13.歎,感歎,歎息 14.脫,脫穀,脫線 15.探,探究,探訪 16.態,態度,生態系 17.擇,選擇,採擇 18.討,討伐,討議 19.痛,痛症,憤痛 20.統,大統領,統制,統計 21.退,退場,退化,退步 22.投,投手,投藥,投身 23.鬪,戰鬪,鬪技 24.波,人波,寒波 25.破,擊破,破産 26.派,派生,派兵 27.判,判斷,判事,判別 28.篇,長篇,短篇 29.評,批評,好評 30.閉,閉業,閉講 31.包,包裝,小包 32.砲,砲聲,砲擊 33.胞,細胞,同胞 34.布,分布,布告 35.暴,暴力,暴雪,暴利,暴惡 36.爆,爆彈,爆發 37.標,標識,標題 38.票,投票,開票,票決 39.豊,豊年,豊富 40.疲,疲勞,疲困 41.避,待避,避身 42.恨,恨歎,怨恨 43.限,制限,限定,限界 44.閑,閑暇,閑散 45.抗,抵抗,反抗,抗拒 46.航,出航,缺航,航路 47.港,港口,空港 48.解,解釋,讀解,誤解,和解 49.核,核武器,核心 50.鄕,故鄕,鄕校,鄕土 51.香,香氣,香水 52.虛,虛勢,虛空,虛構 53.憲,憲法,憲章 54.險,險難,危險,探險 55.驗,試驗,經驗,效驗 56.革,皮革,革新,改革 57.賢,賢明,賢人 58.血,血統,血液 59.協,協助,協力,協議 60.刑,刑罰,死刑 61.惠,恩惠,受惠者 62.呼,呼價,呼名,呼出 63.好,好感,好評 64.戶,戶籍,戶主 65.護,保護,警護員,護衛 66.婚,結婚式,未婚,再婚 67.混,混合,混亂 68.紅,紅色,朱紅色 69.貨,外貨,貨物船 70.華,華麗,榮華 71.確,確固,明確 72.歡,歡迎,歡呼 73.環,環境 74.況,好況,不況,狀況 75.回,回答,回信,回轉 76.灰,灰色 77.候,氣候,候鳥 78.厚,厚待,厚謝 79.揮,指揮者,發揮 80.吸,呼吸,吸收 81.興,興亡,興味 82.喜,歡喜,喜色 83.希,希望,希求

◆ 틀린 문제는 여러차례 써본 후에 쓰기검사를 하세요.

1. 끝   인 □ − 청소년을 좋은길로 인도하였다. 후임자에게 업무를 인계하였다. 가격이 인상되었다.(   )(   )(   )

2. 모 양 자 □ − 바른자세로 의자에 앉았다. 앞뜰에 핀 목련화의 자태가 고상하다.(   )(   )

3. 재 물 자 □ − 우리나라는 지하자원이 풍부하지는 않지만 선진국의 인적 자질과 기술적 자료를 갖출 수 있다.( )( )( )

4. 남 을 잔 □ − 통장에 잔액이 별로 남지 않았다. 거의 철군하고 잔류 병사는 많지 않았다.(   )(   )

5. 섞 일 잡 □ − 휴게실이 너무 복잡하여 잡담할 겨를이 없었다.(   )(   )

6. 창 자 장 □ − 음식물 소화는 위장에서 하고 대장은 수분을 흡수한다.(   )(   )

7. 장 할 장 □ − 체육관에서 장정들이 장사 씨름대회를 하는 모습이 가히 장관이었다.(   )(   )

8. 꾸 밀 장 □ − 등산할때는 계절에 맞게 복장과 장비를 갖추어야 한다.(   )(   )

9. 장려할장 □ − 교수님께서 공부를 잘해 장학금을 타도록 권장하셨다.(   )(   )

10. 장 수 장 / 장 차 장 □ − 나는 군인이 되어 장래에 장군이 되겠다고 결심했다.(   )(   )

11. 장 막 장 / 장 부 장 □ − 漢字를 연습장에 열심히 썼다. 어머니의 은행 통장에는 돈이 많다.(   )(   )

12. 막 을 장 □ − 달리는 자동차가 장벽에 부딪혀서 고장나고 말았다.(   )(   )

13. 낮 을 저 □ − 노래는 저음이 쉽지않고, 음식물은 저온 유지가 쉽지 않으나, 상품은 저가 판매가 쉽다.(   )(   )(   )

14. 밑   저 □ − 독서 인구의 저변을 확대하다. 우리나라는 스포츠 강국의 저력이 있다.(   )(   )

15. 대적할적 □ − 세계가 모두 평화로우면 적국이 없어지고 적군과 싸울일도 없다.(   )(   )

16. 맞 을 적 □ − 건강을 유지하려면 적당한 운동과 적성에 맞는 취미 생활, 그리고 스트레스에 어느정도 적응력을 키워야 한다.(   )(   )(   )

17. 쌓 을 적 □ − 전세금과 은행 적금을 통털어서 좁은 면적이나마 아파트를 샀다.(   )(   )

18. 문 서 적 □ − 서점에 가면 국적을 헤아릴 수 없이 많은 서적들이 즐비하다.(   )(   )

19. 도 둑 적 □ − 산에 사는 도둑은 산적이요 바다의 도둑은 해적이다.(   )(   )

20. 오로지전 □ − 나는 大學에서 미술을 전공하고 있고 형은 모회사에서 전용자동차를 이용해 판매를 전담하고 있다.(   )(   )(   )

21. 구 를 전 □ − 내가 다닐 학교로 전학한 후 등교 첫날 어머니가 나를 태우고 차를 운전하였다.(   )(   )

22. 돈   전 □ − 사람이 금전만을 추구하면 추해지지만 급전이 필요할 땐 이마저 무시될 수도 있다.(   )(   )

23. 기 름 유 □ − 시골의 전원 마을은 아름답지만 사막의 유전은 삭막하다.(   )

24. 꺾 을 절 □ − 수박을 절반으로 나누었다. 막대기가 물속에서 굴절되어 보였다.(   )(   )

25. 끊 을 절 / 뛰어날절 □ − 줄을 자르는 것은 절단, 목숨을 끊는것은 절명, 경치가 빼어난 곳은 절경(   )(   )(   )

26. 점   점 □ − 입시생들의 시험 점수를 점검해 본 결과 언어에서는 단점이 수리력에서는 장점이 들어났다.(   )(   )(   )

27. 점령할점 □ − 남의 영토를 차지하면 점령, 일정한 장소를 차지하면 점거, 남의 물건을 차지하면 점유(   )(   )(   )

28. 이 을 접 □ − 사장님은 본인이 직접 인터넷에 접속하여 얻은 정보를 교육에 활용한다.(   )(   )

29. 한 도 정 / 길   정 □ − 훈련은 지나치지 않고 정도에 맞게 모든 과정을 끝냈다.(   )(   )

30. 정 사 정 □ − 정부가 정치를 잘하면 국가 재정이 풍부하여 국민이 잘살게 된다.(   )(   )

31. 가지런할정 □ − 신발을 질서 정연하게 정리하였다. 한국은행은 금리를 낮게 조정하였다.(   )(   )

32. 정할(깨끗할)정 / 자세할정 □ − 반도체 기술은 매우 정밀하다. 어버이를 정성껏 섬기는 효도 정신을 기르자.(   )(   )(   )

33. 고요할정 □ − 환자는 치료후 안정을 취하는 것이 중요하다. 국민은 대통령의 동정을 살피게 된다.(   )(   )

34. 절제할제 □ − 정부는 국민복지 제도를 개선하고, 통제된 청와대 앞 길을 개방하였다.(   )(   )

35. 지 을 제 □ − 엄마는 의류 제조회사에, 아빠는 자동차 제작회사에서 근무하십니다.(   )(   )

36. 건 널 제 □ − 개인이든 국가이든, 경제가 잘 되어야 남을 돕는 구제사업도 활발해진다.(   )(   )

37. 끌   제 □ − 시민들은 교통 혼잡에 따른 문제점을 제기하고 교통 해소방법을 제안하였다.(   )(   )

38. 덜   제 □ − 눈이 많이 내려서 제설작업이 한창이었고, 군데군데 흩어진 나무가지도 제거하였다.(   )(   )

39. 즈 음 제 / 사 귈 제 □ − 각 국가마다 국제간의 무역불균형을 해소하기로 약속하였고 그들 청춘남녀는 진실한 교제를 약속하였다.(   )(   )

40. 제 사 제 □ − 봄이 되어 각 지방에서 축제가 한창이다. 할아버지의 제일이 내일이다.(   )(   )

41. 도 울 조 □ − 선배는 후배에게 항상 조언과 조력을 아끼지 않는다. 이재민을 구조하기 위해 민·관이 서로 협조하였다.(   )(   )(   )

42. 짤   조 □ − 국가는 행정기구를 조직하고 회사는 상품을 조립한다.(   )(   )

43. 조 수 조 □ − 바닷물이 들고 나는 것은 조류이고 역사가 지나는 것은 사조이다.(   )(   )

44. 이 를 조 □ − 암은 조기에 발견하면 완치될 수 있다. 건축공사를 조속한 시일에 완공하기로 하였다.(   )(   )

45. 가 지 조 □ − 국제간의 조약은 서로 평등한 조건에서 맺게 된다.(   )(   )

46. 지 을 조 □ − 사람을 창조한 조물주가 누굽니까?(   )(   )

47. **있 을 존**□ - 문화재는 존재 가치가 중요한 만큼 잘 보존되어야 한다.( )( )

48. **높 을 존**□ - 스승을 존경하고 법을 존중한다.( )( )

49. **마 루 종**□ - 종교의 전파는 순교자가 이어왔고 가문의 대는 종손이 이어왔다.( )( )

50. **좇 을 종**□ - 강자 앞에 약자는 복종하고 강국앞에 弱國은 종속된다.( )( )

51. **쇠 북 종**□ - 새벽에 울리는 종성에 잠이 깼다. 성범죄자기사는 국민 모두에게 경종을 울렸다.( )( )

52. **자 리 좌**□ - 은행에서는 계좌번호가, 열차에서는 좌석번호가 필요하다.( )( )

53. **두 루 주**□ - 우리 주변에 재난위험이 없는지 주위를 잘 살펴보자.( )( )

54. **붉 을 주**□ - 황색은 노란빛, 주홍색은 붉은빛, 주황색은 그 중간빛을 띈다.( )( )

55. **달 릴 주**□ - 나는 마라톤 경주에 1등은 못했지만 완주하였다.( )( )

56. **술 주**□ - 삼촌은 주량이 커서 소주를 두병도 마시지만 아버지는 약주를 조금씩 드신다.( )( )

57. **준 할 준**□ - 충분한 훈련으로 준비를 튼튼히 한 까닭에 올림픽에서 수준높은 경기를 할 수 있었다.( )( )

58. **무 리 중**□ - 무대위에 가수는 청중을 즐겁게 하고 경기장의 선수들은 관중을 즐겁게 한다.( )( )

59. **더 할 증**□ - 수출의 증가는 경기를 회복시키지만 환율의 급증은 경기를 후퇴시킨다.( )( )

60. **증 거 증**□ - 경찰에 구속된 사람이 자신의 무죄를 증명하기 위하여 확실한 증거를 제시하였다.( )( )

61. **가 질 지**□ - 경찰이 불법무기를 소지하고 위조지폐를 지참한 자들을 지속적으로 단속하였다.( )( )( )

62. **가리킬지**□ - 감독은 선수를 지도하고 경찰은 수상한 사람을 범죄자로 지목하여 구속할 것을 지시한다.( )( )( )

63. **뜻 지**□ - 병역의무를 이행할 굳은 의지를 가지고 병무청에 지원서를 제출하였다.( )( )

64. **기록할지**□ - 나는 원고를 대학 교지와 다른 잡지에 투고하였다.( )( )

65. **지탱할지**□ - 모기업에서 수해복구를 지원하기 위해 각 지점으로 장비를 보냈다.( )( )

66. **지 혜 지**□ - 이순신은 위기에 대처할 뛰어난 기지와 병법에 넓은 지략을 지닌 위대한 장군이었다.( )( )

67. **이 를 지**□ - 그녀는 돈을 지독히도 아껴쓰지만, 부모님에 대한 효도는 지극하다.( )( )

68. **짤 직**□ - 국가는 큰 조직체이고 단체는 작은 조직체이다. 아크릴 섬유는 직조하기에 편리하다.( )( )

69. **직 분 직**□ - 직업은 귀천이 있을 수 없으나 요즈음 구직자들은 공직이나 대기업을 선호하고 있다.( )( )

70. **진 칠 진**□ - 장군은 진지를 평야에 정하고 막강한 진영을 갖춘후에 대포를 전방에 비치하였다.( )( )

71. **보 배 진**□ - 각지방 음식의 진미를 맛볼 수 있는 행사장에 수많은 음식들이 진풍경을 이루었는데 어떤 음식의 조개 속에서 진주가 나오기도 하였다.( )( )

72. **나아갈진**□ - 국민의 행복을 증진시키기 위해서는 경제, 과학분야에서 진보적인 연구가 필요하다.( )( )

73. **다 할 진**□ - 부모는 체력이 소진될때까지 자식을 극진히 사랑하신다.( )( )

74. **참 진**□ - 외모보다는 마음의 진실이 더욱 중요하고 그림보다는 사진이 더욱 실감이 있다.( )( )

75. **다 를 차**□ - 직업에는 남녀차별이 없지만 업무능력 차이도 없다.( )( )

76. **버 금 차**□ - 교통부차관, ○○은행 차장( )( )

77. **기 릴 찬**□ - 과거의 위대한 사람은 찬송을 받게되고 현재의 착한 사람은 칭찬를 받게된다.( )( )

78. **살 필 찰**□ - 자기의 잘못은 성찰하고, 자연생태계는 관찰하고 위험한 곳은 시찰하여 살핀다.( )( )( )

79. **비롯할창**□ - 세종대왕은 한글을 창제하셨고 남대문도 이즈음에 창조되었다.( )( )

80. **캘 채**□ - 시험지를 채점하였다. 가장 우수한 원고를 채택하였다.( )( )

81. **책 책**□ - 책방(서점)에 들러 책을 샀다. 사람은 서책을 가까이 하여 교양을 쌓는다.( )( )

82. **곳 처**□ - 내가 거처하는 곳은 농촌이다. 밀린 일들을 처리하였다. 큰죄를 지으면 처형될 수도 있다.( )( )( )

83. **샘 천**□ - 온천에서 목욕을 하였다. 경찰이 시위 발생전에 원천 봉쇄해 버렸다.( )( )

84. **관 청 청**□ - 국민의 민원을 맡아 처리하는 곳이 관청이고 그 건물을 청사라고 한다.( )( )

85. **들 을 청**□ - 산짐승은 청각이 매우 발달되었다. 많은 정보와 사건들을 TV 시청을 통해 알게된다.( )( )

86. **청 할 청**□ - 119구급대는 국민의 요청시 긴급출동한다. 도로공사로 인한 손해배상청구를 법원에 신청하였다.( )( )( )

87. **부 를 초**□ - 생일에 친구를 초대하였다. 강사를 초청하여 교육을 받았다.( )( )

88. **다 총**□ - 연말 종교단체에 총인원이 동원되어 기부금을 모은 결과 총액이 수억을 넘었다.( )( )

89. **총 총**□ - 총의 종류는 권총, 소총, 기관총 등이 있다.( )( )

90. **밀 추**□ - 선진사회란 좋은 추측된 사고를 실제로 추진해 가는 것이다.( )( )

91. **모 을 축**□ - 돈을 저축하면 노년기에 유익하고 피로가 축적되면 건강에 해롭다.( )( )

92. **쌓 을 축**□ - 집을 건축하여 주거환경을 개선하고 인재를 구축하여 선진국을 만들어간다.( )( )

93. **줄 일 축**□ - 그사건 보도는 실제보다 축소되었고, 이 지도는 백만분의 일의 축도이다.( )( )

94. **충 성 충**□ - 나라에 충성하고 자기책임에 충실한 사람은 남의 충고도 잘 듣는다.( )( )

95. **벌 레 충**□ - 이가 나쁘면 충치가 생기고 날 것을 좋아하면 해충이 생긴다.( )( )

96. **가 질 취**□ - 어렵게 취득한 운전면허가 한순간의 잘못으로 취소되었다.( )( )

97. **뜻 취**□ - 산을 좋아하는 취향 때문에 등산이 취미생활이 되었다.( )( )

◆ 틀린 문제는 여러차례 써본 후에 쓰기검사를 하세요.

1. **나아갈취** □ ─ 누구나 자기일에 <u>진취</u>적인 사고를 갖고 노력하면 목적을 <u>성취</u>할 수 있다.(   )(   )

2. **혜아릴측** □ ─ 다가올 재난은 <u>예측</u>할 수 없으나 땅은 아무리 험해도 <u>측량</u>할 수 있다.(   )(   )

3. **층   층** □ ─ 인간사회는 여러 <u>계층</u>의 사람들이 모여살고 아파트의 높이는 <u>층계</u>로 이루어졌다.(   )(   )

4. **둘   치** □ ─ 도시의 밤거리는 <u>위치</u>에 따라 적당한 인원을 <u>배치</u>하고 범죄를 <u>방치</u>해선 안된다.(   )(   )(   )

5. **다스릴치** □ ─ <u>치안</u>이 유지되면 민생이 편하고 <u>정치</u>가 발전하면 국가가 부강해진다.(   )(   )

6. **이   치** □ ─ 젖먹이때 갖는 <u>유치</u>는 유년기에 바뀌고 충치가 생기면 <u>치통</u>을 일으킨다.(   )(   )(   )

7. **침노할침** □ ─ 남의 집을 허락없이 들어가면 주택 <u>침입</u>이고 남의 나라를 빼앗으면 <u>침략</u>이다.(   )(   )

8. **잠 잘 침** □ ─ 잠자는 것은 <u>취침</u>이고 잠자는 곳은 <u>침소</u>이다.(   )(   )

9. **바 늘 침** □ ─ 시계는 <u>분침</u>과 <u>시침</u>이 있다.(   )(   )

10. **일컬을칭** □ ─ 좋은 일을 하면 <u>칭찬</u>을 받고 <u>호칭</u>도 달라진다.(   )(   )

11. **쾌 할 쾌 빠를 쾌** □ ─ 달리는 <u>쾌속</u>선에서 <u>쾌락</u>을 느꼈다.(   )(   )

12. **탄 알 탄** □ ─ <u>총탄</u>을 맞아가면서 일제 <u>탄압</u>에 항거하였다.(   )(   )

13. **탄식할탄** □ ─ 결승골이 터지자 경기장에는 <u>감탄</u>과 <u>탄식</u>이 동시에 쏟아졌다.(   )(   )

14. **벗 을 탈** □ ─ 베어 놓은 벼를 <u>탈곡</u>하였다. 달리는 기차가 <u>탈선</u>하였다.(   )(   )

15. **찾 을 탐** □ ─ 자연생태계를 <u>탐구</u>하기 위해 <u>탐방</u>길에 나섰다.(   )(   )

16. **모 습 태** □ ─ 수업<u>태도</u>가 좋아 성적이 올랐다. 간척사업으로 <u>생태</u>계가 파괴되었다.(   )(   )

17. **가 릴 택** □ ─ 좋아하는 과목을 <u>선택</u>하였다. 우리나라 김치가 우주선 식량으로 <u>채택</u>되었다.(   )(   )

18. **칠   토 찾 을 토** □ ─ 태국정부는 반정부군을 <u>토벌</u>하기 위해 안보회의에서 <u>토의</u>하였다.(   )(   )

19. **아 플 통** □ ─ 지진발생후 <u>통증</u>을 호소하는 환자들이 많았는데 제때에 치료를 받지 못해 <u>분통</u>을 터뜨리는 사람도 있었다.(   )(   )

20. **거느릴통** □ ─ 대통령이 시찰하는 곳은 출입이 <u>통제</u>되었다. 보건복지부<u>통계</u>에 의하면 출산율이 작년에 비해 조금 하락했다.(   )(   )

21. **물러날퇴** □ ─ 공연이 끝나서 관람객은 <u>퇴장</u>하였다. 환경에 적응하지 못하면 <u>퇴화</u>되고 <u>퇴보</u>된다.(   )(   )(   )

22. **던 질 투** □ ─ 야구장에서 <u>투수</u>는 공을 던진다. 병원에서 환자는 약을 <u>투약</u>한다. 한강에 몸을 <u>투신</u>하는 사람도 있다.(   )(   )(   )

23. **싸 울 투** □ ─ 한국 전쟁에서 낙동강 <u>전투</u>는 우리의 국운을 좌우했다. 태권도, 검도, 유도 등은 <u>투기</u>종목의 운동이다.(   )(   )

24. **물 결 파** □ ─ 여름에는 해수욕 <u>인파</u>, 겨울에는 폭설의 <u>한파</u>(   )(   )

25. **깨뜨릴파** □ ─ 여러장의 기와를 한번에 <u>격파</u>시켰다. 도박에 빠져 결국 <u>파산</u>하고 말았다.(   )(   )

26. **갈 래 파** □ ─ 영어는 라틴어에서 <u>파생</u>된 언어이다. 한국정부는 베트남 전쟁때 국군을 <u>파병</u>했었다.(   )(   )

27. **판단할판** □ ─ 죄질을 <u>판단</u>하는 판사는 사건을 엄격히 <u>판별</u>하여 형량을 정한다.(   )(   )(   )

28. **책   편** □ ─ 소설은 <u>장편</u>과 <u>단편</u>으로 분류된다.(   )(   )

29. **평 할 평** □ ─ 그의 작품은 문예계의 예리한 <u>비평</u>하에 좋은 <u>호평</u>을 받았다.(   )(   )

30. **닫 을 폐** □ ─ 불경기로 인해 <u>폐업</u> 사태가 늘어났다. 대학도 시대적 변화에 따라 <u>폐강</u>된 과목이 늘어났다.(   )(   )

31. **쌀   포** □ ─ 친구생일 선물을 예쁘게 <u>포장</u>하여 <u>소포</u>로 보냈다.(   )(   )

32. **대 포 포** □ ─ 전쟁은 <u>포성</u>이 산야를 울리고 <u>포격</u>이 시야를 가릴 만큼 끔찍하였다.(   )(   )

33. **세 포 포** □ ─ 암은 체내의 <u>세포</u>를 죽이는 무서운 병이다. 해외<u>동포</u>들이 모국을 방문하였다.(   )(   )

34. **펼   포** □ ─ 유자나무는 비교적 남부해안지방에 <u>분포</u>되어 있다. 적국에 선전<u>포고</u>를 하고 즉각 공격하였다.(   )(   )

35. **사나울폭 모 질 포** □ ─ 사람을 때리면 <u>폭력</u>, 눈이 많이 내리면 <u>폭설</u>, 이익을 많이 취하면 <u>폭리</u>, 성질이 모질고 악하면 <u>포악</u>스럽다고 한다.(   )(   )(   )(   )

36. **불터질폭** □ ─ 이라크 도심지에서 <u>폭탄</u>이 <u>폭발</u>하여 인명피해가 컸다.(   )(   )

37. **표 할 표** □ ─ 운전수는 도로 <u>표지</u>판을 보고 길을 찾아간다. 신문의 1면기사는 큰 <u>표제</u>아래 보도된다.(   )(   )

38. **표   표** □ ─ 선거일에 <u>투표</u>하고 <u>개표</u>를 지켜보았다. 새해 예산안이 국회에서 <u>표결</u>처리되었다.(   )(   )(   )

39. **풍 년 풍** □ ─ 농사가 잘되면 <u>풍년</u>이고 경제가 잘되면 <u>풍부</u>한 생활을 누릴 수 있다.(   )(   )

40. **피곤할피** □ ─ 지나친 <u>피로</u>는 몸에 해로우므로 <u>피곤</u>할 때는 쉬어야 한다.(   )(   )

41. **피 할 피** □ ─ 태풍이 발생하자 안전한 곳으로 <u>대피</u>하였으나 미쳐 <u>피신</u>하지 못한 사람은 참사를 당했다.(   )(   )

42. **한(恨)한** □ ─ 불효자는 부모가 죽은 뒤에 <u>한탄</u>한다. 사랑은 <u>원한</u>을 잊게 한다.(   )(   )

43. **한정할한** □ ─ 수면제는 판매가 어느정도 <u>제한</u>되어 있고 수량도 <u>한정</u>되어 있다. 직장에서는 각자 책임<u>한계</u>가 명확하다.(   )(   )

44. **한가할한** □ ─ 모처럼 <u>한가</u>한 틈을 타서 여행을 갔다. 명절이라서 도시거리가 <u>한산</u>해 보였다.(   )(   )

45. **겨 룰 항** □ ─ 부당한 행위에 대해서 맞서는 행위를 <u>저항</u>, <u>반항</u>, <u>항거</u>라고 한다.(   )(   )(   )

46. **배   항** □ ─ 배나 비행기가 떠나는 것은 <u>출항</u>, 떠나지 못하는 것은 <u>결항</u>, 다니는 노선은 <u>항로</u>이다.(   )(   )(   )

47. 항 구 항 □ ─ 배는 <u>항구</u>에 도착하고, 비행기는 <u>공항</u>에 도착한다.
　　　　　　(　) (　)

48. 풀 해 □ ─ 수학은 <u>해석</u>으로 영작문은 <u>독해</u>로 <u>오해</u>는 <u>화해</u>로 푼다.(　) (　) (　) (　)

49. 씨 핵 □ ─ <u>핵</u>무기를 갖고 있어야 강대국이 되는 것은 아니다. 일의 <u>핵심</u>을 파악하여 완벽하게 처리했다.
　　　　　　(　) (　)

50. 시 골 향 □ ─ <u>고향</u>에는 옛선비들의 학교이었던 <u>향교</u>가 있고 <u>향토</u> 농산물판매소도 있다.(　) (　) (　)

51. 향 기 향 □ ─ 몸에 그윽한 <u>향기</u>를 내기 위해 <u>향수</u>를 뿌린다.
　　　　　　(　) (　)

52. 빌 허 □ ─ 그는 가난하면서도 부자인양 <u>허세</u>를 부린다. 말세론은 <u>허공</u>에 집을 지을 수 없듯이 현실화될 수 없는 <u>허구</u>일 뿐이다.(　) (　) (　)

53. 법 헌 □ ─ <u>헌법</u>은 한국가의 기본이 되는 법이요. <u>헌장</u>은 약속을 이행하기 위한 규범이다.(어린이헌장, 국민교육헌장)
　　　　　　(　) (　)

54. 험 할 험 □ ─ 어떤 분야에서 최고가 되는 것은 <u>험난</u>하고 <u>위험</u>도 따르기 마련이다. 대서양 횡단 <u>탐험</u>을 시작하였다.
　　　　　　(　) (　) (　)

55. 시험할험 □ ─ 대입 수능 <u>시험</u>에 응시하였다. 오랜 <u>경험</u>을 통해 개발된 新藥이 환자들에게 <u>효험</u>이 있었다.
　　　　　　(　) (　) (　)

56. 가 죽 혁 □ ─ 여성용 가방의 판매증가로 <u>피혁</u>산업이 활기를 띠었다. 제도를 <u>혁신</u>하고 각 분야의 법률을 <u>개혁</u>하였다.
　　고 칠 혁　　(　) (　) (　)

57. 어 질 현 □ ─ 어리석은 사람은 물질만을 추구하고 <u>현명</u>한 사람은 지혜를 추구한다. 동서고금을 통해서 <u>현인</u>들의 가르침이 평화를 이루어 왔다.(　) (　)

58. 피 혈 □ ─ 우리 민족은 <u>혈통</u>이 같은 단일민족이다. 나의 <u>혈액</u>형은 B형이다.(　) (　)

59. 도 울 협 □ ─ 공동체에서는 서로 <u>협조</u>와 <u>협력</u>하기 위해서 사전에 충분한 <u>협의</u>가 필요하다.(　) (　) (　)

60. 형 벌 형 □ ─ 죄를 지으면 <u>형벌</u>을 받게되는데 큰죄는 <u>사형</u>을 받기도 한다.(　) (　)

61. 은 혜 혜 □ ─ 우리는 부모님과 국가로부터 <u>은혜</u>를 받는 <u>수혜</u>자이다.(　) (　)

62. 부 를 호 □ ─ 오래된 골동품은 수억을 <u>호가</u>하는 것도 있다. 선생님이 학생을 <u>호명</u>하였다. 경찰이 참고인을 <u>호출</u>하였다.
　　　　　　(　) (　) (　)

63. 좋 을 호 □ ─ 그녀의 인상은 뭇사람에게 <u>호감</u>을 준다. 박람회에 전시된 상품이 <u>호평</u>을 받았다.(　) (　)

64. 집 호 □ ─ 나의 실제 나이는 <u>호적</u>과 두살 차이가 난다. 우리집의 <u>호주</u>는 아버지이시다.(　) (　)

65. 도 울 호 □ ─ 자연생태계를 <u>보호</u>하자. 대통령이 경호원들의 <u>호위</u>를 받으며 시찰하였다.(　) (　) (　)

66. 혼인할혼 □ ─ 예식장에서 <u>결혼</u>식이 진행되었다. 결혼을 안했으면 <u>미혼</u> 다시했으면 <u>재혼</u>이다.(　) (　) (　)

67. 섞 을 혼 □ ─ 검은색과 흰색을 <u>혼합</u>하면 회색이 된다. 중동지역은 사회가 불안하여 <u>혼란</u>이 계속되고 있다.(　) (　)

68. 붉 을 홍 □ ─ <u>홍색</u>이나 <u>주홍색</u>은 다같은 붉은색 계통이다.
　　　　　　(　) (　)

69. 재 물 화 □ ─ <u>외화</u> 획득에 일등공신인 수출상품을 <u>화물선</u>에 실었다.(　) (　)

70. 빛 날 화 □ ─ 사람이 <u>화려</u>하게 <u>영화</u>를 누려도 모두가 일장춘몽이라고 했다.(　) (　)

71. 굳 을 확 □ ─ 정해진 약속은 <u>확고</u>하게 지키고 질문에 대해서는 <u>명확</u>한 응답이 필요하다.(　) (　)

72. 기 쁠 환 □ ─ <u>환영</u> 인파들의 <u>환호</u>를 받으며 올림픽 영웅들은공항에 도착했다.(　) (　)

73. 고 리 환 □ ─ 산업쓰레기가 주변<u>환경</u>을 오염시켰다.(　)

74. 상 황 황 □ ─ 그 제품은 경기가 좋아서 <u>호황</u>이든, 나빠서 <u>불황</u>이든 어떤 <u>상황</u>에서도 꾸준히 수출되었다.
　　　　　　(　) (　) (　)

75. 돌아올회 □ ─ 편지는 <u>회답</u>을 핸드폰은 <u>회신</u>을 바퀴는 <u>회전</u> 되기를 바란다.(　) (　) (　)

76. 재 회 □ ─ 검은색과 흰색을 섞으면 <u>회색</u>이 된다.(　)

77. 기 후 후 □ ─ 이산화탄소의 증가로 지구의 기온이 높아져 <u>기후</u>가 변해가고 있다. 철따라 이동하는 새를 <u>후조</u>라고 한다.(　) (　)

78. 두터울후 □ ─ 성실하고 능력있는 사람은 <u>후대</u> 받고 어려운 부탁을 해결하는 사람은 <u>후사</u>를 받게된다.(　) (　)

79. 휘두를휘 □ ─ KBS교향악단 <u>지휘자</u>가 자기의 실력을 유감없이 발<u>휘</u>하였다.(　) (　)

80. 마 실 흡 □ ─ 많은 양의 산소를 <u>호흡</u>하여 건강을 지킨다. 메마른 대지는 간밤의 비를 모두 <u>흡수</u>해 버렸다.
　　　　　　(　) (　)

81. 일(盛)흥 □ ─ 정보가 산업체의 <u>흥망</u>을 좌우한다. 어릴때부터 독서에 <u>흥미</u>를 가졌다.(　) (　)
　　기 쁠 흥

82. 기 쁠 희 □ ─ 합격자 발표일에는 <u>환희</u>와 <u>희색</u>이 만면한 사람이 있는가하면 슬퍼하는 사람도 있다.(　) (　)

83. 바 랄 희 □ ─ 사람은 <u>희망</u>을 가지고 새로운 것을 <u>희구</u>한다.
　　　　　　(　) (　)

사단법인 한국어문회·한국한자능력검정회

수험번호 □□□□ - □□ - □□□□　　성　명 □□□□□

주민등록번호 □□□□□□ - □□□□□□□

※ 유성 사인펜, 연필, 붉은색 필기구 사용 불가.

※ 답안지는 컴퓨터로 처리되므로 구기거나 더럽히지 마시고, 정답 칸 안에만 쓰십시오.
　　글씨가 채점란으로 들어오면 오답처리가 됩니다.

전국한자능력검정시험 3급 모의고사 답안지(1)

번호	답안란 정답	채점란 1검	2검	번호	답안란 정답	채점란 1검	2검	번호	답안란 정답	채점란 1검	2검
1				24				47			
2				25				48			
3				26				49			
4				27				50			
5				28				51			
6				29				52			
7				30				53			
8				31				54			
9				32				55			
10				33				56			
11				34				57			
12				35				58			
13				36				59			
14				37				60			
15				38				61			
16				39				62			
17				40				63			
18				41				64			
19				42				65			
20				43				66			
21				44				67			
22				45				68			
23				46				69			

감독위원	채점위원(1)		채점위원(2)		채점위원(3)	
(서명)	(득점)	(서명)	(득점)	(서명)	(득점)	(서명)

※ 뒷면으로 이어짐 ↓

※ 답안지는 컴퓨터로 처리되므로 구기거나 더럽히지 않도록 조심하시고 글씨를 칸 안에 정확히 쓰세요.

전국한자능력검정시험 3급 모의고사 답안지 (2)

번호	답안란 정답	채점란 1검	채점란 2검	번호	답안란 정답	채점란 1검	채점란 2검	번호	답안란 정답	채점란 1검	채점란 2검
70				97				124			
71				98				125			
72				99				126			
73				100				127			
74				101				128			
75				102				129			
76				103				130			
77				104				131			
78				105				132			
79				106				133			
80				107				134			
81				108				135			
82				109				136			
83				110				137			
84				111				138			
85				112				139			
86				113				140			
87				114				141			
88				115				142			
89				116				143			
90				117				144			
91				118				145			
92				119				146			
93				120				147			
94				121				148			
95				122				149			
96				123				150			

사단법인 한국어문회·한국한자능력검정회 □□□

수험번호 □□□□ - □□ - □□□□　　성 명 □□□□□

주민등록번호 □□□□□□ - □□□□□□□　※ 유성 사인펜, 연필, 붉은색 필기구 사용 불가.

※ 답안지는 컴퓨터로 처리되므로 구기거나 더럽히지 마시고, 정답 칸 안에만 쓰십시오.
　글씨가 채점란으로 들어오면 오답처리가 됩니다.

전국한자능력검정시험 3급 모의고사 답안지(1)

번호	답안란 정답	채점란 1검	채점란 2검	번호	답안란 정답	채점란 1검	채점란 2검	번호	답안란 정답	채점란 1검	채점란 2검
1				24				47			
2				25				48			
3				26				49			
4				27				50			
5				28				51			
6				29				52			
7				30				53			
8				31				54			
9				32				55			
10				33				56			
11				34				57			
12				35				58			
13				36				59			
14				37				60			
15				38				61			
16				39				62			
17				40				63			
18				41				64			
19				42				65			
20				43				66			
21				44				67			
22				45				68			
23				46				69			

감 독 위 원	채 점 위 원 (1)		채 점 위 원 (2)		채 점 위 원 (3)	
(서명)	(득점)	(서명)	(득점)	(서명)	(득점)	(서명)

※ 답안지는 컴퓨터로 처리되므로 구기거나 더럽히지 않도록 조심하시고 글씨를 칸 안에 정확히 쓰세요.

전국한자능력검정시험 3급 모의고사 답안지 (2)

번호	정답	1검	2검	번호	정답	1검	2검	번호	정답	1검	2검
	답 안 란	채점란			답 안 란	채점란			답 안 란	채점란	
70				97				124			
71				98				125			
72				99				126			
73				100				127			
74				101				128			
75				102				129			
76				103				130			
77				104				131			
78				105				132			
79				106				133			
80				107				134			
81				108				135			
82				109				136			
83				110				137			
84				111				138			
85				112				139			
86				113				140			
87				114				141			
88				115				142			
89				116				143			
90				117				144			
91				118				145			
92				119				146			
93				120				147			
94				121				148			
95				122				149			
96				123				150			

■ 사단법인 한국어문회·한국한자능력검정회 □□□ ■

수험번호 □□□□ - □□ - □□□□   성 명 □□□□□

주민등록번호 □□□□□□ - □□□□□□□   ※ 유성 사인펜, 연필, 붉은색 필기구 사용 불가.

※ 답안지는 컴퓨터로 처리되므로 구기거나 더럽히지 마시고, 정답 칸 안에만 쓰십시오.
  글씨가 채점란으로 들어오면 오답처리가 됩니다.

전국한자능력검정시험 3급 모의고사 답안지(1)

번호	답안란 정답	채점란 1검	2검	번호	답안란 정답	채점란 1검	2검	번호	답안란 정답	채점란 1검	2검
1				24				47			
2				25				48			
3				26				49			
4				27				50			
5				28				51			
6				29				52			
7				30				53			
8				31				54			
9				32				55			
10				33				56			
11				34				57			
12				35				58			
13				36				59			
14				37				60			
15				38				61			
16				39				62			
17				40				63			
18				41				64			
19				42				65			
20				43				66			
21				44				67			
22				45				68			
23				46				69			

감 독 위 원	채 점 위 원 (1)		채 점 위 원 (2)		채 점 위 원 (3)	
(서명)	(득점)	(서명)	(득점)	(서명)	(득점)	(서명)

※ 뒷면으로 이어짐 ↓

※ 답안지는 컴퓨터로 처리되므로 구기거나 더럽히지 않도록 조심하시고 글씨를 칸 안에 정확히 쓰세요.

전국한자능력검정시험 3급 모의고사 답안지 (2)

번호	정답	1검	2검	번호	정답	1검	2검	번호	정답	1검	2검
70				97				124			
71				98				125			
72				99				126			
73				100				127			
74				101				128			
75				102				129			
76				103				130			
77				104				131			
78				105				132			
79				106				133			
80				107				134			
81				108				135			
82				109				136			
83				110				137			
84				111				138			
85				112				139			
86				113				140			
87				114				141			
88				115				142			
89				116				143			
90				117				144			
91				118				145			
92				119				146			
93				120				147			
94				121				148			
95				122				149			
96				123				150			

사단법인 한국어문회·한국한자능력검정회

□□□

수험번호 □□□□ - □□ - □□□□   성 명 □□□□□

주민등록번호 □□□□□□ - □□□□□□□   ※ 유성 사인펜, 연필, 붉은색 필기구 사용 불가.

※ 답안지는 컴퓨터로 처리되므로 구기거나 더럽히지 마시고, 정답 칸 안에만 쓰십시오.
　글씨가 채점란으로 들어오면 오답처리가 됩니다.

전국한자능력검정시험 3급 모의고사 답안지(1)

번호	답안란 정답	채점란 1검	2검	번호	답안란 정답	채점란 1검	2검	번호	답안란 정답	채점란 1검	2검
1				24				47			
2				25				48			
3				26				49			
4				27				50			
5				28				51			
6				29				52			
7				30				53			
8				31				54			
9				32				55			
10				33				56			
11				34				57			
12				35				58			
13				36				59			
14				37				60			
15				38				61			
16				39				62			
17				40				63			
18				41				64			
19				42				65			
20				43				66			
21				44				67			
22				45				68			
23				46				69			

감 독 위 원	채 점 위 원 (1)		채 점 위 원 (2)		채 점 위 원 (3)	
(서명)	(득점)	(서명)	(득점)	(서명)	(득점)	(서명)

※ 뒷면으로 이어짐 ↓

※ 답안지는 컴퓨터로 처리되므로 구기거나 더럽히지 않도록 조심하시고 글씨를 칸 안에 정확히 쓰세요.

전국한자능력검정시험 3급 모의고사 답안지 (2)

번호	정답	1검	2검	번호	정답	1검	2검	번호	정답	1검	2검
70				97				124			
71				98				125			
72				99				126			
73				100				127			
74				101				128			
75				102				129			
76				103				130			
77				104				131			
78				105				132			
79				106				133			
80				107				134			
81				108				135			
82				109				136			
83				110				137			
84				111				138			
85				112				139			
86				113				140			
87				114				141			
88				115				142			
89				116				143			
90				117				144			
91				118				145			
92				119				146			
93				120				147			
94				121				148			
95				122				149			
96				123				150			

■ 사단법인 한국어문회·한국한자능력검정회 　□□□■

수험번호 □□□□ − □□ − □□□□　　　성 명 □□□□□

주민등록번호 □□□□□□ − □□□□□□□

※ 유성 사인펜, 연필, 붉은색 필기구 사용 불가.

※ 답안지는 컴퓨터로 처리되므로 구기거나 더럽히지 마시고, 정답 칸 안에만 쓰십시오.
　글씨가 채점란으로 들어오면 오답처리가 됩니다.

전국한자능력검정시험 3급 모의고사 답안지(1)

번호	답안란 정답	채점란 1검	2검	번호	답안란 정답	채점란 1검	2검	번호	답안란 정답	채점란 1검	2검
1				24				47			
2				25				48			
3				26				49			
4				27				50			
5				28				51			
6				29				52			
7				30				53			
8				31				54			
9				32				55			
10				33				56			
11				34				57			
12				35				58			
13				36				59			
14				37				60			
15				38				61			
16				39				62			
17				40				63			
18				41				64			
19				42				65			
20				43				66			
21				44				67			
22				45				68			
23				46				69			

감독위원	채점위원(1)		채점위원(2)		채점위원(3)	
(서명)	(득점)	(서명)	(득점)	(서명)	(득점)	(서명)

※ 뒷면으로 이어짐 ↓

※ 답안지는 컴퓨터로 처리되므로 구기거나 더럽히지 않도록 조심하시고 글씨를 칸 안에 정확히 쓰세요.

전국한자능력검정시험 3급 모의고사 답안지 (2)

번호	정답	1검	2검	번호	정답	1검	2검	번호	정답	1검	2검
70				97				124			
71				98				125			
72				99				126			
73				100				127			
74				101				128			
75				102				129			
76				103				130			
77				104				131			
78				105				132			
79				106				133			
80				107				134			
81				108				135			
82				109				136			
83				110				137			
84				111				138			
85				112				139			
86				113				140			
87				114				141			
88				115				142			
89				116				143			
90				117				144			
91				118				145			
92				119				146			
93				120				147			
94				121				148			
95				122				149			
96				123				150			

사단법인 한국어문회·한국한자능력검정회

□□□

전국한자능력검정시험 3급 모의고사 답안지(1)

번호	답안란 정답	채점란 1검	2검	번호	답안란 정답	채점란 1검	2검	번호	답안란 정답	채점란 1검	2검
1				24				47			
2				25				48			
3				26				49			
4				27				50			
5				28				51			
6				29				52			
7				30				53			
8				31				54			
9				32				55			
10				33				56			
11				34				57			
12				35				58			
13				36				59			
14				37				60			
15				38				61			
16				39				62			
17				40				63			
18				41				64			
19				42				65			
20				43				66			
21				44				67			
22				45				68			
23				46				69			

감 독 위 원	채 점 위 원 (1)		채 점 위 원 (2)		채 점 위 원 (3)	
(서명)	(득점)	(서명)	(득점)	(서명)	(득점)	(서명)

※ 뒷면으로 이어짐 ↓

전국한자능력검정시험 3급 모의고사 답안지 (2)

번호	정답	1검	2검	번호	정답	1검	2검	번호	정답	1검	2검
70				97				124			
71				98				125			
72				99				126			
73				100				127			
74				101				128			
75				102				129			
76				103				130			
77				104				131			
78				105				132			
79				106				133			
80				107				134			
81				108				135			
82				109				136			
83				110				137			
84				111				138			
85				112				139			
86				113				140			
87				114				141			
88				115				142			
89				116				143			
90				117				144			
91				118				145			
92				119				146			
93				120				147			
94				121				148			
95				122				149			
96				123				150			

한자능력 검정시험

③급

특허 : **제10-0636034호**
발명의명칭 : **한자학습교재**
발명특허권자 : **백 상 빈**

초판발행 2005년 7월 28일
2판 발행 2007년 3월 13일
3판 발행 2009년 4월 10일
4판 발행 2012년 1월 20일
5판 발행 2015년 1월 2일
6판 발행 2019년 1월 1일
7판 발행 2023년 1월 1일
8판 발행 2024년 1월 1일

엮은이 백상빈 · 김금초
발행인 백상빈

주소 ┃ 서울특별시 영등포구 도림동 283-5번지
전화 ┃ (02) 843-1246
등록 ┃ 제 05-04-0211

도서
출판  능률원

정가 18,000원